司家門里

司雁人◎编著

穿　越　百　年　时　空

齊魯書社

题　记

让逝者永生，让生者明白！

历史活着，正站在身后看我们。

历史由若干朝代若干皇帝构成骨架，由无数个人无数生命填写细节，有你，有我。

一个家族，三种社会。地跨五省，人隔七代。四十家庭，二百形象。千余故事，百年时空。既从细小到精致，又从宽阔到沉重。纯个人视角，真性情流露。追寻细节，还原本真。咀嚼生活，品味人生。

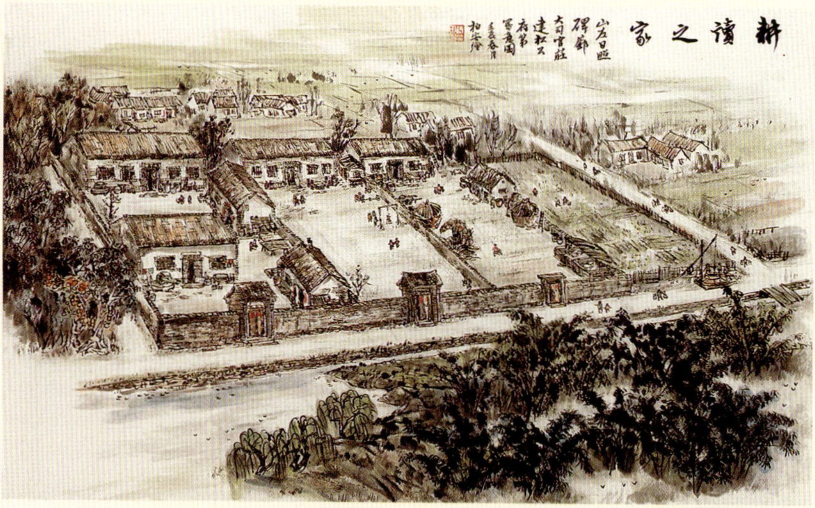

日照碑廓司官庄建松公府第写意图之一(纸本设色106cm×64cm)　田柏安绘

日照碑廓司官庄建松公府第写意图之二（纸本设色97cm×57cm）　赖劭华绘

《海曲司氏族谱》书影

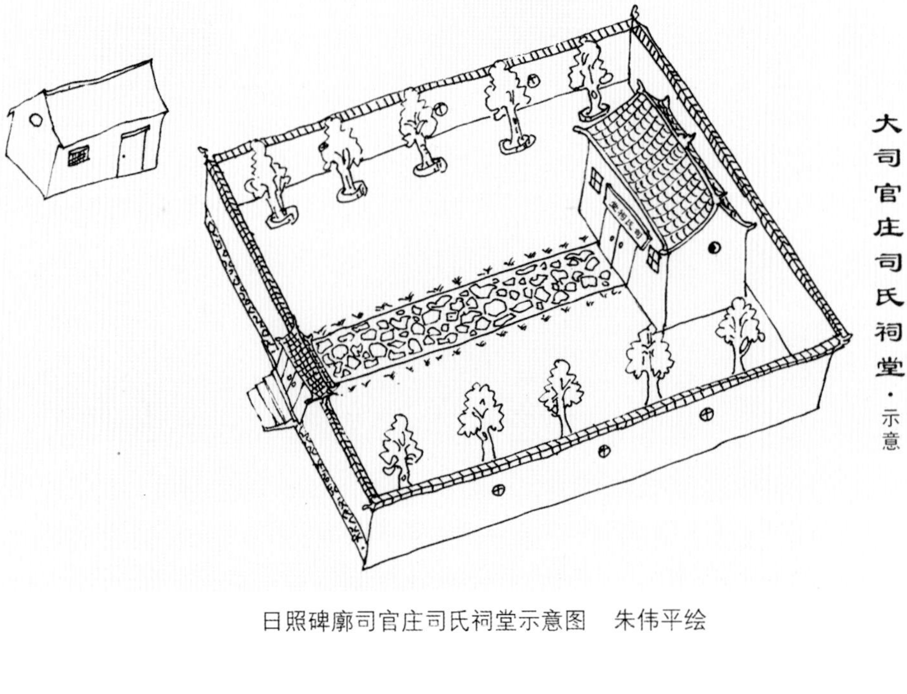

日照碑廓司官庄司氏祠堂示意图　朱伟平绘

凡 例

一、本书系采用司马氏纪传体设计写作的一部家族传记。

二、本书主要依据族谱及口碑资料，加以方志、文史资料和一些研究成果。

三、中国式大家庭，聚族而居，同一祖父之孙辈，男女分别排行，一般选同一偏旁雅字取名。各家各支，井然有序，依次类推，百代不紊。

四、为阅读方便起见，本书涉及之人物，不论辈分高低年龄大小，叙述人除第一次称呼时表明亲属关系外，其余一般都直呼其名。

五、涉及年龄问题时，叙述人有用周岁，有用虚岁，享年时间亦是，一般用汉字表示，不求统一。

六、同一个人，各人所述态度不同，不做深究；评价不同，不究底里。

七、同一件事，各人所述时间不同，亦不求统一。

八、二九〇农场系由原中国人民解放军步兵第九十七师二九〇团集体转业创建，这支部队于 1952 年 3 月奉毛主席“生产待命”命令，由国防战线转入生产建设战线，番号改为中国人民解放军农业建设第二师第五团。二九〇农场实行过两种管理体制，先是国营农场建场，1969 年 3 月，改编为沈阳军区黑龙江建设兵团二师八团，进入军队序列。按军队建制，总场改为团部，分场改为营，生产队改为连。1977 年 1 月，兵团撤消，4 月，恢复原农场名称和体制。本书叙述中，团部和场部是一回事，营部和分场是一回事，连队和生产队是一回事。

序 一

司姓是一个多源流的姓氏，据 2006 年统计资料，当代司姓人口大约四十八万，排全国姓氏人口第一百九十八位，属稀有姓氏。司字本主持、掌管之义，司姓虽源头不一，但得姓方式都以官名职称为氏，再简化而来，主要有司马、司寇、司徒、司城等。所谓“全套司官”，是指两周乃至先秦时期以“司”为称的官职称谓，包括司怪、司空、司徒、司马、司寇、司德、司成、司臣、司禄、司会、司吏、司狱、司令、司事，一共十四称。至于秦汉之后产生的司直、司房、司吏、司道、司都、司土、司藩、司臬等等，不列其内。

司姓得姓后，历史上曾形成顿丘[①]（今河南清丰，一说浚县）、河内（今河南武涉）等郡望，并有淮右[②]、三季、庆余等著名堂号。

司姓人在全国的分布目前主要集中于安徽、河南两省，大约占 49%，其次分布于河北、山东、陕西、山西、甘肃、吉林，这六省又集中了 31%。安徽司姓占司姓总人口的 30%，为司姓第一大省。河南商丘夏邑司氏，应是司姓研究的重要方向，可惜资料阙如。毕竟商丘才是姓氏之根。

山东司姓尤以鲁西北地区居多。许多地方都有以“司”命名的村庄，另外有些村子虽然不以“司”命名，却是司姓人的重要聚集地。

以前有人以为所有司姓都是一家人，遵循同一个排行，其实不是。山东司姓人有很多分支。在平、东阿、长清、滕州等地司姓，是在明朝洪武二年大移民时期，从山西洪洞县迁过来的。梁山司姓祖上是从河北枣强迁到淄川，又从淄川迁到青州，从青州辗转来到现在的住地。广饶司姓是洪武二年抽丁，自河南内黄县迁来。各地司姓有自己独立的族谱，不过难免有交叉的字辈。

日照司姓迁于何地，战家村标公康熙五十三年(1714)创谱时不敢定论，其时其他地方司姓都说是从司官庄迁出，以后历次续谱者，必至司官庄拜访禀告吾族长辈德才者，方才行事。标公在始修族谱序言中叹曰："其远者不可考得之。庄而为官者，必非祖居可知矣。又谓海东人氏，被洪军所逐来，迁于兹。俱未敢以为定论也。"现连云港市历史上长时间或称东海或称海州，其疆域面积和隶属关系变化也相当之大，元明及清雍正前大部分时间均称海州，辖东海等县，属淮安府。

所谓"洪军所逐"或许即"洪武赶散"。

至正二十三年(1363)张士诚在苏州建立根据地，自称吴王，与朱元璋抗衡。1367年张士诚兵败被俘，缢死金陵。1368年朱元璋在南京称帝，改元洪武，建立明朝。洪武帝为巩固政权，下令将苏州城内原来支持和拥戴过张士诚的士绅商贾没收家产，责令全家迁徙到外地垦荒屯田。这就是历史上所说的"洪武赶散"。

同治十一年(1872)二修族谱，准公序后制一联："相传流寓自海东，山左江南一脉同；但愿族人常孝友，中和永守旧家风。"山左即山东。清顺治二年(1645)设江南省，康熙元年(1662)从江南省分出安徽省，康熙六年(1667)江南省改名江苏省。二修族谱等于肯定了始修族谱的未敢定论，认定日照司氏来自江苏。

查阅有关研究资料可知，山西洪洞、江苏东海、河北枣强是明初三大移民中转站。山西洪洞、河北枣强移民输出地与集散地合二为一。江苏东海则多是浙西、苏州等南方"狭乡"之民北迁"宽乡"的集散地。在明初徙居日照之移民中，多数来自江苏东海，大部分是由朝廷组织的,也有一部分是为了躲避元末明初江苏猖獗的倭寇自己迁来的。

从历次修谱序言中,可以大致看出日照司氏范围。

创谱凡例称以二世八祖为纲(疑有误,谱见二世只七人),再修列言称改以三世十八人为纲,即日照司氏分十八支。

二修族谱序列言:“谱录有八部:南北司官庄存二部,司家屋子、海脐子(黑七子)、宋家庄、窑沟(尧沟)、战家村、李固庄各存一部。”司家屋子即今赣榆县赣马镇司坞村,海脐子即今涛雒朝阳村,宋家庄、尧沟在今日照市区,李固庄即今五莲县许孟镇李古庄。

光绪二十三年(1897)三修族谱序:“乃约建安祖……等不惮跋涉,同赴江南。凡属同族悉为查访。”建安为本家建松祖之兄,江南即指江苏,此言明日照司氏和江苏司姓同族。

1962 年五修族谱时补进“赣榆县沙河一支、胶南县徐家大村一支”,“惟有即墨、蓬莱两支因条件不允许,临时未去。暂注于序,以俟来日”。序言提及“三合疃”族人。三合疃与战家村同在日照南湖镇。

1989 年六修族谱序言“我海曲一脉,由来久远,生齿日繁,各处一方,距跨两省,三十余社”,新提“万家沟”族人。今五莲县有万家沟。

司姓宗祠四言通用堂联之一:“姓启司马,望出顿丘。”传说司马迁之后,司马姓氏或二字分拆,或各添一笔,成司、马、同、冯四姓。传说终归是传说,但司马迁之前司氏早已存在,所以不可能大家都是太史公后裔。姑妄言之,姑妄听之。七言通用堂联:“才行敷荣于春署,直方砥节于西台。”元代恩州[③]人司庠,字公序,号立斋,与弟司廙同为至治元年(1321)进士,官至陕西行台侍御史。司痒立朝鲠直无顾忌,廷臣多惮之,为时人所推崇。后辞官教授,四方来学者甚众,随器成材,俱有师法。

同治十一年(1872),二修族谱,定有十六字字辈,1962年五修续添八字,1989年六修改定。山东日照司氏字辈自十三世始:

燕瞻朝纲,锡中成章。

盛世华年,金玉其相。

顺序传流,素志明昌。

时光淹灌,宗亲四散,合族之亲等于路人,同族之谊视如吴越。至有世次颠倒、尊卑不分,孙重祖名、侄同叔伯者。以下特此将各地字辈异同指出,请自甄别。

日照司氏十二世以前字辈未统一,各支自立,以世论。现存最长者为十一世。据1934年四修族谱所见,十一世字辈:大司官庄二、三、五、十四支均取"元";小司官庄四支取"元",十三支取"允";战家村取"曰"(月)、"兆"、"允";司家屋子(赣榆)一支取"兆";李固庄(五莲)、常山东坡(诸城)十六支取"广"。十二世字辈:大司官庄取"基"(别为"吉"),小司官庄取"连",李固庄、常山东坡取"存",战家村取"存"、"连"、"基"。

十三世以后,谱定字辈多有别为同音字者,也有个别支属没按谱定字辈。十三世字辈统一为"燕",多别为"彦";十四世统一为"瞻",多别为"占"、"健"。尧沟十四世另取"学"字。

司氏谱定字辈,句有句意,字有字意。"燕瞻朝纲"是要我族子民按照朝廷纲纪行事,即便用同音字替换,亦同样会失去谱定原意,而另取别字更易让不明就里者世次颠倒、伦序大乱。

研究族谱所载一世至十二世名讳,字辈虽不完全统一,但其中规律性的要求明显存在。

以大司官庄本房为例,一世邦教、二世秋、三世必遴、四世植、五世永新、六世禄、七世继宰、八世光瑶、九世建松、十世壎、十一世元锝、十二世瑞吉。从一世至十二世,字辈似乎可以这样排列:

邦本必木

永示继光

建土元基

二世"春夏秋冬岁恭宽"七子,"春夏秋冬"为四时,"岁"为年,"恭"为尊重生命,"宽"为任由万物自然生长。取一"本"字代之,似勉强可以概括先人意旨,又与"木"字相应。"木"、"示"、"土"均为汉字偏旁,字由自己选。这几个偏旁字排进世次中,既有章句意义,又给取名带来约束和变化。这几世及二世名讳均为两字,也是一个特点。一并指出,也作提示。

燕仁谨识

2011年5月

注释:

①《诗经·卫风·氓》:"送子涉淇,至于顿丘。"

今人刘会喜参照《汉书·地理志》、《晋书》、《中国历史地图集》(中华地图学社1975年版)、《浚县志》(中州古籍出版社1990年版)等史志的相关记载,对顿丘县的沿革做了系统考证,简述如下:

顿丘县原只有一个,西汉初置,属兖州东郡。王莽时(9~20)改名顺丘。东汉复名顿丘。西晋泰始三年(266),孝文帝迁都洛阳,司州成为畿内地。顿丘县合并已罢之黎阳县地属司州汲郡(郡治在朝歌,今淇县城)。当时顿丘县靠东边一部分未划入汲郡,景明中(500~503)又于此地新置一顿丘县,属顿丘郡。时顿丘郡属相州,后罢相州入司州。因相州不是畿内地,所以《魏书·地形志》在顿丘郡顿丘县下注:"太和中并汲郡,余民在畿外者景明中置。"孝昌年间(525~528)分汲郡置黎阳郡,汲郡顿丘县又划入黎阳郡。这就是《魏书·地形志》所载黎阳郡顿丘县。这样就出现黎阳郡和顿丘郡两个顿丘县并存。这两个顿丘县自景明中并存三十多年,到东魏天平年间(534~537),黎阳郡之顿丘县裁撤,剩下一个顿丘郡顿丘县。该顿丘县在北齐时废,隋开皇年间(581~600)恢复,唐大历七年(772)割该顿丘与昌乐两县的四个乡置清丰县(《旧唐书·地理志》)。宋熙宁六年(1073),"省顿丘县入清丰"(《宋书·地理志》)。至此,顿丘县不复存在。

刘会喜认为,《诗经》顿丘为一土丘名,在今浚县。两汉至魏晋之顿丘县亦在今浚县。清丰之顿丘城乃北魏以后之遗迹,既非《诗经》之顿丘,亦非汉魏两晋顿丘县城。(刘会喜《诗经顿丘在浚县》)

清丰县历史沿革称:汉置顿丘县,在今河南清丰西南。“(曹操)年二十,举孝廉为郎,除洛阳北部尉,迁顿丘令。”(《三国志·魏书·武帝纪第一》)晋以此为顿丘郡治所。北齐废顿丘郡。唐五代曾以顿丘为澶州治所。

《尸子》:舜“顿丘买贵,于是贩于顿丘;传虚卖贱,于是债于传虚”。刘会喜还应对《尸子》所说舜时顿丘加以考察,浚县历史沿革载春秋周敬王三十九年(公元前 481)晋国筑顿丘城(今屯子乡蒋村附近)也应做出解释。据《中国历史地名大辞典》“顿丘县”另有三处:一处治所在今安徽滁州(一说来安县东),东晋侨置,隋开皇初改名新昌县;一处治所在今山东济南历城东,南朝宋时侨置,北魏以后废;一处治所在今安徽宿州境内,北魏置,北齐时废。

②北宋初期著名将领司超(904~974),大名元城人(今河北大名)。后汉高祖在太原,司超隶帐下小校,屡立战功,累迁都指挥使。后周世宗命宰相李谷讨淮南,司超为步军先锋副都指挥使,大败淮人和吴军,擢舒州团练使。归北宋后,随太祖讨季重进,战功居诸将之首,历蔡州、绛州、郑州、蕲州防御使,这些地方都属淮河之右。因久居淮右,习知地理环境,故常出师有功。

③宋庆历中(1041~1048),改贝州为恩州,治所清河,即今河北省清河县城。金初(约 1116)移治历亭,即今山东武城县城区。元省历亭县入州。明洪武二年(1369)降恩州为恩县,即今山东省平原县西恩城,属高唐州。清属东昌府。1956 年划归平原、夏津和武城三县。

序　二

司官庄设于何时,无真凭实据可考。按县志记载,明景泰甚至正统以前已有人从本庄出贡推断,至少明初已有先辈居此。丁涛在《日照文史》第七辑《海曲村落名称渊源与建村因由浅识》中说,据部分姓氏谱牒记载,明初徙日照者,多来自江苏东海(明时为海州)等地,其次是山西洪洞县,也有少数来自河北枣强县。

丁涛介绍,原日照县冠以姓氏的官庄三十九个,未冠姓氏的官庄三个,共四十二个,分布于河山、丝山、涛雒、碑廓、巨峰、竖旗、南湖等十七处乡镇。以河山乡为最多,计有官庄十个。

官庄,是一种官方经营的村屯。官庄耕地属官方所有,是皇廷或官府圈占田地、召民开垦、差人管辖的农村行政机构。官庄地名始于宋,据《宋史》载:"屯田郎中员外郎,掌屯田、营田、职田、学田、官庄之政令。"司官庄也应该是朝廷组织移民开垦耕种形成的。

这里提出一个猜想:司官庄明初随海防重镇安东卫设立而设立。理由是:军队需要供给,朝廷就近设官庄以取所需。依据是:明洪武十七年(1384),信国公汤和奉命于沿海筑城防倭寇,设立安东卫,辖左、右、中、前、后五所,二十八台(燃火台),十八店,十七铺,在诸城、日照两县设屯田村落十九屯,其城池、民社、学校、钱粮与州县同。没有实据,只是猜想。

据族谱，一世祖邦教：岁贡生，万历间任江都县丞，世居司官庄，合葬于大司官庄西南角正南向，子春、夏、秋、冬、岁、恭、宽。

2010年3月，燕仁购得《万历江都县志》复印本一册，职官表县丞栏有记：司邦教，日照人，恩贡，万历十一年(1583)任。

明朝县一级官员，只有知县、县丞、主簿、典史、教谕、训导六人。县丞和县令，是副县长和县长的关系，其职责是与主簿分掌一县粮马、税征、户籍、巡捕诸务，共佐知县，正八品。通判、同知、州同、县丞、主簿等统称佐贰官，其品级比主官略低，但并非纯粹属员性质，其下尚有司狱、巡检、吏目等属员。

根据该县志记载，万历十二年江都县丞另有一人，可以判断，邦教祖任江都县丞时间在一年左右，不足两年。

邦教祖出身，族谱记岁贡，《江都县志》记恩贡，燕仁2004年夏购得康熙十一年版《日照县志》也是记岁贡。岁贡和恩贡，在选贡时点上还是有差别的，但都为正途资格出身，监期满者考职以定选授。参见拙著《学宫时代》，此不赘述。

贡生由本县遴选，《日照县志》为准，邦教祖应是岁贡，《万历江都县志》恩贡有误。

康熙十一年版《日照县志·岁贡》记载，万历岁贡司邦教之前，还有司姓人司信是正统岁贡，司德润是正德岁贡。司信任房山县教谕，县志未注是哪里人；司德润任王府奉祀，县志注明是司官庄人。据此断定，先有司官庄，后有司邦教。族谱言邦教祖“世居司官庄”，也说明邦教祖之前，已早有先祖在司官庄生活。尊邦教为一世祖，应是一修族谱时，据可考资料商定，而不是说邦教祖就是司官庄开基之祖。“立家谱的过程中又常见认古名人为远祖的习俗。”(《山东民俗》，山东友谊书社1988年版，第223页)

《礼记》、《尚书》等经典记载：周时，司徒为地官，掌邦教。吾祖可谓姓名相符，善哉善哉。

据族谱：本支二世秋，三世必遴，四世植，五世永新，六世禄，七世继宰(字吏衡,娶韩氏继牟氏),八世光远、光瑶、光梅,之后人丁兴旺。

本房八世祖光瑶:字联琨,恩荣寿官,娶魏氏,继胡氏。子三:建邦、建安、建松。

"恩荣"指皇恩浩荡,朝廷赐予。"寿官"为明清两代的一种闲职官员,在官员品阶中多为八品,没有具体的职事,类似现在的荣誉称号。当时,一些百姓一生从善,广施功德,为乡里称颂,年老后,地方奏报朝廷,皇帝就恩准下旨,钦赐寿官,颁发冠带,予以褒奖。"寿官"一是要长寿,超过九十岁,五世同堂;二是经由地方推举产生,深受乡亲们爱戴。据雍正朝的一道上谕,每县每年可举荐一个老农"给以八品顶戴荣身,以示鼓励"。

司官庄何时形成东头子牟家、南头子司家的乡村绅士格局,时间尚不能确定。南头子前门、后门,本房各家相连的那一大片宅第、家族学校、菜园、场院,应都是光瑶祖置下的家业。九世祖建松的国子监太学生出身,孔府金丝堂启事职衔,应是光瑶祖捐来的。建松二哥讳建安,孔府诗礼堂启事,子三:均、埠、玺,其中司埠又是太学生。及至19世纪末20世纪前半叶,尽管兵荒马乱天灾人祸,本房元字辈以上子弟还都上过学,甚至女辈也有识文断字者。这说明,本房基本为典型的耕读人家。

燕仁谨识

2011年5月

司家門里 目 录

——穿越百年时空 contents

目 录
contents

附 录

目　录
contents

行状

许多人过去了，
许多事过去了，
但有些人有些事，
留在了血脉里。

监生一去大厦倾

——建松公行状

建松字鹤亭，孔府金丝堂启事，例捐国子监太学生，准入京省两闱。

乡村绅士，从善如流。

见来游青州府乐安县（今广饶县）同姓寒士司学孟贫，延请至家塾为子女课读，供其全家吃住经年，直至1903年（光绪二十九年）议科举停减、推广学堂散馆方罢。查广饶司氏续修族谱序，广饶司氏原籍河南内黄县，明洪武二年抽丁拔迁山左，与日照司氏并非同一谱系，然学孟亦自称族孙。

1897年（光绪二十三年）三修族谱时，治事者来村拜见，建松公与族人皆“欣然”，并称其为“孝子仁人”。谱成，瞩塾师司学孟代治其事者撰序。

与岚山小官苏元鳞交，酒桌上联姻，结儿女亲家，长女配元鳞长子苏育琅（字琳山）。长女于家塾读书至十七岁（1903）。琳山约1902年（光绪二十八年）十五岁中生员，即民间所说秀才，据说是日照县学最后一科。1905年（光绪三十一年）科举废，琳山仕进之路终。元鳞字健亭，从九品，其二哥苏元桯为光绪十六年（1890）进士，其家称进士之家。

与田家寨邑增生牟应旆善，据闻应旆于司氏家塾教书十数载，是否与建松公为师徒也未可知。应旆字鹤舫，公字鹤亭。1906

年(光绪三十二年)公逝时,子女尚幼,四女 1921 年配与应旆侄孙牟家廙,家廙字敬亭。岚山苏元龖字健亭,从几个人的取字可以看出,他们有着共同的高洁的文化信仰与人格追求。

与碑廓秀才、名师丁汝芬(传说字相山)友,幼子墀日后娶相山女为妻。

娶李氏继王氏秦氏牟氏。

二男四女均为大朱槽前大门牟氏所生。

子二:壎、墀。有传。

大女(1886~1943)嫁岚山头秀才苏育琅,二女(1889~1948)嫁司官庄儒生牟家騄,三女(1894~1973)嫁丁家庄竹园丁惟嵘,四女(1897~1974)嫁田家寨名医牟家廙。

捐纳又称赀选、开纳,由政府条订事例,定出价格,公开出售,并成为制度。捐纳制度在清朝和科举制度互相补充,一部分人通过科举考试做官,一部分人通过捐纳制度做官,与科举、荫袭、保举同为清朝选拔官吏的重要途径,对清代尤其是晚清的社会政治、经济、文化产生过非常广泛而深刻的影响。太平天国前,捐纳制度主要是为了形成一种平衡力量,以制约正途出身的官员结成朋党,是一种控制手段。太平天国期间以及之后,由于国库空虚,国力衰败,捐纳制度给国家财政增加了不少收入。

建松公或是屡试生员不中,或对科场舞弊无奈,或为尽早获得参加较高等级考试的资格,按例捐了监生衔。大概是在京师户部捐的,可以到京城顺天或省城济南参加考试,但应该没有考取,也没有材料能够证明他有没有去京城国子监读书。据 1831 年(道光十一年)户部规定,俊秀捐监生需纳银一百零八两,生员纳六十至九十两不等。

有了监生的功名,不仅可以参加乡试考举人,更重要的是其身份从平民一跃而为乡绅,在政治地位、社交礼节、犯罪处罚(法律上的特别保障权)、社会声望保护、徭役赋税优免、赴考盘费等方面享有特权与优待。举人是不容易考中的,据山东巡抚丁宝桢奏,同治末(约 1873)山东考生 12900 余人,举额仅 69 个。捐得功名的人可以再捐官职。实际上,功名和官职常常是一起捐得的。朝廷赐予孔府四十个捐纳官位,按品级分实职、虚职不同标价。孔府金丝堂启事,正七品,实职三百两,虚职三十两。诗礼堂启事虚职也是三十两。

金丝堂为孔庙西路建筑,是用来存放各种祭孔乐器的殿堂。这些乐器在祭孔时演奏乐章——“金声玉振”,奏乐的全过程以击钟(金声)开始,以击磬(玉振)告终。

建松公为长房长孙取名元錞,字金笙,从侧面旁证了这件事情,也暗示了本房“元”字辈以“金字旁”取名的规律。重孙“基”字辈以“王字旁”取名,又如长房长孙瑞吉。两辈人取名完整实现了“金声玉振”这一成语,看来是早已安排好的。从建松公对孔府金丝堂启事这一官位之看重推断,可能是捐了实职,在孔府祭孔时管理乐器。长子取名壎(埙),次子取名墀,实出自古人比喻子孙显贵发达之语:“兰桂腾芳,壎篪竞爽。”“篪”与“墀”同音,古代一种管乐器,似竹笛,横吹。长孙取字金笙(芦笙),也都是乐器名。

“金声玉振”是建松公的理想追求,也是他对后世子孙的期望,希望有人能做出点名堂。

据大司官庄司氏族谱所见,尚有本房九世建安公为孔府诗礼堂启事,十世司埠为太学生;本支(三支)七世继颜公(号鹏翮)为邑庠生(文秀才),曾在布政司任职,九世建贞(字幹亭)为武庠生(武秀才),之外再未有功名记载。说明考上的很少,能捐的也不多。就本村二百多户司姓而言,比例应该说相当低。

族谱没有任何人参与公共事务的记载,但以司官庄手捧监生功名牌身份者之稀缺,建松公应该在水利工程、裁断纷争和调节诉讼、修路造桥、防卫治安、宗族事务、学校创管、族谱编纂、办赈救灾以及各种慈善活动中承担重要责任。另外还有来自土地耕种或出租及粉坊经营的收入。

不知是巧合还是宿命，科举制度 1905 年终止，建松公 1906 年亡故。他是为科举制度殉葬了吗？他是带着疑问与担忧离开的吗？也未可知。

判词：

变局清廷末，大厦骤倾斜。

儿孙两黄口，经书谁可托？

更兼梅四朵，能否经风雪？

姊妹情深“六善人”

——壎公行状

壎公字纪伯，属猪，生于光绪十三年（约 1888 年年初），行六。个头略高，神态安然。

身上一个姐姐，身下先是三个妹妹，最后一个弟弟小十几岁。

到了进学年龄，父母舍不得，令姐妹一起蒙学于家塾。姐姐学问好，一生敬重姐姐。

约 1902 年试县学生员不第，1903 年改科举兴学堂之议起，家馆散，婚，年十六。

家境算殷实。开粉坊，一头驴拉磨，赶集卖粉条。栏里六头猪，攒粪种地。牛若干，其中两头大水牛。家中菜园、粉坊用长工，大田收麦子、地瓜、花生等请短工，铺排得宜。

乐善好施，扶危济困。

收麦时节，往地里送饭，都是多送一些，剩下亦不再挑回，就地分给那些捡粮食的穷人。常年制酱几缸，年节时分与穷人下饭。

告家里长工，外边有活请你，你就先干外边，外边没活，你就在我这干，工钱照算。鼓励自家长工先赚外快，再顾自家，这么关照的东家，也是少找。其他短则几个月长则一年的工人，都是善待。

荒年断炊人家借粮从不拒绝，还或不还再不追问。

视下人如家人，歇时即歇，饭时好饭。

庄里名声好，人称“六善人”。场院晒粮食下雨，街坊四邻不计代价自觉帮着抢场。抢完各自回家，无任何要求。

待姊妹兄弟慷慨大方，手足情深。

父亲1906年去世，母亲1909年（宣统元年）去世，自己也才十几二十岁，就此担负起照顾全家的担子。姐姐长子苏昭祐生于1906年，本庄二妹长子牟乃佩生于1919年，三妹二十一岁结婚（1914）去丁家庄，四妹二十五岁结婚（1921）去田家寨，幼弟司墀生于1900年。父母逝后，这些兄弟姐妹跟着壎公生活了很多年，其婚事也都是由他操办。

妹妹幼时精心抚育，出嫁陪送五亩口粮地，礼物甚丰。

姐姐嫁到岚山东楼苏家，公公任过小官职，家道中落，其子苏昭祐三岁时不得不来到司家寄养。岚山婆家虽已破败，但仍是大户人家，规矩大，不自由，吃饭也不惯，姐姐不愿在他家，经常带女儿回娘家。她一来，其他几个妹妹就都来，家里有雇的人办饭，姊妹们一块儿吃好饭。走的时候，又割肉买鱼，个个给拿上些东西。

就这样，姐妹四个婚后还是经常围着司官庄娘家转，回家在一块儿都不想走，直到忙了才回婆家。逢年过节，壎公一定要去岚山搬姐姐，不搬这几家也都送礼。姐姐后来常住娘家。

司官庄的人都说，南头子司壎家，生叫几个姐妹搬穷了。全村人都知道司壎家姊妹感情深。

胞弟司墀行七，生于1900年（光绪二十六年）。壎公爱幼弟如父，哥俩非常和气，司墀死（约1930）前，两家一直是一块儿过，死后又过了很长时间才分家。分家时，为孤儿寡母着想，壎公尽量把好房近地分给弟弟一家。分了也还是挨门住，不过就是另起火灶了。

家里逐渐有了长子元镎（1904）、长女元英（1913）、次女元琴（1915）、次子元镖（1923）、三子元铸（1931）、三女元兰（1934），元镎结婚又有了瑞吉(1930)、琳吉(1937)。幼弟司墀婚后生长女元铃(1921)、次女元镯(1925)、子元镇(1928)。苏昭祐三岁(1908)来家,其妹妹也常住。壎公主事,大家这样生活几十年,地雇人种,饭雇人办,家里也是热闹。

承继家声,督课族众读圣贤书、立忠孝身。幼弟墀、长子元镎、次子元镖、外甥苏昭祐均在其督责下经年苦读,师长般教诲。

1934 年四修族谱,治事者至村拜访,禀告埠公、壎公等。

约 1938 年,因家庭矛盾将长子元镎分家出去,文书有"活不养,死不葬,家产亦无份"等内容。约 1939 年,忧惧次子元镖参加八路军,壎公患病,用斧子砍自己头。1940 年去世,姐妹们哭之恸,呼啦啦似大厦倾,这个大家就此散去。

娶牟氏继丁氏、李氏。

牟氏,大朱槽村人,生长子元镎(有传)、大女铢、二女铉。铢嫁岚山甜水河赵好田,名司元英;铉嫁赣榆县石桥镇新宅子村李为求,名司元琴。

丁氏,张家岭村人,生次子元镖,有传。

李氏,李家土山村人,生三子元铸、三女元兰,有传。

过家儿① 元信(谱元沧)至尊敬,年节必拜望,平日常问安。1947 年土改"大复查"后,家中主宅分给了元信,就算给了自己儿子,也是定数。常基(彦团父)、彦木年年都来拜年。

判词:

早岁习举业,浮生进民国。

姊妹相与偕,乡亲俱和乐。

倭侵魔入室,奈何家与国!

注释:

①为自家小孩好养,寻一同姓、辈分相当、人丁兴旺之家庭父母,为自家小孩父母,冀使小孩长大成人;或为自家繁盛,将另一同姓、辈分相当、人丁兴

旺家庭之小孩，为自家小孩，冀使自家也人丁兴旺。过家儿与过继儿完全不同。过家儿是名义上的，双方会增加感情交流，但没有实质性责任和义务。过继为他人后代，则叫出嗣，一般在亲兄弟之间进行，称呼礼仪、财产继承、宗谱名分等责任义务随之建立。过家儿不会在亲兄弟间进行，而是在同宗同姓关系较好人家进行。

一等人才颜回命

——墀公行状

墀公字丹宸，生于 1900 年(光绪二十六年)，行七。幼冲失父，念书似吃，人谓灵童。授徒严厉，做事勤谨，命比颜回。

墀公乃司官庄一等人才。比埙公矮点，长得更好，更气派。

娶碑廓三村丁家铺子丁相山秀才之女。丁氏拿书即看，执笔能书，识文断字，精读毛选。子元镇，女元铃、元镯，有传。

墀公七岁失父，十岁失母，十五岁下学，上碑廓，跟大会计学习。大会计有肺结核，传染了他，死因就是这个。

元铃坚称其父享年二十九岁，但多人称元镇三岁失父，亦多人称墀公卒于三十一二岁。若卒于二十九岁，则为 1928 年，元镇生或未生也未可知，似无这种说法。元镇生于 1928 年 11 月 29 日，墀公约卒于 1930~1931 年。

父母去世，墀公虽幼，披麻戴孝，燃香守夜，颇知礼节。

苏昭祐跟墀公一块去上学，说七舅在学校玩时爱装死，不想真的很年轻就去世了。

墀公教了司元镐(字子京)、王柏南(音)、滕海逢等四个人，很严，司元镐挨了不少打，但教出来的这几个学生都很好。

碑廓街商铺玉东祥(一说裕东祥)，是东辛兴(老玉斋)李玉斋、丁家庄(竹园)丁惟峻和司官庄三家合股开的。李玉斋在碑廓收货发货，丁惟峻在青岛贩货运货，墀公管来往账目。收花生，车子过个十铺二十铺的,各铺多少他都想着,不用笔记。玉东祥营业很好,李玉斋、丁惟峻都拿墀公高高在上,碑廓街一时名重。

也许是太累,墀公后来吐血。李玉斋把他弄到东辛兴名医李绍帆(名书锦,字绍帆)那里住院,吃得不好,一年多病逝。人从东辛兴抬回来,玉东祥送来寿材,丁惟峻全程主持发送,一直到完。

墀公病逝,司官庄千人落泪。

判词:

崖畔筑新坟,挈手兄与嫂。

学屋骋鬼才,街市论品貌。

身随双亲去,泪眼望妻小。

老汉本自学门出

——元镎行状

1977

元镎字金笙,1904年二月二日生,1991年八月十七日卒,享年八十八岁。

或许先后与本家七叔司墀、大姑家表弟苏昭祐,近门司元锟、司元镐、司绪基,同支司元鹤(玙基、珂基父)同学过,后又师从七叔。由于一直读私塾,未转新式学堂,没学到科学知识。又因为没有升学压力,家境又尚可,所以很大年龄依然在学,或是全村读书年头最多、读至年龄最长者。

娶李氏继牟氏丁氏。李氏未过门即少亡,但按老规矩,只要说好,死活都是你家人了,都要葬在自家坟地里。牟氏碑廓街"兴顺福”掌柜七女，亦早卒无后。丁氏，碑廓三村丁家铺子，与七婶是亲姑侄，1906年生，1947年卒，享年四十二岁。

子三：瑞吉、琳吉、璋吉，乳名大义孩儿、小义孩儿、进义孩儿。瑞吉身下一女，名仓孩儿，少亡。为侄孙辈取名，不离仁义礼智信道德文章。

曰：“宁生穷命，不生穷相。”

曰：“吃饭先喝汤，老来不受伤。”

曰：“美食不可尽用。”

曰：“看书忘死。”

嘉言懿行，长者风范。治《三国》。

（以下据瑞吉、燕仁叙述整理）

分家前全力助壏公理家事，管理大田、粉坊、菜园、家禽家畜等产销事项。

约1938年分家后，元锌在七婶家草园借住了几年。其间，农历十一月到来年正月农闲时间，屋里会来二三十人听他念《三国演义》、《水浒传》、《西游记》等古书，从早晨到下午三四点钟方散。族侄司某，每天特地到河边泉子里挑回一担甜水，点着炉子用泥壶烧水。主要供元锌喝，其他人也喝一点。一天下午，天快黑了，元锌拿起茶壶往碗里倒水，没倒出来，水桶里也没水了。族侄在一旁说，大叔你还喝呀？元锌说没有就算啦。

分家后生活陷入困顿，七婶家有一头驴，用来磨粉摊煎饼，元锌牵过来养着，靠它磨面挣钱，驮东西到岚山去卖。平日赶集摆摊做点小生意，卖些粉条、菜种之类，庆基经常来摊上一块儿喝茶。

1940年，治父丧。

至少在1942年前，元锌自己盖起了五间新房。瑞吉十三岁开始在新房里织布。

1945年5月初，鬼子从安东卫到碑廓扫荡，一路经过七八个村，往大司官庄扑来。母亲把璋吉用布条绑在瑞吉身上背着，和全村男女老少一起，往小司官庄东北边树林里跑。绊倒了爬起来赶快又跑，好不容易跑到树林里躲起来，却发现和元锌跑散了。原来他跑到河北边田家寨树林里，被鬼子抓走，驴也丢了。八路军在二朱槽大河崖路两边的树林里打了埋伏，救了乡亲们，元锌到天快黑时才回来。有了璋吉后，躲鬼子一般都是元锌一头挑点东西，一头挑着一个孩子，瑞吉背着一个，母亲挎个包袱，一家随着全村人往树林里跑。

1947年以前，元锌都是种些青菜，春秋两季让长子瑞吉到张家岭、丁家庄、田家寨、碑廓三村几个亲戚家送菜，日子也还安稳。

1947年秋冬“土改复查”，元锌险些遭难。

事情的起因，是因为七婶家麦子在场院上晒，晚上被人偷去一些，元锌骂了偷粮的不是东西，人家老的老、小的小，有几亩地租给别人种，收点租子容易吗？你偷去不怕伤天理吗？土地改革大复查来了，有人挟私报复，提出要打元锌，司庆基首先站出来反对，说：你们谁没得过六老汉（壎公）的好处，打死元锌大叔，你们不觉得伤天理吗？人家根本也没错！庆基的意见，得到了绝大多数农会会员的支持，元锌真是逃过一劫。

人难减轻了，但家难还是要受，元锌一家被“扫地出门”。就是把好好一家人，像灰尘一样从自己家里扫出去，不给任何吃的、用的、住的，任由你自己死活。

五间房子被分了，家里的东西、地、园也全都被分了。一家人被赶到南边司元镜的两间没有门窗、房顶露着天的破房子里住。司元镜为了避“土改复查”这一难去了青岛，房子早已没人住。

妻子丁氏不得不带孩子去讨饭，随着病情越来越重，丁氏不久即去世。

后来纠偏，村里又分给了元锌一点薄地，并把村里的司姓祠堂及看祠堂的两间小屋，分给失去了女主人的四条光棍住。

1948年年底，瑞吉见村里几个人报名参军，也想去。回家刚说起谁谁报名参军了，坐在锅台前的元锌，就不停地磕着烟袋锅骂开了："家里用着你了是吧？用着你了是吧？你就要走！你就要走！"

瑞吉什么也不敢说，再说可能就要挨打，只好作罢。

1951年2月下旬，碑廓区几个村的人在泉子头西河挖河，区里来了几个人，把大家召集起来，动员参军。当场就有一些人报名，大司官庄包括瑞吉在内有八个人报了名，第二天通过了体检。

瑞吉回家小心翼翼地跟元锌说："我这样一年年在家也不是个办法，还是叫我去当兵吧，不行我再回来。"元锌还是一袋接一袋地抽烟，没说行，也没说不行。瑞吉就这样于1951年3月出去当了兵，1955年9月转业去开发北大荒。

1956年春，拆下三间祠堂的木料、房架子、门窗，在村西头盖屋。房子坐北朝南，三间堂屋，一间耳屋，一间锅屋。盖房时，元锌给转业到北大荒国营农场工作的瑞吉写信要二百元钱，瑞吉费了很大劲凑上邮回家。

新房建好后，三个儿子中唯一上过学的二子琳吉，从这里出去当了兵。

1951~1979这三十年，元锌作为军属，也算平安度过了历次运动。

1966年春，元锌到东北看瑞吉，老少三代一铺炕上睡觉，不习惯，馒头也不吃了，回家继续喝地瓜干子粥了。其间，带长孙燕仁到自留地种玉米。归后与燕仁通信多年，毛笔蘸蓝墨水左起横写，工工整整，一派大唐气象的颜体小楷。

1976年开春，瑞吉带燕仁、燕礼、燕霞回鲁探亲，元锌从东北回去后惦记王志全家，问他家生了个什么孩，回答说生了个男孩，叫"明亮"，他捋着胡子，笑得颠颠的，说出《三国演义》中的一句话："姓诸葛，名亮呵！"

1988年燕仁自北京回大司官庄，元锌问在北京上了哪，答说去了故宫，他笑眯眯大声说："你上了金銮殿看看呀？"白胡子在胸前颤动，"那怪不错！"

庄里人叫大爷爷、大叔的,不是一天两天的了,很尊敬。大队书记牟友善,也经常来家与之坐坐。

(以下据琳吉叙述整理)

据说元锌分出来单过的时候,什么东西也没分到,住的地方都没有。没办法,只好借七婶的场院屋子住。后来靠着自己勤奋努力,用磨磨过面,卖过面粉,卖过染料,逐渐积蓄了一部分钱,自己盖起了五间屋,总算有了自己的家,从此过上了安居乐业的生活。但好景不长,一场灾难降临了。

1947 年土改复查,在"左倾"错误路线的指导下,不分青红皂白,到处打土豪分田地,错误地把元锌打成地富反坏右。辛辛苦苦盖起的房子被人分走了,扫地出门,无家可归。

本来在土改复查前,元锌还在村里当过农委会主任,可一夜之间就变成了地主富农。琳吉记得,1947 年家里不过只剩二亩多地(老亩),二亩多地怎么会变成地主富农呢? 真不能理解。

斗地主富农的时候,曾把元锌拉到台上赔罪,差一点被乱棍打死。关键时刻,司庆基把他从台上拉下来,才免于一死。

据说庆基曾给壎公当过长工,壎公对他不错,从不亏待。他一直对本家印象很好,所以关键时刻救了元锌一命。

元锌是孔夫子的忠实信徒,深知上学求知的重要性,在家庭条件极其艰难,自己当爹又当妈的情况下,长子瑞吉当兵一年后,于 1952 年坚持送次子琳吉上学。琳吉至今非常感激和感恩父亲对他的培养和支持。元锌的态度非常明确,就是让琳吉上学将来能有个好工作,有个好前途。

1955 年末,琳吉把想当兵的想法和父亲讲了,征求一下他的意见。元锌很矛盾,既不情愿又很无奈。他觉得琳吉的学业很有发展前途,不继续上学实在太可惜,但继续上学经济上确实有困难。最后说,你实在乐意去那就去吧,这也是没办法的办法!琳吉 1956 年 2 月参军到部队。

琳吉当兵，元锌去看过两次。第一次是 1956 年三四月份，琳吉刚当兵，在日照十里铺，元锌去把他换下来的衣服拿回了家。第二次是 1966 年去胶南灵山卫，从那上了东北瑞吉家。

（以下据璋吉叙述整理）

姥娘甚是疼爱，幼时就塾，元锌不惜逃课至大朱槽与表亲玩耍。父遣长工寻回，责打。

一直怀念大朱槽，自己很大了，姥爷还很疼爱，炖了小鱼叫他吃饭。

分家时立文书，什么不给也要分，给了南草园，自己盖屋。

元锌借钱盖屋，到丁家庄买苫草，三姑帮了一些小松棒，撑起了五间屋。东头三间，西头两间。四角四个垛子，前边两个门没有垛子。

种着分到的前草园东南角那块三四分的堰地（音），买了一头小驴推麦子，挑着去卖白面，自己挣点黑面吃。

1947 年土改复查“扫地出门”，五间屋被分走了。

没屋住，去别人家牛屋住了一段。住五大爷家六弟司元镜家期间，丁氏拉肚子，没钱治，拉死了。二弟元镖给买了一副薄材，草草葬了。

1948~1949 年纠偏后，家里有三块地，弯谷崖（音）一块约一亩，薄叶子（音）一块三分，台家荒（音）一块四五分。有的是村里分的，有的是自己买的。种蜀黍（高粱）穇子（子白色）做粥喝。

新中国成立后，璋吉十几岁时去上过一天学，下学回来，元锌说：“你不能去上学呀，你上学，家里活谁干呐？”以后就没去过了。

互助组开始有个土地分红，地多多分点粮食，地少就少分点。后来以劳代粮，人七劳三——人口占百分之七十，劳力占百分之三十。一两年后成立了农业合作社，土地都归公了。

元锌在农业社菜园上，薅草，间苗。与和基（彦祥父）、树基（彦岭父）、福基（彦会、彦起父）、法基、庆基这些五队老汉，都在菜园挣工分,常在一起拉呱。司官庄传统上是个菜庄,现在也是种菜的多。

原来在家没干过农活,身子重,干活不大行。六十来岁不干了,在家看孩子。

爱赶集,先前一集不落。瑞吉、琳吉邮钱来,一角钱买个大对虾,撕两个香椿叶拌上,喝酒。有钱时买个蟹子,爪子给小孩。酒也不多喝,一两盅,半两,就是个感觉罢了。年龄很大了还赶集,到饭店吃点东西,到街上看个热闹。吃饭从来不吃多,说"美食不可尽用"。

以后生活逐步好起来了。

闲着就看书,七婶子给他三本老书,到死还在床头放着。说"看书就忘了死了",看到会心处自己在那笑。

合作社时期,元锝在大司官庄五队,自20世纪60年代开始,队里五六十户人家过年的对联都是他写,直至20世纪80年代初,从五十多岁写到七十多岁,写了二十多年。每年年前,队里买了笔墨纸砚,会计按着,他写,生产队给计工分。村里人结婚,也有找他写对子的。对子文都是他从黄历上扒。村里没几个人能写好对子,三队也是本家元镇写。

丁家庄三姑针线活好,新中国成立初做瓜皮帽卖,还送给元锝、琳吉、璋吉戴。六表弟丁履龙也曾遭复查,很累,有时来家里喝壶酒、吃顿饭。

祠堂住的时候,碑廓街"兴顺福"牟家五儿牟乃跃,经常来喝个酒。

早时,丁家铺子、丁家庄、田家寨、本庄牟家、甜水河、大朱槽各家亲戚,逢年过节,红白喜事,都是来往的。

有点大少爷脾气,没人敢说他,璋吉不敢犯犟。有一次不知说了句什么,元锝把筷子撂了,说:"过去都是老的管小的,现在小的敢管老的了!"璋吉诺诺。

庄里不是很多人能聊到一块儿,他有文化,别人很少有文化。庆基、法基常来耍,彦木爱上家里来。

（以下据彦进叙述整理）

听说父亲绪基幼年与元锝大爷爷同窗，父亲学不好好上，大爷爷用功，学习好。

小时候过年，初一早晨一定要去给元锝大爷爷拜年，大爷爷早就把钢镚钱换好了。那时大爷爷生活在庄里数一数二。我小时候比较乖，大爷爷、三叔三婶对我都好，拜年时给我兜里揣上花生、糖块，还有一两分钱。一两分钱也不少，那时一个鸡蛋才卖三分钱。

还记得小时候村里修族谱，可能是后来1962年续成那次。父亲领着我到祠堂去看，一个白胡子到肚子的老头，可能辈很小，见了我连忙问："这位少老祖是谁？"大爷爷在那里主事。

大爷爷毛笔小楷相当好，家里过年对子年年都是他写。

大爷爷忠厚老实，说话算数，村里口碑特别好，人见人敬。当时在村里论辈分、年龄、威信，大爷爷都是最有资格的。大爷爷有文化，各方面关系处理都很好，威信高。大叔、二叔在外当兵，大爷爷当了三十年军属，"四清"、"社教"、"文革"等运动，没人敢掴。

大爷爷说话有个口齿，先说"不是不是"，然后再说什么什么。

大爷爷脾气大，当着我们面骂三叔璋吉，三叔不敢做声。在他面前，我们都规规矩矩的。三叔、三婶子对大爷爷很好。

（以下据丁原同叙述整理）

元锝表大爷每年必去丁家庄看三姑两趟，秋天八月十五一趟，冬天腊月一趟。买点肉，买点东西。三姑患病期间，也去看望。

元锝到丁家庄，只是表弟丁履龙陪着，喝点地瓜干子酒，吃点饭，其他人不准上桌子。不远的路，吃完饭就回去了。

判词：

撑家大少爷，胸宽地自阔。

先是父子隙，又遭时事劫。

所幸惊无险，祠堂书九歌。

浪子无舵走江湖

——元镖行状

元镖属猪，生于1923年，乳名清儿。幼聪慧，学优，师喜。本庄表妹牟乃凤称，元镖与本村牟乃卜、牟敦随、司法基、司彦玠，张家庄张传安，共八人同学。小司官庄有人称，其还与司连仁、司连四、司彦合、司香瞻、司余瞻、司恩瞻等人同学，在南头子司姓学校读书。第一名没别人，都是他。老师马容谦(音)甚喜爱，回家都带着他。别人欺负小司官庄同学，都是他挺身相助，主持公道。

族谱载：一九三二年参加共产党地下工作，曾任江苏山东治沭财政处长、芦山县委秘书之职务。疑不确。

1928年4月中共日照县委成立，1932年10月组织“日照暴动”，元镖十岁即参加可能性不大。两职务亦未能查证。1945年1月，割赣榆、莒南、日照三县边区，在柘汪设置芦山县，9月日本投降，芦山县撤销，资料转交赣榆县可能性较大。山东省导沭整沂委员会驻临沭县陈家巡会村，导沭工程自1949年4月21日开工，经十期施工至1953年11月24日结束。1954年2月19日，山东省人民政府通知撤销山东导沭整沂委员会，另成立山东省沂、沭、汶、泗区治淮指挥部。1956年9月28日，沂沭汶泗区治淮指挥部合并到山东省水利厅，导沭委员会资料应转入，但也不便查阅。

至于十五岁参加地下工作一说，用其父壥公“得知后连吓带怕气嘲了”一条佐证，其在1938、1939年日本人到来之时，年岁时间似合,但也无法查到实据。燕仁怀疑,家谱"一九三二"应为"一九三八"之讹可能性较大,其时元镖即十五六岁。

世上没有江湖,江湖只是传说!

娶宋家庄宋氏六女瑞兰,女亮吉(改叶桂芝),子玉林(改叶绍芝,少亡)。

(以下据元镯叙述整理)

元镖和司康吉、牟敦礼(音)一块入党,1943年不见了。

唐军1944年去碑廓当区委书记,原区委书记范铃和元镖这帮就不在了。

听到过临沂的村干部说,元镖做经济工作,大吃大喝,被处理到东北,又贩卖军火,犯罪回了家。到赣榆县城青口,又结婚,青口有儿女。和范铃联系过。

济南丁履玉表姐提到他就很生气,说他偷手表当掉,人家又去赎回来。

1979年继母病,元镖在临沂司元兰妹妹家伺候了几个月。

(以下据瑞吉叙述整理)

祖宅老屋门前右边不远是个大汪,大汪北边是牟姓竹园,东边是司姓柏树林。牟姓竹园里边也有一些大树,夜间住着很多鸟,叽叽喳喳叫个不停。有一年,元镖穿着黄军装回家,瑞吉眼见警卫员小严(音)用枪打下一只灰喜鹊。

共产党叫元镖收生铁,送到西边鸡山兵工厂,造手榴弹、地雷等兵器。他把当时很困难的军费用来买了大米、锅饼、活羊,回家和司康基、司庚基(光远后)等村干部大吃大喝,用了一部分。

由于犯了错误,调走,一去多年没见。

1953年,瑞吉在广北当兵,元镖和一营孙政书的母亲一块来部队,到瑞吉所在的二营四连住了几天。他走后,孙政书给了瑞吉一个纸条,元镖借了他母亲十五元钱,有签名。后来瑞吉用了好几个月的津贴把钱还上。

（以下据亮吉叙述整理）

元镖连襟汪仁贵，河南固始人，抗战末期，日本鬼子投降前一两个月参加新四军。电影《南征北战》里有个将军庙车站阻击战，就是在那负了伤，丢了一条胳膊。1947 年上半年，新四军荣军大队来司官庄养伤，汪与宋氏八妹结婚，婚后南下，随部队到处转，最后回到固始地方上。汪仁贵开始在固始县胡族埠区做区委书记，升县党校副校长，后打成右派，"文革"后才平反。

约 1951 年，元镖拿着妻妹的来信，带着宋氏和两个孩子，来到固始县汪家。汪仁贵安排他在粮食部门工作，干了一个月就不干了，非要走。

带着娘仨来到安徽寿县正阳关，住在旅店吃喝，欠了一些钱。人家催账，元镖说出去找，撂下娘仨一去不回。

（以下据璋吉叙述整理）

元镖十五岁参加地下工作，解放青岛张贴标语，好像还在新海连市（连云港）任职过。

根据女儿亮吉生于 1946 年农历三月十六日推断，元镖大概 1945 年结婚，当时借佐基（光梅后）家房头一间小屋居住。可能壎公不满他参加八路军，早先也把他赶出了家门。

1948 年那时候，大队部东头是三间堂屋，西头是个炮楼。炮楼下边有两间屋，可以住人，房头一个门，可以上到炮楼顶上。两间屋叫村团部，大队叫元镖在那住。璋吉和甜水河表弟赵明山两个小孩，白天到元镖家耍，见一长一短两把手枪在枕边放着，想摸摸，元镖不让。元镖白天在家睡觉，晚上带枪出去。

1949 年 4 月开始，安岚、碑廓组织民工参加导沭河工程，元锝到导沭工地出伕时，见到在那里管事的元镖，元镖给了元锝一点钱。可能是十万，相当于十块钱。庄里人到他那，大鸡烟成条拿。

约 1952、1953 年，元镖从南边小司官庄那边回来，傍晚时候上了祠堂家里，住了几天。元锝问：亮亮娘们弄哪去了？元镖答：在安徽,挺好！于是无话。

住到六七天工夫,大队民兵带着枪来找他,用刺刀往麦垛乱插。来人问璋吉:你二叔呢？答:昨天走了。

那次可能又到村南头四弟元铸家,住了十来天也就走了。一去十几年不见。

1963年春来家,说是从昌乐回来做生意,贩药片。

在家住了十几天,要走。看他吃饭抽烟知道他没钱,家里也没钱。经商量,元镩给他五块钱,元铸给他五块钱。那时到日照一块钱,到新浦两块钱。

1968年阴历十一月,璋吉三女美丽还没满月,大队的人带着碑廓派出所一个姓王的到家里来。问:司元镖是你什么人？答:是俺二叔呀。"你到公社去带回来吧！在昌乐犯了错误。"

到了碑廓派出所,他穿得不怎么样,但行李很好。

"二叔你从哪里来？"

"我从昌乐来。别说了别说了,快把我行李弄回家。"

行李有一大一小两床毛毯,滩羊毛的,质量真好,非常时髦。一块大罗马手表装在信封里,也是村里人从没见过的。

行李扛到家,这回一住不少年。

开始在家里住了几年,后来大队给他盖了两间屋。在大队给盖的那两间屋住了一两年,老三队果园里有两间地屋,清静点,他就搬去住了。

他在庄里不混账,小青年都爱上他那果园去。他能说,有东西谁吃都行。

这段时间,家里给他烙煎饼、洗衣服。自己有时也做饭吃,也种点菜,生产队也给点粮食。

"二叔你别走了,出去一趟趟的还是那样。一般的庙也养不了你,在家我养着你,供你吃喝,侄媳妇给你洗衣服。"璋吉说。

"不走了不走了,再走对不起大荣了,天天送吃送喝。"元镖说。

三队地屋住了好几年,也是什么没说,又走了。听其他人说门锁着,璋吉才知道他走了。

走了又回来一趟,从昌乐带来一个二郎八蛋的人,在家住了几天又走了。过了几天又来了,带了一个老太太,对璋吉说"这是你二婶子"。在家过了一两宿,又上田基家过了两天。元镖走,撇下老太太在田基家。过了几天,老太太也走了。以后又断线了。

最后一次,璋吉盖新屋,1985 年还没套院墙,元镖来了又走了。直到现在都没有音信了。

元镖不想当官,也不想贪钱,就是好吃、好花、好摆、好败坏。

(以下据牟乃玱叙述整理)

元镖大概 1964、1965 年连续去哈尔巴岭好几次,可能从内蒙古刚放出来。他自己说是导沭整沂工程浪费了,犯了错误挨处罚,别人也是这么说。最早去是在 1964 年。

好脸面,报喜不报忧,兜里没有一分钱,给他都不要。善言谈,可以连续说几个小时,但不是吹。也不喝大酒,一般不喝醉,我没见过,也没听别人说他喝醉。

开始路走对了,后来路走错了,很有才,没用好,很可惜,我很器重他。

1978 年后到延吉可能有近十次。最后一次可能是 1987、1988 年,与元铸、乃琢、乃玱四个表兄弟在我家一块喝酒,他说好几年没回家了。我问他准备上哪,第一次见他悲观,说不行弄瓶敌敌畏喝了算了。后来说可能会去黑龙江肇东对青山,想到那承包几亩地种种看。我开玩笑说你根本没种过地,麦子韭菜你都分不开,还得想别的办法。好像司同基(谱统基)在肇东。

家父之舅父涛雒下元村秦公,民国时在我家居住数年,抗日战争时期,秦公两孙秦寄萍(鸿洵)、秦亢青(鸿沂)与元镖二哥同事,新中国成立后其长孙秦寄萍任中国邮电杂志社社长、日照京华同乡会会长，次孙秦亢青任山东省博物馆馆长，都来寒舍致谢。

（以下据彦进叙述整理）

元镖第一趟到肇东可能是1978年。彦进正在涝洲工地干活，他到家跟彦进二叔同基说：“快把彦进叫回来，不能叫他在那里受罪，我要带他走，给他安排好工作。”

彦进高高兴兴从工地回来，被元镖叫到一边，说：“有没有钱？给我拿二百块钱。”彦进的热情一下子从沸腾降到了冰点，给了他五十块钱，他走了。

彦进到处当盲流，累死累活，一天才挣一块多钱，一年也攒不了二百块。

第二次可能是1988年夏天，很热。这次可能是从对青山来的，对青山有个姓胡的老太太，彦进叫表奶奶，广基（谱经基）过世还来的。可能是从对青山到东发，又到哈尔滨。

肇东县东发乡新发村广基、同基，黑山村元镛、元钰，老汤村、六马架村等老家亲戚，他都能找着，一住不走。东吹西拉，广基叫他“二吹”。

那时广基有病，肺癌，在铁路医院住院。彦进1984年结婚，1985年有闺女，元镖来那年小孩三岁。在彦进家住了半个月，走的时候问住院的广基要钱，广基没给挨了他的骂，彦进给他二百三十块。

那老头神龙见首不见尾，来无影去无踪，从来不告诉别人他上哪，以后就不见了。

（以下由燕仁综合）

燕仁于1976年春节过后随父携弟妹回庄西宅第探亲，其间某晚席设堂屋，牟友善、庆基、元镎、瑞吉、璋吉等在座，闻元镖于门外巷间几次来回，或是大家知道元镎不喜元镖作为，未请。经议，请元镖至。未几，见元镎早退，其后燕仁于东偏只听元镖一人讲话，油灯昏暗，面未识。

是时，燕仁年方未满二九，不便问老辈间事。知元镖名，奇。白日里打听元镖村中住所，至。门开，院净，屋内空荡，似不火。里间就地草上一铺，铺上墙中粉笔“节后再见”四个白字大小适中，直是“轨道准确理直气壮”，未见人。

此后燕仁于碑廓正街两遇元镖，言工作时面前四部电话，作报告两小时不看材料，提谷牧、乃玱等名讳，意欲离村经营，南边养鱼之类。燕仁懵懂。

据闻及资料综合：

1938年春，国民党东北军五十七军一一二师进驻碑廓一带，师部驻碑廓，其下属六六七团团部驻费家湖。该师已有共产党地下工委，主要负责人是吴志刚、谷牧同志。这时，中共青岛市委主要负责人陈振麓也在这里。4月15日，涛雒下元村流亡学生秦亢青、秦寄萍弟兄俩，与已在六六七团的东北大学流亡学生赵书扬（中共地下党员）接上了关系。16日，三人一起到费家湖，见到六六七团团长万毅（中共特别党员），接着又与谷牧见面。这样，秦寄萍、秦亢青二人便被编入了该部。

六六七团希望二秦多找些人参加队伍打日本，二秦就回去动员一些同乡及亲戚，共带领九十六人参加了这支抗日队伍。

二秦带人到部队后，被分配到新兵队第一期。第一期新兵队共一百多人，其中二秦从家乡带来九十六人。新兵队中有王国栋、陈先、吕志先、尹二、秦盾、牟锋①、郑怡、王力、王冰等人。这些人后来都成为著名人士。郑怡是二秦姐姐的女儿，后来与万毅结婚，牟锋本是亲戚，又是秦亢青妻子的妹妹，后来嫁给了谷牧。当时他们都是风华正茂，既年轻又漂亮聪明。

若元镖十五岁参加地下工作，当在此时。元镖与二秦同事，也当在此时。

1941年春，由于日、伪、顽势力不断“蚕食”，仅有安岚（今安东卫和岚山头街道）至碑廓东西三十余华里、南北十余华里的狭小地带，为日照县抗日民主政府控制的抗日根据地。县政府驻碑廓。

元镖为碑廓(九区)最早五名党员之一。日照县民兵指导员。

1942年11月，时任八路军一一五师代师长、山东军区司令兼政委罗荣桓，一一五师政治部主任兼山东军区政治部主任肖华，中共山东分局秘书主任、统战部长谷牧，率一一五师移驻碑廓，指挥山东军民抗日作战。

抗日战争进入最艰苦时期，谷牧孩子降生一个月后，恰逢鬼子“扫荡”，谷牧及其妻子牟锋跟随部队转移，孩子要找当地老乡寄养。抑或元镖联系牟敦琴[2]，找到碑廓二村乔丹林，当时他家孩子刚刚夭折，乔妻纹凤云便承担起给孩子喂奶的任务，一直到1944年。纹凤云后来到北京，牟锋带她吃了饭。

2010年3月，受燕仁委托，牟敦师拜访已经九十三岁的乔丹林。虽已耳聋眼花躺倒在床，但乔老仍然记得司元镖当时干得非常好。

乔丹林家奶过的那个孩子，应是谷牧和牟锋的长子刘念远，1943年出生，1962年参军，1998年授少将军衔。牟敦师称，刘念远一行坐一排小轿车到碑廓参观一一五师抗日指挥部旧址时，镇政府没安排好，乔丹林在大路边等了半天没见到，难过得落泪。

元镖1944年到临沂党校学习(时为滨海专区，党校应不是这个名)，改名丁镖。据闻是犯错误调离。

一说1946年江苏、山东两省三县治淮工程，据闻元镖管财务，贪污不少钱，回家一趟，花钱不在乎。来抓，跑到青岛。解放青岛，地下党与元镖取得联系，元镖立功。青岛1948年解放，赖可可当市委书记，元镖找不着了。此传闻含元镖两次犯错误。

1949~1951年导沭整沂工程期间，元镖做过一段时间财务工作，铺张浪费被处理，不是贪污，他自己亦持此说。这已经是他第三或第四次犯错误。

燕仁在网上查得1951年8月9日人民日报有篇文章，题目是《对人民日报读者批评建议的反应:山东省导沭整沂委员会现正检查纠正浪费现象》。内文称:“编辑同志:六月八日人民日报读者来信栏发表了陆奇同志对我会存在着严重浪费现象的批评。我们读到这封批评信件以后,即于六月二十九日召开了导沭整沂委员会扩大会议并和本会原有的物资清理小组作了共同研究。我们认为这个批评给了我们很大的……”

1953~1963 十年空白,疑收监。1988 年最后人见,疑弃世。

假作真时真亦假,聪明反被聪明误!行笔至此,心中沉得透不过气来!

燕仁见过元镖,相貌英俊,身轻腿快,口若悬河,行事如风(些许倒钩齿,但不难看)。据闻精明干练,有才,能说,能张罗,却落得抛妻弃子,生活无着,居无定所,多年在延吉、肇东、青岛、庄河、甜水河、棘子荡、大朱槽等各处亲戚间游荡(此见姻亲所述)。惜哉痛哉!

元镖早已没有江湖,江湖上都是元镖的传说。

一代人有一代人的使命,每个人都应当完成自己的使命。元镖记忆力惊人,只是上没有共产主义信念,下没有为劳苦大众求解放的理想,中间没有干好党交给他的工作的责任感。理想和信念的缺失,是他不成功的根本原因。最要命的是,他连自己老婆孩子死活都可以不管不问。所以再好的机会摆在面前,他也不可能去抓住发展自己,然后回报组织、回报社会、回报家庭。又自恃聪明,不落凡尘,心气过高,不甘心过平常人生活。好吃懒做,不务正业,说谎话,骗,也是没说错他的了。这种人聪明过度,百无一用,所以一生过得不好也是自然。

做父母生了聪明孩子的,自以为聪明的,当引以为戒。仅有聪明是危险的,还必须有正确的世界观、人生观及具体事物具体分析的判断力,能在小事上把握好自己尤其重要。聪明而路歪,会在错误的路上跑得很快很远,愚鲁而务实,会积小成为大成。所谓大智若愚,表面聪明向来不是什么好事。

燕仁千方百计找到了元镖的后人,淳朴老实得很。

判词:

浪荡二公子,少立潮头者。

无舵行江湖,遑论清与浊。

水陆数颠簸,身家两蹉跎。

注释:

①牟锋,原名牟乃秀,据说是日照奎山牟家小庄人,生于1921年8月3日。

②牟敦琴,后改名牟韵文,日照碑廓二村牟季良之女,1925年4月24日生。1942年9月参加革命工作,1944年7月1日加入中国共产党,1984年9月离休。离休前任中共上海师大委员会委员,组织部长。1942年9月至1943年6月,碑廓完全小学教员。十年动乱期间遭到迫害,发配到黑龙江呼玛县开库康公社插队落户,身心受到严重摧残。“文革”结束后调进上海师范大学工作。婿周抗,抗大一分校教员,时随一一五师驻碑廓。

长白山下耕作忙

——元铸行状

1986

1997 司燕翔、司燕南、司燕超(前排左起)
司荣吉、秦玉龙、司元兰、丁立秀、司元铸、司凤吉(中排左起)
魏松龄、朱宏、王文茹、司梅吉、司仁吉、司信吉、司德吉(后排左起)

元铸生于1931年，乳名多儿，上有年长二十七岁的大哥元镩,年长八岁的二哥元镖,还有一个叔伯三哥元镇,所以排行老四。小时家境还算殷实,因而也有些书香气,教育后代仁义道德,乐善好施。

十岁时父亲去世,外加兵荒马乱,家境逐渐衰败。到了“土改”,家里大部分土地和房产被改没有了,人也被划为“地主富农”类。好在仰仗祖辈积善成德,家中除了生活窘迫些,人倒没受太大冲击。

1952年,与丁家庄丁立秀结婚。

合作化以后,元铸在生产队当会计(半脱产)。由于土地资源贫乏,加上合作化运动的人祸,衣食和其他生活用项都成了问题。当时听一些“闯关东”的来信说,东北地广人稀,能吃饱肚子,也想去闯闯。

1964年1月,元铸领着长子到了东北。先是到了吉林通化的一个小山村,那里生活环境恶劣,交通闭塞,故又投奔到敦化一个叫哈尔巴岭的小山村。这里虽然也是山沟,除了山就是沼泽地,但有铁路公路经过,交通便利,且有两个表亲。

哈尔巴岭大队书记陈作林是莒南文疃人,表弟牟振声(名乃玱)是乡村医生,通过他的介绍,生产队收留了元铸。到了6月份,元铸给山东家里去信,让全家来东北。接到来信,妻子丁立秀将土改后仅存的两间厢房,以五十元的价格卖给邻居,带领五名子女(大的十一岁,小的才一岁)一路辗转奔波来到东北。

刚到东北,首先遇到的就是吃饭问题。家里断炊,元铸在乃玱家流泪,乃玱说自家还有几十斤玉米,两家分开吃吧。刚好生产队长孙庆瑞在场喝茶,也是莒南文疃人,牟振声又求他帮助,孙庆瑞自作主张,将前一年春播时剩下的两袋玉米棒子给了元铸。秋天,屯子里老乡帮着上山砍木头,孙庆瑞安排生产队的马把木头一根一根从沼泽地抽回来,在乡亲们的帮助下,当年盖起了三间泥草房，一家人总算在哈尔巴岭安顿下来。

转过年，大人孩子上山开荒，种些粮食和蔬菜，除了填饱肚子之外还养些家畜家禽，在集市上卖出后换些衣物和其他生活用品。

“文革”开始的时候，子女们也陆续到了上学年龄。由于不让个人开“小片荒”，也不让搞副业，家里经济来源又没了着落，连买书本都要犯愁。妻子与元铸商议，让已上小学四年级的大女儿梅吉辍学参加生产队劳动。梅吉学习很好，虽然心里十分不愿意，迫于无奈，还是听从了父母的安排。

年仅十几岁的梅吉，开始为家庭分担生活压力。由于不堪繁重的体力劳动，患了哮喘，无法继续劳动，在这种情况下又继续复学。长子仁吉在上中学的时候，就开始跟表哥丁原建学木匠。

1977年，为了子女能有更好的发展，元铸带领全家先是搬迁到龙井市一个叫德新的山沟，十个月后，牟振声又找到延吉工农村村主任樊殿奎及李宝昌、厉福堂等朋友，在他们的多方努力下，安排元铸到了延吉郊区兴安村，当蔬菜技术员。

1998年因肝癌伴脑出血去世，享年六十八岁。

子三：仁吉、信吉、德吉；女三：梅吉、凤吉、荣吉。子女取名多循长兄元錞意见。

判词：

幼齿生晚秋，年少霜早落。

半生闲情少，一世忙碌多。

儿女各有所，去可无挂扯。

（据信吉2010年提供材料整理）

相夫教子孝敬老

——元兰行状

2004 结婚五十周年

2008 全家福

马坤、秦四成、司元兰、秦玉龙、王涛、冯跃军(前排左起)

秦四美、南翔、冯优、王振兴、秦建民、秦四爱(中排左起)

秦司楠、齐春云、杨羽、马辰(后排左起)

元兰生于1934年农历九月二十六日(公历11月2日),属狗。

1941年八路军工作队进村,办识字班、速成班,元兰积极参加文化学习,接受思想教育。

抗日战争后期和解放战争时期,为支援前线作战,夜以继日纺纱织布,做军鞋,缝军衣,碾米磨面,烙煎饼,凑集军粮,救护伤员。

新中国成立初期,认真学习农业生产种植技术,实行科学种田。开展破除封建迷信、移风易俗等社会活动,改变农村旧思想、老观念,倡导社会主义新风尚。

1954年农历十月二十四日,随新婚丈夫二朱槽秦玉龙(长兄元錞托人介绍)迁居临沭县邮电局,同年底随丈夫工作调动,迁居临沂地区邮电局。随后十多年时间里,因家中双方均有老人需要照顾,加上子女众多,一直在家中料理家务。不论家庭生活困难还是宽裕,始终保持艰苦奋斗作风,吃苦耐劳,勤俭持家,是相夫教子的贤妻良母。对丈夫工作上大力支持,生活上悉心照顾,夫妻恩爱,相敬如宾;对公婆与父母力尽孝心,关怀备至;对子女宽严有度,尽力培养。

多年来曾多次搬迁住所,都能与邻居和睦相处。平时乐于助人,无论邻里谁家有困难,都力所能及地去帮助。无论顺境逆境,都快乐地面对生活。

自1968年元月至1986年12月底,在临沂地区邮电局食堂工作了十八年,主要是面案工作。这项工作虽然没什么名分,待遇又低,但工作态度十分热情,非常爱岗敬业。不论寒冬酷暑,都风雨无阻按时上班。工作中认真负责,一丝不苟,为提升炊事技术,虚心向老师傅学习,有空闲自己反复研究,钻研食品加工技术。

一分耕耘一分收获。经过努力,蒸的馒头白又香,烙的油饼酥又软,1984年在全地区邮电系统技术比武大赛中取得蒸馒头比赛第一名。

面案工作又苦又累，并时常加班加点，从来没有丝毫怨言。值夜班时，无论出差的同志回来有多晚，都准备好热菜热饭送到同志面前。因服务态度好，团结同志，遵守纪律，工作主动性强，技术水平高，多年来深受邮电局干部职工及家属们的好评，并多次被评为先进工作者和技术标兵。

1986 年底离开工作岗位，老夫妻身体尚健，精神尚佳，记忆尚可，又恰逢盛世，四世同堂。子孙都很孝顺，常来探望。生活平淡安逸，很幸福，很满足。

子秦四成，女秦建民、秦四爱、秦四美。

秦四成，博士后，公费英国高级访问学者，吉林大学教授、博士生导师。秦建民，副主任档案馆员。秦四爱，统计师。秦四美，会计师。

（2010 年 6 月据王涛第五稿整理）

身世浮沉苏鲁间

——元镇行状

1952

1957　元镇(右)摄于临沂

1985　全家照（摄于日照）
牟乃春、司元镇（前排左起）
司海吉、司美吉、司翠吉、王萍、司滨吉（后排左起）

2006　摄于沛县家中

元镇生于1928年11月29日,卒于2007年10月。

三岁失父,学业优。先在村里做小学教师,后到沛县供销社工作,“反右”期间回村。因家庭出身长期受打击,性格内向。说话时认真看着对方——仔细听,眼睛快速眨动——思考,想好了再说。

(以下据牟乃凤、丁履祥、林为兰、瑞吉、璋吉、滨吉、唐智波讲述整理)

元镇小名叫孩儿,有四段婚姻。

头一个老婆是二朱槽“秦四直”的闺女,长得最好看。“秦四直”是地主诨名,觅汉给他家种地,有弯割了去,不算,按直的算工钱,所以人称“秦四直”。一说秦氏“妖道”,嫌元镇黑,不跟,回家了。一说小时候两家老人定的亲,结婚后没看好,过了一段时间不要了。一说元镇剃了头要结婚,鬼子来了,大家跑到大朱槽岭,回来后秦氏可能撞见了鬼,说看见元镇就是个鬼,不合房,几个月,离。

第二个是新宅子二姐元琴家近门小姑子,姓李。一说李女跟着元琴来司官庄玩,看元镇母子两人生活,相中,跟元琴说,事成。先头说怀孕,后来又说化了,元镇母亲说没怀就没怀,诓俺干啥。约1955年,三姐元铃丈夫唐军任沛县(今属江苏)县委书记,把元镇安排到沛县供销社做统计工作,回家与李氏离婚,在沛县与第三任妻子康氏结婚。据闻,康氏是贫农、党员、干部,两人育有一女。

李氏无法,在司官庄路北找了牟某善,比原来司姓元字辈矮了两辈。

一说村里之侯某,与康基争当村干部,因康基与元镇好,就借打击元镇与康基相斗。说元镇家是富农,不能叫他在外边当共产党的干部享福,得把他弄回村里受罪,诬他是国民党“三青团”。

1957年“反右”运动,元镇从沛县被弄回大司官庄,康氏被迫离婚。三队过年的对联多年都是他写,后期做过大队会计。

抗日战争时期,碑廓从1940年就是共产党的根据地,后来八路军查出碑廓区学校校长吉德福是国民党党员，其他各村学校老师和学生，有的说是国民党，有的说是“三青团”，都弄上些罪名，有些枪毙，有些挨整。

回村后，牟乃芝把二妹牟乃春说给元镇当了第四任妻子，育二男二女。牟乃芝和元镇四姐元镯是好友，在一起工作过。

元镇家的住宅，原是建松公盖的自家学屋，墀公逝后，壥公分家分给了弟媳，所以人们都说，元镇家住在学屋里。元镇1955年到沛县工作后，村里把他家的房子分给成基、春基两家住了。他回来后，在菜园盖了三间西屋，南头一间开门母亲住，他住另两间。后来母亲说西屋冷，打了西屋盖堂屋，20世纪60年代璋吉等人帮着盖起来的。

提携元镇的姐夫唐军1957年被打成“右派”，上五七干校，“文革”期间被抄家、批斗，1974年病逝，1979年平反。开追悼会时，沛县来了一个县委副书记兼纪委书记，是唐军的老部下，知道了元镇的事情，说回沛县解决。

1980年左右，元镇回沛县落实政策，退休，滨吉去办的。1982年，全家迁沛县。

子二：滨吉、海吉；女二：翠吉、美吉。前妻女王某，沛县生产资料公司统计员，退休，心知，未认。

判词：

不觉已孤露，抬头见寡母。

亲携命已苏，邻争又困鲁。

叶擎水珠四，花落蓬棵五。

识字班里走出政治教员

——元铃行状

1956　与文夫唐军及次子吉生

1957　丈夫唐军

2010.10　摄于济南

元铃排行女三，生于1921年，属鸡，乳名铣。1944年入党，1945年正式参加工作，嫁碑廓区委书记唐军。2011年11月17日于济南无疾而终，享年九十岁。子三：唐智波、唐吉生、唐智强。唐吉生任山东精神病院业务副院长。

（以下元铃2004年初口述于济南家中）

碑廓三村丁家铺子姥爷是秀才，没钱再考了，逃荒到碑廓，在家靠给人看病维持生活。

大伯司壥家元錞大哥的老婆，既是大嫂又是二表姐。二表姐常犯心疼病，犯时就帮她捶搓。

父司墀，叔伯兄弟七个，四大伯司埠没有儿子有闺女，五大伯司玺家人多，也不大好。

父亲十五岁下学，去世那年我八岁。有说活了三十的，有说三十二的，按我的年龄推算只有二十九岁。

我1921年末生，属鸡，也可能阴历1921年，阳历1922年，元镯1925年生，元镇又小三岁。大伯家元镖小我两岁。

母亲也属鸡，大我二十四岁，应该生于1897年（光绪二十三年）。

（以下据唐智波叙述整理——2010年8月于济南家中）

元铃1944年入党，1945年正式参加工作，参加妇救会，碑廓银行干过，还干过法院。开始上过识字班，也教过识字班，后到泰安工农速成中学学了几年。茶叶公司、商业、水产干过。唐军打成右派后调山东省兽医干部学校当政治教员，有两三年。其他时间都是组织或人事科长。

婿唐军，平邑人，1913年生，1932年临沂第三乡村师范读书时入党。后回老家，1939年脱产到山东分局，1943年到日照碑廓任九区区委书记，调临沂汤河镇十三区。后历任芦山县、临西县等三县县委组织部长，鲁中南区党委实业处处长，沛县县委书记，滕县县委书记。1953年调山东省财委下属部门副主任，后又任商业厅食品公司经理、党组成员。1957年打成右派，上五七干校，"文革"期间抄家、批斗。1974年病逝。1979年平反，开追悼会，享受厅局级待遇。

追悼会时，沛县来了一个县委副书记兼纪委书记，是唐军的老部下，知道了元镇的事情，说回沛县解决。

小小团委书记

——元镯行状

1953　或为结婚照

1962　全家照

1990 摄于临沂家中

2007.8 与孙女

2009.4 耿志刚一家(摄于韩国首尔)

元镯排行女四,生于1925年9月10日,乳名铚,逝于2009年10月22日。子耿志刚,女耿志琴、耿志红。

(以下元镯2003年末口述于临沂家中)

我1944年入党,1949年脱产,1957年退职,现领345元。

父司墀,七岁没有了父亲,十五岁上碑廓,跟着大会计学习,大会计有肺结核,传染了他,后来死因就是这个。

大伯司壎,十六岁找了大朱槽一个大五岁的牟姓女结婚,育一男二女。

碑廓三村丁家铺子秀才姥爷教私塾,姥娘瘫痪,四个舅舅,大舅丁惟恕家二表姐嫁本家元镎大哥。

家里原来跟着大伯司壎一块生活,父亲去世一年多才分开。

元镎大哥和碑廓二村牟家关系好。牟家在街上开铺子叫"兴顺福",做买卖,对元镎好,先说下女儿,女儿去世后,又给介绍丁家铺子表姐,回来征求俺母亲意见,同意姑侄做伴。牟家六儿牟乃仕媳妇是丁家四舅丁惟平的女儿,与元镎家表姐叔伯姊妹。

因家庭矛盾,元镎和大伯起争执,没饭吃,瑞吉和琳吉到我家吃饭。元镎看不行就分出来,住我家草园里,准备在南园另盖屋。

二哥元镖有个妹妹叫鸽(音),和我同岁,几岁死。

元镖和司康吉、牟敦礼一块入党,1943年不见。

唐军到碑廓当九区区委书记,元镖、范铃这帮就不在了。

听村干部到临沂说,元镖做经济工作,大吃大喝,被处理到东北,又贩卖军火,犯罪回了家。到赣榆县城青口,又结婚,青口有儿女。和范铃联系过。

元镖在济南,丁履玉表姐提到他就很生气,说他偷手表当掉,人家又去赎回来。

1979年继母病,元镖在临沂元兰妹妹家伺候了几个月。

弟弟元镇上学成绩相当好,当过小学教师。

二姑嫁本村牟姓,二姑父教私塾。

(以下据耿志刚叙述整理——2010年7月于临沂家中)

元镯生于1925年9月10日,逝于2009年10月22日。

1944年8月入党,姐姐元铃走后(跟唐军去了临沂十三区,现汤河镇),接任本村识字班队长。

1949年3月,到鲁中南青年干部学校学习(在临沂,相当于团校),7月任临沂二地委建团工作队队员。

1949年11月至1952年8月,先后任蒙阴县高都区、坦埠区团委副书记。

1952年9月,到沂水地委党校学习。

1953年1月,任蒙阴县整党工作队队员。

1953年5月至1957年10月,先后任沂源县鲁村区、悦庄区团委书记。

1957年10月退职。组织上搞精兵简政,工厂企业也退了一些。当时在区里上班,离家远,小孩刚一岁多,区里要完成两个退职指标,丈夫耿恩启在武装部上班,工资高一点,说退了吧,就退了。

退职后,有人又找回去了。耿恩启转业到临沂,一直没找。后来文件有国家政策,对1957、1958年因精兵简政退职的发给生活补助,开始才五十元,后来三百多。沂源那边寄过来。

耿恩启, 莱芜市方下镇方下村人,1914年2月生,1997年10月9日去世。1938年4月参军,1939年4月入党。1938年4月至1941年6月,鲁中四支队战士、班长、排长、连长。1941年7月,到抗大一分校学习。1944年3月至1949年9月,历任沂南县武委会军事股长、鲁中二地委(临沂地委)武装部参谋、蒙阴县武装部副部长、部长。1949年10月至1958年6月,沂源县武装部部长、兵役局局长。1958年6月至1960年10月,临沂公安处劳改大队支部书记、铁矿矿长。1960年10月,临沂地区人民医院副院长。1976

年6月离休，1997年因病去世。

子耿志刚，1956年2月生。1974年12月下乡到莒南县文疃镇。1975年11月到蒙阴县建材七○一矿（全国唯一金刚石原生矿）。1978年9月，考入临沂师专。1980年7月，任临沂市九曲镇团委书记、党委秘书。1984年4月任县级临沂市市委研究室副主任，1988年1月任纪委常委、办公室主任。1995年2月，任地级临沂市河东区纪委副书记、监察局局长。2007年8月，任河东区政府区长助理。2009年4月改任非领导职务政府办主任科员。善写小品文，散见全国各报刊。

女耿志琴、耿志红。耿志琴，临沂市银雀山汉墓竹简博物馆主任馆员。耿志红，临沂市人民医院西药房药剂师。

自述

我们是亲人，但我们之间并不了解，
我们甚至发现亲人之间更难沟通。
这里，我们用内心最柔软的部分，
说着人世间永恒的那些东西——
我们讲述活着的历史。

司家門里

从绣针河到黑龙江

——瑞吉自述

1951 摄于石臼所

芳芹(左)约1953年于碑廓

1955　碑廓同乡战友富锦留念(后排左二)

1955　摄于富锦

1956　在苏联 C-80 拖拉机上工作(驾驶棚内)

1957　到303自走康拜因上工作(下右二)

1957　转业证照片

1961　照相馆来了生产队

1976 摄于青岛中山公园

1986 摄于青岛小鱼山

1989 十三连家门前小树林

1996 摄于河源

1996 摄于珠海

2004.7 摄于碑廓

2012 端阳赏荷饭饱后

2012 摄于河源

2012.8　三代人

这是一个八十岁老人，站在共和国六十年的门槛，回望自己磕磕绊绊的来路。

祖　宅

早时司官庄除了东头子牟家，就是南头子司家了。我属马，1930年农历五月十三出生于南头子祖宅。

东头子牟家那里叫“衙门”，南头子司家又分“前门”和“后门”。

祖上留下来的老宅子位于庄南头后门，东西向，大门朝东。主要住着五爷爷司玺、爷爷司壎（行六）、七爷爷司墀三家。其中爷爷和七爷爷是亲兄弟，两家原是一家，七爷爷早逝，七奶奶后来才带着儿女分出去。四爷爷司埠家、二大妈家（夫元翰嗣大爷爷司塾）住南头子前门。司均不知是二爷爷还是三爷爷，他家大大爷司元骥的儿子绪基、同基（谱统基）住这三家后边，过个夹道就是——也是很大一片，后边一个大牛棚。

这几家都一个爷爷，是光瑶的后人。

祖宅是一栋西屋、一栋穿堂屋、里外院各一栋堂屋，外院建有围墙、大门楼。

西屋三间为上房，高一点，住祖父母。里院坐北朝南的三间堂屋，住父母，是自己家。我在这里长到八九岁，二弟琳吉在这里出生。穿堂屋比西屋短一点，是通开的三间，用来做饭、吃饭、储物。过了穿堂屋，就来到外院。外院北边两间堂屋，是自家的粉坊。外院背阴处种有香椿树，一侧墙根下安着一盘石碾，用来碾粮食。最外边，就是高墙和大门楼了。

出了大门，是一条三米多宽的南北大道。

七奶奶家北边，是他家分别和一家院落差不多大的草园和菜园。

草园里放着麦秸等烧柴，地瓜秧、花生秧等草料。西屋前，一边拴着七奶奶家的一头驴，一边是一间用来做饭的小地屋。院墙下一个地窖，秋天用来储藏地瓜。园门左边是猪圈，养了六头猪，主要为了攒粪种地。

菜园里种着韭菜、芹菜、白菜、萝卜什么的。菜园的树条门前有一口水井，青石垒起一米直径的井头，井头上有一副木架。架上一根木棒，一头绑着一个小石磨，一头拴着木水桶，用杠杆原理从井里往上提水挺省劲。

三家西屋，再加七奶奶家草园、菜园后面，有一个夹道，夹道后面是一些杂姓人家。

大门前顺着南北大道东侧，是一条五米多宽的大水沟，靠路这一侧用石头砌起来。

大水沟的东南头，有一个南方人叫塘，北方叫泡子，山东人叫汪的大汪。大沟的水，流到汪里，再流向葫芦沟。大汪水深有两米，有人到汪里摸过鱼，没摸着。夏天，挨着这三家的大水牛，就泡在这个大汪里，有十多头。自家几头黄牛是卖肉牛的，两头大水牛用来耕田。

很久很久以前，司姓家族兴旺的时候，传说水牛放进大汪里就会多出一头。后来，一个外姓小放牛的，把每条牛的角上都拴上记号，他也下到水里，果然发现有一头没有记号。大汪里司姓水牛会多出来一头的秘密被说穿后，水牛就再也不多了，这个家族的好运也就没有了。

大汪北边是牟姓竹园，东边是司姓柏树林。也就是说，自家前边过了大水沟是一片竹林。

牟姓大竹园，里边也有一些大树，树上夜间住着很多鸟，叽叽喳喳叫个不停，很是好听。有一年，二叔元镖穿着黄军装回家，警卫员小严叫我看着，他用枪打下了树上的一只灰喜鹊。

司姓柏树林有五六亩地，一百多棵直径三十至四十厘米粗的大柏树，比现在的电线杆子还高。这种树中心油性很大，像松明子，财主家将四面锯去用中心板材做棺材。这种棺材要十二个人才能抬动，埋在土里几十年不烂。

南北大道北面接着的，就是日本鬼子从岚山到碑廓去的北大路。

这三家的房地产，加上七爷爷家的草园和菜园，有一千五至两千平方米。

自家外院北边的两间堂屋，当年用来做绿豆粉，父亲拿到集上去卖。

我记事前，建邦公后司塾，建安公后司均、司玺，大大爷司元骥(司均后，彦昌爷爷)、二大爷司元翰都去世了。七爷爷司墀也就三十来岁，也因为肺结核去世了。我记事时，四爷爷司埠还在，爷爷司壎精神已不大好，糊糊涂涂。

小时候经常到四爷爷、二大妈家，跟几个姑姑、姐姐玩，更经常和五奶奶家七叔元荣(谱元镛)、八叔元钰，四叔元镐家大姐(司珮基)玩。绪吉那边也常去玩。

粉坊·油坊

家里外院两间北房,是加工绿豆粉的作坊。粉坊至少有四五个人干活,有烧火的,有上粉的,有漏粉的,有往凉水盆里捞粉条的,有用破开的高粱秸扎捆的,有往木架上晾粉条的,很忙活。

加工粉条要事先买来绿豆,用大缸盛滚开水浸泡,然后上磨推,过箩去渣,做成干粉团,用的时候再打团、打糊、搅面。

打糊是把淀粉用水和匀,用热水烫或煮熟,做成糊状。搅面是把打好的糊和淀粉面放在大盆里,四五个人步调一致围着盆各扎方步,用拳头使劲揣粉团,边揣边顺盆沿行走,如机器般整齐,只揣得粉团在盆里鼓胀运转,不一时变成匀称发亮的一块。漏粉是把搅好的面分成小块放在漏勺里,水烧开后,一人坐在锅台凳子上,以扁拳敲打粉团,粉团成条落入开水锅内。有人用长筷挑出粉条浸在凉水盆内,降温后扎捆,然后放在有一定浆液的盆里,一定时间后在水中反复用手揉搓,使粉条疏朗。

成捆的粉条在一排排木架上晒干后,父亲挑到集上,铺一块白布,在那摆卖,也在那喝水、吃饭。

粉坊那两间屋子可能还是油坊,有竖着的四根大木头,下面还有横着的木头。太小,记不清了。反正记得有花生饼出来,带皮的喂猪,纯花生的人也能吃。有一天晚上,几个干活的人榨油后,好像在锅里做了一块东西,似豆腐不是豆腐,也叫我吃,很筋道很香。现在也不知道是什么东西。

东家与雇工

碑廓、大司官庄、田家寨、朱槽一带,土地平整肥沃,绿野平畴,年年丰收,是种植地瓜、粮豆、菜蔬、瓜果的好地方。以前自家请了多少工人我不知道，我记事的时候，家里雇有一个长工司元财，我叫七大爷，在菜园、场院上干活。

司元财孤身一人，他给家里干活，家里养着他。家里待他很好，都是一姓，没当下人待。

他很能吃辣椒。有一年秋天种白菜，我到南菜园去给他送早饭，他叫我去摘辣椒，摘那种要红不红发紫的，辣椒这时最辣。我说摘多少，他说摘一苇笠，就是一草帽头子。

早上我去送饭，一般都是小泥罐里装稀饭，小提篮里放煎饼、炒菜、凉拌菜。一般都是两个菜，有热菜，有凉菜。再用小泥壶提上二两酒。中午回家吃，吃完还要休息一下，避避日头，下午再干活。

母亲的姐姐我叫大姨，嫁邻近的莒南县团林镇李家桑园，更是大户人家。家里雇着做饭的老妈子，儿子、闺女等各房里有使唤丫头。东家与雇工关系很好，他们给东家干活，东家养活他们。他们家里大事小情，东家都给予关照。甚至他们的儿女，又到东家干活。东家和雇工家，是多少代的关系，非常融洽。

走亲

大姑奶奶嫁岚山头东楼秀才苏琳山，家败了，我也没去过。

二姑奶奶嫁本村东头儒生牟家騄，家在牟姓学校西南，大门朝东，学校大门朝南，中间隔一条大约五米宽的路。到她家要上三五个台阶，不超过十个。

三姑奶奶嫁丁家庄丁姓，有六舅丁履龙、九舅丁履常和两个表弟，大门楼上养了很多鸽子。有一年春天，我去送菜，小鸽子刚出壳，我和表弟把小鸽子身上抹上豆油，让它不长毛。到秋天我又去送菜，把长不出毛来的小鸽子拿出来，两个妗子给做着吃，很美。

四姑奶奶嫁田家寨牟姓。四姑爷爷也叫三姥爷，是老中医，一辈子行善，一些穷人看病没有钱也给药，方圆几十里，没有不知道三老汉是好人的。四姑奶奶家西屋很大,是个完备的大药铺。

父亲的姨嫁了张家岭丁姓,我叫她三姨奶奶。她家是四合院,南北向。堂屋高一点,是上房,住父辈,西屋住儿子,东屋住女儿。大门楼两边,一边一大间屋,门外就是大路。三姑奶奶、四姑奶奶家的房子,和这也差不多。

张家岭、丁家庄、田家寨这三家的院子里,房檐下靠阳光的一边有葡萄架,背阴一边种有香椿树。

我到这三家去送菜,可能有五六年。春天是韭菜、水萝卜、黄瓜,秋天就是芹菜、香菜等。在他们家吃饭,麦子锅饼、小米绿豆稀饭、鸡蛋炒香椿芽、小烤鱼和刀鱼、咸鸭蛋。韭菜开水烫了,挤出水分,用豆瓣酱、虾皮、蒜泥凉拌。黄瓜切成片,用盐杀一下,挤出水,也凉拌。

大姑嫁岚山甜水河村赵姓。分家前很小时去过一两次,和表妹、表兄弟到海边玩,拾贝壳,捡蛤蛎,在沙滩上的小洞里捉小螃蟹,看渔民织补渔网。渔民们用木棍或竹竿搭一个架,把渔网搭在上面,渔网上的杂物都弄掉,人在下面补。大姑和父亲同母,连她的大女儿鹤,长得和父亲都有点相似。在她家吃饭,每顿都有海味。在大姑家住几天,赶碑廓集时,大姑父就把我送回来。大姑父来,母亲会炒几个菜,和父亲一起喝点酒,吃完饭当天就回去了。

二姑嫁柘汪(现石桥)新宅子李姓。二姑也和父亲同母,长得也相似。她的大女儿叫档子,长得像二姑父。在她家吃饭,二姑把鸡煮了,肉撕了,炖粉条,给我单盛一碗。过几天,也是二姑父赶碑廓集,送我回来,和父亲喝点酒,吃了饭就回去了。

大姑、二姑家还有几个表姊妹都记不清了,当时我小,他们也小。

逢年过节

每年农历腊月十九这一集,家家都要办年货,买肉,买鱼。鸡鸭鹅一般都自己养。请财神、灶王爷，买年画。年画有吉祥如意、富贵有余、恭喜发财等，人物画有忠臣良将、英雄豪杰、公子秀才等。进京赶考的士子身边有书童陪着，太太、小姐身边有丫鬟陪着在花园观花、刺绣、做诗文。还有各种戏曲画。

农历腊月二十三辞灶，房子都打扫干净，财神贴到正房中间正位，其他年画也各按传统选好位置贴好。灶王爷贴到锅门前。二十三晚上，锅门前安上桌子，摆上肉食、糕点、果品等各种供品，烧纸，烧香。年三十财神位也是这样。

十九集后至二十三，是写春联的时间。这期间父亲天天在家写，屋里天天满满的对联。鸡鸭鹅窝、猪圈贴"六畜兴旺"，牛棚驴棚贴"槽头兴旺"。

年前做年饭。馒头、发团、年糕做很多，要吃到正月十五甚至二月二。各种下酒菜，磨上磨台都摆满各种碗、盆、碟，食品丰盛。

三十晚上吃年饭。

初一吃饺子后拜年，先给本门里长辈拜年，后到兄弟姐妹、亲朋好友、邻里家拜年。

初三走亲串友，去有礼品，也有回礼。

初五接灶。把灶王爷和烧纸一起烧了，要灶王爷上天言好事，保佑家里平安无事、人丁兴旺、风调雨顺、年景好。

二月二"炒虫子"，就是炒黄豆、瓜子、花生，意思是把虫子炒死，庄稼不发生病虫害。院子里用硝灰划一个大圆圈，带梯子，象征粮囤，祈祷当年收成好。

清明前一天寒食，去上坟。烧纸用纸垛子，石头或硬木做的长有十至十五厘米的圆形"纸凿子"，下面有一铜钱印，烧纸上打满铜钱印，称"打纸"。各种供品和烧纸装在提盒里。到坟前一份一份摆好供品，烧纸，祭奠，磕头。七月十五和小年都是这样做。

清明早晨折一小把柳树枝和桃树枝，挂在大门楼的门框上，说是辟邪。

五月端午包粽子煮鸡蛋,很多,吃好几天。端午出太阳前,到田埂、林边采一把带露水的艾蒿,挂在大门框上晾干,如果皮肤有病发痒,用来烧开水洗,可以好些。

八月十五自家吃团圆饭。有钱人家八碗、六盘、四碟,晚上吃月饼,穷人家就没有这些了。

一九第一天冬至,吃荞麦面饺子,是说冬天到了,一年忙完了,可以农闲了。

绣针河

村前有条河,以前听说叫石河,后来知道叫绣针河。八九岁到十来岁期间,夏天中午,一手拿着锄把粗细、一尺半长的硬木棍,一手拎着两边罐鼻穿绳的小泥罐,到河边玩一大会儿,是小时候最大的乐趣。

绣针河自西向东流,有八十多米宽。北岸水浅,膝盖深,南岸有一人多深。

南岸小司官庄竹园北边紧靠河,河沿有大柳树,河边有一个大旋涡,水很深,没人敢靠近,传说里面有水怪。

这条河夏天雨季有时会发洪水, 发水时会听到由远及近呼呼的响声。水大时,河水会涨进村里一里多路,有的人家房子灌满了水。

有人到河里捞东西。

司树基大哥诨名"大油头",在河里看见一根树干,就骑了上去,马上感到两腿里边很疼。他赶紧下来用手抱着树干,又感到胸前很疼。还好,树干到葫芦沟被大柳树挡住了,他抱住柳树死不放手。水撤后,他活过来,回到家里,胸前和大腿里边血淋淋的。这以后就听人说,水里带皮的树不能捞,是水怪。

洪水大半天后才下去,地里的庄稼叶上,留下薄薄一层黄泥。

赶集时听到有人说:那天发大水,小司官庄后大旋涡泉子上面,有一个像大水缸的东西漂在上面,把水堵住了,是水怪。

祖宅门前大沟、大汪和绣针河之间,还有一条大沟叫葫芦沟。祖宅门前大沟的水,注入葫芦沟再流进绣针河。葫芦沟北头有石头桥,东通田家寨,西通碑廓,南头就是绣针河。

葫芦沟宽有十五尺,水深有三四尺,沟两边有大柳树,水里有鲫鱼、黑鱼、水蛇等。我很害怕水蛇,所以不大敢去葫芦沟。

来到绣针河,在水浅的地方看见一条水线往上游窜,把手里的硬木棍打下去,看见水发红的地方,就快速伸手一抓,可以抓到一条小鱼。有时打一条,多时打三五条,还是打不到的时候多。

不想玩了,就在树阴下坐一会儿。

看到河边被水冲过的细沙上,有什么动物爬过的痕迹,过去用脚踩,踩出一只小龟来。小龟不大,有半斤重,很快就跑到水里去了。在小龟趴过的地方,扒出三四个蛋,比麻雀蛋大一点,鸭蛋绿色。这叫踩鳖蛋。听人说,被小龟咬着,非得黑公驴叫,它才会撒口,所以不敢去抓它。

碑廓街

碑廓街共有四个村,如果东西分,一村二村在东边,三村四村在西边;如果南北分,一村四村在南边,二村三村在北边。商贸集市东西向,在四个村中间,两边很多铺子。

碑廓周围最大的财主叫牟十二,可能有三百亩土地,有好几栋大砖瓦房,四周是两米多高的青砖墙。大院里边有大柏树、梧桐树、迎春树、石榴树、香椿树、葡萄架。靠大门里北面,有一栋账房,是账房先生居住和工作的地方。

我的丁姓姥爷给他家管过账,有一年,姥娘叫我去送什么东西,我一拍大门,里边的看家狗汪汪地叫,大公鹅也嘎嘎叫个不停，吓得我直往后退。待了一会儿，里边出来人开门，领我进去。

牟十二开的油坊，是从青岛进来的先进机械化设备，老百姓说：牟十二真不善，油坊机器自来转。油坊后来改成了学校，南北向，石基、砖墙、瓦盖，堂屋有四五十米长，是课堂。东、西屋也有二三十米长，西屋是课堂，东屋居住和放器材。门前是一个很大的操场和篮球场。1954 年当兵探家，我到学校看了在这里上学的琳吉。

他家的人我记住三个，女牟敦荣、牟敦鹤，男牟敦登。两个女儿参加当时的山东实验剧团，演了很多宣传抗日的节目，也演传统剧目，如《童男童女》、《白蛇传》等，经常受到区、县的表扬。因为戏演得好，二女被山东军区前线歌舞团调走了。牟敦登完小毕业，是他家最小的儿子，1951 年和我一起参军，在警备九团团部当文书，1952 年升级到九十八师，20 世纪 60 年代，听说在连云港卫戍区当政委。

碑廓街上，二村住着我的牟姓姥爷，三村住着丁姓姥爷。

牟姓姥爷家

牟家七姨说给父亲元锝当老婆，未育卒。牟姓母亲就是这样的母亲，碑廓二村牟姓姥爷家就是这样的姥爷家。尽管七姨不在了，父亲也已另娶，但两家关系依旧很好。

牟家姥爷在碑廓街开有“兴顺福”糕果店，兼卖其他杂货。

牟家姥爷那辈三兄弟。

大姥爷两个儿子牟乃杨、牟乃柬，六个女儿从爷爷门里排下来是：一、二、三、四、八、十。牟家称姑，司家称姨。

二姥爷没有儿，过继其弟弟的大儿当儿，就是四舅。一女为五姨。

姥爷在自家是三份，行十，人称十老汉，生三男三女，四舅牟乃旭、五舅牟乃跃、六舅牟乃仕，六姨、七姨、九姨。

大姥爷和姥爷两家住前后院。

四舅牟乃旭，出嗣给他二大爷，生三男二女，男牟敦达、牟敦传、牟敦师，女牟芳琴、牟桂琴。

五舅无儿女，与父亲相善。

六舅牟乃仕 1953 年携家去东北。

六姨嫁后未育丈夫死，终生守寡，九姨嫁东辛兴李姓，后上济南。

芳琴嫁我，四舅四妗子成了丈人和丈母娘，但我仍习惯称呼他们四舅、四妗子。此是后话。

牟姓姥爷家房子在牟十二油坊后面，挨着两家，西边大院住着同一爷爷行三的姥爷家，当中一道墙。这两家房子是一样的，四周是石头铺的路，外边是其他人家。南北向，堂屋是上房，还有东屋、西屋、大门楼，院子里也有那些树。

这两家的西边，是一个大戏台，东西宽有二十米，南北长有三十米。每到年节或秋天收获完农闲，有钱人家请戏班来唱戏，有时最多唱一集，五天。这时，六姨、九姨就把我叫去看戏。他们家用芦苇席、木棒搭一个两米高的棚子，坐在里边看。两个姨买来糖果、水果，吃不完还叫带回家。两家是世交，即便不是自己姊妹亲生的小孩，也拿着当至亲看待。后来父亲娶碑廓三村丁家铺子闺女，听说还是牟家介绍的。牟家六舅的媳妇，是丁家四姥爷的大女儿，与母亲叔伯姐妹。

丁姓姥爷家

碑廓三村丁姓姥爷，是亲生母亲娘家。丁姓姥爷兄弟四个，姥爷为长。丁家住的地方，叫丁家铺子，听说以前开药铺、当铺。

大舅丁履果，十几二十岁就出去了，不知做什么生意，直到鬼子投降后，才把舅母和小孩接到济南。小孩在济南上学。新中国成立后，大表哥丁原新从学校被选走当兵。大表姐结了婚，二妹在什么区当妇女主任，还有当老师的三妹，我有他们的照片。1954 年，我当兵时回家探亲去看姥爷，见到大表哥从北京给姥爷的信。

小时候，我和大表哥一起养黄雀。这种小鸟，是北山上的人从山林里捉来，到集上卖的，养好了，不拴它也不会飞走。你把当中带眼的小铜钱在地上一滚，它就飞过去用嘴叼起，飞落在你手上，放下小铜钱，再叼着你手里小葫芦盖上的红绳，把盖叼开，在葫芦里吃几粒粟子，很好玩儿。

表哥的黄雀养得好，我养得不好，过几天我就要和他换，他不愿意，我就找姥爷。姥爷说服他，他就换给我了。其实是他大，有经验，有耐心，所以养得好。我小，没经验，养得不好。过几天又不行了，再换。

二姥爷家四舅丁履畹和三姥爷家二舅丁履畯都当兵，后来复员回家，每年有几百斤小米的待遇，每年按季到粮库领取。三姥爷家五姨、八姨、十姨，四姥爷家九姨，都参加工作到了部队。四姥爷家十一姨，和牟十二家两个女儿一起演戏，后来也调走。四姥爷家五舅丁履甸，在村里当过村干部，2004 年我回家，拿了一点水果找到他家，问了一些姥爷和舅家的事，可他什么也不知道。

长大后去丁姥爷家送菜，下雨天，顶着衣服从牟姥爷家门前过，几个姨啧啧叹息：要是我们姐姐（妹妹）活着，也有这么大外甥来家里送菜了。

分　家[①]

大概是 1938~1939 年之间，爷爷司壎和父亲元镈因为一些家庭矛盾干仗，立了文书分家，实际上是父亲带着我们被赶了出来。爷爷晚年神志不清，做事也糊糊涂涂。

分家分得水缸一个，扁担一条，地瓜干五六十斤，房基地半亩。借住在七奶奶家草园的三间西屋,准备日后有了积蓄,再在分得的南园里盖屋。

分出来后,生活从村里上等人家,一下落得一贫如洗。

尽管生活陷入困顿,但父亲带着母亲和两个儿子,对过好以后的日子还是满怀信心。七奶奶家有一头驴,用来磨粉摊煎饼,父亲牵过来养着,靠它磨面挣钱。主要是用它驮东西,到岚山去卖。

在七奶奶家草园借住,大约有几年时间。期间,农历十一月到过了年正月,这段是农闲时间,屋里会来二三十人听父亲念书。主要是《三国演义》、《水浒传》、《西游记》,从早晨到下午三四点钟才完。这段时间,二哥司某每天会挑着两个木桶,特地到河边泉子里挑回一担甜水,点着炉子用泥壶烧水。主要是父亲喝,其他人也喝一点。一天下午,天快黑了,父亲拿起茶壶往碗里倒水,没倒出来,水桶里也没水了。二哥在一旁说大叔你还喝呀?父亲说没有就算啦。

1941 年,三弟璋吉可能是在草园出生。

实际上,当时爷爷把父亲分出来,对整个家庭没有任何好处,二叔元镖当了八路军地下党,天天不在家也不理家事,四叔元铸是个比我还小的六七岁小孩。地里、园里没人管了,粉坊也不开了,猪、牛也养不了了,后来就不断卖地维持生活罢了。不想到了土改,这却成了好事了,不然更狠了。

注释:

①在中国,只有通过数世同居的方式才能使家产不致分散。清代法律规定:“祖父母、父母在者,子孙不许分财异居。”分家是中国人走不出“富不过三代”魔鬼定律的根本原因。一个富户只要有几个儿子来均分财产,第二代还可以维持,第三代就很快变成穷人了。所以中国超过百年的富户几乎没有。“中华帝国由男性后嗣分家析产的习俗,致使在几代以后很难保持成片的田产。”(张仲礼)“有的一次分家,便由富家变为一般中下等家庭了……地主降为自耕农,自耕农降为贫农。”(张研《试析清代的“分家”——以 48 件徽

州分家文书为中心》）

家族学校

五爷爷家西屋南头，后边人行路西边，是一个学校。有一个大门楼，和司康基、司庚基家斜对门。这个学校是司官庄司姓建的学校。

据田家寨牟乃玱说，学校是自己家族办的，他的曾祖鹤舫公（名应旆，邑增生），在此坐馆十几年。四姑奶奶和他爸做亲，可能与这种东家和塾师关系有一定原因。

学校前面东墙上有个小圆洞，我就扒在上面往里看。看见和自己差不多大的有钱人家小孩去上学，自己却要为了生活去割草、放驴，拔豆茬、谷子茬晒干烧火，心里很不好受。

下课时，学童在里边玩丢手绢、跳绳、跳方格、撞拐，眼睛捂上布条摸瞎子。可能有三十到五十人，玩得很开心。上课时我就不知道什么情形了。

五爷爷家八叔司元钰、彦昌三弟彦召（小时起不出名来叫"老婆"），可能都在这里上过学。南头子三叔司元珂（光远后），三婶子是牟敦信的亲七姑，他们的孩子可能也在这里上学。其他记不清了。

五爷爷家四叔司元镐当老师。

学校里边堂屋、西屋是教室，堂屋东头是库房。大门朝东，大门南边一道墙，有厕所。学校大院东西长一点，南北短一点，可能有两三百平方米。

1947年"土改复查"后，司姓学校停办了，分给了司岚基（光远后），以后做过三队粉行屋。东头子牟姓学校，这时候也没有了，做了农会、民兵的所谓办公室了。

碑廓集

碑廓集是周围三十里最大的集市，赶集的人很多，年节更是人挤人。有买的，有卖的，各种粮食，各种青菜，各式布匹、衣帽、鞋袜，应有尽有——杂货摊很多。

海货市很大，最大的刀鱼有三四尺长，有鲻鱼、鳖鱼、黄花鱼、马鲛鱼、黄鲚子鱼、各种小烤鱼、大同蟹及各种小蟹、大对虾、大白虾和各种小虾。

大集上还有卖牛、卖驴的畜力市场，有卖羊、猪、兔子、各种鸡的家畜家禽市场，也有卖黄雀、蜡嘴、画眉、百灵、鹌鹑的鸟类市场。

赶集的一般人，在家里带着煎饼，到集上买点牛羊杂碎，羊肉汤或牛肉汤随便喝。牛羊杂碎也就买两三角钱的，打开煎饼包，开始吃中午饭。羊肉汤或牛肉汤一碗接一碗地喝，最少的喝三碗，多的喝四五碗，直到卖汤的不给了才算完。

也有人在家里带上煎饼、大葱、咸菜，到卖水的茶炉子上，用五分钱买一壶水，也是打开煎饼包，开吃中午饭。

还有人去吃煎豆腐、豆腐卷。煎豆腐是将豆腐切成块，用鏊子两面煎成黄皮，一角钱一块。卖主用小碗盛上蘸水，顾客将煎豆腐蘸着蘸水吃。蘸水的材料，是把小毛爪蟹子打成酱，发酵成很香很鲜的蟹酱，再用辣椒、葱、鲜豆汁、香油、酱油拌上。吃豆腐卷也是这种蘸水。豆腐卷是用油盐将豆腐、白菜心、葱、虾皮做成馅，用薄面饼包上卷起来，拍扁，成方，用锅蒸或用鏊子烙。

狗肉也是集市上的美味。狗去皮，煮熟，肉撕成丝，再煮成肉冻状，放在泥盆里，上面撒着葱丝。买上两三角钱这种狗肉，再买上一点锅饼，美美地吃个饱。

集上有十几个茶棚子，从上午八九点钟，到下午三四点钟，里边喝水的人总是满满的。人们吃着花生，说笑话，讲故事。

好几个说书场子。说书人坐在当中，身边的小桌上放着茶壶，唱几句拉拉胡琴，说几句敲敲小鼓。说的都是古书，听书的人围成一个大圈，里面的坐着，外面的站着。人很多，从早晨八九点钟开始，到下午三四点钟才散场。每个集日都是这样。说书人说到回头，拿着小铜锣收钱，如果有人每次都不给，他就指桑骂槐，说很多不好听的话，让不给钱的人听不下去，只好走开。

这些说书人讲得很精彩，听书的人会被迷住，听了上回就想听下回，上集听了下集还去。我就是其中一个。

十三岁开始织布，一集五天织的布，要到集上卖了，买回线来再织。这种布一尺半宽、四十尺长为一个，一集能织四五个。

赶集这天，用包袱皮包着布，到集上的说书场子里，把包袱放下，坐在上面，听起来了。到午后才去卖布、买线，布也卖不着好价钱了，线也买不到好的了。回家很晚，父亲要说一顿，下集还是不好改。

抗　日

1940年，日伪在碑廓设一据点，驻日军一小队，伪军七十余人，大司官庄民兵队长司庚基、司盛基到碑廓据点摸岗，杀了两个鬼子，成为全县民兵英雄，发了红旗授了奖。9月16日，八路军拔掉了这一据点，以后碑廓区就一直是共产党八路军抗日根据地。

1942年春，日照境内，八路军只剩碑廓到岚山头东西长三十余华里、南北宽十余华里的一块抗日根据地。经过1943年的作战，到1944年春，包括现在苏北地区的山东抗日根据地的形势已有了很大改善。1944年7月23日，山东军区在碑廓东油坊财主家召开军事工作会议。会议采取边研究、边总结、边贯彻执行、边指挥作战的方式召开，于9月23日在莒南集前村结束。山东军区军事工作会议,是山东抗日战场由相持阶段转入局部反攻,最终取得胜利的一次十分重要的会议,在山东乃至全国抗战史上都具有重要意义。

碑廓在一段时间内, 成为领导山东抗日的核心区域,1942 年 11 月上旬,时任八路军一一五师代师长、山东军区司令员兼政委的罗荣桓同志率一一五师师部, 由莒南的李家河崖移住碑廓二村,在刘家东山等前沿阵地坐镇指挥第三次甲子山战役,光复了甲子山区。1944 年 7 月,罗荣桓在碑廓主持召开山东军区军事工作会议时,日本飞机从青岛方向飞来轰炸,一枚炸弹落入会场庭院前,炸伤一名警卫参谋。

借住的七奶奶家草园院墙边有一个地瓜窨子, 深七八尺、长七八尺、宽五六尺。秋天收来的地瓜,就放在这里面,木棒棚顶,铺高粱秸,再铺麦草,麦草上面培二三尺土防寒,留一个通气孔。窨子里的地瓜,可以吃到来年五六月份,还很新鲜。

大约 1938~1942 年之间,有一天,我站在地瓜窨子上,挺直身子,透过院墙看鬼子骑着白头芯大洋马,沿北大路从岚山到碑廓去。一个鬼子从草园门进来,拧着我的耳朵到门外井边,用手比画着什么,又拉巴开腿拍拍屁股。我明白了,他的意思是骑马很累,要我找板凳给他坐,从井里打水饮马。我没敢回家,而是跑到路北十婶子娘家东边的那一家,再跑到牟姓竹园里。鬼子在井边看不见这里。我在竹园里待了大半天才回家,可能鬼子不见我回来也就走了。

1945 年 5 月初,鬼子从安东卫到碑廓扫荡,一路经过七八个村,往大司官庄扑来。母亲把三弟璋吉用布条绑在我身上背着,和全村男女老少一起,往小司官庄东北边树林里跑。枪声像鞭炮,在后面乱响,心里很害怕,绊倒了爬起来赶快又跑。好不容易跑到树林里躲起来,却发现和父亲跑散了。原来他跑到河北边田家寨树林里,被鬼子抓走,驴也丢了。八路军在二朱槽大河崖路两边的树林里打了埋伏,救了乡亲们,父亲到天快黑时才回来。有了三弟璋吉后,跑鬼子一般都是父亲一头挑点东西,一头挑着一个孩子,我背着一个,母亲挎个包袱,一家随着全村人往树林里跑。

几次鬼子扫荡,周围几个村子都没有人被鬼子打死打伤,听说可能和村里牟敦昆当汉奸大队长有关系。

牟敦昆,祖辈开糖坊,卖麦芽糖。每到农历腊月,就有人到他家买一点麦芽糖,到周边各村沿街叫卖。因为腊月二十三过小年,家家都要用糖做贡品请灶王爷,所以这种生意可以赚到一点小钱。

牟敦昆当汉奸大队长,管周围好几个据点的汉奸,但在当地没听说他有什么血债。每次扫荡,都是他领着汉奸队伍在前面开路,鬼子在后面吆喝。枪声劈啪乱响,可就是没见什么人被打着,可能他们对天放了空枪。鬼子投降后,听说牟敦昆当了国民党什么官。以后就不知道了。

他在本村有老婆,看树林的林宝堂的大女儿,有一个儿子,十四五岁个子就很高。据点里另有小老婆。

他五弟牟敦宝,抗日参加八路军,六弟鬼子投降后参加解放军,以后都没有回过村里。他三哥牟敦可,结婚后一直没有孩子,他死后,司恒基的老婆也死了,恒基和牟敦可老婆又结合了。后来听村里人说,牟敦昆弟弟所在的解放军与他所在的国民党军队作战,解放军这边喊话叫他投降,他听着是自己弟弟的声音,就缴枪当了俘虏。

据《岚山文史》第一辑李勉的回忆文章说,牟敦昆曾率敌伪据点人员反正,反正后任日照县大队三连连长,1943 年 5 月又叛变,半夜十二点把连指导员范崇收、副指导员李勉、青年干事惠松林及卫生员、通讯员绑起来押往栈子投敌,李勉在逃跑时被打伤,险些没命。李勉说,牟敦昆 1970 年 7 月 27 日在贵州毕节,被公安机关枪毙。

1941~1945 年初，区里常组织各村民兵、农救会、妇救会、识字班、青救会、儿童团宣传抗日活动，讲时事形势，组织反扫荡、藏粮食和杀汉奸任务。每次开会，我都参加了。在开会前，各村儿童团都互相拉歌，一般都唱《大刀进行曲》、《歌唱二小放牛郎》等抗日歌曲。拉歌很热闹，我的声音很大。每次开会回来，妇救会长——我叫大嫂子的彦洛妈就说："你真能挣，脖子筋都挣得老粗。"

1942 年，碑廓建立儿童团，1943~1945 年，我在村儿童团当团长，站岗，放哨，查路条。春节正月扭秧歌，踩高跷，到各村去宣传抗日，化了妆，穿着演出的衣服，冻得手脚麻木，还是兴致很高。

借住的草园里，有一间做饭的小地屋，四十多平方米，住过范铃（知识分子干部）、唐军、范崇经（农民干部）、司元镖、滕某某五个地下党员。他们到碑廓、岚山头、安东卫鬼子据点活动后，再到大朱槽向区政府汇报。他们每天吃的，都是地瓜干、花生饼、高粱糊糊和咸菜。

1944 年，唐军当碑廓区委书记后，三姑司元铃、四姑司元镯入了党，参加了革命工作。三姑不久和唐军结了婚。七奶奶家一栋西屋一栋堂屋，三姑元铃就和一个女共产党住在堂屋里。我学踩高跷宣传抗日，就是围着她家堂屋前边那盘磨学会的。

碑廓四村有一个生铁厂（1925 年成立的万聚源铸造厂），主要是把生铁放在铁炉里化成铁水，倒在模型里，做铁锅、鏊子和耕地的铲头、犁。抗日战争时期，铁厂也用这种方法，做手榴弹壳、地雷壳。

家里住满了伤员

1947 年上半年，大司官庄周围几个庄住了很多新四军伤病员，老百姓家很多房子都倒出来给他们住。奶奶家西屋全住满了。

他们都是南方人，说话不好懂。

有一个姓胡的，一条腿打掉了，拄着双拐。因为奶奶家的猫偷吃了他的东西，他追着打猫。猫跑到穿堂屋的南头夹道里，夹道下边有地沟淌水，因为是冬天，地上结冰，他摔倒了，猫也跑了。大夫和护士过来把他抬到屋里，给他换衣服，安慰他，奶奶也过来道歉。过了一会才算完。

还有一个不知姓名，胳膊、腿都没了。他什么都不怕，什么也说。他跟奶奶说："大娘，不要叫你儿子当兵，你看死的死伤的伤！"他说要赶集，护士用车推着他。他在集上也是什么都说，不怕影响，不怕违反纪律。看见什么好，要买，护士从黄书包里拿钱。他们都有很多银元。其实他们买的东西，有些根本不实用。

司岚基的妹妹司安基，和住在他家的吕姓连长搞了对象，后来她也安排在医院工作。

不知过了多长时间，医院迁走了。

土改恩怨

经过在草园几年磨面等营生，至少在 1942 年，家里就盖起了新房子。因为到十三岁，我就在新房子里织布了。

新房子在南菜园，挨着四爷爷司埠家堂屋山墙起山墙，五间，房子是石基、土墙、砖垛、草顶。

也在小司官庄南边买了一点薄地，过上了正常的生活。可能那时家里经济情况还可以，表叔苏昭祐借了父亲几十块大洋，来家说没钱还，经常道歉，也就算了。

1947 年下半年，具体什么时间记不清，"土改复查"开始了。

土地改革把地主的地分给农民，使他们有了自己的土地，生产积极性非常高，这就大大解放了生产力。同时，农民们非常感谢共产党，号召他去当兵，保卫胜利果实，他就积极报名参军，在全国扩大了兵员。这在当时解放战争非常困难时期，是非常有利的。

当时战争力量对比,是敌强我弱。国民党军队拥有全国大中城市和战略要地,有飞机、大炮、坦克、军舰,步兵都是自动步枪,还有很多美式装备,兵源数量多,武器弹药充足,经济实力雄厚。这时的国民党军队,可以打进攻、防御、攻歼、围歼等各种大仗。这些都是解放军的劣势。就是在这种情况下,毛泽东决定把主要精力用来指挥打仗,因为如果打不胜,就要重走长征路。

毛泽东要亲自指挥战争,就把土地改革交给刘少奇,农村后来出现了形左实右、"一切权力归农会"的局面。当时在农村,土地改革已不是党领导的革命,而是成了为了个人恩怨大开杀戒的刑场,一个农会会员,就可以把一个好人置于死地。

贫农牟乃娥看青,就是看管全村地里成熟的粮豆、地瓜、花生,不让人偷,村里给他一点护理费。他头戴草帽,身披蓑衣,不管雨水淋日头晒,蹲在地里的坟头上,看见有小孩儿偷庄稼,就说两句或打一下。"复查"开始后,他作为副村团长,前一天还和民兵一起封地主家的门,没收东西,第二天有的农会会员说他和地主一条心,专打贫下中农的孩子,就活活用镐把他砸死了。富人家孩子都在学屋上学,偷庄稼的当然是穷人家的孩子。

1947 年土改复查,自己家里也遭了难。

事情的起因,是因为七奶奶家的麦子在场院上晒,晚上被人偷去一些,家父骂了偷粮的不是东西,人家老的老、小的小,有几亩地租给别人种,收点租子容易吗?你偷去不怕伤天理吗?土地改革大复查来了,有人挟私报复,提出要打家父。司庆基首先站出来反对说:你们谁没得过六老汉(墉公)的好处,打死元镩大叔你们不觉得伤天理吗?人家根本也没错!庆基的意见,得到了绝大多数农会会员的支持,家父真是逃过一劫。这也是祖上行善积德的结果。

这段时间,一般是头一天农会开会,决定第二天杀谁,第二天就把人抓来处决。通常每天有好几个。

全村大概有二三十人遇害，主要是牟姓和司姓。五爷爷家三大爷、三大妈、五叔，都是这样被害死的。四叔在村学校教书，受碑廓区学校校长吉德福国民党员案牵连，是先被枪毙的。

据了解，碑廓四个村加起来砸死一百多人，有的财主家连孩子、驴都砸死了。主要是 1947 年前，碑廓街来了些要饭的，其中有杀人犯了罪的，也有土匪。他们成分复杂，文化程度低，运动一来，乘机大开杀戒。听说一个姓胡的坏蛋，在田家寨杀了一百多人。

父亲死劫是逃过了，但家难还是要受。

这时知道了一个恐怖的说法，叫“扫地出门”。就是把好好一家人，像灰尘一样从他家里扫出门去，不给任何吃的、用的、住的，任由你自己死活。然后把他家里的东西，全部分给其他人。

自己家就是被“扫地出门”了，家里的东西被搬到村东头牟姓学校院子里，门被封。农会开会，五间房子、地、园，全都被分了，撵到五爷爷家六叔司元镜的两间没有门窗、房顶露着天的破房子里住。六叔为了避“土改复查”这一难去了青岛，房子早已没人住。这期间，周围村都有一些能人跑到青岛卖苦力避难，也有一些人亡命台湾，多数一去再无消息。

其实打死三大爷兄弟们的是光远、光梅的后代，本家八世光远、光瑶、光梅三兄弟，父亲都是七世继宰。也就是四服五服上，或叔侄或兄弟，相煎何急呢?！也可能他们不知道。都是弄名堂“搞运动”把人变成了鬼，简单的亲族邻里纠纷，变成了野蛮杀戮。

面对突如其来的“大复查”，我和其他遭到不幸的人家一样，心里除了害怕还是害怕。依我看，那些踊跃起来杀人的，主要是因为太穷。他们家里什么也没有，站起来一条，躺下一根，也就不讲什么文明道德。如果不是因为太穷，相信他们也就不会那样做，不会那么容易冲动。

2004 年夏天我回大司官庄，在牟敦安家门前路边坐着玩，跟乡亲们说话。有一个和我年龄差不多的小老头，一直没说话，我也不知道他是谁。等到我说要回彦华家了，他终于开了腔。

“大叔你不记得我在儿童团和你一块站岗、查路条啦？”

我说你是谁呀，他说我是彦英呀！

哦！我说我想起来了，我们小时候一块玩过。

彦英就是光梅那一支亲戚。真是“度尽劫波‘爷们’在，相逢一笑泯恩仇”呵！过去的就让它过去吧，愿大家现在都过好日子。

母亲之死

母亲有腿疼病，只能烙煎饼，推磨都是父亲和我。

“扫地出门”后，家里没有一粒粮食，我和母亲被迫到路北去要饭，回来给两个弟弟吃。路北住着崔姓和滕姓，他们还可以给一口吃的。

父亲受此一番惊吓，常常独自一人唉声叹气。这时母亲已腿肿得厉害，不长时间彻底病倒。我到田家寨四姑爷爷家请他来看过几次，根本就治不了了，四十多岁就去世了。

母亲是大家闺秀，在丁家没受过罪，到司家后，要洗衣、做饭、烙煎饼。煎饼一次要烙二三百个，有时大家要吃饭了，她却累得不能吃，要到屋里躺一会儿。不要说享福，一天正常人的生活也没过上。

母亲可以说是贤妻良母，一生非常善良，和家里老少都很和睦、亲善、宽待。我十七八岁母亲去世，从小到大没记得她打骂过我一次或说我什么。

住新房子时，家里生活相对好了点，春天父亲买回几条刀鱼，做一点吃，在小瓷缸里腌一点用来煮菜，鱼尾巴挂在房檐下晒起来，好烧着吃。母亲烙煎饼，我就偷着割一小块鱼尾巴，在鏊子下面火里烧熟，卷煎饼吃。次数多了，母亲应该知道，可从来没说过我什么。

十几岁失去母亲,可以说很伤心,很痛苦。

母亲去世后,一天晚上很冷,十叔司元谷(谱元鹄,元鹤弟)家十婶子把我们兄弟三人,叫到他家床上通腿睡,暖和了一个晚上。20世纪60年代,听说他们家移民到了建三江七星农场。

"扫地出门"后,在六叔元镜家破房里住了大概有半年,纠正土改复查"左倾"错误,庚基来家告诉父亲,说是成分划了中农,家中重又分到了地、园,分到了西南头村外三间司姓祠堂和看祠堂的两间小草屋,从此由庄南头搬到了庄西头。

劫后余波

祠堂三间南北向,石基白墙瓦盖,正门两扇,上悬"司氏祠堂"匾额。外套一百多平方米院子,院里有些柏树,外面也有很多柏树。院墙石基白墙,墙头覆小青瓦盖。正中大门楼,两扇大门,三五个台阶。院门至屋门,一条一米半宽的路,中间铺石头,两侧镶立砖。

爷们四个不住祠堂,就住看祠堂的两间西屋,坐在家里正好看见祠堂的大门。一铺小炕,烧火做饭熬生活。

这两间看祠堂的小屋,原来村里给逃荒到大司官庄的老头王成年住,"土改大复查"王成年翻身后,分到了好人家的房子,找了一个老寡妇结婚,搬到村里住了,那房子就空着了。土改复查"纠偏",就分给了自己家。

两间小房在院墙外西南角上,土墙草顶,门朝东。1951年春,我就是从这里参军的。

虽然有住了,但吃还是大问题。我和一群要饭的一块儿,先去摘榆树叶子,榆树叶子摘完了,就去扒榆树皮。榆树叶子、榆树皮剁碎,做成菜团烀饼子,是好饭,吃上很舒服。全村榆树叶榆树皮都吃光了,又吃平柳树叶子上长的一种叫“小燕子”的东西,磨了蒸饼子,吃了拉不出来,很难受。

大约 1947 年底到 1950 年底期间,我还在村里沿街叫卖过油条。

每天早晨天不明,到碑廓油条铺排号,上五十根油条,四分五上货,卖五分,五十根卖完,挣两角五分钱。有的小户人家,一角钱买两根油条,也有的人家买两三角钱,卷煎饼,吃咸菜,喝地瓜干子糊糊,就是一顿美美的早点。五十根一般都能卖完。

有两次在进基和彦团家门前,碰见小青年打赌吃油条。就是把油条的一股含着用嘴唇往里吃,右手二拇指要不停地钩。油条很薄很脆,如果在嘴上断了、含不住了,或右手的二拇指钩钩停了,就算输了。吃的油条要自己拿钱,还要给对方一角钱。如果顺利地把油条吃完,右手的钩又没停,油条白吃,对方付钱,还能再得一角钱。

进基和彦团家在一条街上,进基家门朝东,彦团家门朝西,两家有一段距离,不是对门。碰到这种事,我就可以多卖几根油条。其他地方也碰到过这种生意,这时就有好几个人围着看热闹。

那几年吃的主要还有:生地瓜干面糊糊、地瓜干煮水、地瓜叶小豆腐。生地瓜干弄成面喝糊糊,很稀,要喝好几碗。地瓜干放上水煮,开始光喝水,肚皮胀得很薄,尿一脬尿又饿了。地瓜叶小豆腐,里面很少的几个黄豆。这些没得吃了,就吃地里的一种灰菜,叶中心有点红,吃上手、脚、脸有点肿。那几年就这样活过来啦!

土改复查时,祖宅的奶奶家被农会赶出西屋上房,住在外院两间粉坊屋里,家里大部分土地和房产被分。主宅三间分给了爷爷的过家儿元信(进基父),内院堂屋三间分给了林宝堂的大儿子林相忠,穿堂屋好像是几家共用。五爷爷家司元钰和他母亲还住内院堂屋,康基住西屋,外院堂屋王福根住。以后元镇去沛县工作,村里安排成基(父元述,七世继曾与本房继宰亲兄弟)、春基(父元隆,光远后)两家住了他家的房子。大家富户的深宅大院,变成了庄户人家的大杂院。不过大家在一起住着,关系都很好,结下了很深的感情。

土改分了财主的房、地,都没什么,社会变了,不允许个人占有那么多土地和房产了,慢慢大家也就理解了,就是砸死人不对了。太多人家受到严重影响,有些甚至从此绝户。尽管做事有善恶,为人有好坏,但再黑暗的社会,也不能不经过正常法律程序,轻易剥夺一个人的生命。"扫地出门"也是太过分,弄得人家太惨,应给予基本的生存条件。

复查后,已夫妇双亡的三大爷司元锟家,大哥绍基娶妻分家,二哥随基(谱绥基)下边还有五六个弟弟妹妹,他要撑这个陷入贫苦的家。卖豆腐的王姓贫农二大爷,把自己女儿送给随基做媳妇,小不少。此举有很多人说好,也有王八蛋说王姓二大爷没有阶级立场。

1947 年土改复查后划分了阶级成分,村里有些贫农不但分到了房分到了地,还分到了地主富农家的闺女当老婆。四爷爷司埠家小女儿司元秀,我叫小姑又叫四姑,嫁了贫农牟乃全;二大妈家大姐小名叫勤,嫁牟敦军,也是贫农。司早基(光远后)二姑家的表妹牟敦珍嫁王根相,李从国的姐姐李某嫁司盛基。盛基是村干部,后来当碑廓党委书记调石臼所党委书记。

这些人的婚嫁,门不当户不对是没法说了,年龄相差也有十到二十岁,身架、长相很不般配。牟敦珍年轻漂亮,王根相短小黑瘦,还好像有点什么病。这些婚姻都是被逼无奈,各村都有。新中国成立后一些人离了婚,一些人就那么对付了一辈子。

为了"打天下,坐江山",先是在农村搞了"谁养活谁"的大辩论,最后通过"土改大复查",彻底消灭了在传统社会中充当精英和主干的地主富农。

张家岭姨奶奶、丁家庄三姑奶、田家寨四姑奶三家,都是农村富裕人家,但土改复查时没有人被伤害,只是房子、田地、财产被分了。

田家寨有人要打四姑爷爷,他家老长工的儿子已成为当时的碑廓区区长。老长工站出来说:"你种他家的地,除了缴租,余粮养活了你全家;你看病他不要钱,救了你的命。你们谁要打他,先把我打死!"老长工姓王,他当区长的儿子也做了很多工作,后来也就没事了。老王头在四姑爷爷家扛活有二十年,都是一张桌子吃饭,听说新中国成立后,他还常找四姑爷爷说话唠嗑。这说明"复查裂度"和农会干部政策水平有关系,政策把握好的,就闹腾得没那么厉害,村民就少受伤害。

复查后划分阶级成分,本家门里各户都划了地主富农。都已是孤儿寡母的奶奶家元铸、七奶奶家元镇划了富农,绪基家也是富农。三大爷那边绍基、随基、用基、广基几个穷得揭不开锅的兄弟们都划了地主,五叔家田基还是个六七岁小孩也划了地主,罪更是遭大了。七叔元镛(荣)、八叔元铤也是划的富农。从那时,也开启了一个"越穷越光荣"的奇怪时代。直到"文革"期间,二十年过去了,一些翻身户还在台上光荣地讲自己家多么多么穷。他们说自己穷趾高气扬,划了地主富农的家庭,早已穷得抬不起头来。

2004 年探家,到近门彦昌家,见他一个人"燎炊壶"——自己做饭吃。他年龄比我大一些。他爸爸就是绪基,听说是十三结婚十五生子,在村里是个子最高的。

划分的阶级成分,继续长期人为地撕裂着族群,挑唆着族群对立,给成分高的家庭造成的恶劣影响,直至"文革"后的 1979 年才算结束。五十多年祸及三代,整整三代人为此付出了沉痛的代价。本家门里亲戚,不管是留守本村还是流浪东北,都经历了非常多的磨难,有的没有过正常的生活,有的甚至窝窝囊囊死去。

自家被扫地出了门的"历史污点"和"纠偏"后划定的中农成

分，长期都是压在我心头的一块大石头，几十年唯唯诺诺小心翼翼。五十多年当中，贫下中农才是依靠力量，中农只是“团结对象”，一辈子都有被边缘化了的失落感。

财主牟家会

牟家会家那里叫衙门，是司官庄最富的人家。有相当于现在的一百五十亩地，还有一大片河崖地和树林，好几栋砖瓦房。自己家有学校，那时叫私塾。有一个大祠堂。牛、驴也有不少。

1947 年土改复查，说他的家产是剥削来的，他和大儿、二儿、老婆都遭了难，房屋、家产、田园被分光。他三儿当汉奸分队长，日本鬼子投降前，他想投奔国民党被发现，走在大朱槽岭被鬼子开枪打死。四儿子牟乃政，高大英俊，有胆识，有个性，有才能。1947 年避难逃出去，直到 1964 年都没有一点消息。这期间有人说他在南边当了共产党的大官，共产党利用他的家庭关系，经过严格考察，派他到台湾去做地下工作。也有人说这不大可能。此事我和牟敦信、牟敦聚、牟敦团在一起说过好几次，均没有结果。1964~1966 年之间，南方有人到村里调查，问 1947 年村里有没有人跑到南方去，没有人知道。他可能不叫牟乃政了，后来的结果谁也不知道。

村里的滕海逢，是司进基的亲姑父，家里稍好一点，有房子有地，1947 年也吓跑了，经过这么多的运动，也是一点消息没有。

司进基 1948 年底出去当兵，是牟敦怀动员的，如果不参军就不跟他。牟敦怀家就是翻了身的贫下中农。

玩　伴

牟敦怀、牟敦杨、牟敦莲、李从果的姐姐，村里这几个大闺女，都和我一起扭秧歌、踩高跷。当时李某对我印象好。

牟敦杨是牟敦信的妹妹,也到南边去了。我问过牟敦信几次,他说一点消息没有,可能不在人世了。

牟敦莲和司秦基结婚,生了五女一男。敦莲是牟敦团叔家的姐姐,这年回家和她话当年。当年她也想出去,她父亲牟乃亮死活不依,把她锁在屋里好几天,后来也就算了。她是贫农、党员,如果当年出去,很可能成为干部,这事她自己也很惋惜。临走时,她送我到门前大路上。

村里的司姓闺女,彦团二姑长得不错,高挑俊秀,针线活很好,她做的衣、帽、鞋,穿着合适又好看。彦团二姑的亲事,是两家老人做主,从小定的娃娃亲。牟姓的那个小伙,越长越不好看,两人根本就不般配。

元镇大我两岁,我叫他三叔。

父亲与爷爷闹翻分家后,搬到既是父亲亲婶子,也是母亲亲姑姑的七奶奶家草园三间西屋借住。从此到土改复查前,将近十年,主要就是与七奶奶家两个姑姑一个叔叔接触在一起。

元铃叫三姑,元镯叫四姑。两个姑姑称母亲为表姐,对我们兄弟仨很照顾。

1944 年,两个姑姑秘密入党,经常到周围岭上坡里做地下工作。

三叔元镇和我年龄相当,是主要玩伴,感情很好。

小时候经常在三叔家玩,三姑经常给我拿虱子,很多次。衣服缝里、棉花套里很多虱子,每次三姑的两个拇指盖,都有很多血和虱子皮。每次都是脱下衣服,三姑给披上三叔的衣服,拿很长时间。我身上虱子特别多,都开玩笑说我是甜皮子,其实是分家后太穷,卫生条件太差,不经常洗澡换衣服的缘故。

二司打淮海

司官庄姓司的村干部有村团长司康基、民兵队长司庚基、农救会长司岚基。康基和庚基是兄弟俩。三司都是光远的后代,我们都是继宰的后人。

父亲先前死了两个老婆,有老人就说父亲命硬,承担不起一个家来,要先过继本族一个人丁兴旺家庭的儿子,来带旺家运。村里很多人家,都有这样形式大于内容的过家儿。进基父亲司元信(谱元沧)是爷爷的过家儿,小时候过年见他来家探望。村农救会长司岚基,则是父亲的过家儿。

庚基我叫他二哥,他和岚基这二司当村干部。原碑廓区中队长史某,在县大队升级到野战部队当副营长,率部南下住在司官庄,劝二人参军到部队。

在区中队时,史队长和二司是上下级、老搭档,庚基、岚基到部队就当上了班长。

淮海战役第一次上前线打仗,司庚基挨了一枪,一发六五子弹从右腮进去,从左眼角外一指处穿出,左眼有点失明。复员回村,每年有点小米的待遇。

淮海战役最后阶段打徐州,冬天下大雪,敌方的炮弹落在司岚基身边,把他的耳朵震聋了,神经也受到损伤,吆吆喝喝地乱动。史营长派人把他送到炊事班,交代要看好,战斗间隙会有人把他送走。炊事班忙着做饭,又要防空,没有看住他。

他拿着菜刀冲到阵前,边跑边喊:“冲呀!杀呀!”水井头的石头,把他绊倒在水井边,敌方飞机把水井当成是解放军的防空洞,狠扔了一些炸弹。岚基被炸去了一半,另一半按当时待遇,用一百尺白布裹起来,部队派支前民工用担架抬回了村里。是司康基的舅子等几个田家寨民工抬的。

岚基入殓后，棺材放在南场院。岚基父亲司元志，我叫三大爷，一定要打开看看。部队来送的人和区里办事的人，怎么劝也没用，非要看。白布快放完了，三大爷昏倒过去，才算完事。

打徐州时，下了好几天大雪。城里的国民党部队断粮，飞机空投食品、物资，找不着目标，都落在解放军阵地上。国民党兵见了，士气更低落，这时解放军发起总攻，很快拿下了徐州。接着打南京，南京也很快解放了。当时人称：铁打的徐州，纸糊的南京。南京比徐州拿下得更顺利。打徐州下大雪，老百姓说是天意，国民党该衰，共产党该兴。

要当兵

1948 年底，在外边玩，就是闲着散散心。司进基、司彦厚、王相启（或顺）报名参军，我也想去。

回家刚说起谁谁报名参军了，坐在锅台前的父亲，就不停地磕着烟袋锅骂开了：

"家里用着你了是吧？用着你了是吧？你就要走！你就要走！"

父亲心情不好，脾气也大。我什么也不敢说，再说可能就要挨打，只好作罢。

1951 年 2 月下旬，碑廓几个村在泉子头西河扒河，区里来了几个人，把大家召集起来，动员参军，说：美国侵略朝鲜，要过鸭绿江，侵略中国，毛主席、共产党号召广大青年，积极报名参军，抗美援朝，保家卫国。当场就有一些人报名，大司官庄包括我在内有八个人报了名。

第二天，警备九团郑参谋带了几个人来体检。体检时，郑参谋一看我就点了点头。牟敦团身高体重都不够，他直哭。我们几个给他兜里装上砖头，脚放在底下让他踩着，又要求验兵的再检查，验兵的也就叫他通过了。

回家小心翼翼地跟父亲说:“我这样在家,一年年的也不是个办法,还是叫我去当兵吧,不行我再回来。”父亲还是一袋接一袋地抽烟,没说行,也没说不行。

经过挑选,包括大司官庄八个在内的二十多人,留在团部通信排。

海防石臼所

1951 年 3 月,我们参军来到警备九团通信排。李学早、魏绪存、郭洪章几个,来到部队吃饱了肚子很高兴,天天打闹着玩。一次,李学早一拳打在魏绪存胸口上,绪存闭过气去,我们几个揉胸捶背捋腿才缓过来,又活蹦乱跳接着闹了,气得杨参谋长把我们全部下到一连。一连有七十多个老兵,我们二十多人分到各班,也就打闹不起来了。

警备九团一连住石臼所,连长刘乃振,在家是民兵队长,1947年参军到华东野战军某部当班长,打仗有勇有谋,很快当了排长。上海解放时,他当连长,带领全连很快攻进市区,由于难民太多,人流拥挤,部队被冲散。他和通信员走在最前面,和部队失去了联系。在快走到郊区的地方,他发现一个大铁门里边有一个国民党兵营,都是抓丁抓来的学生兵。他和通信员绕着营房到处喊:“上海解放了,你们投降吧!把枪栓卸下来丢在地上,就放你们出去啦!”经过很长一段时间,里边动摇了,开始有人扔枪栓,满院子都是。刘乃振用枪打开大铁门上的锁,指挥他们站好队,和通信员领着这个国民党新兵团沿路往回走,正好部队派人到处找他们,也就碰上了。

刘乃振是华东军区一级战斗英雄,全国二级战斗英雄,到北京开全国英模会受到毛主席接见。因为战争的艰苦,他得了严重的胃病,上级叫他到济南康复医院养病了。

1951年5月的一天，团里派各连出几个人到沂水军分区，给各连推蚊帐。一连一排由也是司官庄的白永芳去，这天他恰好到龙王庙站岗，还没回来。团里通信员催了几次，说各连都到齐了。团杨参谋长在电话里跟连长大发脾气，白永芳还是没回来。我在一边，要求几次，排长不叫我去。后来催得紧了，旁边又没有其他人要去，实在没办法，就叫我去了。

我走了几天，调令就来了，是调我到军分区情报站工作，可能就是军事训练情报方面的事。我替白永芳出了夫，白永芳就替我去了军分区，调去后黄军装换成了深蓝色军装。他待了不到一年，得了黄病，也叫大肚子病，就复员回家了。2004年夏天回家，在牟敦安家见了他，病早就好了。

当年调动的事，白永芳不清楚。我从沂水回来，排长朱凤山和我说了这些事。当时思想上也没有什么感觉，后来才知道这是错过了一次机会。

部队升级时，我到了九十七师，而军分区、团部机关人员都升到九十八师。要是我在军分区，就不是去九十七师改编农建二师，转业北大荒，而是去九十八师往南方。在部队多待几年，以后老兵复员、义务兵入伍等，大概就会有锻炼提高的机会，可能我的人生就要另写。

驻守广北

1952年春，到农建二师五团二营六连，营区在广饶县北部大许家村。这个部队是当年3月才转为建设师的，前身是步兵第九十七师。济南刚解放的时候，他们是保卫济南安全的警卫部队，郑师长和闫政委都是长征时期的干部。九十七师所辖的三个团(二八九、二九〇、二九一)，曾经驰骋于解放战争的枪林弹雨，屡立战功。

广北土质属碱性，每逢翻碱时期，白茫茫一片，人称“六月雪”。在这种地方耕种，必须引水压碱。1952 年 9 月，部队开始在广北挖一条大沟，从黄河引水通小清河。二九〇团挖最南边，二九一、二八九团挖北边。这项挖河工程极为困难，特别是当工程进入后期，河深坡陡，挖出的河泥全是泥浆，用箩筐很难运到河沿。全团干部战士每天都是天不亮就上工，傍晚还得干一阵，一日三餐吃在工地。为了提高工效，战士们用自己的津贴买布，或用自己的床单做成兜抬河泥，每人每天工作量达到八立方米，超出定额两倍。劳动很艰苦，部队一年发六双鞋、四条短裤，我尽量省下来往家里捎。全师一年内挖出上宽二十米、下宽十米、深八米、全长二十公里的一条人工河。这条人工河规模宏大，不仅用于引水改田，水面还能行船运送物资。

1952~1954 年，在广北营区，连队有篮球、排球、足球场，各连都有球队，有时营、团、师组织比赛。各连都有战士俱乐部，有报纸杂志、文艺器材、图书。

《解放军文艺》刊登了师文工团崔团长写的一首歌曲，叫《战地进行曲》，我学会了。歌词是：

> 我正在战壕里学文化，通信员小王跑来啦。笑嘻嘻交给我一封信，我急忙拆开仔细看看它。信上说，我的喜报到了家，全村的乡亲们都欢迎它，锣鼓敲得震天响，人人的脸上笑开了花，说咱们是英雄汉，抗美援朝功劳大。我拿了家信表决心，祖国的人民放心吧，我更要勇敢地杀敌人，再把那光荣的喜报送回家。

连队有留声机，我跟着唱片学了一些歌曲，有《英雄赞歌》、《歌唱祖国》、《洪湖水》、《红珊瑚》等，以及电影《花木兰》、《刘大哥》，吕剧《李二嫂改嫁》插曲。其他什么也没学成，拉胡琴、手风琴，只出声不出调。

立功喜报送到家

入伍头一年,我工作学习样样都很积极。练兵投弹、刺杀、爬障碍(墙头)、送炸药包、射击、步枪三发点射、机枪五发二点三连,可能这些事做得比较好一点,连里记三等功。

三等功只是表扬,不记档案,没有奖状。1953 年这次就不同了,我立了难得的二等功。

1953 年这年,我经常清理连队营房环境卫生,打扫垃圾,差不多每星期都用板车拉着大汽油桶,到两三里路外,拉一大桶甜水给全连用。这些事,我自觉自愿做了很长时间。

也是 1953 年,部队开展速成识字法学习,发了几本拼音、字典书,是速成课本。我学习很努力,两三个月过去,课本上的两三千个生字,我都做到了“三会”:会认、会写、会用。这期间每天都要上文化课,年终我由丙级进乙级,和那些在家上过学的一样了。这时多数人还是丙级。乙级在部队算高小毕业,丙级算初小。

因为以上两点,这年我立了二等功,师、团开了庆功会,营里通令嘉奖,还发了一件浅蓝色的衬衣。

奖状由部队直接寄回家里,大概父亲觉得那奖状给自家在村里带来了荣耀,直到转业后好几次探家,我看见还挂在墙上。如今功劳证早已不知去向。

找老婆

1954 年,连以上干部准带家属,我们营丁营长年近四十岁,身高一九〇,是个黑大汉,因为找不到老婆,常对下级发脾气。一次部队迎接慰问团,我们连童香岚副连长值星,整理部队三次向他报告,他都没还礼,当着全营官兵说:“你不到我正前方,我就不摆你的鼻。”团政委辛华的保姆小于，是个美女，后来高压而成，年龄相差二十岁。

徐某殿，六连副连长，1954年开小差回家找老婆，被抓回来，戴礼帽穿大褂全营批斗，开除党籍，降为副排长到九连。1955年，他从密山转业回老家了。

快转业的时候，部队官兵都可以回家找老婆。

1955年春，转业前，部队动员教育，介绍东北的情况。如果不愿意到东北，也可以复员，有百分之几的人回老家了。其他人轮流给假，回家找老婆，多数人的老婆都是那时找的。①

我回家后，碑廓牟家五舅知道了，做主介绍了四舅家女儿芳琴。四舅已去世，我拿了两瓶地瓜酒，一点点心，到四妗子家去。家里人、五舅等一起吃了饭，和芳琴也说了几句话。七天假期后，我就回了部队。

到夏天，捎了三十元钱回家，叫芳琴来部队结婚。

这时我每月八元津贴，结婚当天晚上，在师部供应站买了几瓶黄酒，一点糖块。炊事班做了几个菜，连长、指导员讲话祝贺，嘻嘻哈哈热闹了一回。在当地农村田家庄找了个房子，就是新房了。

家属在部队住，最多不能超过两周，就得回家。直到1956年，芳琴才去农场团聚，几十年吃苦受累到终老。

后来芳琴对儿女们讲，当时根本没看上我，觉得又黑又瘦，是五叔硬压，说：“司、牟两家，再不续上一门亲事，亲戚就要断了。”

注释：

①《二九〇农场志》载，1954年6月，农建二师五团抽调三营及机关部分人员五百余名组成先遣队，对黑龙江密山、宝清、富锦等县的荒原进行探察勘测。1955年6月确定建场地址，6月23、24日，先遣队分批进入富锦、绥东两地。留守渤海湾的一、二营及团机关即着手教育动员等准备工作，9月13日出发，9月21日到达富锦。转业（复员）是1955年7月逐级公布方案开始

进行的。当时,部队分为山东、东北两地驻防,只得进行两地复员处理。在山东的一、二营复员 368 名,交山东军区处理。先到东北的三营及机关部分人员五百余名,由于对东北生活有所体验,复员量与山东留守人员几乎相当,达 326 名。此次转业,全团共复员 694 名。复员工作结束后,对留场的 1767 人,根据场区土地利用面积和适合生产任务的需要,进行了合理整编。

转 业

1954 年 8 月 3 日至 5 日,农垦部召集东北国营农场管理局局长、副局长,黑龙江省农业厅副厅长,农建二师政委、参谋长,东北水利局有关人员,召开座谈会,王震参加了会议。会议分析了广北地区的实际情况,认为不适宜兴办大型国营农场。一是人多地少,全师开垦的 12000 亩地分成七十多块,中间还有农民的插花地,不适宜大面积机械作业;二是如继续开垦生产,必须兴修大型水利工程,这在当时,国家的经济状况是做不到的;三是土质条件差,不适应作物生长,1953 年实验种小麦,亩产 17.2 公斤。根据这些原因,会议提出了开发东北荒原和农建二师移垦东北的报告,经中央农村工作部同意后,做出了农建二师移垦东北的决定。

1955 年 9 月 13 日出发,官兵们或躺或靠在部队统一发放的铺板上,闷罐车一路驶向东北。

9 月 21 日到富锦,没过几天就到松花江北工地了,也就是现在的二分场。之前师里的勘测队,已经把总场和一、二、三分场地点定好了。

《二九〇农场志》载,在我们到来之前,先遣队于 1955 年 8 月就采取东北多年的开荒经验——烧荒,随烧、随清、随开荒,8 月 1 日,在元宝山安下第一个作业点(当时叫西工地)。8 月 6 日,由副团长娄锡钧亲自打犁,机耕队长王文足开车,翻开了第一犁。接着,其他机车相继并进,黑油油的泥土在犁铧下翻出,千年沉睡的荒原上出现了一片片平整的伐片。

二九〇团变成了二九〇农场，二营变成了二分场，四连变成了五队，五连变成了六队，六连变成了七队，机炮连变成了八队。兵团建制时五队变作十五连，六队变作十七连，七队变作十三连，八队变作十六连，沿用至今。

荒原变粮仓

到工地就自己割草，杀树，搭马架。马架是用四根棍，弄两个交叉，上面再用一根棍连上，坡面用洋草苫上，约1.5米高，下边也有1.5米宽。里面铺些草，就可以住两个人。

开始干活就是捡树疙瘩、清理地号、平狍子坑等。

农历八月十三，早晨从马架里出来系裤腰带，看见一片白，这是我第一次见到如此奇景。解放鞋被三四厘米深的白雪打湿。

11月底回到富锦，几天后，我和王春华到北安县二龙山农场学机务，全团去了五十多人。这时见到王强，他讲话欢迎我们到农场学习。他在二龙山农场当党委书记，兼任北安县委副书记。他到过朝鲜，当民工大队长。

学习三个月，回到二分场七队。

1956年3月15日，全团在绥东学校广场(现绥东小学校)召开“向荒原进军誓师大会”。在积雪还没融化，气温在-20°C的严寒季节，全团人员就开赴场区各工地，开始了二九〇农场的正式建设。

我没能参加誓师大会。从学习班一回来，我就被分配到二分场七队C-80-3号车当学员，包车组长袁申昌，驾驶员是王清甫和一个叫张什么玉的。誓师大会前，我已经在工地上了。

1956年3月末4月初，在现在二分场场部前边，播种机就开始在还有冰碴的地里播麦子。我站播种机，组长开车。C-80-3号车牵引着6台48行播种机，一次过去就是21.6米宽，七八公里一直播到长发村小山包后边，真是大型国营农场的气派。

到了6月，我被调到303自走康拜因上当学员，康拜因手是王思德。康拜因经安装调试，到7月底就开始割麦子。我们七队在全场第一个打出了粮食。麦子普遍长1.2米高，第一次看到自己播种又自己收割的这么大片麦子，心里很是高兴，顺口改编了一首歌：麦浪滚滚闪金光，面前一片金黄黄，丰收的喜讯传全场，战士人人心欢畅。

这头一年收麦子，麦子就很多，机车割不过来，用人工割了也不少。康拜因脱谷，快到1957年才脱完。

1959~1962年间，队里没有运输车，只有五六台马车，还有牛车。秋天康拜因在地里脱大豆，没车运，就把雪清理一下，先卸在地上，再由农工装袋，用牛、马车拉回。有时也卸在大雨布上，可雨布也不够用。

那时没有水泥晒谷场，土场也不够用，所以粮食在场院周围堆积如山，要经常翻晒以防变质。

总场汽车队车少，粮食运不出去，牛、马车也到绥东粮库去送粮。运不完的粮食，就在场院边用树条子编几个很大的土粮仓储存，但到6月底一定要运出去，倒出仓号，7月份又要装新麦了。

就这样，年复一年，农场职工不知为国家生产了多少粮食。

东北老乡

1956年春节，住在河泉屯一家农民的北炕上，他们家男女老少五六口人住南炕。

这家养了四五十只鸡、鸭、鹅，过年杀了十多只。猪圈里养着猪，过年杀了一头，一半吃，一半存放在屋后的雪里冷藏。

松花江封冻后，当地老乡要用四轮马车、爬犁，过江到富锦县卖粮。富锦县城大街上,卖粮的马车、爬犁排出去很长,有时五六天才能排上。

当地人吃猪肉粉条酸菜汤,一角五分钱一大海碗,小饼八分钱一个。后来我去卧虎力山那边拉石头,也吃这个饭,一餐三角钱,很好吃。

河泉老乡家过年做了很多黏豆包和油炸糕,也给我们吃。

在这里,陈进贤找了一个迟姓女当老婆,后来是孙宝明的亲家。

1956 年,司相海、张新宝、王清甫在富锦中学找了中学生老婆,年龄相差十多岁。

老家盖屋

1956 年春, 山东老家拆下村里分给自家三间祠堂的房架子、门窗等木料,在村西头盖屋。房子坐北朝南,三间堂屋,一间耳屋,一间锅屋。

说来可惜,如果那祠堂不拆,现在该是文物了。可是那时不拆祠堂,自家是没能力盖屋的。就是自家不拆,几十年一次次抽风般的运动,那祠堂也是剩不下。

新房建好后,三兄弟中唯一上过学的二弟琳吉,从这里出去当了兵。1958 年 7 月,长子燕仁在那房子里出生。

家里盖房子时,我刚转业到北大荒国营农场工作,还没领上工资,父亲来信要二百元钱,我费了很大劲才凑上邮回家。

从 1951 年 3 月出来当兵,到 20 世纪 70 年代,每年中秋节、春节,都要往老家捎钱,二十多年总共可能有三十次吧。

1959 年,三弟璋吉在新房子里结了婚,是大朱槽父亲表弟牟乃晧说的媒。

三弟媳对父亲非常孝顺,每天早晨要早起,先烧开水泡上一碗饼干,端到父亲床前。父亲起床,先吃这碗饼干,然后再喝茶、吃饭。

家父吃饼干要放白糖,农村买不到,当时农场有一点供应,凑够了两斤,我就往家捎。

在以后漫长的日常生活中,三弟媳也特别注意父亲的口味。父亲穿的衣服、鞋帽,不全是新的,但非常干净,和别的老头就是不一样。

我看家的时候,有一次,三弟媳在缸里抓了一点粮食给鸡吃,父亲脾气就来了,生气地说:"不用给鸡吃粮食。"三弟媳笑着说:"大大你不要管闲事了,身体好比什么都强。"只是这么一句。

三弟媳对家父吃穿住行的照料,左右邻舍,男女老少,没有不说好的,这就是他经历了那么多苦难,还能活到八十八岁的福气。我和二弟经常提此事,对三弟一家全心全意照顾父亲心存敬意。

庄里人叫父亲大爷爷、大叔的,不是一天两天的了,很尊敬。大队书记牟友善,经常来家和父亲坐坐。

1962 年初,二弟也在部队结了婚,当年底就有了儿子。

土改复查时心惊胆战的一家五口,祠堂里满目愁云的四条光棍,至此总算过上了正常人家的基本生活。

帐篷·筒子屋·小草房

1956 年春天开江前,部队全部到了工地,多数人住军用棉帐篷。里边用板凳放上铺板搭铺,人在上面睡,下边还有水、有冰。中间放三个大汽油桶,烧木头取暖。晚上,要盖着棉被,穿着皮大衣,戴着皮帽子,才能睡觉。就这样,有时还会被冻醒,起来到炉子旁烤烤火再睡。一个帐篷住五六十人。

这时一天要工作 8~10 小时,农工主要是清荒、杀树,机车组主要是整车、修农具。

春化以后，分场开始盖小草房。五队，就是以后的十五连，专门负责在分场盖房子。

1956 年上半年，家属很少，她们都住在富锦，由团里办事处负责吃住。下半年，各地家属就多起来了，各分场也都建起了小草房，家属都在分场住。

也是这年下半年，中央农林部左部长来师部，把部队供给制改为工资制，战士定为二级，工资 38.6 元。师部宣传干事在《合江日报》报道说，“最低工资也不低”。此稿在全体官兵中引起强烈反感，很多人要找到他，把他打死。后来经过很长时间讨论、斗争，战士工资定为三级 41.6 元，副班长 42 元，班长 43 元，排以上干部各有了行政级别。

1957 年 7 月，集体转业干部补办转业手续，战士办复转手续。从此就是农工了，个人花个人的钱，在食堂吃饭要用餐票了。粮油每月定量供应，职工 45 斤粮，家属 30 斤，油脂人均 0.5 斤。我是 42 元工资。

不久机务人员定级，我定驾驶员级，工资 45.20 元。1959 年经过考试，几个人升级，52.80 元。1961 年又考试升级，大家都没什么文化，又天天干活，考得都不好。地方农场来的干部说，考这么点分不能升级，党委书记刘洪书说，都是骨干，要升。考到十多分的工资长到 61.70 元。

61.70 元的月工资一直拿到 1977 年，才又长了点，期间家里人口从四口增加到八口，都是那点钱。这在连队还算好的，整个连队拿 61.70 元工资的就几个。其他都是三十多、四十多，五十多也算不少了。北京青年冯宝聚叫我“老钱包”，其实家庭经济一直就是对付，不宽裕。

1957 年，工地建起了筒子屋宿舍，两边搭炕，全队在一个屋住。在这里我丢了《毛泽东选集》一、二、三卷。那是 1953 年在广北,新华书店到部队卖书我买的。李仕英也买了一套,他是团放映队报道员,到连队了解好人好事,做成幻灯片,在电影放映前,先放幻灯片。我的那套《毛选》,放在铺头小木箱里没有盖。有人调走,就没有了。此书全营就我二人买了。

1959 年,各生产连队也盖起了小草房。

小草房是用铁锹挖三十厘米宽、五十厘米长的草筏子垛起来,里外抹泥做墙,屋顶用树条子勒笆苫洋草,屋里面有火炕、火墙、炉子。房子有三米高,三米半宽。我家、丁法奎、李荣经、李传俊、刘守本、刘科福,这六家所在的六排都是这样的对面屋房子,每排八户。1959~1963 年,就住在这里,家里已经五口人了。这个时间,各队也盖起了一些砖基、土墙、瓦盖,俗称穿鞋戴帽的职工宿舍。

住小草房时,对面屋的人家,多数都是一起转业来的,互相之间处得都很好。吃饭时,两家都是玉米粥,可小孩子都觉得别人家的好吃,非要别人家的。这时,对面屋就会高高兴兴地送一碗过来。

面粉厂和油坊没建成前,吃粮只能靠富锦粮库供应玉米面、高粱米,春节每人供应两斤大米。

我家小草房住对面屋的是秦洪旺,原六连通信员。他父亲很喜欢燕仁,他妈说他、打他,老人家都不满意,护着。洪旺以后到总场看大舅哥马君先,也到分场看看我。

小鱼·大雁·鸟蛋·野粮

当时小草房那片叫西工地,现在的畜牧场叫作业站。作业站有一栋房,是砖基瓦盖穿鞋戴帽的,队部、食堂、老光(单身职工)宿舍都在这栋房。有农具场,我在这里干活。

在农具场来回上下班,路边的水沟里,就可以捡到一手绢小鱼。江边上来水时，可以成盆成桶地捡，也有大一点的鱼。

到了冬天，穿上皮大衣、大头鞋，带上皮手套、狐狸皮帽子，爬犁上拉着镐头、冰穿、水桶、麻袋，到“水线里”刨鱼去。冷大了就在旁边点上一堆火，反正不缺树条子。当看到冰口往外出鱼时，心里别提多高兴了，连零下三十度的寒冷也忘了。下午三点以前，就回家了。

1960年前，凡是水沟、水泡子就有小鱼，冬天刨冰，也可以弄到不少。农村有的人，一下就能弄几百斤或上千斤，用马车或爬犁拉到农场卖，一角五分钱一斤。

也是这段时间，有些人从永和大队农村老乡那里，学着下炸药包药野物。冬天大雪封地，野生动物很难生存，当看到或闻到有猪、牛、羊油味的，像乒乓球大小的食物，它们是会猎取的，可它们怎么会知道里边有炸药呢！

玉米粒药大雁，就是把玉米粒里面包括玉米芽都抠掉，然后装满氰酸钾铝，再把口堵结实。

1962年4月5日左右，我在五号地播种，就是上分场路东靠十二连那块地。车在地这头，1959年来的支边青年小杜，提前把药大雁的药放在地那头。地长有1400米，我开播种车快到那头时，看见有一群大雁飞起来。车转过头来停下，我们都朝大雁飞过的地方跑去。我捡到的一只大雁，屁股里面还有一个蛋，就用改锥抠出来，放到工具箱里。另一只还没药死，乱扑拉，小杜上前把它逮住。燕仁小时候在家里见的那个活大雁，可能就是那一只。

开荒翻地时，我在C-80上，是苏联大型拖拉机，拉两台五铧犁。白天打犁，经常就能捡到野鸡野鸭等禽鸟蛋，一般一天可捡十几二十个，最多一天可拣二三十个。

一天晚上，要回食堂拿夜班饭，我手里拿着一根柞树棒子，走在拖拉机压倒的树条子上，因为这就是路。突然前边有一个动物，从这边跑到那边去，我也不知道是什么东西，可能是狼，还能听到树叶响。

夜间翻地，坐在犁上打犁，在五铧犁后面，经常看见两个发绿的亮点，那就是狼或狐狸。它们在找老鼠吃，离车也就十米左右。经常有野鸡乱飞，狍子成群乱跑。

建场五六年以后，江边有了打鱼队，在三分场那边，生产队吃鱼都是到那里去拉，按队供应。队里买回来后，再按每户人口供给。一次我去拉的大鳇鱼，可能是三百多斤，尾巴从拖车箱耷拉出来，每斤一两角左右。那时鲤鱼每斤才三角八分。

艰苦的劳动

农场初建时，用的农业机械，多数是苏联淘汰的斯大林 C-80 和 C-100 拖拉机，拖拉康拜因 C-6，还有自走 AC-400 康拜因。干活时，耗油量大，工作效率低，零部件损坏多，成本高。康拜因收粮浪费很大，费了很大劲改装、调整、堵漏、修理也不行，每垧地还要跑掉 200~300 公斤粮，这等于春天每垧地的播种量了。

由于这些农机具质量差、故障多、工效低，各项作业时间都拖得很长，这项没完，那项又来，工人很劳累。

农场大的连队 1500 垧地，一垧 15 亩，小连队 800~1000 垧。粮豆平均产量每垧 2~3 吨，每个连队年产 2000~3000 千吨粮。

工作还是用部队那一套，实行定额管理，机械、人工各项作业都有定额。机务人员每个作业班(每天)翻地 5 垧，耙地 35 垧，播种 30 垧，中耕 30 垧。评先进，评优胜，立功受奖。

二九〇农场夏季降水量非常大，全场经常遭受严重的涝灾。

1956 年我在 C-80-3 号车上，到一号地南头，长发村小山岗下边开荒。车陷在地里一米多深，怎么也开不出来，驾驶棚里全是水和稀泥。用车拉也拉不出来，钢丝绳拉断了好几次。大家想办法，调来农工班人员，在车后边挖了一条五六米长、两米多宽、一米多深的沟，横着铺在下面很多树条子。又在车后边顺着链轨方向，在两边链轨下面各放一块大跳板。两台拖拉机用双钢丝绳，才往后面拖出来。油底、后桥、变速箱、行走部分，很多地方进了水和泥，三号车全组人员忙着换油、清洗、加油，很长时间才修好，又继续工作。

1960 年前的一次，我在 C-6-4 号拖拉康拜因上，夏天割麦子，在去永和村那条路北边四号地，离作业站三四百米处，康拜因陷在地里，用两台拖拉机拉不动，又拉第二次，结果把前边的引导轮拉掉了，发动机和两边的大架子，全打在泥里。大家把连里最宽最厚的木板、垫木，最好的油压千斤顶，三块半公分厚、两米长、一米宽的厚铁板都拉来。再把两边大轮和前边的引导轮前面的泥都挖出来，各轮下面分别放一块大铁板，引导轮上面又多加五六个 U 形卡子，卡在滑圈上加固。最宽最厚的木板放在下边，再用垫木、千斤顶把康拜因两边的大架子顶起来。最后是用两台车拉出来的。第一风扇和风包全坏了，修好，换新，各部分进泥的地方都清理好，又工作。

1957 年夏天，滨县农机学生来实习，我车上的孙耀祥在车下排除故障，背上一层蚊子，我拍了一下，满手血，他看了哭了。当时蚊子、牛虻、小咬特别多，经常咬得没办法，用烟熏，用火燎，都不管用。咬上就起泡，有的人会发炎。它们生长在多年的荒原里，可能有毒。

即使在冬天-30℃的严寒天气里，也要白天黑夜地为明年春耕生产做准备，割条子、清理地号、积肥、修农具、保养机车、选种，总有干不完的活。

在三四厘米深的雪地里，穿水鞋割条子，丁法奎、单宝聚的脚冻成脉管炎，丘立平也截了肢。周洪信，营部通信员，在六队工作，长期在太阳照着的雪地里干活，雪很刺眼，他的眼睛成了双眼瞎，到上海、北京治都没用，才二十多岁就失去劳动能力了。

1959年冬，在一号地脱大豆，康拜因油路堵塞，1958年来的四川兵李树果做清洗，手冻得发白。旁边有火堆，手一靠近，火就扑了上来，大家用雪灭火。李树果手被烧伤，仍坚持工作，后来很长时间才好。

1960年底，也是一号地脱大豆，晚上十二点以后，又冷又累，点火休息。我躺在火堆旁，一会儿就睡着了，直到近火边一条棉裤腿的后边全烧没了才醒，只好露着腿乘黑天顶着寒风赶紧跑回家了。

平时一天要干12~14小时，手脚冻得麻木，修车时，手经常被粘在铁器上。

修水渠，也是农场劳动的一大特色。根据农场水利科统一规划，在封冻前全团大会战，各连分任务，要保质保量完成，经验收合格才算完工。开展劳动竞赛，各工地红旗招展。渠沟据地形而定，一般上口宽3~5米，底宽0.8~1.0米，深1.5~2.0米。农休时，各连也在自己连队修水渠。这项工作是重体力劳动，每天定额7立方。其实在农场一望无边的黑土地上，这些水渠一点作用不起，纯粹是无效劳动。

二九〇农场位于松花江和黑龙江交汇处，松花江称南江，黑龙江称北江，南江北江都会涨水，都要防汛。有一年在绥东防汛，当时洪水快要漫过大堤，我们要从150~200米远的地方取土，给大坝加高加固。一草袋土的重量约有150~200斤，扛起来就跑，大风大雨都不停。那时吃住都在大坝上，一干就是几天几夜，直到洪水下降才能回家。

农场这些老复转，吃苦受罪干了几十年，现在没剩多少了，有的才三十岁就被严寒和劳累弄死了。熬过来的退休金也很低，累死累活干了近四十年，刚退时每月只有300元，真是不公。比新疆兵团也少很多。

《场志》载，1957年五团转业官兵和职工退场120人，张传便就是那次走的。在艰苦时退场走的人，有很多后来又回来了。农场重新接收了他们，安排了工作，接续了工龄，退休时，工资待遇和其他坚持下来的老同志一样。这一点还比较以人为本。

气炉子事件

1959年秋天，在水深四五十厘米的地里割大豆，一弯腰，屁股就湿了。干了近一个月，很多人得了关节炎，给后来的工作带来很大困难。11月水位下降，大豆要翻晒晾干。冬天脱谷，国民党抓丁的老兵、广东台山人、从地方农场调来的4号车驾驶员黄振义，在烤车时被飞起的气炉子打在头上，当场死去，成为农场第一大事故。

气炉子约0.8~1.0米高，直径有0.5~0.6米，上面的一边，有一个1.5~2.0厘米的出气孔，约120°斜倾，另一边有一个约5.0~6.0厘米的加水口，中空是烧火加温的。

这年冬天气温约-35℃以下，黄振义把气炉子里加上水，胶管一头用铁丝拧在气炉子铁管的出气口上，另一头也用铁丝拧在发动机的放水阀上，又用硬木棍把加水口塞得很紧，然后就用木头开始烧炉子。

由于前一天烤车胶管里的存水没有放出来，在胶管里结了冰，堵塞了，水气无法正常排出。油底壳、后桥、变速箱都烤好了，但发动机一点不热。

黄猛往气炉子里加木头，火烧得很旺。气管被冰堵塞，热气不能传递出去，全憋回到气炉子里，炉内气压急剧上升。

炉子烧到四个小时，“砰”的一声爆炸了，飞上天有四五米高，跳起来时打在黄振义头上，当时就不中用了。抬到分场又到总场，人早已不行了。

造成这么大的灾难，主要还是因为缺少知识、缺乏思考。

黄振义是公培育的爸爸。

全场还着过四把大火，发生过一次大爆炸。

1959 年 1 月 5 日，畜牧场失火，烧了好几栋房子，是农场第一把大火。

1961 年 3 月 23 日，修理厂发生锅炉爆炸重大事故，死亡十一人，重伤二十人。

1965 年 5 月 13 日，三分场场部失火，烧毁七栋家属房。

1966 年 3 月 26 日，园林队暖窖因为种子发芽、青菜移苗需要温度，生火引起失火。参加灭火的生产办公室技术员郭和法到屋顶救火，房梁烧折，掉在天棚的锯末子里，锯末子又着火，烧成重伤。

1979 年 2 月，总场发电厂失火，发电机及厂房全部烧毁。

“大跃进”时期

1958~1960 年“大跃进”时期，全国人民生活极度困难。为省下粮来支援国家，农场主动实行低标准、瓜菜代，将职工粮食供应从每月 45 斤降为 27 斤，家属从 30 斤减少到 22 斤。不足部分，农场自制代食品。

代食品就是把收来的下扬大豆和下扬玉米，用 100 印的大铁锅炒煳，蒸大饼子，按定量发给每个人吃。不吃又饿，吃了很不好受。因为是死面的，很多人得了胃病。其中一年中秋节时，食堂改善生活，用面瓜做稀饭，供应南瓜、野菜和大饼子，稀饭平时每人只一碗，那天管饱，大家可以随便喝，就算改善生活了。

放着堆积如山的粮食不吃，而是无私地交给国家，自己吃大食堂，吃代食品，这就是老北大荒人的品格和境界。

一次在食堂吃玉米面大饼子，1958 年来的四川兵李树果说

“老子吃大米,不吃苞谷”,引起哄堂大笑,后来当成笑话,经常有人学他的四川话。

食物单调,也是农场老职工早逝的主要原因之一。北大荒自然条件下,5 月份才能种青菜,要两三个月才能吃上,也只能吃到八九月份。10 月以后,只能靠吃土豆、萝卜、大白菜三大样,又要吃到来年 5 月份。

后来各连队建了畜牧点, 养了 200~300 头猪,100 只绵羊,有上缴任务。达不到上缴质量的杂粮,都用来喂猪。

连队每月杀猪,一人一斤肉,年节可以多买点。

豆油每人每月半斤,年节每人一斤半,这就是好生活了。

不管怎样,“大跃进”时期,农场仍是全国为数不多可以吃饱饭的地方之一。

1960 年 12 月,回山东老家,在沈阳倒车,下车吃饭。一黑碗咸盐酱油汤,两个小面饼,四个带皮谷子面小饼。谷子面小饼吃了拉不出来。

正吃间,来了两个要饭的,一个女的抱着一个孩子,过来就跪下了。对面桌坐着的一个顾客,穿皮夹克,拿皮包,像个有钱人或公职人员。我把四个谷子饼给了两母子。

两母子走后,“皮夹克”站起来一边对我说“真不好意思”,一边把剩下的谷子饼装进包里带走,说家里人都吃不饱。一块往外走时,他一路说“不好意思”。问我是哪里的,我说是农场的,有供应粮,还可以吃饱。他很羡慕我们这个时候还能吃饱。

那时候·那个事

开始在分场小草房住的时候,1.8 米宽、2 米长的炕要睡两家人,当中挂一块布,性生活又不能没有,只好偷偷摸摸,不敢有一点声音。1956~1958 年那三年的孩子,都是在这种情况下生出来的。

后来可以一家一户了,可孩子也大也多了,都在一个炕上,夫妻之间的事也就那么回事了。这一代人主要是好好工作,多做事,好好教育自己的孩子。

朱文章,老兵,党员,1956 年下半年,在分场和我住一个炕,当中拉一块布。他老婆姓徐。朱文章搬走以后,屋里又来了炊事班长陈某,年近四十岁,在山东老家找了一个老婆,像国家篮球队那个最胖大的队员,有 180 斤。炕太小,睡不下,陈某在地上用铺板搭铺睡。后因芳琴要生大女儿,他就搬走了。

小草房对面屋时期,发生了一些不好的事。这种事古往今来,到处都有,是人的本性。这种事有人干了很多次也不会被发现,有人一次或一次也没干成就被发现了。当时组织管理很宽,因为这种事,有人调离,有人撤职,有人降了工资,有人罚了劳改,有人挨了批斗,有人送了性命。

地方农机干部

从地方农场调来部队农场的农机干部, 多数都以懂业务自满,和转业官兵关系搞得不好。他们都是二把手,原则问题说了不算。

地方农机干部总觉得他们内行, 和官兵说话办事总是打官腔,哼哈地,摆臭架子。当兵的对他们也不客气,背后给他们起外号。机务科副科长姓王,戴眼镜,大家就叫他“眼镜科长”。二分场场长李某良,长年戴口罩,就叫他“捂腚府”。

这些人实际能力和讲话水平,跟原来部队的干部比起来相差甚远,他们对农场建设没做出突出成绩,后来多数都调走了。

1960 年后,“八一农大”陆续来了一些大学生,多数是高干子弟和烈士后代。他们到农场后分到各队当农机技术员,其中的贾乐康,后来当了农场场长。

连队布局

农场不是城市,但也不是农村,团部、营部、连队更像一处处部队的营房。

北大荒的农业生产连队,规划布局非常合理,基本上是大方形里边套一个小方形。耕作区、生活区、畜牧区、配套区,各自分开又紧密联系。生活区、畜牧区、配套区位于耕作区中心,到哪一地块耕作,几乎等距离。

环绕的土地,一般分成五六个长方形地号,就以基数词命名一二三四五号地。每块地又用杨树或松树趟子分割,林网化。

各地号中间,有可以走机车,也可以走牛马车的道路分隔。都是土路,两条半米宽左右的车辙,远远看去泛着白光。路的中间和两边,疯长着怎么也长不高的野草。

成家了的住家属区,单身的住宿舍区。家属区在南,宿舍区在北。宿舍区有吃饭的食堂、办公的队部。这两个区就可以合并叫做生活区。

田地除了种小麦、大豆、玉米的大田,每个连队还有一片菜地、一个瓜园。这些可以叫做耕作区或种植区。

畜牧独立设在生活区东边一公里处,开始主要养猪,后来也养羊。这里可以叫做畜牧区或养殖区。东北冷天多,刮西风时多,畜牧点建在东边,没味。

场院(晒场、晒麦棚、种子库)、农具仓库、马棚,农具厂、大车间、洪炉、机械配件仓库、加油站,这既连着又东西分开的两部分,可以叫做生产配套区。拖拉机、收割机、小型车等机械,牛马等畜力,为播种、管理、收获、整地,提供运输和技术支持。

每个生产队都有 3~4 挂马车搞短途运输,拉粮油、柴草。夏天这些马车挨家挨户往各家送麦秸，秋天则送豆秸。这几台马车往往不够用，就到附近农村永和雇车拉。麦收秋收时节，连里的马车就多了起来，农村那些车老板就住在连队宿舍，在连队食堂吃饭。那段时间连队很是热闹，大人小孩都高兴地忙碌着，收获着，空气里都是庄稼的鲜味。

连里还有几台黄牛车，几个北京青年赶车，经常在场院和畜牧那里干活，拉些杂七杂八的。20世纪70年代二九〇养了不少黄牛，1973年农场总局外贸办打开了出口香港的渠道，北京青年冯宝聚被选中押运黄牛到广交会。他说去的时候要照顾黄牛较辛苦，但到广交会还是看了热闹，回来路上也很舒服。

家属区由西向东发展，度过小草房时期后，先是往东挪一点，建起了稍宽敞些的两列三行六栋砖基土墙草盖的房子。随着需要，先后在东边加一列三栋，南面加一行三栋，最后在东边又加一列四栋，形成了四列四行的格局。

每栋房子一般六户，后来的青年房七户，整个家属区最多时听说是九十八户，那就是两栋青年房。

很长一段时间，每户就是一铺炕，大人小孩老人都住一起。随着家庭人口增加，孩子长大，显得很不方便。连里开始建大六户的房子，每户有一个保姆室，有老人给老人住，没老人给大一点的孩子住。带保姆室的大六户，是北大荒家属房的最高规格。

三栋单身宿舍，男女基本各半。食堂单独一栋。后面一栋宿舍穿鞋戴帽，专住男职工。错开的两栋砖瓦房宿舍，一栋头上是连部，一栋设有医务室。连部那栋后面是食堂，医务室这栋前面是篮球场，南边是男女分开的两个厕所。

除了吃奶的孩子和不能动的老人，所有人力都按部队架构组织起来参加生产，编入队伍。一排场院排，二排女子排，三排机务排，四排基建排，五排畜牧排，六排后勤排，家属编成家属排。李学早、陈学臻、姜文豪、张树本、刘敬法、霍能语几个人的父亲，是为数不多的几个老头，种菜，为连队贡献，为家庭增收。小孩很小的时候，就开始参加家务和田地劳动，连队里没有闲人。

十三连一万八千多亩土地，翻、耙、镇、播、耕、收，全部是机械化作业。行走有链轨拖拉机四台、胶轮拖拉机一台，收割有自动康拜因一台、拖拉康拜因四台，翻地有五铧犁五台，耙地有圆盘耙九台、钉齿耙十二台，压地有 V 型镇压器六台、环型镇压器三台，播种有四十八行播种机三台、二十四行播种机六台。农具通过连接器与动力车连接，有 C-11 连接器四台、C-18 连接器一台。耕作时节，田野无垠，动力车牵引着农机具，幅宽巨大，一台台排开，前后成一条斜线，阵势震撼。

二九〇农场六十五万亩耕地，最多时有五十二个这样的农业生产连队，分成五个分场，实行三级管理。

自我反思

司瑞吉，天下第一大笨蛋，胸无大志，无所事事，很多事一生都弄不明白。

自己老婆病得很重了，都不知道去医院看。儿子在外地工作，回来说，才去看病，已经晚了。治了十多年也没治好，六十六岁就去世了，花了儿女十多万元，拖累了他们。

不会做人，也不会做事。

1953 年，在广北，副排长杜宪臣和我说，你的工作是做到了，但没及时向领导汇报，以求支持你的工作，领导不知道，所以影响了你的进步。后来，刘庆胜、呼守义拿王某某做比，也说我，可我脑子里没有这种灵感。

大面积开荒建生产队后，二分场西边农村，靠黑龙江边的建边、板场子那边还有一点荒地，全分场各队抽调拖拉机开荒，建十八队。焦某某的家属没有来农场，他每月休息二三次，都到黑龙江边的建边、板场子打鱼点买条鱼,用树条挑着回来,到分场机务副场长郭某林家里做着吃。郭是地方农场调来的。他有什么目的,我们不知道,只是当时还有些兵脾气。一天早晨,我在C-80-3号车,王振英在C-80-4号车,秦洪旺、王志全在KS07-6号车做保养,是秦洪旺、王振英看不惯,说了“舔腚舌头要带钩带锉”之类的话。其实我们之间没有仇恨,人家有想法、实现想法没有错。

后来有人陆续当了机务副队长,看到人家进步了,自己还在背后说三道四,说不好听的话。马明远是我的同盟者,也是进步不了。

总结起来,自己和人家比,差距是相当的大。一次我上总场,副支书孙某枫叫我给他买点酒,事后一段时间他都没给我钱。我就写了个纸条压在他办公桌玻璃板下,说给你买酒你没给钱。孙给我钱的时候,说:“我忘了,你直接跟我说就行了,纸条让别人看见我脸上多难看。”还有比我更愚蠢的吗?!

社教后期,工作组找我说,你的情况可能搞错了,外调信说:父亲司元明,死了好几年了,你1956年盲目流入东北,家庭出身是上中农。当时我很生气,我说你们工作组1966年来的时候,我父亲正在这里,现在老家还活得好好的,必须给我搞清楚!后来在全连大会上,我越说越激动:我是1951年参军的,家庭出身是中农,档案里很清楚,我没有隐瞒成分,你们是来清理阶级队伍的,这算干啥的!沂水支边来的张怀树,在一边不断地拉我的衣服,我以为自己有理,还是声音嗷嗷的,情绪失去控制。

其实什么事情都可以慢慢说,有理更不用高声。高声并不能解决问题,反而会起到副作用,给领导和群众留下情绪化的坏印象。不高声更能清楚地表达诉求,更能促进问题尽快得到妥善解决。

事后知道,是工作组的哈成信,把我的外调信名字写成了司水基,张冠李戴搞错了。

孩子上学,我也没想到要往分场、总场挪动挪动,没想到在连队和在分场总场上学,环境是根本不同的,老师水平、同学质量差距很大。以致小孩到分场总场,感觉就像进城一样,什么都很新鲜,什么都没见过。小孩春夏秋冬跑校,也是太辛苦。

对待子女学习,只是督促读拼音、查字典、背口诀,要求他们听话、不偷摸、不打架,不懂得对后代进行为人处世、人际关系方面的教育。好在儿女自强上进,有的成功了,有的有钱了。这是老子活着的精神支柱,也是门面。

儿女对父母都尽心尽力了,我很满足。

有了两个孙子更高兴!

酷爱看书

在家没上过学,1951 年 3 月参军,5 月份写家信,我是参照一块参军的牟宗宽写信的格式写的,以后就没再求别人。

1952~1953 年,部队转入整训学文化,教习速成认字法,学了一些字,写信基本不成问题了。

我一辈子不抽烟、不喝酒,在部队识字后就酷爱看书,可能是对小时候没机会上学的补偿吧!

我的书不都是自己买的,有的是“发国难财”。“文革”时,二九〇农场工人俱乐部图书室,有很多书被红卫兵当成毒草烧。我在修理厂修车,住在总场招待所。一天,中午下班回来,看到招待所门前有烟火,过去一看,有很多书在烧。正好没人,我拎了一个大包,装满了抱回我住的房间,放在不容易被发现的地方,如获至宝。

这些书后来我一本本都看了,有的看了好几遍,有时看书上班都晚了。

我的书有上百本,退休后往分场搬家,是一木箱外加两蛇皮袋子。

我的工资不高，生活不富裕，但买书我不怕花钱。20 世纪 60 年代开始，《参考消息》、《人民文学》、《小说月刊》等报纸杂志，我订了很多年。

我看的书，在我们同代人同等条件下，可以说是最多的之一。

看古书，对那些忠臣良将、英雄豪杰的侠肝义胆、人品道德、胆识谋略、奇才功绩很是敬服，对那些奸臣小人祸国殃民的行为很是痛恨。

通过看报，知道了时事政治方面的一些事。如，上海宝山钢铁厂的建设，老百姓养公务员的负担问题，小岗村分田到户，计划经济与市场经济，万里在安徽农村实行改革和家庭联产承包，杨尚昆、习仲勋等与沿海开放四个经济特区，山东富裕地区扶贫沂蒙山区带来的变化，临沂脱贫致富典型罗庄的发展经验与农村新貌，等等。

通过看书，文化修养方面得到了提高。《新儿女英雄传》、《敌后武工队》、《红旗谱》、《野火春风斗古城》、《林海雪原》、《红岩》等，有的都看了好几遍，现在还记得那些生动的故事和鲜活的人物。

现在我八十多岁了，仍然每天读书看报，要活到老学到老。

我觉得，什么时候不学习都不行，时代在发展，社会在变化，学习都很难跟得上，不学习就更不行了。即使这样，我这一代人，由于学识、见识、生长环境、教育背景、工作经历等方面的局限，在子女成长过程中遇到的男女感情、个人进步、环境适应、事业规划、理想谋划等等方面，都没有能力去点拨。以致他们无力解决的问题，我们也提供不了帮助，我指的主要是思维方式方面的经验性启发。他们遇到的事，很多我们都没有经验。

长子燕仁两三事

燕仁上小学以前，有几件事，至今印象深刻。

家里有个马蹄表，一个母鸡不停地点头吃米，他觉得好奇，经常盯着看很久。一天趁别人都不在，他想拆开看看到底怎么回事，结果装不回去了。以后他用那两个齿轮玩咪咪转，那个上弦的发条也玩了很长时间。

好像三四岁的时候，家里还余下一袋面，他妈出去了，他和姐姐在家。他好奇袋子里有什么，又不会解绳，打不开口，就拿菜刀砍，白面“噗”地一下露了出来，两个小孩都吓傻了。那条补了补丁的面袋子，后来又用了很久。

一次，我在C-80上耙地，他去找我，在路边的沟里爬不出来。也不知道多长时间了，两腿膝盖的裤子都磨破了。中午辜伯君来送饭，才把他拉出来，到车上一起吃饭。

还有一次，我在场院后边地里开车拉玉米，玉米秆都站着，他进去就出不来了。是当统计的黄运昌到地里，才把他弄到车上的。

有一年春天，我在分场修康拜因，四五公里路，也不知道他怎么能找到我的。第一次我给他买了一斤枣，把他送回家，第二次又去了，那次好像和分场的孩子打了仗。

1966年他八岁，爷爷来了东北家里，他很喜欢跟爷爷在一起。春天跟着爷爷到自留地种玉米，那天刮大风，又很干燥，他心里有点烦。爷爷在前面刨坑，他脖子上挂个花书包，里面装着玉米种子，每个坑点个两三粒，用脚埋点土踩踩。小孩子惦记着玩，问爷爷什么时候能完，爷爷说点完书包里的种子就干完了。他心想，这么一包种子什么时候能完呀，干脆一把把地往坑里撒。爷爷在前面也没看见，等到下雨出苗，爷爷已经回老家走了。我到地里一看，怎么玉米苗一堆一堆的，挖回一堆放在屋外窗台上，他放学回来叫他数。他不敢不数，数了好半天，我问多少，他说267棵，那次我也没打他。到底是小孩，以为玉米种子埋下去多少，别人是不会察觉的，不知道种子会发芽长出来，别人就能发现。爷爷走的时候，他非要跟着，他去上学了，爷爷偷偷走了。他放学回来，哭着追到小树林，闹了好几天。

上小学的时候，有一年夏天，他白天背了一天的麦穰，晚上在外面玩，我开会回来很晚，进屋插上门就睡了。他妈半夜醒来发现他没回来，我们就出去找，王守贵等人也帮着找。事后知道，他回家发觉插了门，以为大人生气了，不敢叫门，怕挨打，就在麦草垛里睡了。可以想象，当时做父母的焦急心情。事后我想，当时怎么没想到再把门打开呢！

大概小学快毕业的时候，夏天暑假，他和同学陈可正爬到大车间屋顶上去掏麻雀窝，梯子贴着墙，很陡，陈可正下来了，他却下不来，吊在屋檐上哇哇大哭。四川兵孙明第在场院教他老婆骑自行车，听到哭声跑过来，和孙占海等人推来一个大轮胎，有人扶着有人踩着上去把他抱下来。

他上学早，比一般同学都小。小时候差一两岁，武艺差很多，所以下不来。

1963 年秋天，还在小草房住，连队创办小学，燕仁才刚刚五周岁，我就叫他和大一岁的姐姐一块儿报了名。那时他还没有上学的概念，早上在锅底柴草灰里烧上土豆，上课想起来就报告老师说土豆可能烧煳了，不等老师批准就跑回家，取出土豆边吃边赶回学校上课。有时下课贪玩不上厕所，上课又举手。老师找我说叫他明年再上，我一生气叫他姐姐也下来了，第二年又一块儿去上就可以了。他上学的 1964 年，搬进了砖基坯墙草顶的新房子，当年，三子在这里出生。

小时候让他跟姐姐一块儿上学，有看着他的意思，等大一点到四五公里外的分场上中学，却是他用自行车带着姐姐。别的同学都比他大，都是一个人骑一个自行车，他比他们小却要带着姐姐。青岛出的大金鹿又重，他够不着只能骑大梁，刚开始带不动，冲到路边的沟里好几回。在分场上学两三年，夏天经常下雨，道路泥泞，车骑人也是常有的；春秋大风刮得顶不动；漫长的冬天，大雪几十公分深，更是迈不动步。几个孩子上中学，都是这样过来的。

他刚过十六岁生日，就中学毕业参加了工作，那时大学还不是考。我在写字台里看到他拿了北京青年王国森的本子在抄诗，不知道去诱导，只是怕他偷拿别人东西。其实那时他已经有了求知的愿望。

参加工作四年后，他在几乎没有任何有利条件下能考上大学，带头从农场走出来，改变了父母带给他的命运，是钢笔水瓶子做灯，点着柴油看书，天亮时脸发黑，身上有油味，勤奋努力的结果。他大冬天骑自行车到十几公里外的总场去赶考，三天里自己解决吃住，半夜顶着大风，狗皮帽子挂满白霜回到家，那情景至今难忘。

妻与子

1966 年，总局下文件，让官兵家属转为临时工，因为她们都参加了农场建设。各队都进行了摸底调查，上报人数到总场，财务副场长郭某田说人数太多，写报告到总局，说此一项农场开支太大，建议不给转。这一棒子打了数百人，全场很多人都骂他。郭的老婆是个半封建半殖民地——半大脚，一天劳动也没参加。不给其他家属转临时工，可能和这有关系。我转不了别人也别想转，阴暗心理作怪，害了许多人。芳琴这帮家属，失去了非常合情合理的一次机会，白白给农场打了几十年工，老了什么待遇也没有。

芳琴她苦了一辈子，小时候在老家少吃缺穿，到农场和我一样吃苦受罪。后来有了一个个孩子，又要去干活，又要管家务，更是劳累。

给小孩做衣帽，常常晚上点着小煤油灯，做到很晚才睡觉。虽然孩子多，但他们的穿戴，都不比别的孩子差。

她去干重活，体力比那些胖大女人差，我说过多少次叫她不要干了，可不行，她非要和别人比。

燕仁小时候，芳琴把他打扮成很可爱的小宝宝，她很喜欢这个大儿子，小时候常在人前说他长得“团长鼻子师长脸”。

燕仁作为长子和大哥，和其他差不多大小的孩子们一样，很多年背麦秸、拔野菜、捡粮食、割草仔，剁菜烀食，喂鸡喂鸭，挑水扫雪。为了父母、兄弟姐妹的生活和吃鸡蛋，帮着妈妈干了不少活。大了以后，兄弟姊妹大事小情的，他帮事帮钱也都支持了一些。燕凤、燕海的女儿，上大学读卫校，都是他做主、帮助，小弟东胜三年高中三年大专，更是在他家完成的。帮他们上学，就是从根上帮了他们。有些也是替父母承担了责任。

燕仁小时候比一般孩子都淘气，芳琴脾气急、性子烈、好动手，没少挨打。回老家探亲的时候，芳琴跟她兄弟媳妇开玩笑说，燕仁能考上大学是她用水舀子打出来的。燕仁头上现在还留着她拿水舀子打破的疤。

燕仁离婚是芳琴不能理解的。

所有人都夸燕仁头一个媳妇长得漂亮，高个，猫眼，瘦长。结婚时芳琴高高兴兴给他做了崭新的四铺四盖，但不到两年，两个人就离婚了，燕仁提出来的。女儿萌萌不到一岁，还不会走路，抱回来给芳琴养着，彩电、家具、铺盖及房子都给了对方。

芳琴对此很不高兴，一来觉得儿子离婚自己脸面不好看，二来也是心疼那些东西，所以从此对燕仁态度冷淡，经常冷言冷语。而此时正是燕仁人生最低潮的时期，前途渺茫，事业无起色，家庭解体，经济拮据。三十多岁又去住宿舍，生活无着，又惦念女儿，正是最需要家人理解、配合、支持，共同渡过难关的时候。母子因思考角度不同而产生隔膜，互相都站在自己的立场，觉得对方不能理解自己。

一次冬天年前，燕仁一大早五点钟起来，没吃饭赶六点的车，带着东胜中午回来。芳琴说他连个橘子也不买，刺到他疼处。芳琴又忙着准备过年的一些东西，下午五点才吃上饭。东胜看着墙上那年从青岛买回来的挂钟，说表针转了一个圈了。两人大吵了一架。

不知谁说过，经营好的婚姻是天堂，经营不好的婚姻就是地狱。燕仁说他那段婚姻是地狱，生不如死，可惜妈妈没有这个理解水平。直到她终老，也没把扣解开。

山东人好脸面，面子比什么都重要，芳琴也是这样。自家儿女在外面的多，回来时都捎点糖果、小食品、水果之类的东西，她并不全都给自己或孙子吃，而是留着。更多时候是别人带小孩来玩时，给人家的小孩吃，说哪个哪个儿子闺女捎来的。这时她就觉得很有面子，以至于张元顺的孙女早晨一起床，就催着她奶奶赶快上牟奶奶家去，因为去了就有好吃的。最近听说网上有句话，叫"中国父母最虚荣"，说得也是深刻。

前几个子女的婚姻，都给芳琴带来了巨大的烦恼。

芳琴追求完美，自己什么都想做到最好，也要求别人做到最好，这实际上不可能，即使是自己的孩子。她要求子女事事都给父母脸上争光，实际上很多子女一件事也做不到，有的子女有时能做到有时做不到，一般不大可能一辈子都做到，他们的人生也有高潮低潮。她甚至希望自家凡事都让别人说个好，否则就脸上无光，这就更难了。不符合自己理想，尤其是事情发生在自己孩子身上，芳琴比一般人都苦恼，整天心里不痛快。孩子再顶撞她点，她的脾气、个性就更受不了啦！特别大的心理压力压垮了她，1981 年大女儿结婚，她就差点死掉。那年她得了糖尿病，以后大儿、二儿的婚姻，都让她心里疙疙瘩瘩的。应该说，这些影响了她的健康和寿命。

人的命，天注定，都过去了。孩子们自强好学，奋发上进，努力了，成功了，改变了命运，现在也理解了母亲。芳琴九泉之下可以安息啦!

知青到农场

20世纪六七十年代,全国各大中城市一个“知青”大群体,走进北大荒国营农场这个全民公有制和集体所有制的农业生产企业,吃食堂,住集体宿舍,一起上下班劳动。

十三连的知青,多数都是我开尤特兹,副指导员跟车,一起到总场去接。车上插上红旗贴上标语,“欢迎知青到边疆参加农场建设”。

到了农场后,可以看出一些知青的个性。廖逊豪放,董鲁平古怪,王建民(王宇彤)对上不抱、对周围不冷不热,工作很卖力。

知青又分红五类、黑五类。家庭出身工人、城市贫民、小职员、革命干部等是红五类,资本家、走资派、叛徒、特务等是黑五类。红五类家庭出身的,有人很快入了党,当了班、排、连干部,有的到营、团当了领导,如方玉珍、曾海生。黑五类也很听话,工作也很卖力气,可他们没机会。参照山东1947年土改复查划成分的经验,后来全国城市中也推广了划成分,所有人都得论出身,撕裂族群的恶果影响面之广、时间之长,整个社会谁都没能逃脱。但以后土改、划成分,就没有“复查”那么大面积杀人流血了。

1963年来的北京青年:朱和亚、马龙林、朱素兰、夏衍荣、黄传英、温杰、那仁。

1966年来的北京青年:赵宝祥、田洪安、毛田;哈尔滨青年:王焕芝、周文芝、孙凤琴、刘英、郭永选、毕洪江。

1968、1969两年,北京、上海、天津、杭州、温州、哈尔滨等城市青年,就一大批一大批地来了。20世纪70年代还陆陆续续来了一些。

郭永选和我一起开UTS,后调到富锦县团委工作,可能有什么关系，不然地方政府怎么会从农垦系统调人。他的工作我很满意，能吃苦，很主动，不用师傅说，就能把应做的事全部做完做好。

崔云龙，北京青年，可能和王建民同学，团农业科到海南种玉米，回来做种子，叫他去过好几次。如果不是返城，他以后可能调农业科工作。

陈新宇，温州青年，清秀、精灵，1975 年前，说家里有什么事，来了证明，一去不返。在当时社会，不要户口和一切证明，说走就走了，此举可谓大胆。

连队建小砖窑，要背麦穰烧砖，真是瞎胡闹，麦秸那点火力怎么能烧砖呢！每天整个女子排都要去填草，最少也要一个班，不停地填。北京青年董秋兰，就是往窑里送麦秸，出来时慢了一点，被火烧着了。

1970 年 1 月，三营在自制炸药包爆破演习中，接连发生两起事故，北京青年吴保家、上海青年韩振民身亡。

知青大多是农场普通劳动力，个别人当了老师、卫生员等。他们接受了转业官兵老职工的人格品行，锻炼了吃苦、勤奋的工作作风。一个有志向的知青，会把这段历史当成自己一生的宝贵财富。

老兵·领导·战友

六十年过去，很多人不在了，在的人也离得远，见不着了，但他们的音容笑貌，好像仍在眼前。

原玉璞，原二营管理员，农场第一任机务科长。此人讲原则，办事公正，有胆识，有才华，可以把一台新机器拆开，分析研究求得弄懂弄通，以编写教材。

李松贵，二分场第一任机务参谋。此人长得英俊漂亮，像书生，又像公子哥，多才多艺，吹拉弹唱、跳舞，什么都会。就是眼光太高，师文工团、卫生队、医院，很多女同志追求他，都没成，快三十岁了，还是一个人。后来调到总局机务处。

何因，团机务参谋，国民党坦克连长，解放过来的兵。此人业务精通，官兵关系非常好，吹拉弹唱什么都会，讲故事、说笑话，逗人笑得前仰后翻肚子疼。他和女拖拉机手、篮球高手，后来调任农场第一任广播员的张剑心搞对象，好事多磨，很长时间才成。

王思德、刁立本，他们是天才，多才多艺，对人和气、友好，业务精通。因为农场太苦，都退场回家，在本县当农机具方面的管理领导。

郭万红，机车组长，此人有才华，有能力，胡琴拉得特别好，口琴也行，就是因为脸上有麻子，找不着老婆。后来是他车上驾驶员李德贵的媳妇，用照片找来一个姓多的十七岁漂亮女孩。女孩一看怎么也不愿意，后来很多人去说，才算事成。郭调到十四团当机务参谋。

以上几位都是老兵，也是师机耕队的老班底。

刘洪书，农场老书记，原二八九团政治处主任，调二九〇团任副政委。1938 年，在现在的东营打日本鬼子负伤，跑到当地一个老大娘家，老大娘把他和自己的女儿弄到一张床上被窝里，脸上抹上灰，说是伤寒病，把鬼子骗走。后来此女和他结了婚，在医院工作。老大娘 1938 年入党，是刘洪书的终生岳母。

王强，二十岁左右就当了北安县委副书记、二龙山农场党委书记。不知是五几年，他当北安县民工大队长到朝鲜，回国前，他向部队提出了想留在部队的要求，后来请示到军部，说因为他在地方的职务，到部队不好安排，所以就回来了。王强其人，应该说是领导大型国营机械化农场管理很有才华的人才。

林潘顺，可以说是一个真正的共产党人，他说的话办的事，老百姓确实心服口服。他是一位包公式的好干部，直到离休，还很受人尊敬。

焦复加，团组织干事。此人有才华，是团里一支笔。他写过《红心向党、革命加拼命、身残志坚：一条半腿闹革命》，写好连长于业万的英雄事迹，在《农垦报》刊登，他被评为优秀报道员。他改编山东吕剧《李二嫂改嫁》，在总局汇演中获得一等奖，他和演李二嫂的女演员于某结了婚。后调到总局组织部。

以上几位都是好领导，也有不是正人君子的东西当了领导，而且官越来越大。

还有几件事，不知怎么说才好。

崔某南，六连副连长，七队队长。到南京学习两年，有一定的管理水平。1957年冬的一天，温度-39℃，战士在场院选种，冻得实在难受，班组长到队部要求停工，他把手指从气窗里伸出去，试了一下，说：不冷，不能停工。后来说他没有阶级感情，不管工人死活，是阶级异己分子。因他是富农子弟，后来含恨自杀。他媳妇兰翠英，分场卫生所军医，是好人，对职工、家属，兄弟姐妹相称，对工作认真负责。1960年，一次燕仁病了，很长时间没好，她从分场到七队打针送药。

张某国，运输队赶马车的。1956年冬，他到北江边去打猎，天黑没回来，全队都去找，在很深的狍子坑里找到了。送到医院，双脚骨头发黑了，院长芦华决定割掉双脚，保全了生命。2004年回二九〇农场，我到司彦林家去，看到了他——头发、胡子老长，像个森林里的野人。

王某普，身高一八〇。此人有点古怪，工作时冷时热，不稳定。因农场太累太苦，平时说几句怪话，文化大革命帽子就多了，被说成国民党特务、历史反革命、现行反革命。1968年5月被人用镐把打死了，年仅三十多岁，是二九〇农场唯一的大血案。

李夏林，日照老乡。1951年参军，六连时和我在一起，炮班战士，党员，在老家就是民兵队长。20世纪60年代前，在七队当农业副队长，是好人，会工作。对人和气、热情、帮助、教育，对有缺点错误的人也从不歧视，而是谈心交朋友。锄地、割大豆等重体力劳动，不但和工人同时上下班，一起分定额、领任务，还要负责全队质量验收。在场院土粮仓上囤，扛 150~200 斤粮，要爬五六米高的跳板，和工人一样干，直到干完为止。人称他是“劲蛋”。后调四分场连队当支书，退休后回了老家。退休后，我和他说了一件事：李某某是沂水支边青年，在家乡工作过，退休后找成老干部。他也到管局找了几次，没成，也就没法了。

当兵时六连指导员车允生，一生都很珍视和我们这些部下的友情，也是让人感动。

1953 年，我所在部队六连住广北刘户，指导员王洪斌提任营副教导员，团部车允生调任六连指导员。此人有知识，有文化，可亲和气，关爱战士。到我们连第二天晚上整队点名，他不用花名册，就能从第一名的一排长张玉训，点到最后一名炊事班班副郭瑞文。从排长到排副，从班长到排头兵一直到副班长，职务、姓名一个不差。营总支委员给全营讲政治课，他的课也比别人讲得好。转业到二九〇农场后，他先是调到别的农场，后又调到济南科技单位当党委书记。离休后，1990 年前，他每隔一两年就回二九〇农场看望老战友、老部下。每次回来，都要把他六连仅有的战士，找在一起问一问身体、生活、子女成长情况。前几次我还在十三连，就到连部与他相见，交谈。1990 年我在分场住，十三连派小四轮把我接去，一到连部，他一见就指着我说：三班副司瑞吉。我赶紧上前和他握手，向他问好。四十年过去，老指导员对他的战士还如此挂念，自信人间有真情了。他的生活总场有安排，我们说一会儿话，玩一会儿，临走每个人都握手告别、祝福。

我们这一代人，兢兢业业工作，吃苦受累太多，为开发北大荒，付出了自己的青春和全部力量，也献出了子孙后代，真是不容易。

一生的愿望，燕仁都帮我实现了。2004 年七十五岁看了几个老姑,2010年八十一岁又找到了二叔家的妹妹。可以说,了却了几十年的心愿。

子四:燕仁、燕礼、燕海、燕奇;女二:燕凤、燕霞。

尽管几个子女性格有不同,能力有大小,兴趣有差异,但讲孝道、重亲情是他们共同的内质。这也是这个家庭的传统。1947年“土改大复查”那么大的灾难,本房各家包括姻亲虽然都划了地主富农,但都没人被杀,说明这个家庭祖祖辈辈都是行善积德的。

(2009年12月至2010年5月于河源)

现代账房大先生

——琳吉自述

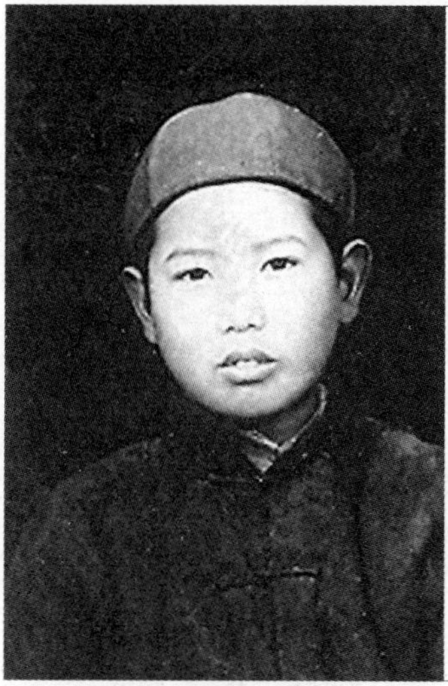

1951

1962

1960

1964

1976
胡芬章、司东波、司琳吉(前排左起)
司秀丽、司耀东、司玉玲(后排左起)

2009
司峻石、司东波、胡芬章、司琳吉、司耀东(前排左起)
王惠子、历翠、司秀丽、王纪君、王维亮、王纪录、
司玉玲、高春玲、司维(后排左起)

我名琳吉,字玉琨。

回首往事,感慨万千。一生虽经诸多磨难,但最终结果让人满意。衣食无忧,子孙满堂,平安和睦,身心健康,这就是目前我生活的真实写照。可能应了一句古话,叫好人总有好报,或者叫好人一生平安吧!

近朱者赤,近墨者黑。父亲不仅是个文人,而且是个品德高尚的人,一生中最信奉孔夫子,一言一行完全用孔夫子的儒家思想规范自己的行为,平时对我们的教育,讲的都是仁义礼智信、忠孝节义。处在这样一种家庭教育环境中,对我的为人处世、心志成长,都起到了潜移默化的作用。

学生时代

大约是在1952年开始上学的。

父亲本身是孔夫子的忠实信徒，当然深知上学求知的重要性。在家庭条件极其艰难，父亲当爹又当妈的情况下，让我上学，充分体现了一个伟大父亲的明智胸怀。至今我非常感激和感恩父亲对我的培养和支持。父亲当时态度非常明确，就是让我上学，将来能有个好工作，有个好前途，有出息。

当时家庭经济状况真是一言难尽，吃不饱，穿不暖，吃了上顿没下顿。不要说吃煎饼，就是地瓜干也吃不饱，吃糠吃菜那是经常的事。

1952年春荒，家里什么都没有了，为了活命，我只好出去讨饭。

1953年开春，有一天早晨，父亲用老地瓜秧放上一把黄豆，做了一锅小豆腐。刚做好，还没来得及吃，碑廓（那时是第九区）武装部长王均伦来到家里，可能是走访军属吧，因为哥哥1951年出去当了兵，家里是军属。王部长一看是一锅地瓜秧，二话没说，立即写了一个批条，救济了四十斤高粱。就这样，总算熬过了那年的春荒。

这件事我永生不忘，一直想找机会报答王均伦部长的救命之恩。在部队的时候，经多方打听，听说他在临沂工作，那时交通不便，没找到。转业回日照后，我又到处打听，还是没找着。后来在《岚山文史》第二辑看到介绍，王均伦1985年在临沂农牧渔业局离休，享受地专级待遇，退居二线后被日照市委聘为顾问组成员，对促进日照农牧渔业发展作出了积极贡献，1995年8月在日照病逝。未能了却心愿，很遗憾。

在本村上初小，启蒙老师是牟乃卜。总共上了不到两年，四年级就到碑廓上高小了。

那时家庭条件好的学生,中午都捎煎饼,自己家穷,没有煎饼可捎。个别时候捎两个煎饼,上学路上就吃了,中午就不回家了,回去也没有份了。别的同学中午吃饭,我就到操场打球,时间一长,饿出一种咳嗽病来。后来被父亲发现了,问什么原因,我不肯说。父亲怕我落下毛病,买了半斤白糖,给我冲水喝,还真治好了。

不仅没有吃,烧也非常困难。没有草,又不供应煤,就靠拾青草晒干后才能做饭。遇到阴天下雨,就是有粮食也没法做饭。

冬天还能穿上棉袄,春天把棉花拿掉,里子和面做成夹袄,夏天再把面拿掉, 就成了衬衣了。这种穿法有一个好听的名字,叫“老虎下山一张皮”。

记得只穿过一次新鞋,是嫂子给做的。嫂子手艺很巧,针线活好,做的是弯底布鞋,很好看。那时正是长脚的时候,又加上好动,我只穿了不到三个月就碎了。其余时间,夏天穿草鞋,草鞋也舍不得穿,上学路上不穿,用手提着,到学校门前才穿上。冬天穿毛窝子,从未穿过袜子,里面放上黄豆叶子,感觉也挺暖和。毛窝子底用胶皮粘上前后掌,这样耐磨,穿的时间长。

哥哥当兵走后,四条光棍剩下仨,父亲和我们兄弟俩,三口人盖一床破棉被。炕上连席子都没有,光着身子就睡在土炕上,每晚睡觉时,各人都往自己身上拉被子。实际被子只能盖下半身,上身只能盖自己的棉袄,就这样也睡得很香,从不失眠。

据说父亲和爷爷分家的时候,也叫“扫地出门”,什么东西都没分到,连住的地方都没有。没办法,只好借了三叔司元镇的场院屋子住。后来靠着自己勤奋努力,推面卖面粉,卖染料等,逐步积蓄了一部分钱,盖起了五间草屋,总算有了自己的家了。但好景不长,一场灾难降临了。

1947 年土改复查,在左倾路线指导下,不分青红皂白,到处打土豪分田地,错误地把父亲打成“地富反坏右”。辛辛苦苦盖起的房子被别人给分了,"扫地出门",无家可归。

本来在土改复查前,父亲还当过村农委会主任,一夜之间,就变成了地主富农。

村里斗地主富农的时候,把父亲拉到台上赔罪,差一点被乱棍打死。关键时刻,司庆吉哥把父亲从台上拉下来,才免于一死。

据说庆吉哥曾给爷爷当过长工,爷爷对他不错,从不亏待。他一直对我家印象很好,所以关键时刻救了父亲一命。这件事我和璋吉一直非常感激,这些年对他们家一直很关照。

在部队的时候,每年回家探亲,我都捎四瓶景芝白干(那时就是最好的酒了)、一斤茶叶。到家分成两份,父亲一份,另一份亲自给庆吉哥送去。每次探亲回家,我都去他家看他。父亲有喝茶的习惯,每天早上都去叫他一块儿喝茶。转业后,我想办法把他二小子的家属及子女办理了农转非。璋吉对他家也很关照,他大小子盖屋,帮他解决了部分木料,逢年过节都有走动。去年他大小子去世,璋吉也帮了不少忙。

被农会"扫地出门"后,先是借住"六鬼子叔"的房子。六鬼子叔出身也不好,土改复查的时候,他比较聪明,一看事不好,举家跑到青岛去了。当时村里也不知道他跑到哪里去了,所以他家房子就空着。直到"纠偏"政策出台,重新给我家改为中农成分,同时又把司家祠堂分给了我家,还分给了几块地。

后来父亲可能考虑住祠堂不太好, 也为了给璋吉说媳妇,就把祠堂拆了,盖了庄西那处宅子。这才算有了一个真正意义的家。

回想起上学的那段历程,虽很艰辛,但至今让我很兴奋、很自豪、很骄傲。可以说,我的学生时代非常辉煌,很值得大书一笔。

我虽然没有聪明的天资,但我刻苦好学。因为我知道,在家庭条件那么困难的情况下,父亲支持我上学,已经是很不容易的事情了。如果我不好好学,对不起父亲对我的厚爱。同时我也清醒地认识到,只有学好,才是今后自己谋生的唯一出路。

一至三年级是在本村上的。老师是牟乃卜,是我二姑奶奶家十表叔。复式班,三个年级都在一个教室,老师先给一年级上课,再给二年级上课,最后给三年级上课。每天如此。我没上一年级,因为一年级的课文我差不多都认识,即便有个别不认识,回家问一下父亲就会了。我记得非常清楚,一年级第一课课文是:大羊大小羊小,大羊小羊山上跑。第二课是:燕子飞,燕子飞得高。这些我都认识,所以感到不够吃,牟乃卜老师叫我直接插班二年级。二年级上了不到一年,又把我调到三年级,所以我在村里实际只上了一年多时间,三年级就毕业了。

上三年级的时候,我就是村里小先生了,同时教两个班。中午时候给青救会识字班上课,晚上在司彦会家给夜校班上课。说来也很好笑,因为我那时个子小,连黑板都够不着,只好站在小凳子上写字,那些学生都是二十多岁的大青年。

一至三年级的亮点,就是当了一把“小先生”。

四年级一方面是村里教室不够了, 容纳不了那么多学生,另一方面牟乃卜老师也教不了了。他只能教语文,四年级数学他教不了,所以四年级我就到碑廓完小上了。

碑廓完小,是我学生时代最辉煌、最得意的时候。

首先,我学习成绩出奇好。那时一共八门功课:语文(那时叫国语)、数学(那时叫算术)、历史、地理、自然、美术、音乐、体育。我每次考试每门功课都是一百分。我从不复习功课,因为没有时间,放学回家得做饭做家务,还得拾草。我就是充分利用老师讲课的四十五分钟,只要把老师在课堂上讲的理解消化了,考试就没问题。

因为学习成绩好,不长时间老师就让我当学习委员,不长时间又让我当班长(从四年级开始)。五年级的时候,又当上了全校学生会主席,那就是学生的最高行政领导了。

碑廓完小那时将近六百名学生,每星期三、六集合整队,向老师或校长报告。说实在的,刚开始也很紧张,生怕压不住阵脚,也怕老师同学看不起。

五年级又入了团。入团以后,也是过了不长时间,教师支部的团书记卜新华老师找我谈话,叫我担任学生支部的团支部书记。当时我真不想当,主要是压力太大,担任这么多职务怕影响自己学习。后来卜老师说这是组织研究决定的,没有办法,当吧!每周六还得抽出时间备课,给团员上课,讲团的知识、如何起先锋模范作用、做党的有力助手、党的后备军之类。至此,我的学生时代,不仅学习成绩优异,而且集“党政大权”于一身。

1955年义务兵征集工作开始了,经过权衡,我选择了应征入伍。做这个决定主要有两条理由。一是担心学习成绩会下降。因为担任职务太多,分散了学习精力,怕学习成绩保不住。不管老师和同学怎么说,最看重的还是学习成绩。二是生活所迫。1955年虽然不用去要饭了,但生活困难仍没有根本改观。上学总得花一些钱,平时用的课本、笔墨、纸张都没钱买。1955年春天,日照县京剧团到碑廓演戏,学校组织去看,学生优惠票五分钱。我回家要五分钱都拿不出来,过了几天父亲到碑廓集上卖了水萝卜,才给了我五分钱。为了减轻家庭负担,我必须去当兵。

当时就是一个朴素想法,我去当三年兵,起码自己吃穿不愁了,减少一张嘴,就等于给家里减少负担了。

说来也巧,那一年司官庄共十三人去验兵,我年龄最小,个头也最小(一五九)。他们绝大多数身体都比我棒,但最后公布结果,只有我自己验上了。真是奇了怪了,连我自己都不敢相信!

后来分析了一下,我和他们相比,除了身体以外,政治条件比较有优势。因为十三个人当中,只有我是党员,其余十二人都是群众。我是1956年1月,经村支部书记牟友善、村长司康吉介绍入党的。我是先入党,后报名当兵的。部队看中的不仅是身体条件,更重要的是政治条件,特别是在那个年代。

我把当兵的想法和父亲讲了,征求一下他老人家的意见。当时父亲很矛盾,既不情愿又很无奈。他觉得我的学业很有发展前途,不继续上学实在太可惜,但继续上学经济确实有困难。最后父亲说,你实在乐意去那就去吧,这也是没办法的办法!

事到如今,让我最痛心的事情,就是未能继续上学深造。如果有现在的条件,我一定会选择学业有成后再参加工作。当兵后以及转业到地方工作,我深感自己的学识水平难以适应各种复杂的局面。如果我学历高一点,发展空间会比现在更好。

军旅生活

1956 年 2 月正式应征入伍,1979 年 10 月转业到地方, 服役二十三年多。在部队绝大部分时间做后勤保障工作,具体业务是财务会计,1969 年后担任领导职务。总体还算顺利,但也有不尽如人意的地方。

1956 年 2 月, 被分配到济南军区警备十团警通连当战士。1957 年警备十团撤销, 调守备十九师五十团警通连当给养员。1958 年调五十团卫生队任代理司务长,1959 年调五十团三营炮连任代理司务长,同年提升司务长,正式列入军官行列。

我提干时实际服役时间还不到三年, 也是义务兵第一次提干。当时十九师一共提了三名干部,我是其中之一。

我被调到三营炮连,应该说是一次难得的机遇。炮连后勤工作搞得非常好,有雄厚的物质基础。连队养了五十多头大肥猪,五十只大绵羊,十几亩菜地,生活改善非常好,全连官兵很满意,全师闻名。有一次,十九师师长唐万成(长征时期彭德怀的侦察连长)视察工作,先去看了猪圈羊圈,又去看了菜地,非常满意。回来后,他说我们连的生产生活搞得很好,应该在全师推广经验。我觉得这是对我工作的充分肯定,因为生产生活都是我分管,是我一手抓上去的。

1960 年调任六十七军文化训练大队司务长。总政治部主任梁毕业提出十年大计，计划用十年时间把全军营以下干部轮训一遍，后来不知什么原因停办了。

1961 年调十九师侦察连任司务长，设防在崂山。侦察连近三年，是我当兵吃苦受累最多的三年。

苦尽甘来，时来运转。1963 年 7 月底，经十九师后勤部考察，把我调到师财务科任会计。1968 年撤销十九师和青岛市武装部，组建青岛警备区，正军级单位。我被调到警备区后勤部财务处任会计。1969 年调青岛警备区二十团后勤处任副处长，至转业。

从以上简历可以看出，军旅这段主要有三个亮点：一是 1959 年提干，由此改变了命运；二是 1963 年从基层连队提升到师财务科，给了我一个发展空间；三是 1969 年调二十团任后勤处副处长，给了我做领导的锻炼。

在部队也遇到过两件闹心的事：一是关于提干，一是关于被骗。

1968 年，青岛警备区后勤部财务处准备提拔一名财务处长（正处级），我是唯一备选。后勤部派了两名干部到老家政审，结果出人意料，村里证明我的家庭出身是富农。后勤部徐瑞华政委找我谈话，说政审不合格，你们家的出身不能提拔重用。我一听就急了，申诉：一是调查结论与事实严重不符，二是要求组织重新调查。

我家是中农出身，土改复查后甄别和纠偏中早有定论，怎么会又变成富农呢？我提出两条强有力证据：第一，我是义务兵，不是抓壮丁来当的兵，入伍时经过当地政府和部队双重严格审查。如果出身有问题，村里能让我当兵吗？部队能接收吗？第二，我是在村里入的党，先入党后当兵，而且入党介绍人就是村支部书记和村长。如果家庭出身有问题，他们敢介绍我入党吗？同时我也把父亲被错斗和家里甄别纠偏的情况,如实向徐政委做了说明。徐政委听我陈述后,也感到有些奇怪,答复研究后再说。结果石沉大海,杳无音信。我也不便多问,只好忍了。

过后不久,后勤部张锡林副部长找我谈话。他说提拔财务处长的事,你是大家公认的备选人才,部党委研究的时候,没有任何争议,没想到政审出了问题。部里领导知道你有压力有情绪,希望你正确对待。他还说虽然没能提起来,但部领导对你工作还是肯定的,特别是"文革"期间,你一个人干了财务处和军需处两个处十二个人的工作,很值得表扬。

"文革"期间大部分人员都抽去支左了,两个处只有我一人在家留守。那时真是没黑没白干,夜里十二点前都没睡过觉,一天最多睡四五个小时。张锡林表扬完了以后又说,经部党委研究,决定调你到二十团后勤处工作,具体职务是后勤处副处长,正营级。

说心里话,我真不想去,因为在青岛环境、工作都不错,再说那时我家属已经随军了。但组织决定必须服从,只好去。我心里很明白,做出这样的安排,实际上是对我的一种安慰。

俗话说,害人之心不可有,防人之心不可无。

大约1978年,牟乃卜长子牟敦某,突然来部队找我。据他说,他当时在临沂汽运公司当采购员,负责采购汽车零部件,想托我给他采购几条汽车轮胎。并且说很长时间没给公司采购到货了,公司要开除他,无论如何要我帮忙。

当时我们部队有汽车备胎,但都是战备物资,不能随便处理,所以我说这个忙帮不了。他又说可以用汽车总程兑换。因为我也拿不准,我们需不需要这种配件,就把运输股长找来,他说缺解放牌汽车总程,可以兑换,各作各的价。就这样达成了初步意向,我就叫牟敦某回去先把汽车总程拿来,然后兑换。不想他趁我下连队检查工作不在家,空手来部队,直接找到运输股长,打着我的旗号,拉走了五条轮胎。运输股长知道是我的亲戚,连个收条都没要。

那时每条轮胎450元,共计2250元。从拉走轮胎后,我一直打电话找他,催他拿配件来。他一直拖着,最后我说你拿不来配件拿钱也可以,但钱也没拿来。再后来电话也不接了。这时我觉得坏事了,可能上当了。

1979年部队已经确定我转业。我一看事情不妙,临转业前得把钱追回来。8月份我直接到临沂,找到他说的那个单位。单位说确有此人,但说只收到两条轮胎,至于牟敦某的下落,他们说不知道。

运输公司只付了两条轮胎款,共900元,其余三条至今未追回。后来部队曾派人做过调查,结论是上当受骗不予追究。

为了这事,父亲曾去找牟家十叔乃卜理论,也是无奈。

奉献建行

1979年10月12日由部队转业,分配到日照建行任副行长,1986年任日照建行行长。1989年日照升格地级市,任日照建行副行长,至1997年退休。在建行工作十九年。

确定转业后,我立即回到日照,在县委办公室主任胡义节同志、副县长刘克仁同志热情帮助下,预备把我安排到日照物资局任副局长。那时物资局有权有势,财大气粗,计划经济时期,几乎所有物资都归物资局掌管。预备通知到部队,其他转业干部都很羡慕。我们部队1979年转业营以上干部十一名,只有我分配到县直单位,其余十人都被分到乡镇粮所、工商所,还有一部分到乡镇任财贸教导员。这件事让我兴奋了好长时间。

天有不测风云。到了9月份,地方来了正式通知,把我分到建设银行。接到通知我立即返回日照。组织部同志说,原来是把你分到物资局,但建行陈常培行长到组织部,要求给他配一名懂业务的副行长。组织上查阅了你的档案材料,看到你在部队长期从事财务工作,适合到银行工作,所以就把你调到建行了。没办法,服从分配吧!

来到建行,我一看,心都凉了。我去报到时,连我算上一共只有十一人,在四间平房里办公。那时建行叫中国人民建设银行。说是银行,根本不办理银行业务,只管财政拨款,实际是一个拨款银行。既没有指标又没有任务,很轻松,没压力,整天无所事事,不务正业。今天下去搞三夏,明天下去搞三秋;今天搞计划生育检查,明天搞卫生大检查。银行业务一点不沾边。但有一条,工资有保证。很长一段时间,我不安心建行工作,总想调出。后来一打听,建行干部属垂直管理,地方不接收。调不出去,只好死心了。

机会终于又来了。1985 年以后,建行开始改革转型,由一个单纯的拨款银行,一跃变成名副其实的商业银行。从此建行有了活力和生机。

从 1986 年当行长开始,我就想办几件大事。一方面是为了提高建行知名度,另一方面想为职工做点实事好事。一是首先建办公楼,改善办公条件。我带领设计人员到青岛去采样。那时日照仅有的几座办公楼都是火柴盒式,一个样子。采样回来后,经设计人员修改,建起五层高的办公楼,屋面用琉璃瓦,当时全县唯一。二是买车。买了一辆皇冠 3.0 无级变速,也是全县唯一。那时只有县委书记王家政坐了一辆旧尼桑车,全县部委办局最好的车就是普桑,大部分车是老上海。可惜那辆车没能坐住,被临沂地行收去了。地行吕锡元给我打电话,说你的车太显眼了,恐怕坐不住,县委书记才坐旧尼桑,你坐皇冠,对你影响不好,地行为了保护你,动员你把车交上来。我仔细想了想,地行确实是好意,就上交了。三是建宿舍、安暖气。所有结婚职工每人一套单门独户平房宿舍,未婚青年每人一间单身宿舍。在安装办公室暖气的同时,我把所有宿舍也都安上了。当时办公室装暖气的不过三五个单位,宿舍安暖气更是独此一家。四是建澡堂,解决职工洗澡问题。五是建食堂,解决单身职工吃饭问题。另外还建起了简易篮球场和乒乓球台等体育设施。这些问题现在看来算不了什么大事,但那个年代,可以说是比较超前的。别人不敢做、做不到的事情,我做到了。

做了这些事情后,应该说达到了我预先期望的效果。社会上不再轻视建行了,行内职工安心工作了。

地级日照市上格后,任日照建行副行长,主要业务部门都由我分管,期间做了大量工作。应该说为日照经济发展做了一定贡献。

子二:跃东、东波;女二:玉玲、秀丽。

跃东娶高春玲,生女司维;东波娶厉翠,子司峻石;玉玲嫁王纪录,子王维亮;秀丽嫁王纪军,女王惠子。

(2010年4月成稿于日照)

一个生产队长的直白

——璋吉自述

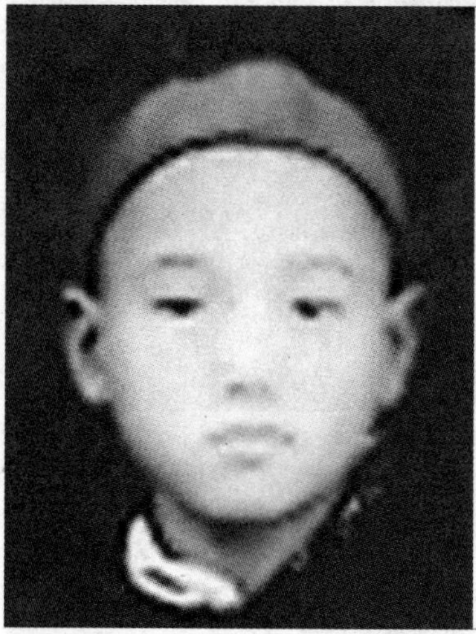

1951

1977 全家照

2011.5　老两口闲坐家中笑眯眯

2012　司斌一家在自家饭店前

祖父壎公不善持家，告家里长工，外边有活请你，你就先干外边，外边没活，你就在我这干。荒年断炊人家借粮从不拒绝，还或不还再不追问。常年制酱几缸，年节送给穷人下饭。那时家里情况，在村里数二数三。

1947年土改复查“扫地出门”后，母亲去世我才七岁，从村南头搬了好几回家，牛屋都住过。纠偏后，大队给了一个祠堂。

1948、1949年，大哥卖油条，人家炸，咱贩。

1949年4月开始，安岚、碑廓组织民工参加导沭河工程，不知什么时候，父亲到导沭工地出夫，见到在那里管事的二叔元镖，二叔给了父亲一点钱，可能是十万，相当于十块钱。

1953年11月导沭工程结束后，分剩下的粮食，家里分了二百来斤，到费家湖粮库去领回来。

十岁左右在家烧火做饭，也跟着父亲下地干活。

大哥当兵后，家里成了军属，困难时期，区公所给困难户发救济粮，到费家湖去领。

十几岁时跟彦起一块去上过半天学，中午下学回来，父亲说：“你不能去上学呀，你上学，家里活谁干呐！”以后就没去了。所以我是半天的学历。

以后成立互助组，人家推车，咱给人拉车，挣工。

1954年成立初级农业合作社，按“地四劳六”分配（土地入股）。1956年转为高级农业合作社，跟着人家干活，全部按劳分配，土改分给农民的土地就都归所谓集体了。1958年成立人民公社。

“大跃进”时期，出夫日照县大炼钢铁中心——高旺庄。

全县劳力都集中在高旺庄吃住，说是蒋介石要反攻大陆，家里连铁勺子都得送到高旺庄炼铁。炼出铁来造飞机大炮，打蒋介石。

1958年开始，家里不许冒烟，所有人都去吃大食堂，就留一个泥壶烧水，还不让。家里所有铁器，包括做饭的锅都收去砸碎，拉到高旺庄炼铁。房垛子拆砖，拉去建大炉，门窗拆去烧火。大炉六七米高，直径三四米，用砖垒起来，中间留空，装碳、装废铁等，拉风箱烧火，下边就淌出铁水来了。

工地上谁不好好干、偷懒耍滑，要拔白旗，晚上挨斗。那时人听话，戴上白旗的，上边不叫拿，自己就不敢拿下来。

我拉风箱烧火，有一次七天七夜没睡。

睡觉是“老虎屋子”，背面土墙，前面用棒支着，顶上滚苫子，漏雨透风。工地人多，每个庄都有很多趟这样的老虎屋子。

高旺庄离司官庄六十里路，咱庄一共两千多人，拿动腿的都得去。大队安排，担两个砖也要送去，因为吃大食堂，在家没饭。上高旺庄的，来回一百二十里路，大队发一个煎饼。

十月份，县委书记牟步善穿着青大氅，来工地检查工作，嫌泥口开大了，朝公社书记刘某发火：“泥口这么大，能出铁吗？把你填进炉里去算了。”刘某不敢吭声。

牟步善是碑廓人，他当县委书记时，人说日照县是碑廓县，大单位一把手都是碑廓的。

干了大约一年，1960 年钢铁厂垮了，散了，就回家在农业社挣工分了。十个走七个，留个仨俩的，留下的以后都混好了。

1958 年 7 月，大嫂在家生了大侄，爷爷给他取名燕仁，小名东安，反正男丁就从“仁义礼智信忠孝道德”中取名。生活相当紧张，粮食很缺，小孩生下来，上大队要点吃的。大队保管是我过家爹一个哥哥佐基。大队也没有粮食，佐基哥说那边还有点谷穗子，你拿去吧。谷穗子拿来家，捶成谷子，又上碓，掐成小米，做粥。家里确实没吃的，饿坏了奶更不好办，大哥寄钱来，嫂子带着五十天的孩子，送到新浦坐火车回东北了。

1958 年那年，庄稼丰收，地瓜、花生都很多，但不让收，花生果子垛在地里。七八月份人都走了，上高旺庄大炼钢铁工地了，没人收，烂在地里了。有老头老嬷嬷收了，也不让往家拿。也有鬼的，弄一个果子垛,烧果子吃。

1959年春,人们到地里挖冻坏的烂地瓜吃。下半年,开始挨饿。1960年没有东西吃,司官庄老头老嬷嬷,也有棒劳力,饿出水肿病来。老头老嬷嬷死了不少。

1960年,地里苞米还没熟,生产队队员说:“快扒点吧,煮点粥喝吧,要不饿死啦。”生产队于是同意扒了点。妇女饿得去翻地瓜秧,偶尔能扒出一两个指头粗的小地瓜,偷偷吃。

别的庄没有司官庄那么惨,1960年, 自家吃了一整年大朱槽我丈人家。没吃的了,媳妇就回大朱槽娘家拉地瓜干子。

我1959年十八岁结了婚,1961年生了个男孩,晚上生的,哭,一直哭。不懂,当天晚上喂点水,呛死了,很心疼。

1961年下半年,生产队开始种地。父亲和我们两口在农业社干活,三口人一天分二斤坏地瓜干子,冻了,现在狗也不吃。

1962年,开始能喝上玉米面糊涂了,但生产力相当低下,生活一直贫困。

我和父亲在农业社创工分,媳妇晚上烙煎饼,白天也去挣工分。全家三个劳动力,一年下来算账,还欠生产队一块三角钱。媳妇说,来年好好干,争取不欠队里钱。

大荣、小荣两个闺女陆续到了上学年龄,那时大队提出个口号,叫“副业收入在鸡腚里”。一个鸡蛋五六分钱,换本子,换铅笔。大荣上学,就拿一个鸡蛋,到农业社换两个本子。

农业社那些年,有四年分到了钱。最后一年最多,二百元,其余都是百十来元。

那时社会治安相当好,牛拴在街上,猪在当街走。车子晚上放在粪场,第二天吃完早饭又去用,没有小偷。

1969年左右,我开始在生产队里当副队长,当了十来年。后来分成两个生产队,1979年开始当队长。多年当队长,但没入上党。

1981年左右,农业社垮了,又一次搞“土改”,分田到户单干。生产队会计把全村土地,犁、耙等农机具,笤帚、提篮、簸箕、绳子等家什,全都弄出来打价,按人均算一下,写阄,抓阄,全分下去。

牛按棒弱打价,棒的八家分一个,弱的五家分一个。

自家分了七亩多地,抓到的都是麦地,带着麦子。那年收成真好。还分到一个车子,一个提篮,一个牛份子。

单干以后,比农业社强多了,自己的事自己干,粮食一年比一年收成好。开始国家还要粮食,按比例数,上粮所卖粮交任务。花生完了场活,也要去粮所卖。过了几年,国家也不要了。现在种地,国家还给钱。

现在老百姓的生活是好到了顶了,不能再好了,米面充足,鱼肉不缺。以前咱庄就一个农业社,也没什么东西卖。现在每个庄都有一两个超市,咱庄十多个。自家菜园里有菜,吃肉庄里到处都有卖的。

甜水河大姑去世,我去了,后来又去过一次。姑父姓赵,在北山上住,孩子弟兄两个,现在六十来岁,管我叫三哥。还有姑娘,记不清几个了。

新宅子二姑家闯外了,可能闯了大连了。挨饿那些年,大连也没吃的,1959、1960 年左右回来一趟,到家来。家里也没吃的,又回大连了。

1979 年奶奶在临沂过世,二叔元镖那时在临沂伺候,小叔元铸从延吉回来,没死,回去又死,又回。在临沂火化,中午十一点多送回庄里。那天大队正开会,我赶紧回到家,咱不失礼,接过骨灰盒来,放在桌子上,马上找人上南岭扩圹。小姑父他们什么东西都带着,小叔元铸、小姑元兰一块去安葬了。

父亲活着的最后几年, 乃琠表叔每年叫敦海送五百个煤球来,给他取暖。每逢过年,彦昌、田基那些人都是领着孩子来拜年。

子一:燕浩(名斌);女三:彦华、彦玲、彦娥。

司斌娶牟丽萍，生女司晓羽；彦华有传；彦玲嫁姜伟，子姜鑫；彦娥嫁牟善健，女牟思杭、牟雨杭。

司斌在日照开“西盛全羊”饭店，彦华在村里做妇女主任，彦玲夫姜伟在岚山铁路，彦娥夫牟善健开起名公司。

（2010年5月口述于大司官庄）

流落淮河边

——亮吉自述

1986 摄于曲阜

1986 亮吉(左一)和母亲宋氏(左二)在青岛与亲戚相聚

2010　亮吉(左)与儿子石滨、女儿石淑荣

1994　宋氏与叶佑芝(后右)一家

我小名叫亮，属狗，1946年农历三月十六生。弟弟小名叫玉林，比我小三岁，1949年生。两人都是生在司官庄。

母亲宋瑞兰，家里八女一男。田家寨魏茂忠妈妈是大姨或二姨，济宁牟会成妈妈是三姨，四姨可能少亡，青岛董瑞芳妈妈是五姨。妈妈为六女，下边一个舅舅，最后是七姨八姨。舅舅和七姨、七姨父、姥姥，"土改复查"避难都跑去了台湾。父母带着我们也想去，不知怎么走散了。七姨在台南，七姨父丁履强(音)教书。舅舅生活在台中。

八姨父汪仁贵，河南固始人，抗战末期，日本鬼子投降前一两个月参加新四军。电影《南征北战》里有个将军庙车站阻击战，就是在那负了伤，丢了一条胳膊，进入荣军大队，在司官庄养伤。伤员和当地百姓关系非常好，八姨和八姨父结了婚就南下，随部队到处转，最后回到固始地方上。汪仁贵开始在固始县胡族埠区做区委书记，升县党校副校长，后打成右派，"文革"后才平反。八姨父2009年6月去世，享年八十四岁。(这段根据汪仁贵长子汪国强讲述整理)

大约是1951年，元镖爸爸拿着八姨的来信，带着妈妈和我们两个孩子，到固始县找到八姨家。八姨父给他安排在粮食部门工作，可是他心野，干了一个月就不干了，非要走。

元镖爸爸带着我们娘仨来到安徽寿县正阳关，住在旅店吃喝，欠了一些钱。人家催账，他说出去找，把我们娘仨撂下一去不回。

时间长了，旅店不给吃住，三个人在正阳关没吃没喝，小孩饿得嗷嗷哭，旁边铁匠铺的人看着都可怜我们。

妈妈一辈子老实，三次到了淮河边，想投河。看看两个可怜的孩子，又不忍心。

叶姓爸爸那时卖面，经常往正阳关送面，知道了我们的事情，回去拉了一大车黄豆，顶了旅店的账。妈妈走投无路没办法，跟着叶爸爸来到颍上县杨湖镇李台村后井队(也叫过沫口乡沫口村)。

我六岁到叶家,取名叶桂芝,弟弟玉林取名叶绍芝。这边爸爸对我们很好,像亲生,供上学。

1958~1960 年,我在颍上县城上初中,开始成绩很好,后来没饭吃有些下降,考高中差 0.5 分,经济条件差就不念了。那时学费 7.5 元,补助 2.5 元,自己拿 5 元。家里 5 元钱也没有,卖东西,也没值钱的东西可卖。国家搞“大风暴”(大跃进),有粮食也收掉,不让吃,学校野菜都吃不上,饿死不少人。

初中毕业回家,到生产队当劳动力,一天三分钱。

听妈妈说玉林非常像爸爸,聪明,会说,能联系人,他要活着,肯定把所有亲戚都找到。小时候听大鼓书,一遍就全部记住了,就能给别人讲得头头是道。也是任性,叫他上学,去了一两年就不去了。

妈妈到叶家又生了一女一男, 小弟弟佑芝顶着玉林又去上的学。

玉林二十多岁时,一只眼得了眼病,叶爸爸带他到上海去看。医院说要拿掉,否则影响另一只眼。他坚决不拿,结果另一只眼后来真的也瞎了。双眼失明后,他天天急,不想活了。过了十几年,三十二岁(1983)去世。没结婚,无后。

我十多岁时,家里才又开始和八姨有联系,八姨怨母亲太老实,说她那时候不知道回固始吗?起码把两个小孩送回来!

颍上县杨湖镇这地方靠淮河,水泡子,经常发水被淹,交通条件差,因此很穷。村里多数媳妇都是买来的,小弟佑芝的媳妇是四川人。

那时玉林还在,佑芝岳母带了家里一个男亲戚,到杨湖要带人回去,吓得佑芝带着老婆躲了出去。一男一女在家里闹,老实的妈妈没有一点办法,拉住八姨家来的表弟国强不让走,叫他解决难题。国强陪了十多天,问题才解决,媳妇还是留下了。

1986年左右，我四十多岁时，和俺妈跟着舅舅、七姨到青岛、济宁、固始几个姨家都走了走。在济宁的时候，牟会成领着去了曲阜，看了孔府孔庙，还在那里边吃了饭。在青岛住了十多天，听亲戚说元镖爸爸蹲过大牢，"文革"还连累了大表舅、二表舅。田家寨魏茂忠说六姨对他好，来过颍上两次。台湾七姨、舅舅也到家里来过几次，对妈妈经济帮助不少。舅舅现在也不在世了。

妈妈一生经历了被弃、丧子、丧女的苦痛，饱受磨难，2001年7月10日八十二岁去世。

如果爸爸有责任心来找，一家人一起回庄里，种点地，做点小生意，过个普普通通的生活，妈妈和我们也不会经历这么多苦难。

20世纪90年代以后，又是十几年没和亲戚们联系，那时没电话，不方便。现在燕仁来找，又恢复了和八姨的联络。怪好。

子一：石滨；女一：石淑荣。

（2010年4月口述于安徽颍上县杨湖镇李台村）

海兰江畔我成长

——信吉自述

约 2005

2008

姜凤福、司仁吉、丁立秀、王文茹、司梅吉(前排左起)

司德吉、司信吉、金洪彦、司凤吉、魏松龄、王晓春(中排左起)

秦四成、司荣吉、司燕超、司玉婷、姜爽(后排左起)

大姐梅吉是第一个走出农村的。1977 年 12 月，在“文革”后恢复的首次高考中，大姐考入延边师专。1980 年信吉也考入延边师专（现并入延边大学）。三弟德吉考入吉林省交通学校（又经多年函授，获哈尔滨建筑工程学院本科毕业证书），1983 年毕业后分配到延吉市建设局，先后任城建科、基础设施科科长。1983 年小妹荣吉考入延边卫生学校，1985 毕业后在延边医院（三级甲等医院）工作至今，现为主任护师。

大姐师专毕业后分配到外县市任中学教师，1990 年调入延吉市小营镇政府工作，现已退休。二姐凤吉在延吉市郊蔬菜队务农，后到乡镇企业，现已退休。大哥因学过木工，1982 年被招到小营乡办企业，后自己搞建筑施工，开办东阳家具厂。信吉 1982 年师专毕业分配到敦化市第三中学当语文教师，1985 年调入延吉市法院任审判员，综合科负责人（副科），2003 年调入行政庭任审判员至今。

仁吉娶王文茹，子司燕翔，中央财经大学硕士研究生毕业，现在西安市工商银行工作；女司燕南。

信吉娶朱宏，女司玉婷，延边大学财会大专毕业，现在延边州政府统建办公室工作。

德吉娶魏松龄，子司燕超，吉林省工程技术师范学院毕业。

梅吉嫁姜凤福，子姜爽，吉林大学硕士研究生毕业，现在长春一汽大众发动机厂任工程师。

凤吉嫁金洪彦，子金强，吉林省税务学院硕士研究生毕业，现在浙江工业职业技术学院任教。

荣吉嫁王晓春，女王霜，就读河南大学，现留学德国。

母亲现年高寿八十三岁，与德吉共同生活。

我们家能有今天，与表叔牟振声是分不开的。无论搬家落户，还是我们的学习、工作安排，他都在其中起了巨大作用，我们永志难忘！

（2010 年 5 月于延吉）

微山湖西沐沛泽[①]

——滨吉自述

2000 滨吉(右后)一家

2012 海吉(右)一家

父亲元镇生于1928年,卒于2007年10月。原在沛县供销社做统计工作,1957年左右回大司官庄，后期做过大队会计。1980年左右回沛县落实政策,退休一千多块钱。受了打击,性格内向。

我1960年3月30日生，小学半工半读都没上完。1978年到东北辽宁朝阳市大姨牟乃芝家，大姨在前进街道办事处当主任,我在办事处收费点干了两年。1980年左右回沛县接父亲班,到沛县供销社当营业员两年。1982年带车回司官庄,把全家搬到沛县。又去了工业品公司搞采购,2000年下岗,以后自己做点小生意。

子二:燕东、燕波;女一:王兴男(随母姓)。

海吉做调味品生意,子一:恩歌;女一:童童。

注释:

①沛县,因古有“沛泽”而得名。

(2010年6月口述于沛县)

从黑土地到万绿湖
——燕仁自述

1959 妈妈把我们打理得很干净

1969 小学毕业照

1974.7 高中毕业照

1974 九年四班班委会与班主任合影(后右二)

1974　九年四班毕业照(三排右四)

1975　报务员训练班(三排左二)

1976 与高中同学郝省龙(左)

1978 虽是大学生，但看上去还是像工人大哥

1983 春节留影

1980　七八数专毕业照(四排右五)

1985　下井采访(中间叉腰者)

1986　摄于松鹤公园

1988　煤干院新闻培训班(三排左六,摄于北京)

1991 摄于鹤岗

1994 乡镇行启动仪式(右五)

1996 惠州京九铁路沿线报社研讨会

1998 广州全国普通话大赛（中）

2001 初中同学聚会（后排中）

2002　拍摄《东江纪事》纪录片

2006　已然沧海

2003　七八数专同学聚河源(左一)

2009 记者节留影（中）

2011.9 十三连知青战友北京年会（前排右四）

2012.8 雨萌、燕仁、敏行

这是一个五十岁“知道分子”，站在改革开放三十年的路口，回望自己踉跄的脚步。

终极思考

德国古典哲学创始人康德（1724~1804），把人生的基本问题分为四个：我是谁，我要干什么，我能干什么，我怎样去干。通常情况下，清楚这四点的人，大都心理充实、精神愉快、成绩卓然。

法国后印象派画家高更（1848~1903），以巨大的热情完成了一幅饱含哲理的画作：《我们是谁？我们从哪里来？要到哪里去？》。

仔细想想，人类所有的探索，似乎都是围绕着以上这些主题在进行。

面对人生这一终极思考，佛说，从来处来，向去处去。老祖母说：我们是父母生命的延续，父母生下我们是为了传宗接代，希望我们给他们生个孙子或孙女，同时希望我们过得幸福。

我们真正知道自己内心的需要和想法吗？真正知道自己的理想和追求吗？真正知道自己要什么样的爱情吗？真正知道自己的人生应该怎样定位吗？大多时候，或者说我们当中的大多数人不知道。

只有对自己准确定位，我们才能找到自己最心爱的事业，找到自己最心爱的人，找到自己最幸福的生活。我们大多数人，包括我自己，在大多时候，或许因为自己的原因，或许因为家庭的原因，或许因为社会的原因，不能对自己进行准确定位。

你的路在何方？你的方向是对的吗？目前的状况最适合你吗？我爱做什么？我做得怎么样？写这篇自述之前，我常常思考这些。

不敢说曾经沧海，更不敢说除却巫山，但我想，现在我可以平和地叙述下面一些也许有些起伏的事情了。

本书缘起

1973年六七月间发生的那件事,已整整影响了我三十六年。

2009年12月20日,夜里十点半左右,八十岁的父亲一边看电视,一边不经意地说着一个细节。总共不到十句话,刚说完第三句,我已哽咽,急等他快点说完,忍不住哭得一塌糊涂——“你怎么不早说呢?早说我不就知道了嘛!”

十一点,从父亲家出来,穿过富景小区,走回自己家。心中积压了三十六年的委屈,还是止不住往外流,又在夜半无人的夜里,闷声哭了一路。我已经是五十多岁的男人了呀!

三十六年前发生的那件事,夺去了我三十六年的快乐。三十六年以来,我充满了对人生的恐惧,我没有真正快乐过,或说我不能彻底的快乐。

那件事摧垮了我的自信,减弱了我对幸福的感知能力,我对一次次成功充满了怀疑。每当经过一番艰辛努力,取得一点点成绩的时候,或者仅仅还处于即将取得成绩的时候,我就开始怀疑:这样的事情是我该干的吗?我是不是能大了?会不会有什么不好的事情正在一步步向我逼近?是不是有更加严厉的打击正在等待着我?接下来又该做些什么?太多的困惑梗在我的心里、胃里,很不舒服。那件事一定损害了我的心脏和胃。

那件事给了我一个黑洞,使十五岁的我内心纠结起来。之后,我一直在黑洞里摸索前行。

那件事,使我觉得卡夫卡描写格雷戈尔清晨醒来的时候,发现自己变成了一只甲虫并非荒诞,并非不合逻辑。

大多人都是说老师给了自己多少多少爱,多少多少关怀,多少多少帮助,我的体会是,老师给了我最多的锻炼。1973年夏,班主任老师开始给我人生第一次大锻炼。

中小学时期，农场学校是九年一贯制教学，七年级初中毕业，九年级高中毕业。1973年3月，邓小平恢复工作，教育界拨乱反正。二九〇农场按照上级要求，决定1973年秋季开学，五所分场学校的高中生合并到总场，成立场直中学高中部。

那时所谓的高中生，就是八、九两个年级，采取考试和投票相结合的方式选拔。先考三门主课，然后本班按百分之五十的比例投票选举。不仅看成绩，还要看选票，反之亦然。八年级如果投票选上，两门不及格也可以上。九年级若两门不及格，选上也不可以上。

本来我们九年级已经上了半学年，再上半学年就可以在1973年底毕业了，但上级教育部门要求提高教育质量，高中生下半学年不仅要经考试选拔集中到总场上，而且九年级延长半学年至1974年7月毕业。也是从那年开始，学生又从春季升学倒回秋季升学。我们曾经历过一次秋季升学变为春季升学，所以九年级共上了十年学。我是1964年秋季入学，1974年夏天毕业。

二分场中学九年级两个班，我在二班。

考试成绩出来，语文、数学、政治，具体哪一科考多少分记不清了，反正是74、79、81。当时我觉得很差了，平时上学从来没低过九十分。但全班同学分数念完，别人更差，毕竟是全场第一次统一命题考试。我是全班最好成绩，第二名与我都有相当差距。

全班二十七人参加考试，经四舍五入给十四个名额。成绩公布后，班主任讲话，休息十分钟就投票。

公布完成绩，班主任老师态度严厉地说：别看有人考得好，但政治面貌不先进，一样不能投他的票。同学们知道指我，一些人回头对我窃笑。上了好几年中学了，别说团员，我连红卫兵都不是。

面对班主任主导下的投票，面对如此严峻、如此恶劣的投票形势，我在休息十分钟上厕所时苦想对策。

厕所离教室三百米，我与同桌仇庆春等几个平时比较活跃的同学同路。仇庆春大我两岁,说他不打算上了,要去当兵。我说我不能不上,下来不够岁数分配不了工作——我成绩最好,帮帮我,和平时玩得好的同学说说。

说话间到了厕所,大家方便,仇庆春就喊了一嗓子,大家投司燕仁的票,他岁数小分配不了工作。

我跟姐姐一块儿上学,全班年龄最小,十五周岁,当时要满十六周岁才分配工作。王孔海等都点头答应。

结果我八票,排第十六名,还是落选。

跟第十七名牛玉良找到学校指导员张洪林,诉说了渴望上学的心情。张洪林是抗日战争时期的干部。

回到连队,拼命往家背麦秸。十几天过去,这天在三号地,靠近永和一边地头,我背麦秸往回走,王升兰拎着绳子来,笑殷殷地说:来通知了,有你。

——捷报,绝对的捷报。心里高兴嘴上说不相信,因为我没选上。带哭腔一遍遍跑调哼唱李双江的《北京颂歌》:捷报……来自边疆海防……

杜庆平选上了,为什么会下来?许和平十票排第十五,两门不及格不能上,所以要往下选?

没人给我解释心中的疑惑,我偏偏是个爱刨个法理依据的脑子和性格,无头公案就此形成。为什么会是这样?从此吃饭没味睡觉不香,经常梦见自己站在悬崖边对着无底深渊而惊醒。日后接触到俄罗斯民歌《悬崖》,一般人都不以为然,我却特别有感觉。经常找个没人的地方,含着泪学唱几小时。

开学了,尤特兹拉着我、姐姐、王升兰及三个人的行李。我无法让自己平静地坐下来,一直站到总场学校,不知该哭还是该笑,视线模糊。

至少大我三岁的吴静同学转去宝泉岭中学读了,所以我们二分场中学二班入读场直中学高中部的只有十三人,政治面貌白丁的就我一个。

入学后，家在分场的张道华、周培林说，分场学校在讨论我的时候，争论得非常厉害。具体谁和谁争他们没说，可能也不知道。

后来听杜庆平说，他因为富农出身而被拿了下来。我记不得杜庆平的成绩，他爸爸在我们连算是文化人，还会修自行车，安排他去鹤岗市兴山矿育红中学继续读书。牛玉良学习一直不错，这次考试成绩甚至比有些选到了的同学还要好，只好去了集贤中学继续学业。王孔海、孙忠孝、董继红成绩都不会差，名额限制，所以这次事件主要还是看选票。

当时发生了一个著名事件：1973 年，正在辽宁省兴城县白塔公社枣山大队插队的张铁生被推荐参加大学考试。6 月 30 日，在理化考试时，他仅做了三道小题，其余一片空白，却在试卷背面给“尊敬的领导”写了一封信。在信中，张铁生诉说他因不忍心放弃集体生产躲到小屋里去复习功课，而导致文化考试成绩不理想。这件事被人利用了，张铁生成了政治祭品，成了反潮流的“白卷英雄”，大学刚有希望凭考试成绩招生的方法被彻底否定。而学校教育，再次强调“红”多于强调“专”，甚至只要“红”不要“专”。

我们的考试，和张铁生的考试就在同一个时间进行，不可能不受他的事影响。

1974 年初，反击右倾翻案风，又一次打倒了邓小平。总场学校高中部九年级增加五、六两个班，重新招回了那一半没学上的学生，牛玉良插一班，杜庆平入五班。

1974 年 7 月，我们这届毕业，下届各分场学生又返回了分场。所以前后几届，只有七四届是统一在总场毕业的。那一年很重要。尽管我们只是早了一学期，但心理、感觉完全不一样。考上来、选上来和大帮轰上来，差别还是很大。

幸运，却不知道感谢谁，也不知自己的幸运是否伤害了别人，我的黑洞又深了一层。

父亲漫不经心地说，那年夏天，学校指导员张洪林和分场管文教的吕干事到我家，问他是想让我上学还是下来干活。父亲不知怎么回事，慢腾腾地说，我还是想叫他上学啊。张指导员和吕干事坐了一会儿就走了，临走也没说怎么一回事。

父亲不说，我怎么知道在那个关键的时间点上，学校指导员来过家里，问过我上学的事呢？有了这个细节，我就知道是怎样的过程，走出了最后的结果。

三十多年当中，无数次说起这件事，我几乎每次都说可能是指导员把握了政策。但父亲不知道内情，意识不到事情的严重性，始终没有贡献出这个细节。他总觉得自己孩子淘气，惹得老师不高兴，生气了。

我也曾在多年以后，直接到老指导员家中拜访，但他只淡淡地说不记得这件事了！我就这样一直困惑着。

也要感谢父亲说他还想让我上学，如果他说想叫我下来到家属排干活（很多同学都走了这条路的），那我就死定了。想想都后怕得心里冰凉浑身发抖——如果当时父亲脑子跑偏（存在这种可能，因为两个人上高中的费用，占父亲每月工资总额的百分之三十还多），如果指导员不肯为一个小同学不辞辛苦，坚持骑自行车到连队家访，就顺从了某某人的意见……

这个细节使我忽然明白，就是这次家访，决定了我能够在1973年百分之五十的竞争中胜出，进入场直中学高中部上学。于我，是置之死地而后生；于他们，是在走正常的工作程序。我最应该感谢的人是我自己，我的幸运没有伤害任何人，是我的考试成绩、票数排名换来的正常结果。

我终于走出了我的黑洞，整个人一下子轻松了很多。睡觉也香了，心脏、胃也不再那么难受了——甚至，性格也没那么容易激动了。因为我感觉到，上天还是善待我的，生活还是善待我的。

我为我在恢复高考后，能和山东来的单宝杰两人冲出来，找到了坚实的基石。因为这一年对我至关重要,平面解析几何、有机化学、电磁学都在这一年学到一点,这几门功课我都是全班最好的。若没有这一年还算扎实的学习,我根本没有能力抓住恢复高考这一公平竞争的机会。

我始终觉得,有了那次经历,我才有可能继续书写我今后的人生传奇。

我让父亲把他经历的事、知道的事写下来——全部,他就写了。既然父亲写了,能写的都写吧,能找到的都找来吧。这就是本书的缘起。

2011 年 9 月,十三连知青战友北京年会,听李学媛同学说班主任病重入院,心里猛地抽了一下,一阵难过。那时大环境就是"政治挂帅",他没做错什么——毕竟是带了我们两年半的恩师呀,遥祝他老人家安好。

高中高中

1973 年 9 月,我入学场直中学高中部九年级,当时只有四个班,每班三十八人。

我和姐姐都在四班,并得到了她的照顾。

伙食费每人每月十一元,家里每月给我二十三元,除了两人的伙食费,还有一块钱。一块钱我们也不花,星期天买冰棍用牙缸装了,回家给美玲(燕霞)吃。那时东胜(燕奇)还没出生,或出生了还不能吃。夏天到家冰棍都化了,冬天还可以。

十一元钱买成饭卡,吃一顿划一个对勾,每餐每人一个四两的馒头加一份菜。姐姐常掰半个馒头给我,这样她就只吃二两,我吃六两。她总说她吃不了,实际上是在照顾我。我们男同学,老是怀疑馒头够不够四两。

晚饭常常有苞米面粥,两大盆,自己盛。每当此时,同学们就放下馒头和菜不吃，先去喝苞米面粥，偌大的食堂里，都是吸溜着喝粥的声音。三班单宝杰用他浓重的山东口音说，你听听，突突地。为了多喝点苞米面粥，很快有同学总结出了经验，盛粥时要先盛半碗，凉得快，喝得也快，喝完了这半碗，还有机会盛一满碗慢慢喝，这样可以喝到一碗半。如果上来就盛一满碗，凉得慢，喝得也慢，等你喝完这一碗，盆里就没了，你就只能喝到一碗。

这一年，我的外衣也是姐姐给洗。

入学没几天，我的数学卷子发到班级，单单我的发了，别人没有，很纳闷。应该是我成绩好，所以发回来，不然没有理由。

我十分珍惜来之不易的上学机会，数理化科科成绩都很好。我不仅学习课堂上老师讲的那些，而且自己买或借书自学。曹山珂老师真是好老师，讲课简洁明了，一点就通，他还借过我的数学书看。我是曹老师看好的学生之一，留我在他家吃过两次面条呢。

第一学期期末考试，我数学、化学都得了满分，在不是团员甚至不是红卫兵的情况下，班主任老师罗梦琪让我进了班委，当了学习委员，真是高看。我在班里组织读书会，上台讲课，声名日隆。

三班的二分场女同学李春贤告诉姐姐，说当时迫于压力没投我的票，请我理解。李春贤家在十八连，是当时班里较漂亮的女生之一，曾和我同桌。一次上课，老师走进教室，同学们站起来问礼，我乘机把她的椅子往后挪了一下，她坐下时坐在地上，趴在桌子上呜呜哭。做完我就后悔了，不知如何才好。那时就是喜欢恶作剧，控制不了自己，班主任不得意我也是有理由的。

2004年夏，回二九〇农场，特地到十八连，在场院找到李春贤。三十年未见，她已经不认得我了。我报上名来，她才恍然，捶了我一下，喳喳喳一番。东北农业大学读书的女儿在侧，正是她当时的年龄，当时的样子。

当时所有同学学习都很好，曹山珂老师就说过，如果正常高考，这四个班的同学都能上大学。他还是按“文革”前标准说的。的确,包括我上大学,班级里都有学习特别笨的学生,但这个班没有,一个都没有。

同班丰全英是全校红卫兵大队长,高干,她在家里最小,上面几个大的都干得不错,所以她年龄不大却特别成熟。李凌江语文不错。王维霞女生中最聪明,学习最好。刘淑娟是班花。公培育、闫作义分场总场都同班。

说来不好意思,到场中高中部上学时,我还在尿床。课间偷偷跑回宿舍,把褥子拿到靠近干训队那边去晒。

我在家里较大,孩子多,一直睡炕下头。草也要节约着烧,就靠做点饭取暖。家里的炕,一般就炕头那一块热,下头根本不热,甚至是凉的,冬天早晨起床叠被都冰脚。这可能是我长期尿床的原因之一。

以前我总不明白,为什么别人家满炕热,自己家只热炕头一小块儿。燕礼工作后,冬天一次回家车坏了,家里一夜都在烧水给他用,全炕都热了,而且热了好几天,躺在上面真舒服。爸爸说,看来还是烧少了。

到了总场高中部,我一看这地方真好。那么长一栋宿舍,那么多学生,那么大的食堂,那么多漂亮女生,每班都有一两个特别性感。我都不想毕业。

总场老师大多是哈师大、黑大、八一农大毕业的,1963、1965、1968 年来的高三知青有几个,还有一些中专毕业的。也不都是学师范的,但水平已比分场中学大大提高了。

如果学路通达,我可能还是最适合在大学的研究所里——阐述思想,生产精神,发扬真理,研究学术。可是仅仅这样一个高中,也仅仅上了一年就毕业,我的学习能力还远远没发挥出来。

1974 年 7 月 12 日,我光荣地加入了红卫兵,在全校大会上上台戴上袖章。第二天到俱乐部前拍毕业照,我特意把左胳膊那袖章冲着前面亮出来。第三天毕业离校,366 人被驱赶到“广阔天地大有作为”,我三天的红卫兵生涯结束了。

那个仓促的九年四班,我是很舍不得的。

1974 年 8 月,我在二九〇农场二分场十三连参加工作。后来薛立彬连长来场院告诉我们,批文是 11 月 9 日,每月工资三十二元。

到了连队,啥时能出来,出不出得来,那就不是看成绩,而是看家庭了。但我的中学成绩应该是有名的,不然为什么无论是总场还是分场派人出去学习,那么多人却派到了我,而不是别人呢?

报务员

工作后,我拼命干活,拼命表现,恨不得把所有人的活都干了。你们都歇着,到推荐工农兵上大学时投我的票就行了。1973 年那次投票,落下了病根。

爸爸也是想我好好干活的,他让姐姐在我脖子上系的白披肩角上,用红线绣了“司勇”两个字。开始我还不知道,系着它在场院上疯干,哈尔滨青年“老歪”发现了跟我说,我才知道。心想不能给家长丢脸,好好干,但活干好了还干什么我不知道,父亲也不知道。那时活干好了还是干活,干更多更累更苦的活。

其实那时刚满十六周岁,还没长成,筋力根本不足。扛一百六十斤的麻袋装汽车出粮,自己都感到压得骨头疼。扛玉米上跳板脱谷,袋子虽不重,但踩着四十厘米宽、四五米高、颤巍巍的跳板往上跑,也有点头晕害怕。冬天刨所谓的土肥,镐头用力刨下去,只是一个白点,震得手臂麻酥酥的。

半年干下来,我的工作态度有目共睹,得到大家肯定。年末评奖金等次,其他同学都是三等,我二等。

高高兴兴过了 1975 年的春节,几个同学好像还轮圈吃饭,练习喝酒。有人喝了说挺好,我觉得那东西实在不好喝,喝了确实很难受。

节后上班，连里通知我，团里调我到萝北县二师教导队报务员训练班学习。我有点懵。这么快就跳出连队当然是好，可这报务员到底是干什么的，训练结束后又去哪里，以后我上大学由谁来投票推荐。一系列问题，我都不清楚，也没人能够回答，服从就是了。

就这样，任凭命运摆布着，乘长途公共汽车，向萝北县城进发。

东北冬天的长途汽车，门窗紧闭，排气管子在车厢内穿过取暖。每天只有一班，每天都是人挤人。排气管子给车厢供应了热量，也供应了刺鼻的味道，甚至刺眼睛。不时有人大衣、裤子烤煳，胶鞋烤化的味道更是司空见惯。就这么经过一个上午的时间，难受地到达了萝北县城，开始了前程未卜的报务员培训。

萝北让我知道了什么是县城。邮局、旅店、饭店、汽车站、自由市场都在十字路口附近，医院、照相馆、百货商店、五金商店也在沿街，县中学在北山。街上还有一间朝鲜人开的个体中医门诊。北边八九个农场，每天有一班长途汽车从这里经过。那时县城人不多，不热闹，甚至可以说冷清。

滴答滴、答滴答、滴滴答、答滴滴……851、851，我是王成我是王成，就练这个。《永不消失的电波》里的李侠，《英雄儿女》中的王成，大家投入到了兴奋、紧张的学习中。

全班四十来人，二九〇是大农场，去了六个，四男两女。二分场是我和朱静杰、王新红两个女生，三分场是徐中田、赵宝珍、陈应进三个男生。

训练班三个月结束后，又挑选了少部分优秀生，在二师通讯连办了两期两个月的小班，我是第一批。实际这时撤销兵团恢复农场建制的风声已经有了，但我们不知道，我们不懂，还等着回到农场调到场部通讯排工作呢！

烧砖工

1975年8月，我回到农场。通讯排是去不了了，但场里也不让我们白学，把我和徐中田调到砖瓦厂。砖瓦厂有个所谓的女子通讯班，要我们在劳动的同时，晚上业余时间，教她们一些报务员知识，练练发电报，使用报话机什么的。

上午报到，高连长叫我下午安排好住宿，第二天上班。找到宿舍打开行李，心里一片茫然。下晚走着走着走回了总场场部，来到唯一的饭店，人们都叫小馆。里边没人，叫了一盘木须肉，就是鸡蛋炒肉丝，一块五，小长盘上尖，多得吃不完。要了一两白酒，好辣。那顿饭吃得很不舒服，头好晕。

这是我第二次到这间小馆，小时候跟爸爸去过一次，排队打面条。面条盛在盘里，从盛汤的水桶里打上一勺猪下水汤，里边有猪红，真鲜。以前没吃过，以后也没再吃过。

砖瓦厂在场部南边，也叫南窑地。刚到时，领导照顾我，和赵大姐还有另外一个妇女打水泥管子——筛沙，拌灰，浇水和泥，支模板，装料，捣实，撤模。刚做好的水泥管子还要饮水，这样才不会裂。大的直径有两米，小的一米。白天干活，晚上两周一次，教女子报务班学习发电报。

其实这时兵团正在改制回农场，女子报务班没多久也不活动了。一个月后，我被调到装窑班，往大转窑里拉车上坯。

刚开始真是不适应，手套没几下就磨漏了，手指磨脱了皮，钻心地疼。也没那力气，装车、拉车都跟不上趟。

第一星期走十几公里路回到家，见到父母，心里的委屈一下子涌了出来，呜呜地哭。在父母面前大哭，这是唯一一次，以前没有，以后也没有了。我们一般没机会在父母面前流露软弱。

在砖瓦厂烧砖的时候，我的理想是当个电工。买了本《电工学》硬着头皮往下看,又写又画。其实电器、机械这些操作类的东西,主要靠实践,不是靠看书本。叫你干了,或者办班培训一下,或者就跟个师傅,干了就会了。因为没人教我干电工,所以电工我也没学成。

当窑工一年还是有收获。砖瓦厂人习惯把人叫什么子,就像姓孔叫孔子,姓孟叫孟子一样,砖瓦厂很多被称作子的人。像口吃的肖子、神经的杨子,身材高大、卷发、一脸腼腆坏笑的北京青年探子。我在这里得到一个新名字——司子。

天地歌者

砖瓦厂天津青年郭哲全,南海路中学学生,瘦高个。听说出身不一般,上学在学校也很有名,体育、文艺都挺挂架。一般人没有他那么窄的胯骨,臀部几乎和两腿一样宽,这就使他比一般人重心高,显得挺拔干练许多。

冬天探家回来,一件非西装非列宁装的呢子上衣,内衬一件雪白的羊毛开衫。稍长的头发用吹风机吹得扬起,年轻的面庞瘦削、挺括、棱角,眼睛虽一大一小,但更有魅力,总是自信里带着喜悦。这在20世纪70年代中期的中国,放到哪里,都是相当扎眼的。

他也在装窑班,我们坐在宿舍的对面炕上开会,我生平第一次见到绅士是什么样。那身衣服,只见他傍晚下班洗澡后穿过两次。早上出工,都是小帆布的工作服。

跟我一样,他也是爱哼哼,自娱自乐。一望无际的北大荒,所有的张扬都遁于无形,只有宿舍走廊里说话有回响。无论是从外面回来进宿舍,还是从宿舍出来去出工,反正人一进走廊,就止不住想歌唱,因为走廊的回响显得个人很有力量。

那时朝鲜电影很多,郭哲全最常唱的是《一个女护士的故事》

插曲:“白头山上的彗星啊,闪闪地发着光,它在为你祝福,睡吧我的宝宝……”

郭哲全从外表到内心都是绅士的,他身上有股单纯的力量。他好像正和张紫茹谈恋爱。张也是天津青年,顾木匠总是说她漂亮,但郭对她的态度好像很飘逸,并不为情所困。这种绅士气质是学不来的,否则日后我就不会深陷其中不能自拔。

偷偷唱一些抒情歌曲,是我们那时候的宗教。《红河谷》、《红莓花儿开》、《小路》、《喀秋莎》、《马车夫》、《三套车》、《莫斯科郊外的晚上》等,都是那时手抄流传学会的。这些歌只有在北大荒唱才有味道——所有人都是远离故乡远离亲人,在苍茫的大地上,春夏秋冬一年四季地劳动着,生活单调,缺乏爱情。以后在其他场合听到,都觉得不是那么回事。

离开北大荒直到现在,不管走到哪里,我基本上都是一个典型的“楼道歌手”。凡是我住过工作过的地方,附近认识不认识的人,都知道走路唱歌那小子。一段时间不见,就有人会问,唱歌那小子哪里去了,再次见到听到,就说唱歌那小子回来了。唱歌之于别人是唱歌,之于我就是生活。

淡淡留恋

最后一次见到郭哲全,是1978年秋冬时节,我去上大学的路上。鹤岗跃进街卸粮点,一个两边都有四五十个铺位的大筒子屋,是他们的宿舍。郭哲全、小董、齐瑞等不是早班,还没起床。

郭说:“我看你小子就不是农场的人,还真给你考上了。”其实这时我已经离开砖瓦厂两年了。

在砖瓦厂度过了一段没有明确生活目的、没有任何前途希望的日子,父亲找连长薛立彬,要调我回十三连。

这事可能也难办,要农场组织部门来定。因为我们是组织上作为专门人才选出来，派出去学习的。而且六个人只学成了俩，另两个男生淘汰，两个女生朱静杰、王新红进了话务班。后来兵团改制回农场，戍边任务基本没有了，组织部门看我俩实在用不上了，就放我和徐中田各回各连了。

砖瓦厂高连长告诉我的时候，我心里忽然惆怅起来，莫名的一种失落，突然不想回了。一年多的时间，有了感情，我已是码窑师傅了。再说怎么也是总场呀，有些事情还是比连队方便。但窑地确实比连队工种单调，其他各方面机会也少。各有利弊吧。

这时已是1976年秋天。

又回十三连

转了一小圈，去了两年时间，又回到十三连。

1976年9月9日，毛泽东逝世，我才回到十三连没几天。十六连是二分场值班连，其他各连民兵集中到十六连三天，扎着武装带，背着枪，按队伍行列坐在食堂地上，待命。

中午在十六连食堂吃饭，晚上回各连住宿，第二天小型车又送来。我们场院二班是北京青年副班长叶树建领着。给我的感觉，好像是怕苏联人趁毛泽东去世打过来，把我们也“修正”了，我们随时准备开赴战场抵抗，打败苏修老毛子。

三天过后，看苏联也没打过来，世界上也没发生什么事，就回到连队，接着上场院干活了。

回到十三连，又认识了一个真正的贵族。这人也是天津青年，分场副业连转来的，叫李富贵，胡子、胸毛都重。李富贵对人宽厚，脑瓜够用，又很男人。

冬天连队做豆腐，做豆腐的是老转业兵李荣经，人们都叫他“李龙虎”。李富贵不知怎么和他建立了关系，每天半夜走一公里，到设在畜牧站的豆腐房打回一“卫得箩”(上大下小圆柱体小白铁皮桶)豆浆。在那个喝豆浆都不多的年代,他每天用一桶豆浆来洗澡,实在是本事,实在是绅士。

李富贵活得是如此有尊严,又如此待人宽厚。连队里有一半左右男职工是他帮着理发的,另一半归一个叫李宝良的北京青年。李富贵给人理发有求必应,从无怨言。要知道,那是一概免费,纯粹为人民服务。他乐此不疲,并乐在其中。

那种男人的尊严和大气,体现了北大荒真正的硬度。

我在分场上学时,就拿牛玉良的脑袋当学手,学会了理发,但我给人理发是玩笑的、恶作剧的。我首先说明我不大会,你要叫我理,那就理什么样是什么样。对方都是说行行行,理什么样就什么样,因为没有几个会理发的。总场高中毕业时,九年四班班委会合照上,公培育那个头型就是我给他设计的,现在看都相当潮。

一旦那个脑袋到我手里,我心里恶作剧的快感就油然而生。那些我看不上的,有的我给他来个"小菇菇头"式,有的我给他来个"梯田"式,有的我给他来个"锅盖"式。要搁现在来看,个个都很时髦,很嬉皮士,很另类,都像二人转演员。但在那个以北京板寸为美的年代,我有时给他们理得确实不大好看。

郭哲全的绅士风度是了无挂碍——飘逸,李富贵的绅士精神是刚毅果敢——硬朗。他们共同的特点是,不抱怨命运,不怪罪别人。没见过他们为什么事而陷入愁烦、闷闷不乐、忧郁不堪。同样的生活,有人快活着过,有人忧愁着过,时间等值,质量天壤。

报道员

我1976年秋天回到十三连,在场院忙完了场活,分场办机务学习班,也派我去了,说要培养接班人。我一天机务没干过,其他那些在我学习报务、烧砖期间上车好长一段时间的,也都一块儿参加学习。学习班考过两次试,都是我第一。连很聪明的赵家祥,都是排在我后边。但他们都是机车好手了,我还没摸过。

1977年春节过后,总场宣传科报道股在五个分场各选一名报道员,办班培养。我被选中,到总场参加三个月的培训。

一分场是1963年北京老高中生刘天仁,二分场是我,三分场是张红军,四分场是1969年北京青年小马,五分场是佳木斯1976年下乡青年徐江善。

刘天仁当时三十多岁,已经结婚,卷旱烟抽,听说他的家庭十分了得,母亲跟蒋介石吃过饭。我跟他到十八连采访,一个女知青副指导员接待谈情况,出来后他说那女副指导员刚生了小孩,我说你怎么知道,他说他看见女副指导员胸前衣服慢慢洇湿了。

刘天仁还有一个习惯跟别人不一样——晚上洗脸早上不洗脸。他说晚上脸上分泌的油脂,能够很好地抵挡白天的风吹日晒。

徐江善跟我1978同年考大学,入黑大中文系,毕业先在佳木斯日报,后到新华社黑龙江分社,转北京分社,善报告文学。他是最有才的,也是农场报道干事陈宝库最欣赏并准备留在宣传科的。好像他后来还是回了五分场,直到考大学才离开,现在发展得最好。

在农场招待所食堂吃饭,司务长是我同学李春贤的哥哥李春光,刚从部队转业回来,经常用挺活泼的语调和肢体语言,问就餐的人"吃什么"。经常有蒸大马哈鱼吃,美得很。

开始住在俱乐部北侧的大通铺,上下两层七八十个铺位,就住我们五个人。后来说要办什么班,把我们临时安排到招待所,行李也搬过去。

招待所是有床铺的,用不着我们自带的行李。招待所的被子是用被罩套着的,我发现我床上那条绿地白花被,盖着既舒服,看着又好看,就动了心思。我从家里带来的那床被子,应该是时间长了,发硬,没有这床绿地白花被舒服,能不能换换呢?

我的被子也有被罩,理论上应该是行的,不会被人发现——

发现了也找不到是谁,找到了也不犯大错误。找了个空隙,我就换过来了。心里那个害怕呀!第二天又换回来。过几天觉得也没啥事,又换过来,心理压力还是很大。

学习班结束,我就把那床换来的被子带回连队。一直忐忑,很长一段时间才放下心来。

绿地白花被跟着我上大学,分配到南山。结婚离婚都带着。现在真忘记什么时候丢弃了。

丢弃了那床绿地白花被,就像日本电影《人证》里失落了那顶草帽。

康拜因手·剃头匠

1977年4月末,三个月的报道员培训结束,连里安排我上了连队唯一一台自动康拜因。

其实我对机务没兴趣,其他上下届同学,上了车都很快乐,我没有,应付。悄悄看以前的课本。

首先是播小麦。北大荒春天的风沙很大,人们出工干活,要戴风镜,也要用披肩把头包起来。小麦耐低温,可以播在冰碴上。

苑元杰是车长,开着75号车到了五号地,调好方向,准备从畜牧这头往分场那边播。时间已是下午,我和张道明、小蒋子、张连营,扛着一袋袋用肥料拌好的种子,加满播种机箱。四个人一人站一台播种机。待车启动,天已经慢慢黑下来了。

为了播得直,事先已派人用玉米秸插下一排标志。苑元杰侧着头,用眼睛吊着直线。拖拉机开动起来,呜呜向前冲,我感觉很快。第一次也是唯一一次播种,手忙脚乱。一台播种机有好几组,顾了这组顾不了那组,哪组堵了就要抠抠。

行进途中停下来一次,苑元杰下车查看质量,觉得没问题又开车前进。停车时要把播种器都打上去,要不就一堆种子。车开时,又要迅速把播种器打下来。黑灯瞎火,我觉得都打下来了,可不一会儿巡查,我发现有一组没打下来。车呜呜向前开,那组没播上。我立即拉下那组播种器,心里很害怕。黑天,他们几个也没发现。

这事是包不住的,因为那是第一趟,紧靠往分场的大路旁。不多久,麦子出来了,没播上那组长不出麦子,却长出了齐刷刷的青草。我几次从那过,心里吓得扑扑跳。

连里可能知道这事,只是没追究。

检修完机车,就麦收了,望着无边的麦子,心里很兴奋。但师傅一直让我给他打下手,总不叫我开车。整个麦收,师傅什么也没教过我,一次车也没让我开过。我一要开,他马上抢过去。开始在狭窄的驾驶棚挤着,一会儿就让我到后面工具箱上坐着去。车顶工具箱那里,又晒又颠又烤。干又没得干,睡觉又说你。搞得我很是难堪,简直是活受罪。

那台国产自动康拜因非常难开,师傅每次挂挡,我都听见齿轮咔咔直响。我一要开,师傅就急忙抢过去,我脸皮薄,也就算了。以后换了张道明,可就跟他不客气了,楞跟他抢车开。后来联产承包,机车卖给个人了,我师傅连自己儿子都不让碰车,儿子对他意见也挺大。他是怕别人学了技术。实际上,农场那些农业机械,技术是没什么的,主要是操作熟练,实践多,就能精通业务。

牛玉良到了总场修配厂,遇到的那个油泵师傅也是这样。

康拜因师傅找我剃头。呵呵,这个倔头终于到了我手里,我给他来了个“小菇菇头”、“梯田”综合式。剃完了我都觉得看不下眼去,太难看了。他照着镜子摸摸,说“短了就行”。搞得那段时间我都不敢看他,一看就想笑。

师傅就是喜欢干活。

“眼是懒蛋,手是好汉。”师傅常这么说。

“干活不累,闲着累。”师傅也常这么说。

他手劲很大，上螺丝时常不用扳手，拧完还向人展示一下手，说这手像钳子似的。

在康拜因上这段时间，还上绥东江沿卸过一次煤。二九〇农场生产生活大宗物资，如肥料、油料、煤和原木等都是船运。来到松花江中的运煤船上，下到船舱底下，把湿漉漉的煤装进麻袋，沿梯子扛出船舱，过甲板上跳板，才来到岸上。岸上有人装车。

那次卸煤，我彻底知道了自己不是什么都能干得了的，自己的能力是非常有限的。从船舱下面扛一袋煤上岸边，腿哆嗦得非常厉害，放下后，半天浑身无力，头发晕眼发花，胸口像要炸开一样。

1978年暑假，我把被褥拆洗了，在宿舍炕上缝。康拜因师傅从窗前走过，停下来，问我是不是准备走了，我笑着不语。那时通知书还没来，我看见师傅满脸暖意，心里忽然有点感动。我上学走后，师傅以我为骄傲。师傅得了癌症，岁数不大早早去世了，愿他安息。

拖拉机手·稿费·古诗词

可能连里领导发现了我的状况，麦收过后，就把我调到55号拖拉机上了。车长唐伯林，驾驶员王维松。唐伯林没怎么接触，我就跟着王维松干活。

这次干拖拉机的情况，跟上次干康拜因相反。王维松把我带到家门前的一号地里，翻刚收割过的麦地。他告诉了我档位、油门、离合器，就来了个大撒手：你干吧，我上分场办点事。实际他去打酱油了。

开始我觉得挺好，车由我开了。可我顾得了操纵杆，就顾不了液压器，顾得了犁铧深度，就顾不了前进方向。翻的地曲里拐弯，一个大沟一个大沟的。机务副连长刘文业来检查质量，也没批评我,只问我师傅哪去了。后来还去翻过三号地。

这一年,我为农场广播站写了很多稿件,由那个白白的小个北京女青年刘一兰播出。稿件主要是本连队好人好事,还积极向《屯垦成边报》投稿。报社发表了一篇,寄来了两块钱稿费。当时每月工资才三十二元,一篇稿就两元,不少了。

我把那张汇款单揣在兜里,没事就拿出来看看,不舍得去取。直到两个月后,怕不取过期才去取回来。钱取回来,没了那张报社寄来的写有我名字的汇款单,心里很失落,失落了好长一段日子。从此明白,很多时候,钱不是最主要的。

冬初下雪前,跟着孙兆成等机务排人员跑地号,量地块。孙兆成是“文革”前山东泰安的老高中生,善背唐诗宋词。之前我从北京青年叶树建、王国森的本子上抄了一些诗词,有几十首,也背得出来。两人很聊得来,十几天当中,天天交流切磋。

田地里刮着大风,大风吹起尘土打在脸上,我们却在背诵白居易的《钱塘湖春行》:“几处早莺争暖树,谁家新燕啄春泥。乱花渐欲迷人眼,浅草才能没马蹄。”我们憧憬着春天。我的古典诗词修养在这里奠基。

夜班送肥

机务排冬天的工作,经常是打夜班往雪地里送土肥。我们有时是先把公共厕所上冻了的粪便刨出来,然后送到地里去,有时就是夏天路边青草皮压的绿肥——我看就是一堆土。

东北的冬天,四五点钟天就黑了。往地里送肥打夜班,七点钟上班干到早上五点来钟。

漆黑的夜色中,拖拉机拉着硕大的木爬犁,爬犁上面一大堆土,土堆上拄锹站着一堆人。我带着狗皮帽子、棉手套,腰间扎着麻绳,站在这一堆人中,胶皮棉鞋通常是冻透了的。站着站着,人就睡着了,从爬犁上一头栽下来。其他人也困,并未察觉,驾驶员更不可能知道。一摔下来人就醒了,车已开出一段距离,爬起来飞奔着追上去。又睡着,又栽下,又追。

我不敢站在侧边,那样掉下来会被带到爬犁下边去。我站在后面,掉下去只是被远远甩下,再追。

那年冬天的晚上,在北大荒无垠的雪野里,一个十八岁的青年,就这样时常跟着鸣叫着的拖拉机大爬犁,摔下来追上去,追上去又摔下来,摔下来再追上去……

打夜班最喜欢吃夜班饭的时候,通常是大白馒头加大头菜炒猪肉。比家里好吃,因为油多,肉块也大。进到大食堂,几个人围着一大盆菜,四两的馒头,孙兆成、王畔友、孙庆珠、汤志暖,三四个都不在话下,大肥肉块更是吃得美滋滋的。

寒冷的冬夜,在温暖的炉火旁,吃完饭特别不想动。但没办法,还得干下半夜。

推荐工农兵大学生

高中毕业,我就憋着劲争取推荐上大学。1975、1976 年两年,我是赶上推荐了,但一次在萝北学习报务没办法报名,一次刚到砖瓦厂没勇气报名。

其实,工农兵大学生以下乡城市青年为主,名额很少,竞争更激烈。我就是报了名,希望也是不大的,即使推荐上了,也未必上得了自己喜欢的学校和专业。不过那时也不明确自己要上什么大学,什么专业,能上就好了。也由不得自己想,一切都是组织安排,听从就是了。

我们七四届,女生马一平推荐去了沈阳工学院,就是之后的东北大学;男生赵卫民推荐去了上海大学历史系。他俩都是一班的,别班没有。还有几个推荐了中专,三班王永来,二班老虎,之后留在了哈尔滨、齐齐哈尔等城市。

马一平是我们团现役军人马副团长的女儿，高挑白皙，人靓歌甜，上学时登台演唱，落落大方。首长的女儿，和我们这些基本群众家庭出身的，就是不一样。她是在二分场十五连推荐的。

考大学

1977 年秋天的玉米成熟了。当时玉米还不能直接收割，要人工掰下来，拉到场院再脱谷。我被安排去掰玉米。身后背个背筐，手拿小镰刀，每人一垄。上千米的地头，几百人钻进玉米地，根本看不见人影。

大学要考了，人人可以报名——消息隐隐传来。我心里烦躁得很，掰苞米时一刀砍中食指，皮翻起来，可以看见白骨。跑回卫生所包扎，缝了三针，痕迹至今尚存，雨天还会麻木。

深秋时节，北大荒辽阔的天空上，成群的大雁往南飞，看见遍地玉米，就落下来增加能量，然后再飞。连里发给我一只步枪，叫我赶大雁。枪里没有子弹，但扛着挎着挺精神。见大雁落在玉米堆上吃，我就老远提着枪喊叫着驱赶。后来写文章署名司雁人，也是宿命。

10 月 21 日，恢复高考的消息正式公布，停了十多年的高考终于恢复了。

首先要参加初考，全连老老少少几十人报名去考。我觉得考得不怎么样，但成绩一公布，却是极少通过者之一，这让我振奋了起来。其实我们在农业生产连队，那些城市青年可能还有点资料，我们本地人，根本什么资料也没有，上学也没学啥。县城以上城市考生，大多都参加了高考辅导班，我们连队职工不能耽误干活，基本就是望着天棚考。

我记得统考时间是 12 月 21、22 日，但网上有人说查了资料，确认黑龙江统考的时间是 12 月 24、25 日。八团考场设在团直小学,可能九团、十团的也在八团考场。因为这时见到二师教导队报务员学习班的郭斌、刘恩泰。郭斌听说考入哈科技,就是现在的哈理工。

12 月 24 日早晨下着小雪(我还是觉得是 21、22 号),那两天从早到晚,天色都是阴阴的,空气凝重,白天也像傍晚。

第一场数学考下来我就懵了,很多不会。分场同班同学孙桂花一看卷子,说它认识我,我不认识它,早早退了。她可是在总场学校教了几年书的呀!监考的曹山珂老师考语文时安慰我,"这科全部捞回来"。语文应该还可以,作文题目是《每当我唱起〈东方红〉》。我觉得理化卷很不易,居然要简答"晚上开汽车为什么不能开棚灯",现在我都对开车没兴趣,反正开车要看清楚前方道路,没事开棚灯干吗呢?我怎么知道反光不反光的物理学道理呢!糊里糊涂考完,心里很难过。

当时政治环境乍暖还寒,要考不上,就有人说你不安心扎根边疆,入党、提干都没你的了。谁也没有把握考上,大家都是搏一搏,后来"人生能有几回搏"这句话特别流行,就是那时打下的基础。人生总要树立理想,在实现理想的道路上遇到困难,不轻言放弃,而是放手一搏,起码有一半成功的希望。

前途是一回事,主要还怕丢脸,家里、邻居、工友觉得你不是挺能嘛,怎么考不上呢!放屁加沙子,那种讽刺挖苦相当厉害,杀死人不偿命。那些没考上的工友、同学,包括那些城市知青,后来见面一般都不提当年高考的事,或者干脆说自己没参加,不记得了。

晚上顶着寒风回到家,爸爸一看,就知道考得怎么样了。"怎么头夹腚沟去了,不是挺能嘛!"你看,来了吧。

爸爸是他那辈人中较重视子女学业的,说来我也是幼承庭训的。小时候刚入学,他弄了个小黑板,买了粉笔,让我和姐姐在上面写字、做算术,他也给我们讲点什么。全连可能只有我们一家才有那样的小黑板。我乘法口诀没按要求时间背下来，晚上，煤油灯下，我披着被子，他拿着笤帚疙瘩，背错了就敲一下，直到完全没错才一起睡觉。

好像是六年级，学习简单图形面积计算。他傍晚开着尤特兹从总场回来，给我和姐姐买回同样一块带有镂空正方形、长方形、平行四边形、梯形、三角形、圆、椭圆等平面几何图形的塑料板，下车递给我时说：给，你们上大学的东西买回来了。

拿着那块以前从未见过如此复杂的塑料板，听了这话既有压力也很兴奋。尽管大学早已停止招生，但我对数学的兴趣真正从那时建立起来，我的数学天赋也从那时真正显露出来。公式、推理、作辅助线、证明，逻辑思维、空间想象、由特殊到一般等概念，就此建立起来。东北漫长的寒假里，做完家务，我就研究那些图形面积求解公式的推导和证明，尤其是三角形，感觉非常刺激。

数学进入三角形研究，就渐入精妙了。而过了三角函数的诱导公式、三角函数的图像与性质，初等数学就春意盎然了。我觉得学数学有两个窍门，一是反复推导各种公式，在推导中掌握数学思想，训练数学逻辑；二是反复做各种考试、作业中的错题，在改错中掌握自己没掌握好的知识点，提高自己解决实际问题的能力。复述更是一种好的学习方法，我常常默述，也喜欢在别人面前复述。我基本可以把学过的东西全部复述下来，并常有自己独到的理解和发现，甚至可以幽默地进行类比或比喻。以后接触物理定律、化学反应那些知识，就更感到很神奇，很好玩。

到现在我都不知道 1977 年考了多少分。那时甚至不知道总场还有个教育科，可以查分，查录取没录取，录到哪。只是伸着脑袋在连队一边干活一边等。心想，来了录取通知书就是录取了，没来就是没考上，根本不知道总场还有个教育科管这事。真是完全相信组织呀。问题是我已不知道组织在哪里，谁是组织。身处底层只有受憋。无论什么时候，如果沦落到一个最底层的基本群众，不被别人黑掉，有时候也会被自己黑掉。

资料称，1977 年的高考，是中国历史上最特别、最壮观的一次高考。大家通常说“文革”十年，但一般人很少注意到高考并不是停废十年，而是中断了十一年。因此，1977 年的高考是从六六届到七七届十二个年级的学生一起竞争，如果加上当时允许部分七八届优秀高中生提前参加高考，实际上 1977 年有十三个年级的人一同走入考场。

按我掌握的情况，还不止这些。考入哈师大中文系的十一连学校校长方锦松，是六五届毕业的高中生，已经有三个孩子。十七连学校的姚某某，北京青年，六四届高中毕业，因为生病没考大学，也是这次考到齐齐哈尔轻工学院。

北京、上海、天津、浙江下乡青年，主要集中在北大荒国营农场，所以黑龙江省是恢复高考前两届的核心地域，考生多得要经过初试才能进入复试，而其他很多省市都是一次过。1977 年高考，分省市陆续在 12 月中旬举行。由于边远地区无法及时收到试卷，黑龙江延后了两次考期，比其他省市晚考了两星期，最终确定正式高考日期是 1977 年 12 月 24 日和 25 日。1977 年高考是中国史无前例的冬季高考，而黑龙江 1977 年高考，更可以说是世界绝无仅有的“圣诞节”高考（这段据网上资料，与我记忆有差别）。

心情很不好地挨过了 1978 年的春节，通知书没来。

春节过后，机务人员一起干活。一天上午，在大车间休息的时候，看到一张《人民日报》。那是 1978 年 2 月 17 日的《人民日报》，刊登了徐迟撰写的报告文学《哥德巴赫猜想》。一口气读完，心情被陈景润刻苦攀登科学高峰的精神久久感动着。暗下决心，一定要努力，一定要争取考上大学。

代课教师

1977年,我一边工作一边给农场广播站当通讯员,写了不少连队的好人好事。连队指导员汪瑞章,上海青年,很满意。连队职工家属也高看一眼,觉得不一般。

由于只有很少人通过初试参加了统考,1978年3月春天开学的时候,连队小学的北京青年教师赵满媛探家未归,汪瑞章指导员叫我去代课。

代课是教小学毕业班五年级,数学是小数、分数,我也是现学现卖。语文、数学、音乐、体育都是我自己。期间,还领同学们到长发村游学了一次。

我一边教着小学毕业班,一边准备自己考大学。写信给在鹤岗进修的姐姐,要她帮我弄点复习资料。她给我买了一本鹤岗某中学出的政治复习题,蓝皮,十六开,一百零八道题。我初考统考政治分都不低,可能就是那本书帮了忙。

1978年上半年,又经历了初考,二分场通过的又没几个,本地青年就是我和付建荣。一天小雨,忽然接到分场学校物理老师母学文来信,祝贺我作为本地青年通过了初考,要我有什么问题去找他。我自然高兴,骑上自行车去他家,他鼓励我再接再厉,并出了几道数学题给我做。

统考备考期间,多天未雨,人家菜园里蔬菜郁郁葱葱,我家菜园里蔬菜黄黄瘦瘦,缺水。母亲骂人了,脸色很难看。我抽出一天时间,从傍晚到半夜,挑水浇园。李更午家门前那眼井,很多人排队,于丽华女孩当男孩用,也排队挑水。直到半夜,把自家园子各个垄沟统统灌满水,我才回去继续看书。学习是自己的事,家里有活要先干完。

考试那天早上,母亲做了乌鱼鸡蛋炖粉条给我吃,那是家里最好的伙食。吃过饭,沿沙土路骑自行车应该有近一小时,来到东山考场,先是碰到五分场当卫生员的同学刘淑华。天气晴朗,空气清新。时间一到,房檐下铃声响起,大家进入考场。

7 月 7、8、9 三天统考,就是那年定下来,以后近二十年都是这个时间考大学。很多年,一到这个时间,我就莫名地兴奋。因为 1978 年这个时间,我通过高考改变了命运。这一年全场考上大专以上院校的四十一人,其中农场应届毕业生七人,我这种农场往届毕业的本地青年职工就一人, 其余三十三人是下乡的城市青年。

2009 年 4 月,上海电影集团公司拍摄的电影《高考 1977》上映,大环境、故事,是我亲身经历的,小环境、外景、内景,就是我生活工作的二九〇这样背景的北大荒国营农场。当年二九〇农场的文理科第一名,就是一对上海青年夫妇。北京、上海、天津、浙江的下乡青年,主要集中在北大荒国营农场,黑龙江是 1977、1978 年的高考重镇,可见恢复高考之于在北大荒国营农场工作的广大青年意义之重大。因为那是适龄青年最集中、最大量的地方,他们的奋斗历程最值得历史铭记。

在北大荒国营农场经历恢复高考并考上来的职工不是很多,城市下乡青年考上来的大多已经退休,像我这样还在努力工作着的已经非常少。很庆幸自己在那么偏远的地方,却成为重大历史事件的核心参与者。

我考上了最末位的大学,但我身上熔铸着几代大学生的优秀品质,成了最优秀的大学生:文理兼修,热爱艺术。至于学校嘛,“天下第二也挺好”。

建议各高中学校组织所有学生看一下电影《高考 1977》,看了这部电影,考试成绩提高百分之二十应该没问题。

我那所学校没准备好, 开学晚,1978 年秋季开学, 我还在代课。

上一个五年级到分场读中学了，我特意要求带四年级。读二年级的妹妹司燕霞，念书也是聪明，上学期在总场组织的简化字竞赛中取得了第一名。她因为生日小的原因上学晚，我想让她跳过三年级直接读四年级。

我实现了这个想法，把她插进我的班。开始她还是挺吃力的，后来很快跟上了。即使在这个班，她也是为数不多的应届考上大学的，其他几个都是复读才考上的。不过，她参加竞赛得奖的那套简化字，很快被废除了。

恢复高考，我志存高远脚踏实地，大胆设想小心求证，在几乎不可能的条件下，完成自我救赎的同时，为本家另一个成功作品埋下了伏笔。

以我读中小学的经历和当时拥有资料的情况，我是考不上什么好大学的。参加高考，不在于我考了多么好的大学，而在于我改变了命运。

1978 年萧瑟的秋风中，中断四年半学业的我，由一个农场职工，成了当时的天之骄子——大学生。

母亲的鸡鸭鹅

母亲除了喂人，主要工作就是喂鸡喂鸭喂鹅。这两样她一直干到老，她的累主要也在这。其实喂鸡喂鸭喂鹅，也是为了喂人。

家里常年养着十几二十只鸡，六七只鸭，三四只鹅。从小到大，我一直跟着她养鸡、养鸭、养鹅，吃蛋，也吃肉。

北大荒的冬天总是早早降临，春天却姗姗来迟。

春节过后，或说立春以后，感觉还是很冷。母亲说，从这往后，就冻人不冻水了。

地上的冰，化了又冻，冻了又化，但太阳开始温和起来，地气已经上升。尤其在早上，明亮的阳光，暖暖地照在脸上身上，很舒服，心里充满了惬意。

母亲开始注意母鸡的脸色，母鸡的身体从冬天的瑟缩中舒展开来，羽毛开始光亮起来。早上起床，母亲第一件事就是打开鸡窝，把鸡放出来，撒一小饭盆玉米，然后把小盆背在身后，站在一边，看鸡们争食。

母亲看鸡吃食的脸色和眼神，已与冬天明显不同。寒冷的冬天，母亲被冻得僵硬而无奈，春天来了，她的脸温润了，她的眼慈爱了。她熟悉每一只鸡，以及每只鸡微小的变化。没几天，她轻轻说，某只某只芦花鸡脸红了。又没几天，她惊喜地说，某只某只白色的小洋鸡下了一个蛋。她拿着那个带血的鲜亮亮的鸡蛋，绽放了笑脸，仿佛整个世界都是春天。

母亲的春天，是从母鸡脸色的变化中走来的，是从母鸡下蛋开始的。母鸡下蛋了，她一年的喜悦的幸福生活就开始了。

一五、一十……她高兴地数着竹篮里不断增加的鸡蛋。先是鸡蛋炒咸菜，不多久就有了鸡蛋炒葱、炒韭菜、鸡蛋韭菜盒子、鸡蛋花、鸡蛋汤、荷包蛋、煮鸡蛋、咸鸡蛋。白菜、土豆、大萝卜已经吃完，餐桌上颜色变了，由白色变成了绿色；味道变了，鲜了，美了。

到了端午节，家里就有很多鸡蛋了，母亲总是煮上一小盆。应该是 1963 年的端午节，我两侧兜里都装满了煮鸡蛋，一边吃一边往作业站那边的学校走。吃了一两个，蛋黄咽不下去了，就扔到路边草窠里，后来每个鸡蛋只是咬了一小口，大半个都丢掉。这事被人发现告诉了家里，吓得我够呛，怕挨打，以后再没拿那么多鸡蛋了，也不觉得鸡蛋有多么好吃了。

忽然有一天，一只母鸡下了蛋，不叫窝，不出来，趴在那里。母亲伸手摸摸，鸡身上很烫，柔声说，它要抱窝了。于是，各家各户找种蛋。

一般人家养鸡，都要留一只健壮的大公鸡，一来领群，二来踩蛋。这样人家的鸡蛋受孕率较高，谁家有老抱子要孵小鸡了，就去他家里换蛋。

找来的蛋也不一定都受孕，孵一段时间，母亲就在一天晚上，关掉其他灯，只留一只白炽灯，把鸡蛋一一取出，对着灯光看。如果下边蛋体有影，只有上面空壳部分透亮，说明有小鸡，留下；如果通体透亮，就说明没小鸡，拾蛋，拣出。

孵小鸡的周期是三周，鸭是四周。民间说，鸡鸡鸡，三七二十一；鸭鸭鸭，四七二十八。

小鸭孵出来，一定要苦菜或婆婆丁切碎，拌上玉米面来喂。苦菜的学名叫取麻菜或苣荬菜，婆婆丁就是蒲公英，东北的黑土地上疯长着这些人吃都上好的野菜。从春天开始，一直到深秋，从嫩芽挖到老秆，这是我每天的一项重要工作。

也有整年都没有鸡趴窝的时候，母亲就在炕头自己摸。她已有很成熟的经验孵出小鸡小鸭来。她把鸡蛋放在眼皮上测温度，烫就往后拖拖，不烫温度就合适，放那不用动。没有母鸡母鸭领着的小鸡小鸭，成活率较低。

死一只鸡鸭，不论大小，母亲都很难过。也有几年闹鸡瘟，家里鸡鸭几乎全部死光，母亲领着我挖坑深埋。后来防疫好了，每个连都配备了防疫员，就没再瘟鸡了。

连队鸡很多，又不让养狗，黄鼠狼于是多了起来。尤其到了冬天，地里找不到吃的，黄鼠狼就钻鸡窝吃鸡。半夜里鸡声大作，爬起来已经晚了，有时死几只，有时死一地，场面真惨。

夏天到收割机抛撒的麦秸里找麦粒，秋天到玉米地拣落下的玉米，都是为了积攒鸡饲料。这些还远远不够它们挨过东北漫长的冰冻季节，我们秋天还要到大豆地里，铰大量的草籽。

东北的大豆地里，疯长着一种当地人叫水稗子的草，秋天结出谷子般的穗实，人吃不行，鸡吃很好。这种草一人多高，割起来仰头抬臂，累脖子，累膀子，很辛苦。母亲个子不高，但兢兢业业，尽量铰上面的穗子，好让一麻袋里装最多的果实。

一团团的蚊子、小咬,围着吮吸血液,我时常很不耐烦,下面的草棍割得老长,一会就满了袋子。用自行车驮回家,喝口水,歇歇,躲躲蚊子,再去。

草籽割回家,垛在一起,用麻袋、塑料布捂着,发热,子实脱落,草棍剔除,晾晒,装麻袋,垛进仓房。冬天就煮来喂鸡。每年至少五麻袋以上,多则不限。鸭、鹅更能吃,所以不敢多养。

这些还不行,还要储备一些菜帮子,白菜、大头菜、萝卜什么的,冻着,用时缓过来,剁碎,煮熟了喂。连队食堂菜窖冬天经常要倒窖,把那些腐烂的叶子扔出去,我就去捡回来。我自小眼里有活,知道什么有用。

小时候还养过两头花猪、一只公羊,那些年母亲和我就更忙了。

慈母手中线

爸爸有一本农业机械原理之类的书,十六开,一寸多厚,母亲用来夹鞋样,有鞋底样、鞋帮样。看到谁的鞋好看,母亲就问有没有鞋样,有就去扒一个回来夹在书里留用,也有别人来扒母亲的鞋样。我们几个大的姊妹,都穿过母亲亲手做的那种黑趟绒面的棉鞋,新做出来穿着很暖和。

夏天单衣单裤,冬天棉衣棉裤,里面的衬衣、衬领、衬裤、裤衩,也都是母亲自己做。白洋布做的衬衣、衬裤、裤衩,连穿带洗,很快就会破。为了衬衣领子不那么快磨烂,一段时间时兴"的确良"衬领,母亲给我们每人做了不少。衬领好洗,所以每天都换都洗。燕牌缝纫机是"文革"正火的时候买的。小草房时,每天晚上见母亲在煤油灯下手工补衣服, 以后就经常见她在缝纫机上砸衣服,或在炕上絮棉花,絮棉衣棉裤,絮被子。

母亲会观察什么时候时兴什么,什么时兴就学着给我们做什么。“文革”时，她给我们三个大的男孩每人做过一件军装绿上衣，夏天给姐姐做了素花衬衣。

小时过年，除夕夜间我们睡了，母亲把做好的新衣服套好，年初一我们都是穿着崭新的衣服拜大年。母亲把我们打理得很干净，主要是她自己非常爱干净。夏天忙完了，家属排忙家里，吃完晚饭天就黑了，她专门烧一锅开水，给我们洗完了，她自己先用脸盆洗头，再用大铁盆洗身。

家中物件

家中摆设，开始就是爸爸转业发的两页铺板，支在炕下头放被褥。当门里面地上靠墙支两块薄板，上面放牙缸牙膏牙刷、白糖罐、石膏毛主席像等。外沿钉块白布或素花布，里面放些日常用的肥皂、榔头、钳子等，还有做鞋用的胶底、水靴什么的。一个薄板木箱也是部队发的，放在铺板最外面，老是上着锁，里面有毛主席像章，可能还有布票粮票什么的。

1964 年搬家后，南德昌的木匠岳父从沂水到东北探亲，妈妈请他做了一个大板凳。板凳做工非常好，很长时间我都觉得那是件高档家具。我常坐在那板凳上吃饭、做作业。

后来先是凭票买了北京产燕牌缝纫机，我们要到分场上学前，又凭票买了青岛产大金鹿牌自行车。

1974 年 8 月我和姐姐上班后，家里先后买了两只松木箱，一个五斗橱，一个硬杂木写字台，一个碗橱。母亲、我、姐姐都买了手表。替换下来的两页铺板，又加了多年积攒下来的木料，后来由小司官庄来的彦礼、彦功打成了大衣柜。

1976 年回山东老家探亲，在青岛买了烟台产挂钟。

1979 年城市青年大返城，家里买下了他们的红灯牌电子管收音机，音质非常好。1982 年，又买了凯歌牌黑白电视机。

每次家里添置物件，母亲的笑容都很灿烂，几天不散，全家人一段时间都很开心。那种简单的满足，至今让人留恋。

菜园·自留地

韭菜和葱、杨柳、小草，是北大荒的报春四君子。

春天来了，冰雪融了，土地开化，脚下松软起来，家家都忙着侍弄自家房前屋后的菜园。男女老少齐上阵，夹杖子、翻土、起垄、培畦、育秧、栽苗、浇水、施肥、搭架，这也是北大荒春天的一景。

不多久，西葫芦、芹菜、辣椒、茄子、黄瓜、西红柿、豆角，赶集似的都下来了，吃都吃不迭。

有一年秋天，已经冷了，我看见园子里西红柿棵子上，还有五六个青柿子，不知怎么就把它们摘下来，放在了炕下头用不着的被垛里，然后就忘了。大概过了很久，忽然有一天想起，打开一看，那五六个柿子有一两个黄的三四个红的，还真没坏。外面白雪皑皑，屋里竟有几个鲜艳欲滴的西红柿，咬开一个，里面还起沙，真是美极了。赶忙把几个柿子给了母亲，一家人高兴地在大冬天里喝了一顿新鲜的西红柿汤。

连队食堂菜园，每年春天种一片葱、一片韭菜。秋天起葱，一般挖不干净，冬天也冻不死，春天只要地气一上升，它就感觉到了，很快长出两个葱叶，厚厚的，嫩嫩的，下面的葱白更是脆甜，炒鸡蛋可真香呵。这样的葱叫“羊角葱”，春天出工路过食堂菜园，时常可以采到这样的惊喜。

韭菜是吃不完的，割了这茬长那茬。秋天的时候，我以为那茬韭菜已经老了，可是做鱼或做汤的时候，母亲随便薅上一把放上，味道特别鲜。之后韭菜就开花结子了。连队食堂菜园的韭菜好大一片，做种子也用不了那么多，韭菜花就那么开着。也是我最早发现了这个现象，回家取了篮子和小麻袋，不一会就弄满了。别的同学也去采了。到家剁碎放盐,几天之后就喷喷香,可以吃了。韭菜花吃面条最好,也是上等的蘸料。

家里一直是有自留地的。连队专门划出一块地,起好垄,按各家各户人口分。一家挨一家,全连各户的自留地都在一块儿。

家里的自留地,打记事起就是我的实习基地。主要种玉米、土豆,间种绿豆、豌豆、红小豆。好像还种过萝卜。春天我和父亲种上,夏天主要是我去除草,秋天更主要是我去收。因为我能骑自行车往家驮东西,父亲不能。后来他用铁管铁皮焊了一个独轮车,可以往家推东西。

主菜土豆

土豆是冬天家里的主菜。东北人都是俄罗斯待遇,主食土豆。

春天把土豆按芽眼切块种在地里,夏天除草,秋天用二齿子刨出。由于土豆埋在地下,看不见,刨土豆时会刨坏很多,很可惜,很心疼。驮回家后,在阴凉地风干,下窖。

东北冷,土豆不像萝卜,萝卜冻了还能吃,而且别有风味,土豆不能冻,冻了就成水铃铛不能吃了。土豆窖建在家里里屋,就是人睡觉的屋里,长方形,一米二长,六十多厘米宽,一米五深。

从小到大,土豆窖都由我管理。一个冬天,总要倒窖三次以上,把烂的扔出去,芽子掰了,下面清理后垫上新沙,好的再装回去。大了以后,在外面挖菜窖,冬储大白菜,基本也是这个程序。

母亲说要用土豆的时候,都是我下窖取出。人口多的时候,赶上连队杀猪,家里买了肉,要炒土豆丝,知道吃得多,要拿一大脸盆。一大盆土豆,刮皮也要很长时间,工具也不好用,手时常受伤。

肉炒土豆丝,如果再加点芹菜碎,那是真好吃。炕桌一放,父母坐炕沿两边,兄弟姊妹挤在里边,我大,站在地上桌子顶头。一般也就是这一个菜,吃完一盘又盛一盘。

北大荒始终没饿过饭，已是生活在那里人们的幸运，全国都不多。那时就连北京、上海、哈尔滨等大城市生活也不好。南窑地那个北京女十四中的小个子二喜回家探亲，十斤塑料桶装豆油带了好几个。秋天收大豆期间，十三连在场院干活的有几个上海、北京等地青年，每天下班回宿舍时，都在兜里偷偷装点黄豆，春节回家就是一提包。送站的人说太重了，他说回家不怕包重就怕包大，再重也有力气扛，大了上火车不方便。

一日三餐

除了炒土豆丝、炒芹菜、西红柿鸡蛋汤、黄瓜鸡蛋汤、豆角炖茄子、小鸡炖蘑菇这些东北人的家常菜，土豆片鸡蛋汤、乌贼鸡蛋炖粉条是我们家的特色菜，猪肠萝卜馅包子是我母亲的拿手特色主食，饺子、面条也比别人家味道好。

食米地区的人们经常会纳闷，食面地区的人们怎么能把不甜不香、几乎没味的大馒头一个一个吃下去呢？

别人家不知道，我们家主要靠咸菜和咸鱼。

早餐基本都是苞米面粥、馒头片就着咸鱼和咸菜。咸菜是自家腌的。山东人一般都是腌大萝卜、胡萝卜、疙瘩、姜鬼子、大头菜等水咸菜，后来也腌酱黄瓜、酱芹菜、蒜茄子、韭菜花。大酱也是自己下，母亲下的大酱又鲜又香，有些青年家庭就来要。这些家里自制的小吃都是白拿的，谁家好吃就到谁家要，要的高高兴兴要，给的高高兴兴给。我家祖辈就把大酱免费给穷人家吃，有这传统。大酱炒什么菜都好吃，尤其炖鱼、炖茄子。

吃咸鱼是老家在山东日照海边养成的习惯，老家偶尔会寄来，东北商店里也有从大连、营口等东北沿海地区进的货。如果早餐要喝玉米面粥，母亲就把小咸杂鱼在做饭的草木灰中烧熟，我们吃的时候，会把一条条小咸鱼掰碎，撒在粥面上，然后再喝，这样玉米的香和咸鱼的香混在一起,味道非常好。如果要煎带鱼之类的,反正不管煎什么鱼,煎完鱼的时候,锅里会有一些带油的鱼渣,我就把一块馒头在锅底擦了吃,味道也是非常好。燕礼、燕海都这么干过,母亲也会擦了递给我们吃。

夏天干活时间紧,中饭经常是热汤挂面,吃出一身汗。晚饭才炒菜,炖豆角茄子。东北人家也吃面条,但他们要把煮熟的面条用凉开水过了,鸡蛋或肉末打卤。山东人家有时也这样吃。

在分场学校上学时,中午吃面条,大家拿着碗排队,炊事员用筷子从大盆里一份一份捞。1963 年北京下乡青年、副校长史瑞章嫌太慢,扬起双手:大家看啊,我这手是刚洗了的。说着就用手给同学们往碗里抓面条,同学们无语,也不敢语。

我至今仍然认为,北大荒夏日的傍晚是最美的。很大但并不热的太阳,红着脸谦笑着缓缓向西天退去,微风徐来,蜻蜓亮翅。田间或林间小路上,男女青年饭后散步,头上不时有喜鹊或别的什么鸟的三两声鸣叫,脚下的大豆、玉米、小麦、高粱、谷子、西瓜、香瓜及各种菜蔬,甚至路边的杂草,都自由自在地葱茏着。间或可以见到一户户围坐在不扎篱笆的院子里吃晚饭的人家,旁边洇燃着一堆熏蚊子的艾草,空气中弥漫着艾香。桌上的菜,一般会有炖豆角、炒芹菜。

夏秋有黄瓜的时候,母亲经常拌黄瓜凉菜。那时家里的黄瓜凉菜,与后来吃的拍黄瓜有很大不同。我们家的黄瓜凉菜,是先把黄瓜切片,用盐杀一下,挤出水分,加蒜碎,点醋,加酱油,拌了,再在上面放一小捏虾皮。虾皮放在中间尖上,每人吃的时候只能吃自己这边,最后还是大家把那虾皮吃了的。父亲曾嘲笑老家有个亲戚,吃这种黄瓜凉菜时抓紧向中间进攻,抠到中间那捏虾皮就倒向他这边,他就慢条斯理理所应当地吃开了。拍黄瓜是不取瓤的,我家的黄瓜凉菜是要把瓤取掉的。我觉得黄瓜瓤特别好吃,每次看母亲要切黄瓜,就在边上等着了。母亲把黄瓜一切两半,然后用菜刀后尖两边一划，就抠出一条黄瓜瓤来，我赶忙伸手取来放到嘴里，美得很。母亲有时会嗔怪说：切着手，切着手。有时就等我拿了再切。

冬天也要出工上班，家里晚饭经常可以吃到炒土豆丝、猪肠萝卜馅包子。

宝泉岭糖厂建成后，各连队都有甜菜种植任务。集体管理，责任心没有那么强，地里的甜菜是收不净的。深秋时节，我们就去收获后的甜菜地里捡些甜菜疙瘩回来。

冬天有空的时候，我和母亲把冻甜菜疙瘩拿到屋里缓过来，洗净，礤床擦丝，放到锅里煮。煮到一定时候，捞渣，再煮。慢慢地，就出来红黑色的糖稀了。一锅甜菜可以煮出一大玻璃瓶糖稀来。

糖稀用玻璃瓶子装了，很耐储存，抹在馒头上吃。在物质匮乏的那些年，因为家家有糖稀吃，北大荒的生活甜美了很多，经常可以看到小孩一边玩耍，一边吃着夹有糖稀的馒头。

大概 20 世纪 80 年代中期以后，农场里家家秋天的时候，把西红柿切了装瓶蒸熟，这样冬天也可以喝到西红柿汤了。

塞北的雪

北大荒是雪乡，1964 年秋天搬家到第二处住房后，六周岁了，也上学了，冬天的重要劳动之一就是扫雪。

那时雪真大，时常早晨门都推不开。先慢慢用力推开一条缝，人扁着身子钻出来，在外面用铁锹把堆在门上的雪挖走，然后才能把门打开。母亲拿草做饭，我就开始把雪弄出去。

一趟房六户人家，没有封闭的院子，都敞开着，间壁墙为界，各家负责自己那部分。不用说，大家心知肚明。

除雪先要把自家范围内的雪堆成堆，一来是先清理出道路给人走，二来装载时效率高些。我这般大的孩子都是扫雪的主力。家家都有拉雪的爬犁,上面放上筐,筐子里装满雪拉到路边或园子里倒掉。冬天家里买粮,也是放在爬犁上往家拉,比在肩上扛回来轻松多了。

爬犁平时多是用来自己趴在上面滑雪,或拉着弟弟妹妹玩,大家很开心。

不知是人小还是雪多,一天晚上下的雪,有时要大半天才能打扫完,干得直冒汗。每次干完,棉袄后背都会湿巴掌大的一块。应该还是雪多,许和平家房山头多年冬天都有一座雪山,两人来高,直径十多米,我们经常在上面玩。

我们几个小男孩,每年冬天都会从水井里打两桶水,在一段路上浇一条冰场,没事时在那来回打滑玩。冬天外面的水井帮上会结冰,而且越来越厚,甚至水桶都放不下去,这时就会有人用冰穿把冰穿下去。下面的水不会冻,冰到里面就化了。

冬天清理鸡窝鸭窝,也是我的一项日常工作。圈那部分还好,用镐刨了清出去就行了,窝里就不大好弄了。鸡窝里有一个木棍二层架,鸡冬天蹲在上面才没那么凉,下面的空间很窄,不及时清理就会塞满。清理时要用撬杠,一点点穿下来,再划拉出来,用筐倒掉。弄不干净母亲不愿意,不及时打扫也不行。

在鹤岗工作时,公共道路、办公楼大院,都由各单位划分责任区。雪情就是命令,一到下雪,各单位自觉把自己的责任区打扫干净。逢上雪勤的年头,也是一项繁重的劳动。

燕霞下生,头天晚上看见母亲找这找那,半夜听见范大娘说话。一早起来扫雪,看见炕头睡着一个用小被包着的小孩,脸很干净,头顶很长,心里很高兴。那天早上天蒙蒙的,小清雪,不大,很快扫完了,觉得很轻松。

这样扫雪有十几年,1974 年搬到第三处住房后还干过。以后出去工作了,三弟燕海也大了,就是他的事了。

冬天踩着雪去上学是常事,到分场那几年,顶着大烟泡去上学也是常有的。

最不方便的是，在鹤岗工作时冬天回家，来回在分场下车上车。下车好歹还可以搭车，因为不赶时间，什么时候回到家都可以。不过也不行，因为每年春节我都是买一大捆芹菜回家的，时间长了会冻。那坨带鱼倒是不怕。家里每年春节就是吃那捆芹菜和那坨带鱼。

1985 年春节，头年结婚回家过年，回鹤岗的时候，早上雪大走不动路，就没赶上车，回到家，第二天又走。大雪天，那七八里路真是愁人哪！

场院·抢场·场活

20 世纪 80 年代以前，北大荒按照国家计划，以种植小麦、大豆、玉米为主，其中小麦最多，占总面积的一半左右，大豆占三成左右，玉米、水稻各占一成。

早年，场院是一趟趟隆起的土场，粮食天长日久地残留在注水的地方。一到下雨，场院边上就长出那种肉墩墩的白色蘑菇，炒肉肉味，炖鸡鸡味。

我最早发现了这个秘密，每当隆隆的雷声响起，就在思想上做好了准备。雨刚一停，就提着筐子冲向场院，有时很多，有时很少，但一般都有收获。

20 世纪 70 年代初，土场打成了水泥场，这种好吃的蘑菇就没有了。农村生活方式就是什么东西都不浪费。那时水泥袋子都是牛皮纸，打场院水泥用量大，丢出了很多牛皮纸水泥袋子。不知是谁先想的主意，一些家属和孩子把牛皮纸袋捡回来，清洗，浸泡成纸浆，和上糨糊，各种各样的缸、盆当模子，把纸浆糊在上面，干了揭下来，里面再糊上光滑的牛皮纸，就成了纸缸、纸盆。缸装粮食，盆当针线笸箩，好用又省钱。

每到春天，连里就要派人到五分场那边去割新鲜的洋草，回来打草苫子，为夏天苫盖粮食作准备。我在场院二班时，去打过一次洋草。

那里有一条小河，半米来深，鱼却很多。我们只穿条裤衩，下水摸鱼，两手向前靠拢，就会按住一条鱼。有人有经验，带了铝锅、盐和辣椒。大家把摸到的鱼放在一块儿，刮鳞去肚去腮，舀了河水，架起锅，煮了起来。那是最好喝的一锅鱼汤。

草苫子一般是由家属排来打，按个计酬。家属们争先恐后，比质量，比速度，场院上欢声笑语。

7 月末 8 月初，北大荒收小麦的季节，正赶上雨季。场院上的小麦，经常晒着晒着，忽然就下起了大雨。有人当当当地敲着五铧犁耙片做的钟。每当此时，连里所有的人，不管老人小孩，不管在做什么，都放下自己的事情奔向场院。推板的推板，苫盖的苫盖。

很多时候是来不及的。淋水的麦子被堆起来，如果连下两天雨，甚至只一天，就会发热。发热的麦子很快长出芽来，以后磨面就发粘，不好吃。严格来说，捂了的麦子有毒，不能吃。现在北大荒很少种小麦，改大面积种水稻，这就是原因之一。

下雨时到场院收麦，俗称“抢场”。男女老少齐参战，人人浇得精湿，一分钱报酬没有。但只要下雨，有时甚至不等钟声响起，不用人叫，所有人都会冲向场院。不用组织，人人都抄起木锨、推板、扫帚等工具加入行列。这就是北大荒精神。从小到大，我无数次参加过“抢场”。

1974、1976 年，我干过两年场活。

夏天，小麦晒得水分达到要求后，大部分送到绥东粮库，剩下的囤在晒麦棚里。

上囤的时候，两个人在囤里上茓子，几个人打撮子装袋，其他就是发袋扛袋的。顶着白披肩扛袋的人来来往往，有时甚至挑灯夜战。我打过撮子，发过袋子，扛过袋子，也上过茓子。

秋冬时节，先是没剥皮的玉米棒子堆满场院。组织脱谷时天气已经很冷，但扛麻袋上跳板喂入，我们个个热得满头冒汗。狗皮帽子一摘，通常热气腾腾。然后满场院就堆满了金灿灿的玉米粒。脱谷时常常下雪，玉米粒里夹杂着雪，还经常被大雪盖住。场院班要用扬场机把玉米粒扬了，清除杂质，分出优劣。

扬场要选好一个方向，借助风力吹出杂质，让子粒饱满、比重大的留在上风头，让子粒干瘪、比重轻的飘向下风头。玉米粒在空中划出一道弧线，下面一个人顶着白披肩打掠，把瘪粮掠出去，当喂猪的饲料。

通常都是汤志暖或聋汉打掠。那活有点技术，不能把好粮打出去，也不能把差粮留下太多。

扬场机铁链条上安装胶皮刮板，电动机带动皮带旋转，链条带着刮板快速向上前进，刮板把玉米粒抛向空中。我们大多数人的工作，就是用木锨往扬场机链条底端那个斗里喂玉米粒。

场院班常常在冬天的夜里扬场，水银灯照得人似幽灵。接近零下四十度的晚上干活，人都冻透了。我们为了休息会儿，猛往链条上喂玉米，链条嘣地断了，领头的去接，其他人就休息会儿。

青春飞扬北大荒

《场志》载，二九〇农场 1955 年 7 月，由农建二师五团 1700 多名转业官兵建场。1958 年 4 月，从成都军区转业来 800 余名官兵和 350 名家属。1966 年，从沈阳军区转业来场 128 名官兵。1959 年 7 月，从山东蒙阴、沂水、沂南来场的支边青年 850 名；10 月，从山东梁山移民 360 户（约计 1800 人）到农场安家落户。1963 年，支边来场北京青年 192 人。1965 年，来场北京青年 137 人。这些就算老职工或老青年了。二九〇农场以黑龙江省农业管理厅批准建场的 11 月 21 日为建场纪念日。

《场志·城市知识青年情况一览表》又载,1963~1976年,八团先后接收知青8176人。其中,北京3255人,上海1555人,天津250人,哈尔滨2025人,温州280人,佳木斯412人,鹤岗239人,萝北160人。大中专毕业生162人。本场职工子弟也陆续就业。二九〇农场仅城市下乡青年,就接近万人。

《黑龙江农场知青大返城》中称:1962年以来,全国国营农场先后接收安置下乡知青270多万人,除招工、招生、征兵和病退、困退等离场的外,1978年在场的还有170多万人,约占全国国营农场职工总数的1/3,是农垦事业中一支重要的力量。知青主要集中在边疆省份,黑龙江省有47万人,广东省19万人,新疆12万人,云南9万人,内蒙古5万人。其中黑龙江省国营农场的知识青年占该省农场职工总数的57%。

十三连给我们的印象,青年多的时候,可能达到老职工的三倍还多。全连也就百十来个老职工。北京青年廖逊估计,连队青年多的时候,甚至达到职工总数的四分之三强。

黑龙江生产建设兵团容纳了最多的下乡青年,6个师69个团,平均每个团都有上万名城市下乡青年。六师(建三江管理局)知青甚至占职工总数的百分之八十以上。新疆生产建设兵团地面大得多,城市下乡青年也就十多万。海南也是接收知青较多的兵团,但黑龙江下乡青年主要来自北京、上海、天津等地,海南下乡青年几乎全部来自广州及广东各地。

廖逊1988年从中国社会科学院计量经济研究所赴海南工作,与妻子秦黎戏称是从"北大荒"到了"南大荒"。看似又从首都到了边疆,但他在那片改革开放的热土上,拓展了自己的发挥空间。

1968~1979年,北大荒到处青春飞扬。

我的大学

现在的鹤岗高等师范专科学校，是由当时的鹤岗矿务局师范、鹤岗市师范两个中专戴帽大专学校组建而成。两所学校当时都在南大营，对门，那里听说以前是日本军队营区所在地。我当时在矿师就读。

说是鹤岗矿师其实并不准确，因为我们的校园里不仅有师范学校，还有技校、财校、党校、工学院，甚至技校学生和我们师范生就在一个教学楼里上课，所以它的名字还是叫“工干校”更准确。只是到了我们出校以后，鹿林山建起了独立的技工学校，梧桐河建起了专门的师范学校，北郊建起了单一的财经学校，那校园留给了工学院，党校也还在里面。

师范搬去了梧桐河，可我们的大学岁月，永远留在南大营那片校园，我们是“南大”毕业的。

一进大门，迎面是一个木栅圈起的圆形花坛，花坛中间长着两棵不大不小的松树，是那种四季常青的，冬天枝头上压着白雪，松针也还是绿的。过了花坛，就是主教学楼了。厚厚的木门，里面挂了厚厚的棉帘，进去出来都要费点劲。

刚入学时，学校宿舍不够住，我和班里刘建华、孙茂林、杨威、邓宗俭、尹海波、耿宝臣七个人，在教学楼西北角那个办公室里住上下铺。顶楼，西北角，大冬天，很冻。1979 年开春新学期，全班男生搬到教学楼后面一栋很长很长的筒子屋，二十个人全部住进去，上下铺位还有多余的。当年秋天，新宿舍楼建好了，全校男女学生都住了进去，好像男生住一二楼，女生住三四楼。

大冬天，一段时间，学校热水也供应不上。同学们晚修前后，排队去灌暖水袋，晚上取暖，早上洗漱。那水一股胶皮味道，中不中毒根本顾不了那么多。

食堂在学校最北边,大门有个门斗,里边中间有木头顶着,光线昏暗。学生打饭一般都排队,也有加塞的,不多。孙爱民排队时经常与人聊得火热。助学金先是每月 18.5 元,后来长到 21.5 元,完全够用。李志坚是个合格的生活委员,一部分助学金直接从他那儿换成饭票。饭票又分菜票和粮票,粮票又分粗粮和细粮。细粮指大米,很少,好像每人每月两三斤,其余都是粗粮,主要是大馇子、高粱米饭。可能也吃过馒头和玉米面发糕。

入学第二天一早,到教学楼后面水房打开水,迎面从锅炉房走出来一位戴黑边眼镜的教授。见教授腰板笔直,肩平颈正,个头矮而身体壮,领扣领钩严谨地扣着,头发整齐地高扬右梳,心里由衷生出一种尊敬,侧身立步让过,并目送背影三秒。后来知道那教授就是烧锅炉的。心想,连烧锅炉的都这么像教授,这学校肯定藏龙卧虎。烧锅炉的就住在校内,过几天见他领着老婆谈笑着从家里出来,更是惊得说不出话来。老婆眉清目秀、长鼻瘦脸,身材高挑。心想,烧锅炉的都可以找这么漂亮的老婆,这学得好好上呀!那几届同学应该都经常见到烧锅炉的一家在校园里优游着。剑飞说烧锅炉的老婆是农村来的,没工作,想来他们的生活并不宽裕,但他们旁若无人的幸福,真是让人羡慕得眼珠子发蓝。

我是戴着黑白花狗皮帽子入学的,漫长的冬天里,男同学戴棉帽子,女同学扎头巾。通往学校食堂的小路白雪皑皑,从南向北,穿过一片高大的杨树林。杨树上一只只睁大的眼睛,来回看着周爱民的破坦克帽、董剑飞的新坦克帽,陈静、李巧玲的绿头巾,孟庆艳、亓秋灵的绛黄色围脖,庞秀兰的粉上衣,胥东红的黄头巾,高克凤的高个子、白地紫花上衣。温雪兰提的网兜里一般不止一个饭盒,耿宝臣大饭盒里套的那个小菜盒,好像多年后被用在了郭达和李琦表演的那个打呼噜的小品里。一般人都是一个饭盒,一边打饭一边放菜,吃饭是为了学习,学习不是为了吃饭。耿宝臣那个小饭盒极精致,如他的人,在那种粗鄙生活占上风的年代，在同学面前显得幼稚、小孩儿。

教学楼里厕所开始是好用的，我和周爱民第一次见面，就是一块站在尿槽子上。当时我还想，我昨天还是一个北大荒大地里干活的臭小子，今天可以站在三层楼高的位置尿尿吗？教学楼里的厕所没几天就关闭了，宿舍楼好像也不开厕所，记不清了。只记得，冬天冷的时候，男女同学抄着手，到校园东西两边两个木板公共厕所，鱼贯而行。晚上有人打着一样家用电器——手电筒。

“七八数专”在三〇二教室。所有同学都不是报考来的，都是“服从分配”来的。谁也不可能把《黑龙江省 1978 年普通高等学校招生专业目录》最后一间学校，作为自己理想的大学来报考，但谁也没有把握考得上大学，绝对要“服从分配”撞大运。班里也不都是喜欢数学的，尹海波喜欢物理，董剑飞喜欢化学。剑飞化学考了九十多，数学好像只有三四十分。

开始全班可能三十二人，两个退学的，剩下三十人，男二十，女十。退学那两个模样都不记得了，名字却不会忘。一个女生，周文王同姓——姬霞；一个男生，水泊梁山第一好汉同名——宋江。第一次点名时，小起噪声，我小声说：“及时雨宋江——宋公明呵。”小学五年级读的《水浒传》，很多不明白，挨门邻居马大爷家借的，很珍贵，一般人不借。其实看了也没什么好处，空添了一种草莽豪情。自古就有少不看《水浒》老不看《三国》之说，《三国》太算计，两书都不是让人平和的。

班里大部分是应届毕业生，当时即使是这样的学校，招到的也都是各学校重点班里数一数二的尖子。像陈静、高克凤、孙茂林等都是所在中学的尖子。陈静、高克凤的钢笔字，是全班其他同学望尘莫及的，听说她们中小学遇到了好老师。男生闫景江字好。

分别在 1978 年春秋两季同年入学的七七、七八级两届大学生，按我了解的情况估计，大概在校应届生占百分之二十，百分之八十是以前十多届积累下来的老生。鹤岗矿师七七级招了一个数学大专班，二十多人，只有一个应届生，姓曾，在大部分都已三十来岁结婚生子的同学当中，显得很屁。我们七八级这一届，数学、物理两个班，都是三十来人。物理班应届在校生可能就是田路林一人，很多都是工作五年以上带工资的。

我们班同学以 1960 年生人为主，小部分上下浮动一两岁，极个别浮动到三岁，年龄相差最多不过五六岁且极个别，在当时大学里，算是颜色相当齐整、不多见的一个年龄正常班。毕业照上那个个青春贲张的脸可以作证。

我和周爱民是 1958 年生人，他年初，我年中，我俩已工作四年半了，是全班工作时间最长的。陈铁伟、董剑飞甚至比我们年龄还大，但他们几乎没有工作经历。

不管是往届生还是应届生，其实七八级大都参加过七七级那次考试，七七、七八分不开。黑龙江七八级考生大多是四上考场。

改革开放的开山炮是恢复高考，1977、1978 年高考的主战场在黑龙江。黑龙江是大学和中专分别考，1977 年黑龙江 20 万名大学考生，争夺 6540 个大学本科名额，加上专科也不过七千来人。12 月 11 日考的广东则是大学与中专一起考，一级一级往下录取，大专上不去还可以上中专，黑龙江没上大专线的就没有录取中专的机会了。

考试方式也不一样，广东是开卷考试，可以带各科书本进场，黑龙江和其他大部分地区是闭卷考试。开卷考试和闭卷考试，答题标准和评分尺度的掌握差别很大。原河源市委书记陈建华，1977 年在广东开卷考文科没被录取，1978 年改闭卷考理科，以陆丰县第一名的成绩入北京钢铁学院，他始终对没被七七级文科录取感到很困惑。

按省、市、自治区下拨招生指标，对当年的黑龙江是绝对的不公平。黑龙江总人口不多，但北大荒集中了北京、上海、天津、杭州、温州等全国大城市的大部分下乡青年，适龄人群是任何其他省市自治区不可比拟的。黑龙江考上来的大部分是城市下乡青年,这大大挤压了黑龙江本地考生的名额。现在网上回忆当年参加高考的文章,大多是北大荒“知青”写的,任何别的地方都没那阵势,都没那么震撼,那么惊心动魄,那么让人魂牵梦绕。1977年考到上海师大数学系的四师新华书店上海青年胡善文,看了电影《高考1977》后写下《忆1977黑龙江高考》,结尾处深情地说:“1977高考真好!如有下辈子,我还要到黑龙江去,我还要参加高考!”我要见了他,一定问问胡博士胡教授知不知道一个上海人占了黑龙江的珍贵指标,对某些人不公平。因为这反过来证明,像我这样的本地青年职工,考上来的希望是多么的渺茫。更加让人不忿的是,一些黑龙江考上的北京、上海等城市青年,在1979年知青大返城时,放弃学业退回农场办理返城手续,浪费了黑龙江极其珍贵的招生指标,七七、七八两届我所认识的就有四人,两人没去报到,两人退学。黑龙江69个农场,平均每个场3个知青退学返城应该是有的,那就是207个,再加上宋江、姬霞这样退学的算43个也不会多,总共可能要达到250人。100人才0.3个招生指标,浪费了就浪费了,不可能补录了!“知青”原因,黑龙江籍七七、七八级大学生,录取率最低而弃学、退学率最高,也是那个扭曲时代的怪象。

当时的竞争可谓惨烈,凡是取到大专以上的,应届生都是各校的尖子,一所学校往往只有几个,很多学校都是光秃;往届生更是凤毛麟角,因为他们参考的人实在太多。二九〇考场那黑压压的一大片人,考上的也就四十来人;鹤岗一中这样的省重点,1978年也是四十来人。但二九〇农场总人口只有三万多,相当于地方上一个偏僻小镇,1978年考到大专以上四十多人,据我调查,这个数字比地方上五个县的总和还多。这也说明北大荒当年集中了太多适龄青年考生。七九级就基本以应届生为主了,大家都一样了,1980年以后入学的,已完全不是这种状况了。这些学生毕业后,立即成了各行业骨干、各层次主角，给人的印象好像下乡青年都成功了，因为这些学生以下乡青年为主。其实完全是错觉，下乡青年这代人成功的比例非常小，甚至可以说最低。他们下乡前大多没学到什么知识，有的“文革”中闹腾得很凶，到乡下也始终带着红卫兵习气，动不动就要打要杀。所谓“知青”，被运动裹挟着荒芜了许多岁月，考上大学的极个别，也不全都成功。更多的是在1979年大批返城，一把年纪，蹉跎在重新找工作、进修、转干等奋斗中，挣扎，下岗，退休，大多数人很一般，有的甚至很惨。

高考之于别人，是决定前途命运的一次考试，其意义自不待言。而高考之于我，完全是攸关生死的一场决斗。北大荒国营农场大批没能挤上这条船的优秀青年，只好跌进波涛汹涌的时代生活里，身世浮沉雨打萍。其他地域或岗位没考上来的人，后来在工作中，或成人或自考或党校取得学历发展起来，城市下乡青年回城后，通过各种机会招工提干等，有的也发展起来。但北大荒国营农场本地青年不行，他们绝大多数从此和学业无缘，只能成为一个底层民众，一辈子务农或务工了。就连考上来的城市下乡青年也承认，1977年黑龙江自己出的那套数理化高考题，对当时的考生来说又偏又难，零分题零分卷比比皆是，这严重摧垮了本地甚至相当部分城市下乡青年考生的自信心。他们只怨自己没水平、没能力，他们绝不会想到这公平之下的不公平。《南方日报》2007年8月22日报道，当年广东高考组织者之一王荣新的日记本里还夹着一张内部通知：1977年10月25日，省招生办接到教育部计划司李同志电话通知，为了选拔真正优秀的青年，早出人才，要求各地有意识地出些难题，相当于大学一二年级水平。通知要求“内部掌握，不得印发”。黑龙江是严格掌握了这份内部通知的。

第一学期期末考试结束，班里开了一次联欢会，其实大家还都不熟悉，男女生甚至叫不出名字。我唱了很有同学郊游情调的《船歌》，很煽情，重回学生时光对我来说太不容易了。当时不知道这首《船歌》是哪个国家什么地区的，是我从下乡青年本子上抄来的，以前没听人唱过，以后也没听人唱过，我是按照简谱学的。“有一天伙伴们来到海上，共同度过欢乐的时光。我们的舢板迎着晚风破海浪，年轻的朋友们要去远航。你看那天空多么晴朗，你看那海鸥自由飞翔，你看那划船的小伙子多么健壮，他就像真正的水手一样。”最近上网才知道，这首歌是1956年上海电影制片厂摄制的黑白电影《两个小足球队》的插曲，“文革”前中学生中很流行。姬霞唱了一首什么忘了，唱完这首歌，她放假后就没再回来，家人到学校给她办了退学手续。亓秋灵唱了《咱们的领袖毛泽东》，音色、气息、位置都可以，准专业。都是干唱，没伴奏。李超英大大方方表演了舞蹈，那年头站那唱唱还行，众人面前近距离地展示肢体，震了一下。

1979年的春天来了，我把黑白花狗皮帽子换成一顶劳动布蓝单帽，那是在连队干活时的流行款，也要从北京才能买到。剑飞给我拍了一张戴着它骑自行车出校门的照片，怎么看还都像工人大哥出门去上班。

“五四”青年节联欢，学校食堂里只是音乐班伴着《青春友谊圆舞曲》的旋律，表演了快三步的集体华尔兹，结束后从大门涌出来的全校同学，个个臊得满脸通红。亓秋灵好像在一次全校联欢会上，也是演唱了这首歌。那歌词挺有时代特色，第一段是：“蓝色的天空像大海一样，广阔的大路上尘土飞扬；穿森林过海洋来自各方，千万个青年人欢聚一堂。拉起手唱起歌跳起舞来，让我们唱一支友谊之歌。”第一次见男女生伴着动听的旋律，摆动优美的身姿，拉着手转来转去，同学们心里有刺激、有兴奋、有害羞，滋味很复杂。当时好像有一天，发现陈静会撅着嘴用口哨吹曲调。温雪兰有时晚修前在课室里吹吹口琴，是班级里唯一响起的乐器声。毕业后和高克凤等同分配在南山，宿舍住隔壁，听她唱《铃儿响叮当》，还不错。

周爱民人糙心细，到校较早，班主任付丽华老师让他当代理班长，也就当了班长。那次演出后，他让我当宣传委员，想经常搞搞活动，每周教一次歌。我教过几次《年轻的朋友来相会》、《祝酒歌》什么的，后来听孙爱民嘟囔"快成音乐学院了"，我就不敢再教了。周爱民几次找我，我不愿讨人厌，说什么也不干了。这事就此放下，班级文艺活动也开展不起来了。想来当时也是我心胸不够开阔，同一件事肯定有人喜欢有人不喜欢，做好自己就是了。如果顺应年轻朋友来相会的主题，多搞一些年轻朋友来相会的活动，现在该增加许多美好回忆！年华似水，有去无回。

考试结果公布，立体几何、平面解析、政治三科，我两科满分，一科 98 分。

《平面几何研究》那个耳聋的肖老师，可以把课讲到学生再没有问题需要提问，因为所有问题他都讲到了，可谓对这门课烂熟于心。《立体几何》请的是机修厂工程师张景云老师，讲课相当严谨，这门课我最好，次次满分，杨威、陈静也可以。有一道题，三天以后我和杨威做了出来，在黑板上讲解。宋荣臣老师教《高等代数》，很好，一次考试，我和聂勇并列第一，98 分。刘立群老师的《空间解析几何》完全胜任，同学们顺利过关。那个戴眼镜小个子的上海青年，《普通物理》讲得也不错。

数学系主课《数学分析》，由据说是哈军工毕业的蒋老师教，讲得很好，很熟，但很多同学没学会。蒋老师后来转去工学院，刘寅老师接着讲完了剩下的课程。

1979 年上半年期中，全校组织过一次串考，各专业学生打乱插开，我们班和英语班学生穿插座位。我时常坐在三楼教室窗口，观察上学放学的那个英语班本市漂亮女生，校花之一，恰好坐我前面。考完后，大食堂全校师生大会，宣布各班成绩，邓宗俭第一，我第七。陈世栋知我兴趣逐渐转向文艺青年，有时到七九级听心理学，在数学上已用功不大，听了这样的成绩，赞说还行。亓秋灵事先也告诉过我《数学分析》及格了,直让我羞愧难当。与 100 分、98 分的一贯要求相比,及格的标准实在太低,这与以后 60 分万岁的大学生完全不同。

在同学们的强烈要求下,英语课是开了的,建材中学白老师教,教材采用上海交大的本子。但由于不是必修课,听课的人越来越少,学到第七课,自动就停课了。说来蹊跷,一门课说开就开了,教务长孟昆还来介绍白老师是他原来的同事;说停就停了,再没人出来解释,再也没人追问。实际没能坚持学英语,给我们日后的发展应该带来了很大的阻碍。因为以后考什么都要考英语,后面上来的学生就都学过了,我们的劣势就出来了。我想我们班不止钟坦谊、刘建华想考研究生,也不止他们两个可以考到研究生。我也有过这个想法,做过这方面的努力,不过不是数学专业。出校后,我两次刻苦学习过新概念英语,读完了第三册。不过那时连个录音机都没有,就是自己拼单词、背单词,糊糊涂涂学语法,读得也不知对不对,反正读过就过了。如今除了部分单词、短语,什么都不剩了。现在想起来,同学们不上英语课可能还有一个原因,就是当时是安排在下午上课,犯困,如果安排在早晨,可能就好了。再有,怎么说当时也是大人了,练发音不像小时那么省事。周爱民发那两个舌头放在牙齿中间的清辅音和浊辅音,声音很奇怪。他读"Are these? are those? "的语调,很像胡传魁称呼"阿庆嫂"那样搞笑。这也是旷课的原因之一。总之很可惜。

陈铁伟、温雪兰来自比较大的城市佳木斯。入学第一天早上起床,烟雾笼罩的天空逐渐显现出白色,跑步遇到陈铁伟。马路边早点铺的灯最先亮了,街上的行人逐渐多了,两人早餐一块儿在新南饭店吃油条喝豆浆,后来还一块儿在教学楼大门棉门帘那里买麻花,两角五还是三角五一个,很大,有三十多公分长,七八公分粗。铁伟问我入学考了多少分,我说 311,他很惊讶,说他要有我这分数,就进佳木斯医学院了。

2012年2月18日，十同学聚会深圳盐田，才知道那年本科段310，百般滋味瞬时涌上心头。当年若知道自己在那么艰难的条件下，竟然考进了本科段，只是由于志愿问题而没取到，可能会痛苦得读不下去。怪不得校团委书记王效先跟我谈话时，说很高兴能录取到我。我在生产队干活，什么事也没人告诉我。有些事不知道，可能也是一种幸福。没读到全日制本科，还是很大程度上影响了我对自己的设计和进取。

铁伟说日本人占领时期，大大的佳木斯，小小的哈尔滨。他在家里最小，母亲来学校看过他，很疼爱，毕业回了佳木斯。好像高克凤的爸爸也来过学校，在走廊里用浓重的济宁话叫她的名字。李超英那当兵的同学王大顺来学校，晚上住在周爱民那屋，神侃部队那些事。同学都以为是超英男朋友，实际不是，但这么一来，不是也是了，大顺真贼。

班里鹤岗本市的只有董剑飞、陈世栋两个。刚入学时，我和闫景江在陈世栋家里吃过一次饭，他俩成了好朋友。我、志坚、祥国和剑飞走得比较近，我在他家吃过多次饭，还住过一晚。他俩较小资，可以借到照相机，出去玩的照片都是剑飞照的，虽然小小的黑白照，但现在很珍贵了。

剑飞父亲是选煤厂俱乐部木匠，我弄了几块板，他给我做了一个两层小书柜，漆成淡绿色，两扇玻璃门，一直用了很多年。那时我胃不大好，总烧心，从新街基酱菜厂那间商店买了咸菜疙瘩，拿到剑飞家，让剑飞妈妈给炒炒。过了几天，剑飞带给我一个大大的饭盒，打开一看，切碎的咸菜用油炒过，而且加了很多肉粒，一闻，真香。吃了这个，那段不大烧心了。剑飞父亲大号董莲，名字儒雅却性格朗健，剑飞名字刚烈却性格柔和。古莲对冷剑，像是武侠小说的味道。

那时电影票不好买，剑飞利用他爸爸在俱乐部的关系，经常请同学看电影，主要是女同学。我也被邀请过，看的电影是《三笑》，陈思思演秋香那一版，惊为天人。那时看电影很美好，但我发现也不能多看，看了很空虚，很想恋爱。尤其是也想当唐伯虎，去点秋香。也许剑飞也是这感觉，就越想请女同学看。

团支部书记孟庆艳是班上唯一可以说成熟的，周爱民、陈铁伟、董剑飞，包括我在内几个岁数稍大一点的，都还很青涩，遇到事情办法不多。庞秀兰也算成熟，人也大方，不怕事，敢说话。

庞秀兰、胥东红晨练坚持得最好，几乎整整两年，每天出校门右拐，在烟气蒙蒙中跑出去又跑进来。胥东红那棉鞋好像挺大，踏踏的，有人找借口说庞秀兰睡不着觉才去跑步，我们觉不够睡，赖在被窝不起床，后来有的早餐也不吃，比如我。实习时，我和庞秀兰、李志坚等几个同学分在岭北中学，每天一块儿搭公共汽车来回。现在才了解，胥东红是班里最浪漫的女生，那时真看不出来，一共没说过几句话。

钟坦谊爱缠着我讲故事，当时晚上熄灯后，我给同学们讲过燕子李三、铁砂掌、金钟罩什么的，从下乡青年那学来的。还讲过玛拉沁夫《在茫茫的草原上》沙克蒂尔和莱波尔玛那炽烈而反伦理的爱情。我小时候躺在炕上，听父亲讲《水浒传》一百单八将，个个是天上什么什么星宿，《红楼梦》一块仙化了的石头用露水救活一株仙草，仙草发誓用眼泪报答，投胎而为林黛玉、贾宝玉。我觉得口口相传讲故事能激发人的想像力，而电视、电脑不能。这就是为什么电脑越聪明人脑越笨的原因，也是人类最终将毁灭在自己发明的科技创造当中的假想得到相当承认的原因。坦谊毕业奔亲戚去了双鸭山，后来读了研究生，现在哈理工教学，业余职业是饭店老板，实际主业副业已难判定。2004 年暑期，我到哈尔滨，吃饭，看开发区，热情接待，那年他说他小孩还零岁。他和郭宝金乒乓球都不错，有段时间班里放一台案子，他俩经常打。他好像是班级唯一一个每月可从家里获得十元定额补贴的同学。

单平有鼻炎和脚臭，鼻子经常吭哧吭哧的，还经常在班级脱袜子,很味。那时碍着面子没人说,要搁现在,早就群起而攻之,甚至撵出去了。我到报社后,他到富力矿宣传科工作过一段,写了很多稿,遭同事嫉妒攻击。在我迷茫时期,去他家住过几次。邓宗俭、闫景江也喜欢写作,我都给他们发表过作品。

单平有一段时间,在班级少人的时候,经常把椅子前两腿翘起来,让身体后仰着,哼唱辽宁曲艺团杨振华用"啦呀啦"曲调表演的相声《下象棋》:"车没啦,车没啦,踩完车我还踩马,啦呀啦,啦呀啦……"他还经常哼唱相声里用《洪湖赤卫队》插曲编的嘲讽醉酒者的那首歌:"娘啊娘,儿死后,你要把儿埋在那白酒厂,将儿的脑袋冲着酒缸,让儿常闻那大曲的香,馋了我就来二两。"联系他那自由散漫的个性,都有味。单平根本喝不了酒,喝点就全身通红。三岁看大,本性难移,单平到现在都保持着简单的快乐,认真的时候也像个孩子,笑起来就更像孩子。他老婆一直把他当孩子养着。

尹海波有点小浪漫,1979 或 1980 年端午节,头一天晚上他约我第二天一早到蔬园乡后面的山上踏青,我答应了。可第二天起床实在很困难,我们去的时候人家都拿着一束艾蒿往回走了,走到半路已不见什么人,只好返回了。那次事情完全怨我,海波早早就起床催我了,是我耽误了时间。海波在南山有个姑姑,毕业后他到姑姑家,就会到青楼宿舍看看我们,我也到十三厂宿舍看过他。

杨威身上的肉,已练得石头一般坚硬,打篮球时撞上,生疼。他从南山矿调到市城调队后,有段时间经常把调查结果写成分析报告,找我发表。我就跟他一块儿去吃包子。在南山我俩住一个宿舍,天天见他拉弹簧、练哑铃,全身大汗。早上在南岗小学操场变速跑,风雨无阻,真有毅力。有一年中秋,同分到南山的我、杨威、剑飞、高克凤、亓秋灵五个同学合伙做菜喝啤酒一块儿过节,其他什么菜记不得了,只记得那个以白菜心为主的凉菜味精放多了,我吃了几口就觉得心里、头都不舒服。杨威说没啥,吃了不少。我在南山矿教育科，几个年长女同事到多种经营公司孵化厂买毛蛋，五块钱一大堆。就是没孵化出小鸡的那种蛋，听说营养价值超高，愿意吃的觉得挺香。我把毛蛋买回来，在煤油炉子上煮了，大家一起吃。我一吃，觉得不大适应，没吃几个，杨威吃得很美，那多半盆子毛蛋基本被他报销了，他身体好，能顶住很多东西。那个绿色的煤油炉子，是我花二十多块钱在南山百货买的，亓秋灵胃肠不好有病的时候，也是借这个炉子用。高克凤是孝顺女，一参加工作就给家里寄钱，很多人夸她。亓秋灵是霹雳娇娃，刚参加工作回家，就让狗咬了，一段时间没上班，调转办得挺利索。

班里唯一算得上淘气的只有闫景江，我给他剃头时后面留了很长，那时算很潮了。他那眉毛、眼睛、鼻子、嘴、脸型，很像电影《侦察兵》里的反面人物王德彪，所以有人叫他"德彪"。

一次陈静从家里回来，东西放在楼下，人上到教室，叫我帮她扛到宿舍。忘了是什么东西了，送到宿舍后，刚要转身走，只见陈静从一边像炮弹一样弹射到另一边，并躲在一个人的身后，原来有一只老鼠经过。毕业后，冬天，温雪兰带个皮箱从大城市佳木斯回来，顺风车把她撂在了南山，她到宿舍叫我帮她送到富力。我在农场场院班干过两年，扛过麻袋，有力工基础，可能被她们发现了。

入学开学典礼，身材模样都很俊朗、风度翩翩的教务长孟昆讲话，首先教育我们，要为实现"四化"努力读书，不准谈恋爱，一经发现就立即开除，等于把我们那根筋给手术摘除了。那时大多数人都听话，害怕，别的班也有不听邪的。

七八数专的男生是幸运的，班上有十个姣好的女生。七八数专的男生应该感到惭愧，整整十个活鲜鲜的妙龄女生，有人不敢，有人不成。也许还有人觉得不急，以后还有更好的，事实证明，她们都是最好的。让后来那些小子捡了便宜不是！

两年青春岁月，感情生活很苍白，以致毕业出校还是不会恋爱,感情问题还是处理不来。尽管同学中有互相爱慕的,但两年当中没人真正恋爱过,都忙着鼓捣《数学分析习题集》,实际上现在已很少记得,甚至完全想不起来了。

我们在最应该恋爱的季节自顾自地美丽,以后就跳过恋爱直接谈婚了,就像跳过数学理论直接进入数学计算了。只有那时心里那些无目的、不求结果的情愫才叫恋爱,即便只是暗恋。

那是我们的恋爱季。恋爱季形单影只,没人追,也不敢追人,这门必修课我们班成绩一般,够不上及格。日后相聚,只见繁华过处发如雪。

不过现在我倒觉得，见了好女人就想把她变成自己老婆,是种很自私甚至有点卑鄙的想法。说到底还是想图谋不轨嘛!挺好个女人一旦成了自己老婆,就完全变味,完全不是那么回事了。所以我们班男生那时都是高尚的。我们用高尚为自己写就青春的墓志铭。

两年中有两次游玩活动,一次是青石山,一次煤海公园。

煤海公园那次大家都有小黑白照片,所以都还记得,教政治课的班主任付丽华老师领着,后来她回了齐齐哈尔原籍。我在老街基住,有天傍晚在煤海公园门前,碰到刘建华、孙爱民两口领着孩子去公园。他们在岭北住,建华当时刚到哈工大读研究生,暑期陪孩子逛儿童乐园。他们应该还记得上学时那次游园活动,记得月亮门里边那间叫梅园春的餐厅,我们中午在那用餐。

青石山那次没有照片,一般人都不记得了,但我忘不了。因为那次游玩,接课不久的刘寅老师跟我们在一起,中午吃饭时,他饭盒里带的是鸡蛋炒黄瓜,客气地叫我们吃。不是我没出息,而是那鸡蛋炒黄瓜太诱人。刘老师一个劲儿叫我们吃,我说你看你都不吃,光叫我们吃,他说他吃不了多少。说着掀起衣服,让我们看腹部的刀痕,他说是胃溃疡导致胃穿孔,大手术切除了四分之三,所以叫我们尽管吃。别人还是不大好意思,看别人吃得差不多了,鸡蛋炒黄瓜还有不少,我风卷残云,全部造光。那是我吃过的最好吃的鸡蛋炒黄瓜。

那时学校吃的还是比较差,比我们农场差很多,细粮、肉都少很多。晚修后,同学们都冲自家带来的油茶面。那东西烧心,有的吃了胃难受得不行。

刘寅老师接着蒋老师讲完了《数学分析》。实际他是自学成才,后来和我们同学一块儿去哈师大函授本科,优秀学员。后来去他家,听他很深入地聊过数学,他说还是最中意教《概率》。

青石山傍晚回来的时候,山下好像是运输处一个什么单位,不知怎么要跟我们打场篮球。我、李志坚、刘祥国、董剑飞,好像还有周爱民、杨威,刚上去人家还客气,我首先投中一个空心球,接着人家就不客气了,一通暴淬。加上这次,我们打过两次篮球比赛,都惨不忍睹。学校组织的那次全校篮球赛,男生我们班碰上技工班。我假模假式自告奋勇当教练,周爱民像孵小鸡的老抱子,带着"剃过头"的几个弟兄乱哄哄往上冲,几个回合就抵挡不住。旁边观阵的七七级老生蒋忠诚说还得司燕仁上,我就换下了周爱民,还真顶了一阵,我还进了本队第一个球。但接下来,技工班那个长了一颗板龅牙的左撇子,带着他的弟兄们大发神威,那通暴淬,基本上是满地找牙。女的对哪个班不记得了,反正我就看见高克凤小翻领黄上衣后背用白粉笔写了个号,抱着球,从中场走到篮下,站住,投,进了。裁判居然没吹走步,进球有效。可能因为她个高,漂亮,裁判黑哨,对方赢得太多已不计较了。

班里每次打球,刘祥国进球好像多点,他有点体育素质,后来到峻德学了乒乓球。李志坚小小的个子,居然也喜欢篮球,还是建才中学球队一员。尽管大多时间坐在板凳上,很少上场,但一有暂停机会或中场休息,他就上去秀球技。剑飞弹跳、上篮动作挺讲究,是班里体育委员。打篮球也出了事故,梁德勇和邓宗俭撞了一下,可能是德勇太软,胳膊肘发炎了,总也不好。到医院看,动了手术，现在胳膊上还留着很大一道疤痕，两排缝针的针眼很对称。由于住院，全班毕业合影里，独独缺少了德勇。这事邓宗俭现在可能都不知道，德勇真是厚道。住院期间，杨威经常照料德勇，两人结下了深厚的情谊。以后杨威也病了，德勇悉心照顾。

1979 年秋天，学校搞冬储大白菜，在市郊买了一块农民的白菜地，组织学生前去采收。亓秋灵、李巧玲“咔咔”猛吃白菜心。黑脸膛的保卫科徐科长，发现白菜都是青帮子，没多少长心的，很生气，骂咧咧的，说让人“拔锚”了。我好像和几个同学来回跟车，空车返回的时候，站在车厢趴在车棚上，心里一高兴就哼哼，一哼哼手就打节奏，激动了打得力量还挺大，速度还挺急。汽车“呲”的一声急停，司机一看，原来是我在车棚上打节奏。一会儿又忘了，又打，就这样车急停了好几次，司机直骂——什么玩意儿。傍晚最后一趟返回，拉着白菜的车奔驰着，路边不时有几个傻呵呵卖呆儿的人，我大声问：“要白菜吗？”有人回答“要”。我操起白菜用力扔过去，砸得那人直趔趄。钟坦谊觉得好玩，也跟着这样做。那时精力过于旺盛，没处发泄，就恶作剧了。如果有恋爱谈，可能会好些。

记忆中好像还扑过一次山火，我们到的时候，火已经基本灭了，我们扑打零星的着火点。什么时间、什么地点记不得了，也可能是我做的梦，梦里总是有野火烧过的一片片焦黑。应该有，也应该在 1979 或 1980 年春天，好像晚上才回来，同学们打水洗澡。那时洗澡不方便，基本就是擦身，学校没有澡堂。第二天还放了假，大多数人回家了，剑飞、我、高克凤、亓秋灵在校，好像还到电视室看了场黑白电影，对越自卫反击战题材的。春天还植过一次树，上山，很难刨坑。小松树苗栽在土坷垃里，一个技术人员讲，“一年青，二年黄，三年见阎王”，成活率不高。

那时，我、董剑飞、李志坚、刘祥国算是比较小资，这玩玩那玩玩。主要由剑飞张罗，去过一次佳木斯江沿，还去过一两次团结桥，有照片为证。小资是我挑起来的，因为我在农场工作时，看见那些下乡青年打发蜡，也买了，带到学校。晚上洗完头，打上发蜡上晚修，后座的亓秋灵闻到味道，问什么味什么味，真好闻。我偷着乐。以后祥国、志坚也洗完头打发蜡了。

入学时，全班三十个人，四个不是共青团员，有我一个。毕业前夕，我光荣地加入了共青团。校团委书记王效先找我谈话，气氛十分融洽。他没跟我谈共产主义理想什么的。通过谈话，我知道我们是他去录取回来的。他对报考表上我那张翻拍照片蒙蒙的效果印象深刻。那是我在南窑地烧砖时，高中同学郝省龙来看我，两人到照相馆拍的一张合照。报考大学填表，没有满意的照片。心想照片拍得漂亮些，录取的希望可能会大些，就让北京青年何更云在家里翻拍了这张较满意的贴上了。想不到还真有点效果，入了王书记的慧眼。那次谈话很愉快。如果说音乐班班主任初本荣是潇洒，那么王效先才真正是漂亮的美男子。

校团委搞过一次征文比赛，我投了两篇，一篇一等，一篇二等。实际上，1979 年春节放假在家，中学同学董继红不知从哪弄到一本用十六开稿纸抄写的手抄本《第二次握手》，神秘地问我看不看，我说看，他说时间很紧，别人要来拿。我说我一定按时看完，他就给了我。《第二次握手》是写科学家爱情的，我一看就入了迷，基本没睡觉就一气看完。刚开始是想看科学家怎样搞科研，真看起来却被男女主人公的纯真爱情所吸引，最后是惊诧于文学语言的力量竟能够使人心灵战栗。应该说，就是这本手抄本《第二次握手》，使我一个理科生的兴趣悄悄转向了写作。

这个“七八数专”班，我更舍不得，舍不得那间坐了两年的三〇二教室。毕业考后，班级里已不大有人，我仍每天到那看书，亓秋灵来过，坐了一会儿，走了。李巧玲来，送我一个笔记本，娟秀的钢笔字写着“学海无涯苦作舟，云中有路志是梯”。最近翻照片，发现剑飞给我拍的坐在教学楼前花坛栅栏上的一张，头顶开窗的那间教室，正是我们的三〇二。真是天意，四个窗子都在，完整的教室外观,此情可待成追忆。

大概是1980年7月12日,全体毕业生在教学楼一楼左边那间大体育室集中,屋子里有鞍马、双杠等器材,矿务局教育处人事科科长史新民宣布分配名单。外面零星有雨,空气有几分凝重,我看着同学们一张张说不上高兴也说不上不高兴的脸,心里茫然而凄凉。我们天天做题,没享受当下,更不曾憧憬未来。就这么毕业了?我的大学就这么结束了?我还没上够!我们的知识并未学成,我们的爱情还未绽放。朝夕相处的三十个同学还算是少男少女,从此"人成各,今非昨",投入到"世情薄,人情恶"的社会洪流当中,劳燕分飞,再见无期。

直到接人的汽车来了,我才最后一个把衣服放进铺盖,卷起来塞入麻袋,再把装着牙具的脸盆往上一扣,扎好口。连同爸爸当兵时发的一只小木箱, 剑飞爸爸给我精心制作的绿色小书柜,装进南山矿来的解放牌汽车车厢里。一同分配去南山的十几个同学坐在行李上,向着未知的前程出发。

大概在1982或1983年春,矿务局教育处组织高中教师教材过关考试,郭宝金、陈静、庞秀兰包揽前三名,同学们出校后,还为"七八数专"争得了荣耀。

毕业后,我把蒋老师教的《数学分析》全部复学了一遍,之后就没有再系统学数学了。离开教育口后,我系统学习了新闻学、经济学、汉语言文学、中国历史以及管理方面的科目。我发现其他科目跟数学比起来,都是大而化之、笼而统之的东西,也就渐渐品出了蒋老师见微知著、润物无声之可贵。现在常说起的这"拐点"那"拐点",只有我们学数学的,能根据解析式系数的正负变化精确知道是哪个点。蒋老师教会了我细微之处见功夫,我的几部著作都受益于此。

电影《高考1977》因为选择了黑龙江,选择积聚了大量知青的北大荒国营农场为典型场景, 才反映出了恢复高考那段历史之波澜壮阔。又因其选择一个做数学老师的父亲，一个考上数学系的女儿为典型人物，才暴响了科学春天的惊雷。应该说，这部电影做出了最好的选择。数学是科学中的科学，是科学得以建立的基石。

回顾来路，我发现我要的还不仅是数学本身，我还关心数学后面的事情，关心下一步，关心下面会怎样，所以数学已内化为我接近真相的密钥。

哈尔滨叶宝昆、上海郑为民、北京王肯、本市刘力，包括中文班的邱平壤、吕敬源、冷国俭、洪钧老师，你们都是鹤岗矿师那时的一景，是我心里的一景，我永远记得你们。还有几个很好的老师，后来入了官场。当能够参与甚至掌握无监督的操控权后，再清白的人也难免污浊了，很可惜。

刘力是影视演员刘佳的哥哥，当时刘佳主演的电影《黑三角》正红。刘佳的功夫也是在鹤岗练成的，小提琴、短跑、文体样样了得。陈世栋与刘佳同过学，建材中学，不过恐怕他认识人家，人家不认识他了。

殷秀梅和刘佳，一唱一演，是鹤岗的骄傲与光荣。

很庆幸我能写下这样一篇灵性的文字忆念，否则不会再有人知道曾有过鹤岗矿师这样一所学校了。

孟庆艳、陈世栋、马显龙、邓宗俭生如夏花，英年早逝，同学们谈起唏嘘不已。愿逝者安息，生者坚强。一切都幻化成风，唯“七八数专”永在心中！

1990年，毕业十年首聚，大家都还没混出个人样来。陈铁伟、李超英、胥东红、李巧玲，大雪天从外地赶到鹤岗。午饭，舞会，陈铁伟、李巧玲舞步轻盈，灵犀一点，如影随形。下午四点多钟，天很快黑下来，清雪簌簌，人们心情都不轻松。那次聚会没留下照片，那时大家都还不富裕。

2001年4月，我回鹤岗，孙茂林安排吃饭。2003年6月，同学聚会河源,我做东。这些我都想办法留下了影像资料。2012 年 2 月 18 日,十同学欢聚深圳盐田,更有影像资料存入 QQ 群。剑飞、祥国、宗俭、雪兰等也都争着招待回来的同学,让他们感到了"七八数专"集体的温暖。同学们已经约定,2013 入学三十五周年,期待在鹤岗见到全班同学。

留下这段文字,留下同学们的些许片段,就留下了那段岁月。

我们那短暂的大学时光, 那美好的一去不回的纯真年代,让我珍存你们!

教育科教研员

分配到南山矿工作,我和英语班的陆霞留在了教育科,负责小学老师进修中专课程。

中国好像很多地方都有南山这个地名,国人除了都想"东山再起",可能还都想"寿比南山",都是美好的愿望,人们有权享受更好的生活。

1981 年 3 月, 黑龙江大学中文系在鹤岗办三个月的学习班,教授《古代文选》、《现代文选》、《外国文选》。我报名参加,科长孟庆梅找矿一中的丛培林书记,给我解决了六十元钱学费。

那时人学习热情真高,考上大学的毕竟太少,想学习的人太多。就这么一个短班,粮食局大礼堂坐满,工厂工人、教师、机关干部,什么人都有。

我在这个班,最大收获是完整学习了《离骚》,老师一句句解释,我认认真真做笔记,在教材上画。我基本背下了《离骚》全文。"路漫漫其修远兮,吾将上下而求索",今后的路不会好走。

另外,记忆深刻的是陆游的《钗头凤》:"红酥手,黄縢酒,满城春色宫墙柳。东风恶,欢情薄,一怀愁绪,几年离索。错、错、错。　春如旧,人空瘦,泪痕红浥鲛绡透。桃花落,闲池阁,山盟虽在,锦书难托。莫、莫、莫。”不幸的是,这首词真的就是我现实生活中的一个梦魇。爱需要能力,那时我没有这种能力。只此一回,那根疼的神经永远敏感。十年后我才明白,爱情并没有那么重要,不值得死去活来。

在这个班还初步了解了《诗经》,知道了风雅颂,知道了赋比兴。至于精研细读,已是多年以后的事情了。

我从 1979 年开始写作投稿, 两年多时间稿纸至少写了一尺多高,一篇都发表不了。其实不发就对了,都是些空洞模仿的东西,只是锤炼了文字。好像是 1981 年秋天,托朋友让他在宣传部工作的叔伯哥哥,带给报社一首十来行的散文诗,两星期后居然发表了。这是我的作品第一次变成铅字,就是这小小的鼓励使我的写作一发不可收拾。人生也是有趣,朋友那哥哥后来成了我的岳丈。

一到南山,一踏入社会,两眼一抹黑的感觉十分强烈,很无助。

小联营商店对过那两间小饭店,是我经常光顾的地方。后来成了曲鸿滨丈母娘的王姨承包的那间杏花村饭店,早上主营包子和大米粥。尤其是冬天,包子是冻萝卜肥肉馅的,真是美味。上边一点那间,好像叫立新饭店,一个叫姓荣的女孩领着一两个小女孩,炒鸡块一块五一盘,好吃。当时每月五十多块钱工资,基本用在这两间饭店了。

矿办调研员

1982 年初,南山矿党办主任商殿轩、党校校长刘晋贤调我到矿志办写矿志。这段工作,为我初步启蒙了文献整理、田野调查的方法。

刚到时,局志办在矿务局宾馆召开会议,副主任黄振孝冲着我们几个岁数小的说:好好学吧,学一样得一样。这话让我终身受益。中午吃饭，刚当兵回来在水泥厂办公室当调研员的王静羽，看到同桌有人第一个吃完一碗米饭，自己只好排队等着盛第二碗，娃娃脸上很是不忿，水汪汪的圆眼露出岂能饶你的杀气。他盛上第二碗，边吃边用眼睛看着那个第一名急起直追，还真超过那小子盛上了第三碗。他赶在所有人之前迅速吃完第三碗，筷子一撂，红红的小脸终于露出了胜利者得意的笑容。这是我俩第一次见面，饭后在院子里抽烟，他与我这个把一切看在眼里的同行进行了交流。他说在部队练就了七秒钟一标准碗的吃饭速度，吃遍天下无敌手，可能回到地方警惕性有所松懈，稍一疏忽今天给那小子占了先，好在还是追回来了。他也与那个人进行了切磋，原来那人也是当兵回来的。他说，我说呐！笑。

局志里那篇《南山煤矿》，是商主任安排我执笔他修改写进去的。那是我为南山矿做的最大一件事。

1982 年秋，矿志办解散，我被商主任安排到矿办，当给领导写材料的调研员，提高了我综合材料的能力。

1982 年 12 月 31 日晚 12 时，换好工作服，一个人在办公室用收音机听了新年钟声，接着就跟领导下井。这是我第一次听新年钟声，早晨上来，发现新年的太阳和往常没什么不一样。人世间所有的变化，在自然界看来都是那么微不足道。

两年后，我离开了矿办调研员那个位置，高鹏坐了上去接着跟师傅干。高鹏性格很好，也会来事，交了几个朋友，其中刘立军是朋友中的极品。立军在南山矿六采当技术员，我通过高鹏认识他，家里没煤了，他帮着在露天区拉了一大车。2001 年回鹤，大家还一起畅饮畅谈。

青楼宿舍

1980~1984 年，在青楼宿舍住的四年，是大块时间看书最多的四年,结婚后再没有那么悠闲的时光和心理了。

新街基新华书店有租书部,好像每天五分钱,肯定不超过一角钱。从青楼宿舍过火车道,沿铁路走到选煤厂,新光电影院往前是土特产商店,转角就是新街基新华书店了。

书店租书部中外名著基本都有,我基本都看了。由于借书要按天算钱,所以书看得很快,很多看过就不记得了。每晚看至深夜,星期天全天。南山矿宣传队王建民问同宿舍仲寨我的情况,仲寨说我晚上不睡早上不起。我不知道什么时间不时间,反正看累了睡,睡醒了看。看完了这本赶紧还,再借下一本。《铁流》、《毁灭》真的是没看懂,罗曼·罗兰的《约翰·克利斯朵夫》、司汤达的《红与黑》看得最仔细,几乎抄录了《红楼梦》里所有的诗词。在北大荒青年宿舍养成的习惯,见了哪本书里喜欢的句子甚至段落,都是抄下来,一共抄过四五个硬皮笔记本。那时书不是自己的,歌曲也是靠手抄。

青楼食堂外面看上去很温馨,但里面的饭菜和喂猪没什么差别。猪是不长瘦肉的,什么菜都是肥肉片子炒。主食是玉米面发糕,主菜是肥肉芹菜炒粉条,顿顿差不多。

爸爸来看我,带他到食堂吃饭,吃酸发糕,很长时间他都记得这件事。他在南山百货买了几个空玻璃瓶子,到宿舍刷干净,准备买东西装回家。第二天早上起床,发现大部分都碎了,一时搞不清什么原因,其实是玻璃质量不好。我每到一个地方,父亲都会不时来看看我,也是散散心。那几年农场职工很少有孩子在外面上学或工作的,自己有个儿子在外面读书做事,应该是很有面子的事情。每次来,逛逛商店,买点茶叶、咸鱼、虾酱、臭豆腐、红腐乳什么的,住一两天就回去了。父亲母亲来,邻居也是让他们捎这些。邻居都高兴父母来,父母也高兴来,一回去家里就热闹。

矿报十年

1984 年 5~8 月，煤炭系统“整企”，我被抽调到《鹤岗矿工报》帮忙，之后调入矿报。企业办报当时非常红火，煤炭系统八十多家矿报，都有新闻出版署批准的正规出版刊号，人员设备也是兵强马壮。

到报社后，我写稿开始署名司雁人，觉得这样的名字更有气场，而不仅仅是个符号。

当记者除了日常工作外，两次跟领导采访印象深刻。一次是煤炭部长胡富国到鹤岗矿务局调研，我作为采访记者一路随行，除了报道，还了解了他在各种场合讲话的态度、语调、内容。另一次是陪时任团中央副书记的李源潮，到南山煤矿下井，他是到胡耀邦当团中央书记时建立的共青农场慰问，顺路到煤矿调研。

我在矿报给人留下深刻印象的是文学青年兼文艺青年，写诗，写随笔。当了几年新闻记者、编辑后，副刊编辑另有事情，领导就安排我做了副刊编辑。组织笔会、采风、评奖，创作活动非常活跃。我多次利用笔会的机会回老家，也说不上有什么事，就是想回去，看看爷爷，看看姥姥，看看叔叔家、舅舅家的人。

在矿报，金凤喜大姐叫我司子。全报社好像就我一个人叫什么子，别人都叫老孔、老柳、老什么，大郑、小谷、小迈、小什么，有的就直呼其名，沈秀、孟良、郑中善、于海林、王秀峰、张绍文、李龙明、闫国昌什么的。

十年一晃而过。

离开矿报时，我把部分诗作及评点文章编辑成册，取名《流浪歌手走过缪斯窗口》，算是那段生活的收束。其实也是赶时兴，那时很多人都自费出书，我的那本就是矿报印刷厂印的，装帧设计都很差，内容也有模仿整合的痕迹，后来觉得不出也罢，就是悔其少作吧。

四入京城

1986年秋，燕霞考入山西财经学院，家父嘱我去送。当时我的夫妻关系、经济状况非常困顿，情绪低落，也借机会到北京、太原散散心。

到了北京，我在王府井大街美大(或普兰德)洗染店找到北京青年叶树健，住到他租住的鸭儿胡同。

我在十三连场院二班时，刘忠国是班长，叶树健是副班长，以后他在十三连、十七连学校教学期间，我和韩兆琪跟他有较深接触。他多次在我家吃饭，我在他家也吃过不少饭。他老婆刘寿香在场院三班女子班，很会做饭，酱牛肉尤其拿手，味道真是好。

这也是我第一次来北京，和燕霞去了以前只在画片上见过的颐和园。颐和园门票是五角钱，里面的德和园六元钱，我犹豫再三。卖票的说，不到德和园等于没来颐和园，一咬牙一跺脚，以后再来不容易，买票吧。进去看了慈禧太后看戏的大戏台，好像还有一个珍宝馆。

1988年春，我到北京煤炭干部管理学院学习，亦与燕霞同行。同行的还有佟瑞江。夜间行车至绥化附近，一伙人上车，有人吵架，我们站起来看热闹，坐下后佟瑞江发现放在茶桌下面的小包不见了。都是那伙人的计谋，几个人吵架吸引注意力，几个人伺机窃包。

能在北京学习三个月，机会真是难得。老师都是人民日报和新华社的，颜景政、陈祖声、王武录、李克夫，科教部主任福建人庄什么，还有新华社的沈如钢老师。

这次我又去王府井美大洗染店找叶树健，那儿的人说他去通县分店了。煤炭干部管理学院与北京广播学院、北京外国语学院挨着,在朝阳区定福庄。定福庄就在到通县的路上,我到通县找到了叶树健,他又带我到一个很老式的楼房他租住的地方住了一晚。刘寿香这时在一家烤鸭店上班,叫我到她店里吃烤鸭,我没敢去。

五一放假的时候,我又旷了几天课,回了趟山东。我先上了一趟泰山,也是第一次,那时身体好,穿着皮鞋跑上跑下,没觉得怎么样。回到日照,到二叔家,谈了想回日照的想法,二叔带我到日照报总编李玉堂家,李口头答应。以后阴差阳错没有回到日照,个中原因一言难尽。二叔费了那么大劲,有些对不住,但当时我确实没办法搞好鹤岗那边的事情。

回到大司官庄,爷爷问我在北京上了哪,我说去了故宫,他笑眯眯大声说:"你上了金銮殿看看呀?"白胡子在胸前颤动,"那怪不错!"

非常可惜的是,爷爷很早就耳背了,后来喉咙又会发出声音。在他还可以交流的时候,我没有问题问他,他也不知道该告诉我什么。每次回去,他只是问我你爸爸身体好吧,退休了吗?等我有一大堆问题要问他的时候,他早已驾鹤西游,害得我到处打听。他读了多年书,也能写,但他没有留下他所处的那个时代、这个家庭的片言只语。这是最大的遗憾,要不这本书会更充实、更精彩。

回程的时候,我又去了曲阜,拜谒了孔府、孔庙。那时我还不知道祖上与孔府的联系。我多次回老家,没人告诉我关于祖上、关于亲戚的事,就连本族字辈也是后来我自己弄清楚的。祖祖辈辈生活在一个地方,习以为常,木了。越是传统的地方,离传统越远,老家很多人已不按谱辈取名,他们不啰啰这个。文化积累很难,毁弃很容易。离传统越远的地方越需要知道根在哪里,坚持传统是为了找到文化自信,离传统越近的地方反传统意识越强,是为了冲出藩篱。2006年秋,我为爷爷树碑,现在,我给他立传。他是普通人,这个家也是普通家庭,但历史、社会就是由无数普通人、普通家庭构成。

2004年暑假，带女儿回山东、黑龙江探亲，去程进京观故宫、天坛，回程专门游燕园、清华园。良久地徜徉于未名湖畔，踯躅在荷塘边。未名晚霞荷塘影，心头百般滋味。“圣地”流连，也算一释我的未名情怀荷塘梦了。因为没有渊源，所以不敢在那留影。心里默想，以自己对学业的追求，来了未名湖，到了荷塘，我就是北大、清华的私淑弟子。

2009年4月，在大兴校长大厦参加新闻出版总署举办的全国地市报社社长总编辑岗位培训，中间一天休息，包车在潘家园、798、琉璃厂转了一天。所谓古玩，所谓艺术，所谓文化，所谓文化人——眼前只见一片喧嚣。不过还是淘到几本喜欢的老版书。

我到北京不止这几次，但这几次较有意义。

人在河源

1993年9月，揣上九百元钱，我决定告别我《北风那个吹》、《雪花那个飘》的燃情岁月，南下广东找工作。无目标地四处跑。

准备从深圳蛇口乘船去珠海九洲港那天傍晚，赶到码头却得知海上风浪太大停航，只好等第二天。时间已是晚上九点多，那一带没什么人，也不熟悉。来到一家酒店，最便宜要一百九十八元一晚，我没住，掏出饼干吃着在街边转。第一次到深圳，还要通行证，好像到了资本主义社会，感觉有点恐惧。路边椅子上躺了一会怕来人抓，就到墙边树篱笆里铺下衣服枕着书包躺着。好像睡着了，似乎有老鼠或猫几次从身上经过。又可能没睡着。早上来到码头，还是不知道什么时候可以出航，很困，就在售票处外的台阶上铺张报纸睡了一个多小时。十点，大家呼拥着上船，迎着风浪出发。

16日下午四点，我捏着一张同事从报纸上剪下来的招聘广告，从深圳布吉出发，经过五个小时长途汽车的颠簸，于当晚九点到达河源,在老城汽车站附近花五块钱住了一晚。

第二天,我徒步走过新丰江双桥中的那座老桥,顺着沿江路,来到市委宣传部。一位小伙子告诉我,陈成威副部长管河源报招聘的事,筹备办公室在党史办那边,让我去看看。后来知道那小伙子叫李通发。

按李通发的指点找到党史办,陈成威不在,有三个准备调到报社的兼办事员——陈振昌、曾翔雁、曾志伟。还有一位介绍是党史办主任,说话表情极认真,没听清叫什么。陈振昌岁数大,像个管事的,看了我的材料让复印一份。出大门往左找到一家复印店,把材料交给陈后,心想,这地方我不会来。后来知道那说话表情极认真、五官集中度比一般人稍高的党史办主任叫邬观林。

回黑龙江鹤岗原报社十多天后,有一天,孔凡峥总编说广东有人来过电话,我拨回去是陈振昌让我来上班。

10月30日晚七点,我到了河源,先找地方住下来,吃点东西,然后给陈振昌打电话。他老婆接的,给了个号,让call他。老陈带着曾翔雁来了,把我带到报社给外来人员租住的水电招待所。前几天,新疆来了个挺牛的,叫王泉声。后几天,延安来了个更牛的,叫张彦平。我也是很牛的。那时报社一下来了不少牛人。我没住成那地方当时叫人才宾馆,后来发展成了人才大厦。

在新风路源城农信社六楼, 见到实际负责人黄玉逵——个大,发疏,穿条白裤,人也白。这回组织上让他专门领着牛人干活,是牛头。我留了下来。那年我三十五周岁,不老不嫩。

河源是从原惠阳地区分出五个县成立的地级市, 我们到来,没有外地人的感觉。

安稳之后,挤时间,下训诂工夫,句读四书,研学五经,如前贤之治小学。终于,先秦古籍几乎读遍。

随着阅历的增加,逐渐学会了策划选题,围绕选题搜集材料。网络的迅猛发展,给材料搜集工作提供了极大方便,以前想不到的事情,网络轻易就给解决了。2003年出版研究古代官箴的专著《公廉定律》,2005年出版研究古代教育的专著《学宫时代》,2007年出版研究明代大哲王阳明的专著《阳明境界》——事业终有所成。《公廉定律》被作为“读书思廉”活动十本推荐书目之一;《学宫时代》是专门研究学宫的开山之作,“弥补了中国教育史研究之不足”(华南师大教授陈汉才语);网上关于“阳明为何提出致良知之学”的帖子,用的是我的论述。我读的不是名牌大学,但名牌大学图书馆里,如今有我这几本书。越来越多的论文作者阅读我的著作,引用我的论述。

《公廉定律》出版后,我刻了“一本好书,一件大事”的闲章,以为有此足矣。不想《学宫时代》、《阳明境界》、《八百年苏家围》(合著),就这么一本本地写下来了。我这几项研究,并非一味皓首穷经,而是都着眼于经世致用,着眼于塑造人的心灵。我非常欣赏乡贤蒲松龄故居里的一副对联:“做数件可流传趣事消磨岁月,会几个有见识高人论说古今。”还是怀有对一部伟大作品的期待。我看书是想看看别人说了些什么,写书是因为自己也有话要说。古人推崇“因心而会道”的“为己之学”,贬抑“凭誉以显扬”的“为人之学”。读书就是与智者交心,体玄悟道,有了心得自成文章。

一个心中有理想、胸中有浪漫的莽撞青年,一个被现实教训得常常恐惧战栗而服服帖帖的耳顺成年,无论状况多么不堪,都脚踏实地,默默耕耘。

古时有人出一上联概括河源城特征:“双城双塔双江水。”“双城”指上城和下城,“双塔”指龟峰塔和燕石塔,“双江水”指新丰江和东江环绕汇合。此后一直无人续上大家都认可的下联。1998年深秋一个傍晚,我来到河源所辖龙川县佗城镇,参观了越王庙、越王井等,占得一联:“一井一庙一越王。”2004年下半年,河源提出“客家古邑·万绿河源”的城市形象定位,并提出秦代赵佗率兵攻打岭南驻扎龙川应为最早的客家人,我夜梦悟得一联:“古客古邑古成之。”古成之还是宋代河源籍文化名人的名字。秦代岭南古邑，现在与赣州、龙岩、梅州同为客家文化研究中心之一，一条上联两条下联由物及人及史，就这么简单概括了河源的自然人文。

“一井一庙一越王，古客古邑古成之。”我的两条下联还可自成一对，说尽河源人文历史。

十六集纪录片《东江纪事》

到河源后，我就努力了解当地历史及文化。河源是位于东江中上游的客家地区，是东江文明的重要组成部分。渐渐地，我觉得仅仅用文字已无法充分表达自己对一些题材的内心感受。

当时独立制片人张丽玲拍摄日本留学生的纪录片《我们的留学生活》全国热播，受此启发，我根据手头积累的资料，确定了一批影像题材，决定投拍纪录片，我要用画面、声音、音乐来综合表现东江边上一些小人物的生活故事。2001年初，我购置了摄录及制作设备。之后三年多时间里，我在自江西安远县三百山东江源头到河源紫金县古竹镇二百多公里流域范围内，设置了三十多个观察点，每逢节假日即前往一两个点考察拍摄。

三年多时间里，每逢节假日都是我难得的采访拍摄时机，逢中秋、春节等重大节日更是如此。2003年仲秋，燕霞他们从珠海等地赶来，我却在紫金县古竹镇拍摄客家山歌男女对唱的场面，他们开车到现场找到我，直到半夜才往回返。

三年多的时间，终于拍完了素材，2004年进入后期制作。拍摄时我自编自导，自己摄像，现在又自己撰稿，自己配解说，自己作词并演唱片尾歌曲。好在我在推广普通话活动演讲比赛中得过广东省一等奖、全国三等奖，能对付一气。河源市气象局影视制作中心高长君、河源电台崔海深、市群艺馆陈晓敏，也被我拉了进来。差不多半年的夜晚外加节假日休息时间，一部旨在发掘客家人文精神、展现东江历史画卷、反映客家风土人情、树立东江环保理念的十六集纪录片《东江纪事》终于剪辑完成。每集都有令人回味的历史传说，每集都有感人至深的现代故事。

《东江纪事》在河源电视台、鹤岗电视台播出后，我还找过两家卫视，他们只对无偿提供素材感兴趣，我干脆把它挂在了“河源网”上。

手足之间

每当看到白杨树下的红砖房，总有怦然心动的感觉。我们一家，长时间就是在这样军营似的环境里生活、成长。

从小跟姐姐一块儿上学十年，互相照顾还是有些的。从上分场到总场毕业，都是我用那比较笨重的大金鹿自行车带着她。刚开始够不着座骑大梁，平衡能力也不好，几次冲到沟里去。到总场上学，她从自己嘴里省下半个馒头给我，还帮我洗衣服。以后从鹤岗来回，下车有时先上她家吃饭，回的时候也住过她家。有一年冬天，下车上她家吃饭，姐姐切了一盘煮猪肝，浇了点酱油上去，蒸热。不知是饿了，还是那时的猪肝和酱油质量确实好，那盘猪肝基本都被我吃掉了，现在还记得那个好吃的味道。

燕霞生下来后，妈妈经常到家属排劳动，我干活或玩的时候，都是背着她。有一次玩的时候，马德林背着他妹妹马德香，我和德林不知为什么玩着玩着干起来了。把两个小孩放在一边，两个人撕巴。两个小孩哇哇哭，也就没打起来。

1976年春天，带着燕霞和燕礼跟爸爸回日照，给三叔带了一壶豆油，给爷爷带了几瓶北大荒粮食酒，一路背着。二九〇到鹤岗，鹤岗到佳木斯，佳木斯到天津，天津到济南，济南到胶县，一路基本没座，都是站着。那时燕霞还没有上学，几天几夜记不得了，晚上基本上就坐在过道上，让她躺在我腿上睡。路上主要吃妈妈烙的发面大饼，列车员推着车子卖面条，好像五角钱一盘，买了一盘，几个人轮着吃，味道很好。从胶县只有车到汾水，到汾水已是傍晚，十几里路，我们爷四个就往碑廓走。路上碰上大卡车，我就上前拦，说我们是黑龙江回老家探亲的，希望能带我们一段。那人尽管态度不是很情愿，但还是让我们上车了。爸爸叫我和燕霞坐到驾驶室，还拿烟叫我给那司机抽，人家不抽，说以为我们是从新疆来的，不然就不会拉我们。天黑终于到了大司官庄。那次还去了二叔在青岛部队的家里，二叔带着到中山公园，留下了很珍贵的照片。走时二叔送给燕礼一顶军帽，回来戴了很长时间，样子很神气。

农场那时候，我觉得上趟总场就是见世面了，所以燕霞上学头两年，我会找机会带她去总场商店逛一下，到俱乐部看场电影。十三连不是所有人都去总场俱乐部看过电影，应该说大部分人没去过，那里一次可以见到上千人，是二九〇最大的阵势。

燕礼 1977 年秋天分配工作去五十二连，那天下着小雨，看着他还是个不懂事的玩孩子，我心里非常难过，回到宿舍止不住地呜呜哭。那时我在十三连机务上干活，中午下班赶紧骑自行车上分场看他们走没走。看见他和张建美的弟弟，还有十六连高大肚子的弟弟，十八连的小眯眯眼，还在分场汽车队水房那儿等车。他们下午很晚才走，我去看了好几趟。

燕礼小时候帮着烧火，不好烧，趴在地上吹，锅灶突然返风，火苗给他烧了个烟熏妆，很长一段时间面色才恢复正常。1978 年 7 月考大学前，燕礼到总场干训队学机务，我去看他。原来约好一块儿考大学的，知道他去学习，以为条件会好些，让他抓住机会。我到那，见他正和一帮学员打扑克。叫到一边，说怎么这个时候还有心情打扑克，他也没说什么。那时他对开拖拉机更有兴趣。

大概 1982 年，燕礼在宝泉岭农机校学习，周末休息，到南山矿青楼宿舍来看我，路过南山铁道口，一辆拉煤火车经过，他第一次见，说火车怎么那么长，好像等了一个多小时才过去。他瞪着大大的眼睛浅笑着，也夸张得可以。

1984 年 12 月我结婚，燕礼找车把妈妈给我做的四铺四盖送到鹤岗，我忙得不可开交，只跟他照了一下面，他放下东西自己吃了饭回去，风尘仆仆的样子让人心酸。我结婚二十一天时，他去哈尔滨旅行结婚来我家，我让他住我家，我去岳母家。晚上去岳母家黑黢黢的路上，元配喋喋不休，我虽然伤心，但暗下决心，一定离婚。我不会跟一个不能包容我家人的女人过下去，做人要有个先来后到，要通情达理。后来发现，燕礼可能是见我没钱，在我被子里放了好像是一百块钱，我心里更加难过。

现代社会，子女婚姻对父母家庭的影响，常常是以伤害为代价的解构，有时伤父母，有时伤兄弟姊妹，有时自己也遍体鳞伤。离婚没把那四铺四盖带出来，母亲很心疼，那是她能给子女的最大财富，凝聚着她对子女的全部心血。我没能顾及她的感受，只想着自己需要立刻摆脱那种极度痛苦的生活。后来知道，这是母亲对我不满意的根源，可是已经晚了。现在房子多，我用一间专门存放母亲的仙魂，让她和我多住几年是几年。

记不清是 1986 年春节前还是春节后，反正雨萌才几个月，燕海在农场没工作，考虑他不上学，那么大个人待着也不行。鹤岗工作确实很难找，我的一个同学认识富力矿多种经营公司一个姓贾的经理，就说了说叫他去干活。好像是做豆腐，活也不累，也没啥钱挣，过了一段时间他就回去了。现在想想，那时别的地方工作都难找，就是南方像深圳这些地方好找，要不是想着回农场分配工作，而是有胆量到南方闯闯，如果再有点脑子，一定会是另一番景象了。包括我自己，那时候就没想到出来闯闯。我是被已经有的东西绊住了，现在想来，那些东西微不足道。

1991 年夏，爸爸带燕奇来鹤岗，对着我说小弟上学他没办法了，你们谁有办法谁想吧。我说别着急，我想想办法，就找了当时爱好写诗的鹤岗二中的章海宁。他把燕奇安排进二中上高中。之后燕奇都是和我在鹤岗一起生活，他电大毕业时我已来了河源。我忙得不知道他什么时候毕业，也是爸爸来电话说他毕业了，干不了农活，他说他没有办法了，你们想办法吧。我说那就来吧。实际我也没帮他什么，就叫他自己闯，还经常批评他。应该是我给了他一定的锻炼，他慢慢找到了自己的位置。

父亲欣喜我们快速成长的同时，也常常对我们成长过程中遇到的问题感到束手无策。父亲一般不嘘别人的胡子，他只嘘我的胡子，谁让我是长子呢。到现在也是，兄弟姊妹来看他，因为饭晚或菜少，他还是会和我瞪眼睛，我只是诺诺。印象中，他只对我和姐姐凶过，燕礼以下从来都是和颜悦色的。多子女家庭父母可能都这样。我和姐姐十几岁还没长成身体，在十三连干活三四年，自己从来没领过工资，每人每月三十二元都是爸爸一手领回家。我们几乎也没什么花费，那几年家里经济条件确实有很大改善。

历史也好，命运也罢，我们两个的全部少年时代和部分青年时代，都是在分担这个家庭的担子。中学毕业量身高，我踮了踮脚还不到 170，我硬叫他写上 170，劳动四年半，到上大学还长了好几厘米。姐姐只有 150 的弱小身体，那些年同样承受着艰苦条件下的艰苦劳动。天下父母疼小儿，可以理解。

1998 年夏，燕礼买了小型自动收割机，说要来河源收稻子。我不懂那个，他给我算这账那账，我还是不明白。他就问我河源有没有稻子，我说有，他说能不能找到活干，我说也可以。他说那就行，我就让他来了。收割机从惠州取回来，运到连平县大湖镇干了几天，又运到博罗县石坝镇干了几天。

我放下工作一直陪着他一个多星期。头一天下地，灼热的太阳立时就把两人脖子和肩膀晒暴皮了，火辣辣地疼。晚上到农户家住，蚊子嗡嗡叫着咬得人根本无法入睡。我跟他算了一下账，刨去运费、油费，一星期一分钱不挣，而那些费用都是我出的。他还说干了多少多少活，我说那费用是实实在在支出了呀，这样干下去根本不行。我帮他卖了几天车,也没卖出去。他就说把车弄回去,回去还可以干活。他没钱,躺在床上不睁眼也不说话,我凑了一万块钱给他,他拿着那钱把车托运了,买了火车票回去了。

燕礼骨子里是个很浪漫的人,用浪漫的思维去想钱的事,肯定吃亏。我要不帮他,两人都不会有那次损失,谁让是兄弟呢。他最应该走我的路,先读一个理工科,然后慢慢调整方向。他有这个潜质,可是没人能指点他,他自己也不觉得需要看看社会大环境再规划人生。他只能看到身边的事、身边的人,顺着命运走,遇到什么算什么。他的聪明没能在人生关键处发挥出来,而是在蹉跎岁月里极端了;他的漂亮也没给自己和家族带来好处,甚至给自己和家庭带来了麻烦。他迷失在自己的聪明里,而没有锻炼自己对大趋势的洞察力。或许他不应该生在这个家庭,他要生在条件再好一点的家庭也许会好些。不用去五十二连,而是继续上学;不用上鹤岗,自己早找到了适合的位置。

在我眼里,燕礼一直是个玩孩子,要个好人来指导。世上还是很多这样终生孩子气的人,听了表扬就欢喜,听了批评就不高兴,不管对错,所以他们不会长大。

兄弟姊妹中,好的我想他更好,不好的我嫌他愚钝,所以搞得他们压力很大。我甚至尖刻到挑剔父母什么什么没做好,应该怎样怎样做,就能怎样怎样。事情早已过去,我却反复提起,反复总结,肯定使人难堪。简直是迂腐!

自己喜欢学习,就要求别人也喜欢学习;自己做得多,希望别人也做得多;自己做得好,希望别人也做得好。否则就不高兴,就上去指导。性格是改变不了的,改变的只是修养,亲人也是不接受挑剔、不接受指导的。人的资质先天是有差别的,好的也不能你一家人全占着。什么事情都把理搞得很清楚,那就不是家庭,而是法院了。有时亲人相聚,为了一点小事,我就把饭桌变成了法庭。真是无趣呀!总的来说,就是娱乐精神不够。

姐姐燕凤脾气就很好，从来不抱怨，忍耐力很强。上学成绩也很好。父母还有兄弟姊妹，甚至外姓人说她，对不对她都先忍受。我从小和她一块儿上了十年学，共同生活几十年，从未见她跟别人生过气。别人欺负她，她也不当回事，大事小情，是非对错，她都能不露声色地对付过去。小弟东胜脾气也很好，也是很能忍耐，任何事也没见他发过怒。他俩的共同特点是：不说人，也不怕别人说。也许，他们的内心才是强大的。他们没什么大成就，可也没什么大波澜。遇到挫折，他们也不觉得很受伤——他们心里很阳光。他们两个先天资质并不是很高，但日子一天比一天进步，生活越来越好。一母生九子，个个有不同！台湾诗人余光中说，家是讲情的地方，不是讲理的地方，以后我要按这个思路来。家人也好，朋友也好，要互相给力，互相增光。

当我们都弱小的时候，遇到事情很无助，谁也帮不了谁；当我们有能力帮助别人的时候，别人也已强大起来，大家都不需要扶持了。这就是人生的悲哀吧，需求和供给常常不能对称。不要说兄弟姐妹，即使是孝敬父母、抚养子女，也不是总有机会，甚至可以说没多少机会，所以要活在当下尽力而为。

学会用发展的眼光看当下的问题，我们需要永远追求进步。

小时候在北大荒，除了自家人没有任何亲戚朋友来往，看见别人家来了亲戚朋友很是羡慕。家人都在一个锅里吃饭，一个看着一个长，各个人的见识也没什么差别，谁也提携不了谁，也没什么好沟通交流的。别人家来了亲戚朋友，说些外面的事，有些觉得很新鲜，有些觉得很惊奇，有些觉得很有趣，就觉得知道的多些。现在慈母终堂兄弟云散，各人有各人的工作，各人有各人的生活，即使逢年过节，也不一定都能见面。但有了这本书，我们一家人就永远鲜活地聚在一起了。远祖、高祖、曾祖，自最长八世祖光瑶至最幼十四世可瞻、同瞻，共七代，又有那么多姻亲、近门在这里雅集，谈着各自路过的人，各自经过的事，大家永远不会觉得孤单了。真乃司门雅事、幸事、乐事!

组织·团队

祖父重义,父亲谨慎,我严密,这个家庭薪火相传。

我从小就好钻研,自恢复高考以来,如没有特殊情况,我每天工作学习10~12小时。工作是我的学习,学习也是我的工作,工作学习都是我的乐趣——我不是工作狂,我也不愿意做工作狂。参与政治热情不高,不够专注。没有明确的政治目标,有时人容易松懈。职位限制,在直接服务社会、服务大众中所做工作不多,想起来还是有点遗憾。我还是做了自己有把握做好的事情,间接为社会服务了,并准备以此取得退休金。

我不接受"文化人"、"有才"这样的帽子。媒体工作只是一种社会工作,我只是通过这份工作服务社会,但我是个有文化的人。我的经历和成就可以证明, 我还是一个想干事并能干成事的人。我不做风月文人——"一为文人,便无足观"(王国维)。我用作品批判社会、批判人生,希望社会更健康、人生更健康。我这个"人"是学人,是后学。

我所经历的事情,做过的事情,都是一个人在战斗。现在想想,如果有一个团队,大家一起来,也许会做出更大更好的事情来。

报社工作时间太长,虽然终老一经也没什么不好,但毕竟太多时光流逝在没学到什么东西的工作中, 于社会没作出什么贡献。在自我学习中碌碌,工作已没什么挑战性,没什么热情,这是较可怕的。而学习是任何工作状况下都可以进行的,读书学习于我是一种自觉,我通过读书来涵养个性。如果把在报社蹉跎的那部分时间激活,人生可能会更丰富一些。

如果不是重大自然科学或人文科学研究,如果有能力,一般性社会工作最好不要羁绊太久。一件事沉溺两三年是很有必要的，能使人沉潜下来，但两三年就够了，两三年一篇博士论文可以作完。多做几项工作，多换几个地方，于生活会多一些体验。只是在每次转换时不要掉到沟里。

如果有自由，如果可选择，激情失去的时候，就是该说再见的时候。当生命只是空转的时候，应该选择离开。只有离开，我们才会发现内心柔软的部分——所谓故乡，所谓朋友，所谓学科，所谓从业，概莫如此。离开后，回过头去，我们会找到安宁，不离开，我们始终纠结。

绝对权利是国情现实，在家听父母的，在学校听老师的，在单位听领导的。必须在组织中透彻规矩，在团队中明确目标。不管在组织或是团队里，都要清醒知道老板是谁。为人处世要知道边界，知道边界再行动。成长的学问，就是争取有机会的时候领导能够用你，群众能够拥戴你。

北大荒国营农场相对封闭的社区，没有任何亲戚朋友来往，在家庭中从未受到任何人情世故的教育，甚至熏陶形成了桀骜不驯的处世态度。很多事情处理得太"书生气"，这注定我在人情社会中不会走得很顺。

也不能上学太早，和一些比自己大的人一起成长，没人那么稳重，容易和团队配合不了。显摆，逞强，有时突出自己，有时伤及别人，必然遭到打击。遇到事情，由于心智发育所限，找不到解决问题的办法，心里又想不开，不能自我排解，长时间情绪低落，成长的代价太大。回首过往，有时是我不成熟，有时也是现实太无奈；有时是我没本事，有时也是世道太诡异。

在一个组织或团队里，长时间处于从属地位，会使自己自觉不自觉地失去掌控局面的能力和欲望。顺从心理普遍存在，指手画脚的人更容易成功。

不过，我早上学是上对了，虽然政治进步不大顺利，但毕竟赶上了一些否则就赶不上的机会，得到了一些否则就得不到的锻炼。早一届晚一届都没有这些机会,都不是这个结果了。现在只要学习好就行了,政治进步已没那么重要了,所以只要有学习能力就可以早上学，不过不要过早进单位工作——早上学是为了多上学。

并非尾声

常常听人说自己是地地道道哪里人,仔细想想,我已地地道道哪里人都不是了。对哪里而言,我都不是归人,而是个过客。出生的日照,成长的北大荒,都已是原乡了。鹤岗、河源也都是暂时栖身。不过,要想真正看清楚一个地方,就是要生活过又离开。因为离开山东而更加懂得了山东，因为离开东北而更加懂得了东北。离开后便有了参照、有了比较,就能从更宏观的视角看那些存在,就更能客观地发现一些规律性的特点。

北大荒那段应是我人生的底色。成长在山东人家庭,生活在一半以上是山东人、四川人占两成、很少东北人的环境。后来和陆陆续续到来的城市下乡青年一起住宿、工作。对山东、四川、东三省、北京、上海、天津、杭州、温州等地人有了初步认识。

鹤岗到河源,一路走到现在,从一个文艺青年变成了文化项目经理人。

很幸运能在适当的时候从山东来到北大荒,也很幸运能在适当的时候从东北飞到南方的广东,如果还有下一站,我希望是西部。有事我就拼命干事,没事干就洁身自好。

政事之余好探古勘文,留乾嘉后山左学者之风。多多少少还是有点“穷则独善其身,达则兼济天下”的古士人抱负与情怀,对内想罩着所有家里人,对外想罩着所有身边人。但逐渐发现这不客观,家里人、身边人都不是自己能罩住的。能罩多少算多少吧,况且有时也罩不好罩不对。最重要的还是要自己能罩着自己。

爷爷喜读，父亲嗜读，我悦读，这个家庭至少是三代书虫。我先后自拟过两副对联，春节时贴在自家门上。一副是：木瓜黄瓜南瓜瓠瓜拿瓜当饭，老子庄子孔子孟子以子为师；横批：吃饱看书。另一副是：一箪食一瓢饮一两知己一片大风，万里路万卷书万千情节万分小心；横批：简单舒服。入世中出世，出世中入世，不求中求，求中不求，个中滋味，自品自明。没贴这种对联时，有小偷几次从窗户往家里张望，贴了这种对联后，没见小偷再往家里张望了。现在小偷也有文化了，从对联可以看出这家没什么值钱的东西。写完这本书后，我想我可以再拟这样一副对联：《公廉定律》《阳明境界》，《学宫时代》《司家门里》；横批：金声玉振——基本实现了高祖建松公的理想和追求。

经历了这么多事情，见过了这么多人，发现人性中还是丑恶多些，自私、利己是一定的，谁也逃脱不了。于是相信宗教的意义，因为所有宗教的灵魂都是让人忘我。五十岁之后思想上一直在做减法，生活越来越简单，心理越来越纯净，这份简单纯净让我慢慢享受到了工作的快乐、人生的快乐。该发生的迟早要发生，该经历的已经经历，我已在现有积累的基础上，回到三十年前的那个文艺范青年。待到退下来的时候，一定捡回到那颗活脱脱的赤子之心。

以前任何事、任何人都要弄出个理来，自己做到的，要求别人也做到，这两点是我处理各种人际关系时，要深刻检讨的。这两点尤其对同事、对亲人造成了一定伤害。

我的性格中，穷理、较真、质疑的成分占多，适合做科学研究，处理人际关系则容易不包容，需要不断学习进步。只方不圆，肯定磕磕碰碰。检点记事后近五十年的生活，聪明过，也犯过傻。尽管自己付出的努力可能比别人要多，但快乐和忧愁相抵，基本平手。穷理没什么不对，关键是还应虚怀。

十三连年龄上下相仿的孩子，我几乎都打过仗。上学、工作，也没交到几个朋友。这些就是我的不成功。

一味厚道也不好。到河源一段时间后，一天上班路上，偶然朋友聚会见过面的一个人从后面追上我，寒暄后直接提出要二十块钱去旁边赌一下。我一边劝他不要赌，一边摸出钱包给了他五十元。他一边狂奔向旁边一间小店，一边说“我一定还你一定还你”，从此再不见人影。此事他早有安排，因为前两天他已从后面追我寒暄过一次打基础，说你不记得我了，我是谁谁谁的朋友，要不然我真忘了他是谁，而且现在我也不知道他叫什么。这地方很多人好赌，赌博害了这地方很多人。还有一个赌六合彩被抓进去蹲拘留，我托人把他搞出来。

还是要找些自己的长处，让阳光照进心灵。

在学数学的人当中，我写作最好；在学写作的人当中，我数学最好。我用数学的方法研究了几个历史课题，我用新闻采访的方法写作了这部家史。

跟聪明的人比，我就是那最努力的；跟努力的人比，我就是那最灵活的；跟灵活的人比，我就是那最踏实的；跟踏实的人比，我就是那最有梦想的；跟有梦想的人比，我就是那最能实现梦想的。

每当自己或家人处于人生低潮和遭受挫折，我都不是听之任之，而是心有不甘，一定会默默地另辟蹊径，顺着一线光亮，走向柳暗花明。“行到水穷处，坐看云起时”，我赞赏古人这样的行为美学。

2012 年元月，在太原古玩城购得一幅《学士图》。唐太宗、玄宗时期以十八贤才为学士，分别命阎立本、董萼画像，为千秋翰苑盛事。此画题为后世画家青睐，清代瓷器上的十八学士图，即源于此。我买的当然不是真迹，而且画面上也不是十八个古代文人，而是十八只形态各异的灰喜鹊围着一支老梅。我非常喜欢这种象征性的意境，我把这十八只喜鹊看做家人聚会，永远不散。画面以板桥体所题唐代刘元载妻《早梅》诗，我也非常喜欢：“南枝向暖北枝寒，一种春色有两般。凭杖高楼莫吹笛，大家留趣倚栏杆。”它寄托了我对南方北方所有亲友的挂牵。2011年十一，我还在日照古玩城购得一幅布面上画着盛开、初绽、含苞三朵不同时态牡丹的《三多图》，也是这种象征意味。

我带着原罪来，我所做的一切，包括以上这些讲述，都是自我救赎。生活还在继续，人生并非尾声，今后我将力争做得好些。

女二：雨萌、敏行。一个学了英语，一个学了音乐，分别达到了我没能达到的两个高度，都有自己的一片天地。2011年十一，在日照古玩城看到一副对联：春风放胆来梳柳，夜雨瞒人去浇花。惊觉上下联暗合敏行、雨萌两名，带回悬于厅堂，每有会意，怡然而乐。因为这也是我欣赏的行为美学之一吧。我可能不会给她们留下财产，但一定会给她们留下精神。

过了1980年那个家庭最好的时光，三十年后，这个家庭又调整到了一个最好时期。老人在身边安享晚年，兄弟姊妹安居乐业，小孩个个健康成长。

（2012年3月改定）

叹一声北大荒

——燕礼自述

1963　回不去的小时候(中)

1977

1982夏　与哥哥

1998　工作中(前)

2000　摄于鹤岗

2004 名山黑龙江边(左)

随着人类征服自然、改造自然能力的增强和人口的急剧膨胀，人们对自然资源、生态环境的破坏程度也越来越严重。原本一些用于调节气候、汛期泄洪的低洼地、草原、泄洪区，也被开发成农耕地。有些高岗地和低洼地，现在还是十年九不收。

初到新建连

1976年，二九〇农场决定在濒临黑龙江南岸松花江北岸，同江市以西的五分场，开发建设六个农业生产连队，大约开垦荒地3~4公顷。分别是四十四连、五十连、五十一连、五十二连、五十三连(后改为四十八队，再后并入五十队)、五十四连(后改为四十九队，再后并入四十五队)。其中，五十一连、五十二连、五十三连分别由一、二、三分场援建。

1977年9月，我们二分场七七届二十九名学生分配到五十二连，参加新建点开发建设。那时候很多人不愿意到新建连工作，因为我们在家排行老二、老三，按农场规定得服从分配。那年我十六岁。

9月21日上午，从五营来了一辆解放牌大卡车，带一个挂车。

接我们的，是五十二连四川籍张家寿副连长。简短准备后，我们将行李扔上挂车，人则坐在前车大厢里，开始踏上参加工作的旅程。

经过一个多小时颠簸，汽车进入四十二连，向右一拐，展现在我们面前的，是一条狭窄的土路。这是通往五十、五十一、五十二连的唯一通道。也就在这条路上，我们才真正体会到什么叫风尘仆仆，什么叫尘土飞扬。车轮卷起的灰尘形成几十米高、几千米长的灰龙，遇到会车，灰尘更是扑面而来。到达目的地时，我们的头上、脸上、身上，满是厚厚的尘土。

我们分配时已是秋天，到了收获季节。连队大面积开荒已经结束，只剩下小面积、开垦难度大、边边角角的地块。

10 月，我们在基建班盖房子当小工(也叫力工)。我和几个同学的任务，就是供大工(瓦匠师傅)——挖土、和泥、搬砖。当年北大荒流行的几大累当中，脱坯、和泥是最苦最累的。按理应一个小工供一个大工，由于人手少，领导分配我一个人供两个大工。挖土、挑水、和泥、搬砖、上泥，两个人才能完成的定额任务，我一个人就完成了。当时农工班长就说，这小子真能干，来年就能提副班长。得到别人肯定，我当时真是激动。

机务副连长

1978 年 3 月，我被分配上车干机务，开履带式拖拉机。农场分农工和机务，干得好的才可以开车。3 月份检修，4~6 月机车田间作业，直至芒种后，播种才结束。

7 月进入开荒阶段。我们使用国产东方红-75 型拖拉机，是比较先进的大马力机车，牵引五铧开荒犁。

开荒条件相当艰苦。师傅在前面驾驶室里开车，我们学员坐在五铧犁的铁皮座位上，手把铁制深浅调节轮，使尽浑身力气，不停地调整翻地深度。浅了调深，深了调浅，连续地、机械地……

到了地头转弯时，还要操纵手柄升降大犁。如此循环往复，一圈又一圈。

北大荒的7月，烈日炎炎，酷暑当头，气温可达32℃以上。东北人本身特别怕热，穿背心儿、短裤，大树底下乘凉还嫌热。而开荒把大犁，必须穿劳动布工作服，头戴蚊帽，手戴线手套，捂得严严实实。衣服外面是一身密密麻麻的蚊子，里面是一身湿漉漉的汗水。肆虐的蚊虫穿透保护层，将手、脸咬得伤痕累累，奇痒难忍。可想而知，那是一种什么滋味。但我们坚持着、忍耐着，只有心中的默默抱怨，没有行动上的退缩不前。

那时候的想法，越是苦累脏，越想表现自己、显示自己，尤其在人多的时候。为的是博得人们些许赞扬和好感。而每一次领导的夸奖和表扬，都令我们心潮澎湃、激动不已。

望着脚下一条条用自己双手开垦出来的黑色长龙不断地延伸、增加，心里感到非常欣慰。

1978年7~10月，我被连队选送到总场干训队（老百姓叫东山炮校），学习农业机械专业知识。当时对我们来讲，真是莫大的幸事，有多少人翘首企盼多少年，甚至一辈子，都得不到这样的机会。我也将它当做人生的一个转折点。

能够参加学习班的人，都是在连队表现最优秀的，有发展前途和培养价值的人，意味着我们在普通群众的基础上进了一步。一方面，我们可以学习很多专业知识，增长才干，提高业务水平；另一方面，名声更为重要，因为我们是农场唯一培养干部学校的学生，这就是资本，为以后更快更大的进步，打下了良好的基础。

应当说，国营农场（农垦）与农村最大的区别，也是最值得骄傲和炫耀的，就是大面积机械化。毛泽东同志也曾说过，“农业的根本出路在于机械化”。国营农场在中国农业方面，对于农村来讲，就是起着引导、示范、榜样的作用。它几千亩地连片大面积、大机械集中作业，正是与农村小面积、小机械甚至手工作业最大、最根本的区别。因此在当时，农场具有农村不可比拟的优越性，农场人也有一种天然的自豪感、优越感，令农村人羡慕、憧憬和向往。

在农业生产连队，如果你不精通机械，不懂得如何使用和维修拖拉机、联合收割机（康拜因）、大胶轮，你就不能说是农业的行家里手。农场赖以生存和发展的基础，就是大面积机械化和科学种田，离开这两条，它的优势就没有了，竞争力就没有了。纵观世界农业发达国家，也无一离开这两条，只不过它们的社会化服务水平和科学技术水平更广、更高罢了。

记得1977年冬天——我们毕业参加工作的第一个冬天，当时我们谁都不懂机械，连队分配我们跟车脱谷，就是人工用杈子往收割机喂入十挑黄豆秸秆进行脱粒。休息时候，连队一台拖拉机，停在女生宿舍房山墙西面，车头对着房山空着火。当时我们都特别爱开车，并且有较强的显摆心理。当我们一行几个人，从食堂吃完饭出来，路过停车的地方时，其中一名同学自恃知道拖拉机档位，便上去想显示一下自己会开车。

由于车头冲着墙，要想把车开走必须向后倒退，也就是挂倒挡才行。那个同学知道要挂倒挡，并且知道倒挡是往后挂（当时我还不知道）。可是他没想到，向后挂的不只是倒挡，还有前进挡。结果当他挂上挡抬起离合器时，车便一头冲向正面的山墙。

车灭火了，水箱漏了，墙凹陷、裂大缝了。我们立时傻眼了，吓呆了，不知该怎么办。要知道，连队仅有两台车，都拿车当宝贝。谁都知道这是捅了大娄子。被撞的房间是女生宿舍，由于是休息时间，女生们都在，只听一声闷响，山墙裂了。如果拖拉机穿墙而过，一屋人，都是女生，后果将不堪设想。事实上，穿墙而过是不可能的，拖拉机毕竟不是坦克车。

后来连队对这件事也未深究，只是连夜抢修了拖拉机。

我刚上车时，有个师傅叫王艳友，有一次他当班，对我说，到了上夜班时，你开就是。对于新学员来说，最高兴、最值得炫耀的事，莫过于多开一会儿车了。当时想开车像着了魔似的，手痒得要命，开多长时间都不想撒手，并且不觉得累，已是痴迷的程度。

到了晚上夜班时，我怀着十分激动的心情，焦急地等着师傅兑现承诺。可怜的是，我每次看师傅，他都在一本正经地开车，连一丝一毫让我开的意思都没有。我一次次看他，一次次失望，一点点泄气。直到天亮，师傅还是一副精神十足的样子，好像完全忽视了我的存在。

师傅开了一宿车，一夜没睡，而我则在车上睡了一觉又一觉。等啊盼啊，直到希望完全破灭，一宿连操纵杆都没捞着摸一下。有的只是在超负荷下工作的发动机震耳欲聋的轰鸣声中，我刚刚睡着，就被师傅连推带喊弄醒。我睡眼惺忪地看着师傅，师傅向车后指指说轻耙堵了，下去抠抠。我拿着铁撬杠，带着一身倦意，在寒冷的春夜使劲地抠那些粘在耙片上的泥土和杂草。堵了多少次，抠了多少次，我也记不清了。只记得不停地堵，不停地抠，只记得一夜没摸操纵杆。我恨师傅骗人。

1978 年 10 月 20 日，我学成结业回到连队，支部研究决定让我带班顶车。

事实上，这时我已有了突飞猛进的发展。既有理论知识，又有钻研精神；既有工作热情，还有冲天干劲。我觉得前途是光明的，世界是美好的，所以就产生了许多憧憬和幻想。最可笑的是，我当时产生了一个理想，就是想当机务副连长。因为我觉得这个位置既管车，又管人，有地位，有权威——够威风。实际上，依我当时学到的知识来讲，我的确是超越了他们，我能将一台完整的拖拉机发动机拆成零部件，然后再背诵着逐一将它们装回原位。

1982 年底，我实现了这个理想，当上了连队机务副连长，指挥着大大小小十几台机车，在一望无际的田野上来往穿梭，有条不紊。那种痛快的感觉,从头顶舒服到脚趾。

指挥大面积机械作业的场景,就像指挥千军万马行军打仗一样,需要付出许多心血和谋略。那场面,那气势,真是壮观。

整地时,四五台红色大马力拖拉机牵引五铧犁,前后左右顺序排开;机车逐一启动后,铁犁下便翻出一条条黑色的长龙;随着拖拉机的不断前进,黑龙旋转着、跳跃着,向前延伸直到很远。它们一条条排列整齐,直到覆盖整个大地。二三千亩的面积,几天就可以翻完,并且深度均在25~30cm之间。这种速度和深度,在农村是难以想象的,充分显示了大机械的威力。

麦子成熟时,整个大地变成了金色的海洋,成千上万亩麦田一望无际。微风吹起一层层麦浪,后浪推前浪,滚滚向前。

到了收获时节,伴着一阵阵隆隆的割晒机声,整个麦田变成了群龙阵。小麦翩翩起舞般蹦跳着,进入成群结队的联合收割机,脱粒、清选、分离。黄澄澄的小麦,源源不断运往场院,麦秸则由收割机粉碎,从尾部排出还田,培肥地力。这是大农业的魅力,大规模的效益。

联产承包创丰收

举世瞩目的中国农村改革,即联产承包责任制,于1978年开始了。正是这场变革,使贫穷落后的中国发生了惊人变化,其辉煌成就,世人有口皆碑。

1983年,农场开始大规模实行联产承包责任制。改革是新生事物,需要冲破许多传统,包括理念上、体制上的束缚,涉及方方面面的利益。多数人都是求稳怕乱,不愿打破几十年的平稳生活。

联产承包责任制,在农场各连队引起极大震动,牵动了所有人的心,引起了广泛争论。主要有两种主张。一种主张沿用过去计划经济行政命令的做法,由连队统一指挥,统一经营,统一分配,也就是农村人说的农场是部队做法。另一种主张划小核算单位，搞联产承包。前一种——也是大多数人认为，连队是一个有机整体，必须有统一意志，如果搞分散了，怕出乱子。后一种认为，联产承包责任制有利于调动生产积极性，提高产量，符合社会主义多劳多得原则。

我们几个当时在连队算是较有头脑的同学聚在一起，也认为，如果将一个完整的连队一分为二（当时传说由机务副连长和农业副连长各领一个组承包，即将连队一分为二）搞承包的话，会有特权和障碍出现，容易造成内耗和矛盾。譬如，机务副连长可以从机械、油料等方面搞特权；而农业副连长则可以从化肥、农药、低值易耗品上搞特权。所以还是连队统一好。

实践证明，我们的目光是短浅的，但我们很快转变了观点，并且在以后的承包中搞得最好。

农场党委对此保持了清醒的头脑，从大局和长远考虑，及时下发了联产承包责任制方案和配套措施，统一了全场干部职工的思想，使人们认识到，改革势不可挡，只有顺应时势，响应中央号召，才是唯一出路。

1983年，五十二连实行农机大组承包制。农场规定，连长、支部书记不得担任大组长，只有机务副连长可以。我顺理当了大组长，结果这一年我们取得了大丰收，年底一算账，我得的奖金比连长还多——500元人民币。现在看来500元不算什么，但是当时足以让我们欢呼雀跃，激动万分。这几乎相当于一年的工资，我们从来没有领过这么多钱。全家跟着我高兴。

抗洪抢险冲在前

月有阴晴圆缺，人有旦夕祸福。1984年，一场史无前例的大洪水，无情地将我们赖以生存发展的家园和土地淹没了。我们从整地、播种到管理，从种子、化肥到油料，从人力、物力到财力，全部投入了，就等着收获了。8月，一场洪水将所有希望化为乌有。

洪水来临之前，在场党委统一安排部署下，我们进行了艰苦的抗洪斗争。各个分场都组成了抗洪抢险队伍，用大汽车、胶轮拖拉机，一车一车，连续不断地往护江大坝上输送人员，加固大坝，排除险情。其惊心动魄程度，不亚于1998年长江抗洪。

放眼望去，大坝上人山人海，车水马龙，有扛袋的，有挖土的，有指挥员，有战斗员，还有联络员。年轻力壮的男同志，站在齐腰深水的江岸下，有的肩扛木桩，有的手持铁锤，有的码垛沙袋，有的捆绑铁丝。神情紧张、表情严肃的背后，是战天斗地、不怕牺牲的英雄气概。年纪稍大的男同志和女同志，则在岸上挥锹铲土、灌草袋、运木桩。一根根木桩，一袋袋沙土，从离岸边几十米甚至上百米的地方，源源不断运到岸边。

一根根木桩砸下去，一排排木桩竖起来；一袋袋沙土垒上去，一道道土墙砌起来。有力阻挡和缓解了洪水对大坝的冲刷，最大限度保证了大坝和沿岸人民生命财产安全，争取了抗洪斗争的宝贵时间。

每当抗洪季节，老天就好像故意与我们作对，总是阴雨绵绵甚至风雨交加。忽而瓢泼大雨，忽而小雨淅沥，有时一连十几天下雨不止，昼夜不停。老百姓形象地说“天漏了”。

在连阴雨的天气里，我每天都顶风冒雨，带着抗洪抢险小组早出晚归，奋战在大坝上。身上单薄的衣服早已精湿，脚下的泥土早已胶粘。扛着木桩，背着沙袋，顶着暴雨，踩着泥泞，我才知道什么叫举步维艰，什么叫汗水和着雨水。

有人说，越是涨水越是下雨，实际上是越下雨越涨水。抗洪时，我们对天天下雨深恶痛绝，心想只要不下雨，哪怕再苦再累，我们也心甘情愿。

有一件事我至今难忘，那是抗洪抢险中抢运物资的一幕。我们二十几个人，由我领头，抢运收获后晒干的小麦和库存化肥。从晚上八点钟开始装车，一辆接一辆，一车接一车，直到凌晨两点，共装了十几车两千多袋。

期间，我们争分夺秒，马不停蹄，拼尽浑身力气。要知道，一袋小麦九十公斤，一袋化肥五十公斤，细算起来，总共就是一百四十多吨。

我们先装小麦，后装化肥。用两只手一袋袋往一米三高的车板上扔，每一袋都包含着两扔一推三个人的拼劲。小麦装完，我们每个人的手指肚，已被磨得只剩精薄一层皮。接下来装化肥，不一会儿，手指肚就破了，隐隐流出鲜血，碰到浓浓的化学肥料，更是疼得钻心。

尽管我们付出了最大努力，但老天并没有发慈悲。8 月 22 日，汹涌的松花江水，疯狂冲垮了位于四十五连的南江（松花江）大坝。无情的江水，夹带着刚刚收割的麦秸和树枝，快速向坝下连队推进，来势凶猛，势不可挡。仅几个小时，五分场所属坝下耕地计七万余亩，六个坝下连队驻地，一个打鱼队，一个养鱼队，全部被淹没。几千人无家可归，几万亩良田颗粒无收。

大坝决口之前，场党委就做好了撤退的准备。当时水位已近历史最高，年久失修的大坝，经不住长时间浸泡，频频出现险情，防不胜防。防洪队伍只能被动应付，疲于奔命。洪水到来之前三天，场党委鉴于水位仍在上涨、大坝已不堪重负的实际，果断决定，坝下所有连队只留领导及值班车，其余男女老幼、大小机械全部撤离。

百姓们八仙过海各显其能。有人用车将家具、行李及其他物品，拉到坝上亲戚朋友家存放，有的拉到分场公共场所存放。更多人因地制宜，将柜子、行李等，就地搭上架子支起一米多高。还有的干脆将家具放在炕上。这种做法由于水位太深，使家具、行李等被水浸泡得一塌糊涂。至今有的人家，还保存着被水淹过开裂的衣柜、饭橱等。

留守领导、食堂炊事员和几名拖拉机驾驶员，是最后撤离的。大坝开口的时候，农场来电话，通知大坝决口了，迅速撤离。出于好奇，我想看看到底洪水来了是个什么样，有多么可怕。

我开车到地势较高的地方，站在拖拉机上放眼望去。只见滔滔洪水顶着刚刚收割的麦秸，快速而来。也许由于开口小、面积大，水流并不汹涌澎湃。水平推进的洪水约有几十公分高，下面白色水花翻卷着、滚动着，好像排头兵一样。上面是漂浮的麦秸等杂物，随着洪水前行跌宕起伏，上下翻转。

洪水过后我们发现，遇有障碍物时，这些麦秸和杂物被高高抛起十几米，挂在了电线杆上、电线上、大树上。

撤离后的人员被安排在分场副业连两个大房子里，男女各一间，集中居住。因为水还在涨，即便是搬出来住，也需要组织人力修筑二道坝；同时也便于组织和管理，遇有紧急情况还可以迅速撤离。有亲戚朋友的，吃饭可自便，没有的，分场统一安排在机关大食堂就餐。几百号人集中食宿也是热闹，充分体现了社会主义大家庭的温暖和党对受灾群众的关怀。

连队被淹没几天后，我和连长回去查看。我们乘坐小木船，从淹没的大片农田上划过。水一米多深，将高秆作物玉米、向日葵等淹得只剩下几十公分。我们的船底，就从它们腰间擦过，其他矮秆作物早已不见踪影。

站在高处望去，白茫茫的洪水连成一片，天地相接，一望无际——满眼水的世界。

来到连队，我们驾着小船，在房檐底下围着房屋划了一圈，不时扶着门窗向室内看几眼。来到我住的宿舍，我下船趟着齐腰深的水，进屋找几样东西。屋内满是漂浮物。此情此景，我并不觉得特别凄凉和害怕。

十几天后，洪水开始撤退。

肆虐的洪水，疯狂地洗劫了连队，给我们精神上、物质上造成了巨大伤害和损失，完全改变了我们正常的生产和生活。重返家园，面前是满目疮痍，一片狼藉，百废待兴。

大片大片的黄豆，由于洪水的浸泡和冲刷，没有了叶片，只剩下光秃秃沾满油污的秸秆。它们仍站立着，好像在诉说坚强。

电线杆上，大杨树上，屋顶上，挂满了乱七八糟的麦秸、树枝，甚至老鼠也上了树。

地势较低的房子，进水深度一人多高，屋内墙皮脱落，裸露出块块红砖。锅碗瓢盆散落一地。

没转移的农具上锈迹斑斑。

一片片低洼农田里，残留着白茫茫的江水，给下年耕种带来极大困难。

农场党委发出了恢复生产、重建家园、一年受灾一年恢复的号召，并及时深入灾区访贫问苦，发放救济金、食品。各兄弟分场、连队，都纷纷伸出援助之手，捐款捐物。

连队领导率先回到驻地，召开会议研究救灾措施，稳定群众情绪，发放救灾物资。一家一户走访慰问，帮助克服困难、解决问题，带领群众迅速掀起了重建家园的高潮。

卫生人员按上级要求，逐户多次消毒，防病治病。

广大群众纷纷抗灾自救，清理垃圾，晾晒被褥、衣物，拉沙石，抹墙，搭炕，迅速恢复损毁的生产生活设施。

生活基本恢复正常，有饭吃，有衣穿，没有一户因洪灾致贫。

同时连队还组织收割机到附近农村为农民收割小麦，帮助坝上连队翻地等创收工作。没有工作的职工群众，乘机加入了打鱼摸虾的队伍，创造了不少收入，改善了家庭生活。

灾后第二年，农场为我们减免了种地间接费用，当年我们劳均收入四千多元，基本实现了一年受灾一年恢复。

改革正未有穷期

从20世纪80年代开始，农场改革走过了一条漫长而艰难的探索之路。从单车核算到联产承包，到大农场套小农场双层经营体制，再到分田到户一定几年，几经反复。农场时而大包大揽，时而不管不问，期间的酸甜苦辣、成功失败，只有农场人自己知道。但是直到今天，国营农场的改革也不能说是找到了一条成功的道路，而且今后的日子将会更难，更多更严重的问题还在后头。

如今国营农场已全部实行分田到户，即大农场套小农场的双层经营体制，并且土地正在逐步向种田大户、能手集中。实行两费自理，农民有较充分的自主权。原来农场实行的小麦、玉米、大豆三三制已经打破，一半耕地种上了高耗水作物水稻。由于水稻地块小，从种到收基本手工作业，因此大量的大马力拖拉机、联合收割机闲置、半闲置，造成不小浪费。

农场所属工副业项目，大部分变为私有，少部分民营。

目前几大难题仍然困扰农场，一是企业办，社会负担沉重；二是养老负担越来越重；三是职工收入增长缓慢，种地靠天吃饭没有根本改变；四是农业技术社会化服务水平、科学种田水平不高；五是替代产业发展缓慢，没有形成新的经济增长点，老守田园。

女一：峻劼。

（2003年9月成稿于鹤岗）

珠海的海

——燕海自述

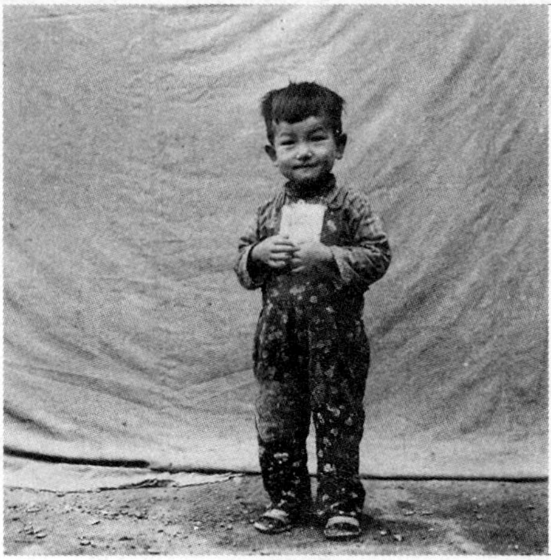

1966 秋

1982.12 三个小姊妹(右)

1986 与表哥牟良善(右，摄于青岛小鱼山)

1998 春节　三弟兄(中)

2010　一家三口(摄于珠海)

2011　回到十三连旧家

大海浩瀚，我只是其中一滴。

童年记忆

两三岁时照过一张相，是小时唯一一张照片。我站在食堂房山头，穿一条花背带裤，盖顶头，右偏帘，手捧毛主席语录，胖乎乎乐呵呵。可能是吃母乳时间长的缘故，六个兄弟姐妹中，我吃奶时间最长，三年多，所以最结实。小孩儿，见有人给自己照相，很高兴，很开心。

四五岁时有一段时间，不知得了什么病，吃饭就吐，长时间不好。爸爸叫了上海女青年陈锦梅卫生员来看，打针，吃药，治疗一段时间才好。

家里一铺炕，住不下那么多人，妈妈安排哥哥姐姐到外面住。大哥很小就去职工宿舍住了，姐姐住“王大个子”家，她丈夫李德俭在外面盖房子，长年不在家，就让姐姐跟她做伴。

冬天到学校后面大雪堆上掏雪洞、滑雪玩。一次从大雪堆上滑下来，快要滑到底时，速度正快，被女同学黎恒霞绊倒，头撞到墙上，立刻出了很多血。同学报告老师，老师领我到连队卫生所包扎。晚上，丁维海领我找了黎恒霞的妈妈，黎妈妈批评了她。

自制滑冰鞋滑冰玩，自制陀螺抽陀螺玩。我经常和丁维海、赵家军比赛抽陀螺，通常都是我赢。

夏天的晚上，月明星稀，我和马德良、丁维忠、韩兆伟、吕红军、丁维海等男生，加上马德英、李淑芹姐妹俩，一大帮小孩，一起捉迷藏，很晚才回家。

我喜欢养狗，和马德良、丁维忠到永和要小狗，三个人也到永和买煤油。

小时候淘气，继爸爸之后任尤特兹包车组长的张福玉，家属是东北农村人，每年春节前，亲戚都送来一些黏米面，她就蒸一些黏豆包。有一年快过年了，我和陈杰、陈春云在外面玩，看见张福玉家属端了一盖帘东西放在窗台上，转身回屋了。我们仨非常好奇那些是什么东西，每个人拿一个尝了一下。由于是晚上，看不清，只感觉里面的馅又面又甜，之前从没吃过这种好吃的东西。三个人吃完了又拿，连续几次，把一盖帘黏豆包都吃完了。第二天，听张福玉老婆跟别人说：我昨天晚上蒸了黏豆包在窗台上冻，不知怎么没有了。我们这才知道是黏豆包，外面是黏米，里面是红小豆加白糖。

荒疏学业

小学一到六年级换过很多老师，许多事情，至今记忆犹新。

北京青年田莹老师回京带来一些卡片，我们谁考试成绩好，就奖励两张卡片。我两张，王升燕两张。王升燕住隔壁，我俩吵架，原因是她说选三好学生时我没选她，还找到家里来。

小学同桌牛玉芹，一直坐到小学毕业。

三四年级参加学校宣传队，老师是北京青年赵满媛，很喜欢我。这期学校宣传队男生还有彭尚国、吕红军，女生是刘以英、赵连荣、汤礼华、牛玉芹。我参加节目比较多，唱歌、跳舞、大合唱。每年六一儿童节，分场学校一天开运动会，一天文艺汇演，晚上给学生放电影。每年这时候，我们都很高兴。

暑假期间，连里让我们排节目表演给职工看，参加排练的男生还有丁维海、赵家军，女同学是司秀琴、吕红英、牛玉芹、周华。我和周华经常一起演节目，有时候排练，她去家里叫我。

小学高年级，学校组织学习小组，大同学帮助小同学，我和汤礼华、赵连荣、刘以英、彭尚国一个小组。冬天，学校号召学生积肥，为连队农业生产作贡献。我们每人挎着篮子到处捡粪，捡满筐后倒在公共厕所后面，开春的时候，连里用车把这些粪拉到地里种地。

一天,捡粪碰到北京青年曹立田老师,他把我们叫到宿舍,拿出北京带回来的饼干、糖块给我们吃。又用盆子在炉子上炒瓜子,虽然生熟不均,我们吃得还是很香。

分场中学阶段,我那届两个班,张连英、吕红英、周华、赵家军、韩兆伟与我同班。班主任李莉,她弟弟李建芳也在我们班。我是班级劳动委员。跑校,中午也不在学校食堂吃饭,而是带饭。每天带饭几乎一样,都是馒头夹白糖。同桌女同学家住分场,一天中午把我饭盒要过去,拿出馒头夹白糖,饭盒带回家。下午上学,给我带来了粽子和沙果。

一天中午,实在没什么好玩,几个男同学到副业连菜地偷瓜吃。回来被人告发,老师把我们叫到办公室批评了一顿。

与小弟

1974年,搬新房。搬家那天,几个月的小弟弟从炕上摔下来休克过去,我跑到卫生所叫来卫生员抢救,终于醒过来了。

小弟弟东胜上幼儿园,每天都是我送,然后再去上学,妈妈上班,没空。他每天背一个黄书包,里面装着馒头夹白糖。阿姨是马德良妈妈和付炳全妈妈。他不愿意上幼儿园,总是哭,从把他放到幼儿园一直哭到我中午放学去接他,时间长了哭得直上火,嘴上、舌头上都长了疮。妈妈看实在不行,就不去上班了,专门在家看着他。

长到两三岁,东胜经常去学校找我,我上四年级。找不到我,他就在外面哭,听到他哭,我心里很难受,也在教室哭。曹立田老师叫我把东胜领进教室,同桌牛玉芹赶紧把她的椅子和我的并在一起,叫东胜坐在中间。他很乖,坐在椅子上东张西望,累了就趴在桌子上,从不扰乱课堂。

冬天一放寒假，我就专门看小弟弟，妈妈开始做一家人过年的衣服和鞋子。我十分盼望妈妈给我做一双黑条绒棉鞋，可是到了春节，哥哥姐姐弟弟妹妹都有黑条绒棉鞋，只有我穿棉胶鞋。可能妈妈实在忙不过来。直到二哥到五十二连上班，开始买皮鞋穿，妈妈才把二哥的黑条绒棉鞋给我穿。说：你先穿着，等你二哥要穿的时候，你再给他。二哥上班后，再没穿那双黑条绒棉鞋。

家务琐事

十几岁发生的一件事，至今印象深刻。家里自留地产了很多土豆，土豆有很多做法，都很好吃，但用它换粉条吃更好。粉条在附近农村加工，李某某家有一个朋友，可以帮忙换粉条。一天，那个农村朋友拉了一车草送到十三连，许多人家都拉着土豆找他换粉条，一麻袋一麻袋土豆装上了车。

妈妈也想换，让我用爸爸刚做好的木手推车推了一麻袋土豆到李家，也装上了车。李的儿子说装不下了，要把我家的麻袋卸下来，就让我把手推车放到车下面。麻袋扔下来，砸坏了爸爸辛辛苦苦做的手推车。我既心疼又生气，当时就想，以后我一定想办法让家里年年吃上粉条。后来我交了长发郭家三儿子做朋友，他每年不仅帮我换粉条，还给我大黄米。从此，换粉条再也不用看人家脸色了。

中学时剪草籽喂鸡，农场连队已喷药除草，地里没有多少草籽，就和王福杰、韩兆伟及他妈妈，到附近农村大豆地里剪。一天，风很大，我不小心把左手中指割了很深一个口子，先是露出了骨头，一会儿流了很多血。伤口痊愈后，这根手指再也伸不直了。

到“水线里”挖野菜喂鸭喂鹅，伙伴是司宏利和陈杰，每个星期六下午和星期天，要挖够一个星期的野菜。野菜挖回后，放在菜窖里，不然会烂。由于太多，每次用到最后，菜叶还是会发黄。每天放学回到家,剁一大盆菜煮熟,第二天喂给鸡鸭鹅。这段时间忙得连写作业的时间都没有。

待业·验兵·表演

我这届只有吕红英考上高中,其余都毕业下来了。原因是:李建芳的哥哥李文芳在分场任劳资干事,李建芳听他哥哥说,我们1964年出生的,是最后一届包分配的。生物老师陈建华不让我毕业,但我还是和大多数人一样选择了毕业。毕业下来,才知道从我们这届开始,已经不包分配了。

在家待业没事,琢磨扎鸟笼滚鸟。我扎的鸟笼最漂亮,滚鸟也最多。伙伴们一起到树林,鸟笼放在同一个地方,鸟就是爱飞到我的笼子上来。

秋天跟着母亲捡黄豆、捡玉米,黄豆人吃,玉米鸡吃。

1980年毕业,在家待业两年,跟家属排干活,特别盼望去当兵。头一年不够岁数,没报上名,1981年够年龄,去连里报了名。全连共有五六个人报名,分场只给十三连两个体检指标,党支部研究决定,让我和韩兆伟参加体检。我心里特别高兴,穿上平时舍不得穿的最好衣服,检修好了自行车。正准备去体检的时候,分场又来通知,说只要一个人了。连里让韩兆伟去了,但他没检查上。当兵的梦想成了泡影,我十分懊恼。这件事对我打击很大,很长一段时间,我都六神无主,不知所措。如果当时能到部队锻炼一下,我的命运可能会改变,也可能有更好的发展。

1982年9月,正式分配工作,分场分来了战忠海、李元江和几个女同学。战忠海会拉二胡,我会吹笛子,每天下班吃完晚饭,我俩就合作演奏。每当此时,男生女生都站在宿舍走廊里听,这种情况一直持续了好几年。

连里发现我是个文艺人才,1984、1985两年,分场组织文艺汇演，各连队都要出节目，就选上了我，让我代表十三连参加汇演。我唱《十五的月亮》，王吉利手风琴伴奏。台下有人说：这不是司燕海吗？汽车排呼义祥父母原是十三连的，知道我是司瑞吉的儿子，说：他爸就会唱歌。唱完谢幕，一片掌声。

回想 1986

1985 年，场里把土地承包给个人，打破铁饭碗，不再发工资。肉联厂、面粉厂、油脂厂、木材厂、商店、修配厂都由个人承包，汽车也卖给个人，只留下奶粉厂和粮食处理中心。奶粉厂是龙头企业。农场以种地为主，粮食还是要交到粮食中心处理。

连队大型农机具如大胶轮、自动康拜因（联合收割机基本上淘汰了）、拖拉机都卖给个人。谁家有这些农机具，生产就会有很大优越性，既可以帮别人干活赚钱，又可以自己用车省钱。

1986 年，是我最辛苦的一年，也是收获最大的一年。农场已实行承包，没有工资领了，年底卖了粮食才算钱。哥哥姐姐都已自己成家，妹妹当年高考，小弟弟也在上学，父亲已经五十七八岁。爸爸想多挣点钱，供妹妹、弟弟上学，就多要了几份地，一共是三份大豆地、两份玉米地。

大豆有一个新品种，叫合丰 25 号，以前没种过，连里作为试验品种，种了一片试验田，别人不敢要，爸爸要了这份地。

管理和收割这些粮食的重担，历史地落在我二十二三岁的肩上。每天早晨天刚亮，起床吃一个凉馒头，就立刻下地干活，一直干到中午吃饭。中午吃完饭又下地干活，一直干到天黑才回家。所有地都快锄完的时候，我突然中暑了，头疼，恶心，呕吐。学校已经放假，看我病倒了，妹妹就带着弟弟到地里干活。我病好后，接着把没干完的活干完，锄干净了自家地里的草。

8 月的一天，连指导员孟庆祥喊我："司燕海，你妹妹的大学录取通知书来了。”我拿着通知书回家，一家人很高兴。1978 年，大哥在全场往届毕业生中唯一一个考上了大学，现在妹妹又是十三连应届毕业生中唯一一个考上大学的。她凭借自己的努力，考到那届高中文科班第二名的好成绩。他们在改变自己命运的同时，为这个家庭赢得了骄傲和光荣！

我也用自己辛勤劳动的汗水，换来了丰硕的成果。秋天收割，大家抢着用车，都想早一点把粮食收回家，怕晚了会埋在雪里。我找在五十二队当机务副队长的二哥，二哥开回一台朋友的自动康拜因。合丰 25 号试验成功，产量确实比其他品种高，连里当做种子收购，价钱比一般大豆高些。年底结算，我一共挣了六七千块钱！大哥当时每月工资才八十来块钱，一年总收入不到千元，我一下挣到这么一笔收入，确实十分可观。

爸爸用一个手绢包着领回了这笔钱，先留出了妹妹四年的大学费用，剩下的做一家人一年的生活费和小弟弟上学的费用。

爸爸特意拿出九百元，领我回了趟山东老家。之所以领了钱立刻决定回老家，我想有两方面原因：一是爷爷已经八十四岁高龄，爸爸长久不见很惦念；再就是看我一年干活很辛苦，为家里作了贡献，之前没回过老家，也没坐过火车，慰劳我一下。

爸爸告诉要带我回山东时，我很激动，我终于可以坐火车了，终于可以到从来没去过的山东老家，看看那些从未谋面的亲人了。

同行的有玉民和她妈妈、赵连海的妈妈、陈祥滨的爸爸。

佳木斯到济南那趟火车，一行人有一个没买票，检票员发现后用手拽，那人手一甩，打到父亲眼睛，当时就肿了起来。问检票员，说车上也没有药。车到济南，找旅馆住下来，我到一个部队医院买了药，父亲吃了几天才逐渐好了。

二叔在日照建行上班，我们先到二叔家，住了两三天回碑廓大司官庄看爷爷。爸爸给爷爷带了十斤北大荒白酒，我一路背着。

青岛大舅家,大舅妈给了我一条牛仔裤,是她哥哥从美国带回来的,苹果牌。这条牛仔裤太长,后来我给了大哥,他穿了很长时间。去栈桥和小鱼山公园照了几张相,有我和小刚哥合照的一张。

与二哥·副队长

小时候暑假,爸爸开尤特兹接粮食,我和二哥坐在驾驶棚后排,每人手里提一个蝈蝈笼子来到麦地。麦地里有许多蝈蝈,我们很快捉满一笼子。中午吃饭,连队食堂炊事员送来猪肉馅大包子,比家里包子馅肉多。晚上回家,妈妈在灶坑里把蝈蝈烧熟给我们吃。两个人整天很开心。

麦收连里机动车不够用,分场汽车排来支援。司机袁有义,不知从哪抓住一只猫头鹰,让我们小孩打麻雀给他喂,并承诺,谁先打下十只麻雀,就给谁一副红色弹弓皮。我们的弹弓皮通常只有黑色。我听说这件事,很想得到红色弹弓皮,就去找二哥。丁维海也去找他哥哥。同去的还有王福杰。来到树林里,我和二哥配合默契,我负责追,他负责打。二哥弹弓很准,我们最先打到了十只麻雀。给袁有义送去,他兑现了诺言,我俩分别得到一副红色弹弓皮子。王福杰、丁维海他们打到十只麻雀回来找袁有义,袁说没有弹弓皮了,让他们先把麻雀给他,等有了再给他们。王福杰、丁维海只好把每人的十只麻雀给了他,后来给没给弹弓皮我就不知道了。

母亲做饭,二哥烧火,瘪瓜子不好烧。见锅底不起火,二哥拿来风葫芦,摇,吹风。见火还没起来,趴在地上往锅洞里看,火苗突然扑出来,烧伤了他的半边脸。妈妈连忙到陈启恒家要来獾油,每天给二哥往伤处抹,过一段时间终于好了。很庆幸,二哥帅气的脸上没留下任何疤痕。

1987 年,我调到二哥的五十二连。五十二连种大豆喷药除草,没人锄地，我没喷，所以地里就我一个人锄地。每天早出晚归，后来我也喷了农药。

二哥女儿雯雯很愿意跟我玩。冬天断奶时，她爸爸妈妈要去哈尔滨，把她放在爷爷家。我还没成家，干完活回家待着，雯雯就跟着我。

二哥买了一辆破旧55胶轮车，我每天跟着他学开车。旧车时常需要修理，我也跟着他拆车修车。就这样，天长日久，我学到了开车、修车技术。来珠海干机电，和当时跟着二哥开车、拆车、修车都是互通的，很借力。

55大胶轮，康拜因，我都会修，都是跟二哥学的。二哥修车技术在五十二连是最好的，别人排除不了的故障，都是他来排除。在二哥带领下，我的修车技术进步很快，后来也达到很高水平。别人修不了的车，我也能修好。

我不仅会修车，而且学会了开车。

冬天路上满是积雪，很滑，开车要很专心，要有过硬的驾驶技术。有一年冬天，我和张万去送粮，张万开车。路上结了很多冰，远处看像镜子一样，车到半路，翻进了沟里。幸亏后面过来一辆车，帮我们把车拉了出来。后来连里让我开车到绥滨送粮，一冬天跑了好几次，都很顺利，一次事故也没出，一起出车的人，都夸我驾车技术好。

1995年，姐姐家女儿蓉蓉读初中，冬天放寒假，想去同江买皮鞋。姐姐带她去了五分场我岳母家，又来到五十二连我家。我开着一辆小型车，拉了一车人，从封冻的江上，到黑龙江与松花江交汇的同江县城，一路很小心，没出任何状况。

到了同江，大家感到很冷，同行的人有个亲戚在县城，我们就去他家暖和了一会儿。出去买东西，蓉蓉买了一双棕色皮鞋。

1996年，二哥已调去鹤岗多年。当年麦子丰收，连队收了很多麦子，但那年雨水多，场院上的麦子经常今天晒了明天淋。连里想把晒麦子的任务承包出去，晒完麦子给现钱，最后选中了我。我听了连里的优惠条件，就答应下来。第二天，我就到场院挑人，女职工全部回家，只留下能干的男职工。晴天，我带着大家早出晚归，勤翻勤晒，阴天下雨就把麦子盖好，晴天再晒。没过几天，麦子就晒好了，达到了水分要求。这件事在连里引起很大震动，连干部没领大家把麦子晒好，我却帮助连里晒好了麦子。这件事被场里知道了，第二年提拔我当了副队长。我只知道干活，结果只一年，就没人再用我了。

1997年，蓉蓉考上中专，姐姐让我帮她到绥滨县办理粮食关系和户口。十三连刘常风、张成立和我一起去，他们的女儿也考上了中专。幸亏后来大哥让蓉蓉退了学，考上大学，才有今天的好局。

与母亲

小时淘气，加上性格可能有点倔强，挨了母亲不少打。母亲脾气比较暴躁，教育方法简单粗暴，不像父亲。父亲从来不打，也很少骂我们，但在我们心目中很有威严。一次我跟别人打仗，那人找到家里，我放学回到家，妈妈正在烧火，拿起烧火杈子就打我的头。烧火杈子木棍上面套着一个铁叉，我的头鲜血直流。爸爸说：你想把他打死呀！立即领我去卫生所，消毒，包扎。以后基本不敢和别人打仗了。

大概七八岁的时候，带着妹妹玩，别人家小孩吃炒瓜子、炒黄豆，妹妹也想吃，又不好意思向人家要，我就想回家炒。家里有个小锅挂在墙上，我够不着，拿一根小棍捅，小锅摔在地上，掉了一个耳朵。黄豆放在装鸡蛋的木箱里，我知道自己闯了祸，也不敢炒了。妈妈回来看到小锅耳朵摔掉了一个，不由分说，把我打了一顿。一个小锅好几块钱，妈妈很心疼。

我们还都没好起来，妈妈就得病了，身体不好了。

有一年春天，妈妈在佳木斯住院，我媳妇陪伴照顾了一个多月。别人问这是你姑娘吗，妈说是儿媳妇，妈妈对她很满意。同年秋天，妈妈在哈尔滨住院，又是我媳妇陪了她二十多天。在二九〇医院，化验和透视在两个地方，我媳妇一会儿背她化验，一会儿背她透视，医生看她很累，就帮着背。我媳妇照顾妈妈很尽心，别人说这是你妈呀，她说是婆婆，大家很称赞。

1997年秋天，妈妈起夜摔断了腿，知道消息时我正在地里收大豆，连忙把活托付给好朋友大范和孟勇，我当晚赶回家把妈妈送往医院，有时背不动，我就抱着她。等到母亲出院，我的大豆已被朋友收回来堆在场院上，别人都说我真孝顺。

有一年妈妈住院住到腊月二十九，我把她接回家，晚上洗澡换了衣服，第二天带着媳妇、女儿陪父母过节。

我见母亲最后一面，是2001年正月初五，我说我要去珠海，妈问我去干什么，我说去看一下孙丽霞就回来。她说你快去快回。母亲舍不得我离开她。就是这一年四月，母亲永远离开了我们。父亲、哥哥们看我很困难，没让我回去。虽然没有亲自给母亲送终很遗憾，但想到在她生病期间尽了一些做儿子应尽的责任，心里稍有一丝安慰。

珠海的海

2001年正月初七，我跟着小弟弟司奇从鹤岗来到珠海，待了一个月，进了物业管理公司。开始两个月是卫生工，后来公司知道我在家干过机务，就让我干水电工。水电工要电工证，我参加了培训，前三个月理论，后四个月实操。我想，别人可以拿不到证，我一定要拿到。培训结束，我成绩还不错，如愿拿到了电工证。

2004年底，公司让我做主任兼水电工。我有一点小聪明和悟性,现在是物业公司的一名经理。

来珠海妹妹和妹夫帮了不少忙,别人帮了你,你也要有能力做好分内的事。我只有尽力干好工作,把自己的家庭搞得越来越好,才对得住人家的帮助。

2008年,来珠海第七年,我和妻子共同努力,供了一套房子,总算在珠海安了家。女儿也已卫校毕业上班。凭我的文化水平,能做到现在,我很满足。

女一:文君。

(2011年1月改定)

从松花江到万泉河

——司奇自述

1980 春节　摄于忠仁照相馆

1982.12　白雪覆盖着菜园

1983　父亲劈柴我摆样

1997.2　摄于河源

2002　与父亲(摄于海南)

2005.1 婚礼上

2012.3 可瞻、同瞻

青春无敌,因为有梦。

小歌手

童年是一段快乐时光,虽说也有许多不如意,但现在回想起来,好像只留下了甜蜜。

二九〇农场位于东北三江平原,历史构成比较特殊,聚集了来自全国各地的转业官兵和城市下乡青年,所以在文化方面是个大融合的地方。这里长大的孩子没有东北口音,性格也和东北人不太一样。

我上学的时候,知青们已大批返城,留在农场的已经很少了,所以我对知青印象不是很深。教我的老师,不像哥哥姐姐那时候都是知青,而是哥哥姐姐们的同学或校友了。由于哥哥姐姐学习好的缘故,老师对我都比较关照。

1981 年 8 月上小学,一年级只有五个人,教室和三年级合在一起。老师韩兆凤,短头发,皮肤白皙。课堂上老师问我们的理想是什么,唐鸿、唐家平、杜海华、刘常勤他们四个,说想当解放军,我说想当科学家。我们五个谁也没实现自己的理想。最好笑的是,谈完理想不久一次测验,我的成绩就不及格,被三年级同学嘲笑了好一阵子。他们说:“想当科学家还考不及格啊!”其实当时我更想当一名歌唱家。

小时候我拥有漂亮的童声,又特别喜欢表演,有点人来疯,人越多越爱表现。大概四五岁时,特别喜欢穿小姐的花裙子边跳边唱,人们都说我像个小姑娘。上学后第一个“六一”,全营学校汇演,我代表十三连学校参加,第一次登台表演,有点紧张,台下反应一般,但这次表演给我积累了经验,增加了自信。

连队职工也很喜欢我,闲下来就让我唱歌听。二年级时连部礼堂有活动,我和几个同学过去看热闹,张道明拉我到台上,让我唱首歌，他用二胡伴奏。好像还得了个小礼物。

在连队上学，赶上周六周日或者寒暑假，我们一帮小孩就在学校操场前的水泥台上组织文艺表演。我常常是主角，身兼报幕员、演员、策划等多个职位，也不用事先排练，想演什么就演什么，想唱什么就唱什么，很随性，很开心。我还经常教那些小孩唱歌。我会的歌总比他们多些，一些是哥哥姐姐回来教的，还有一些是每天中午放学回来，守在收音机旁跟“每日一歌”学的。

有一年，学校组织去二十连黑龙江边春游，自己带饭，早上出发。我们都盼着早点见到黑龙江水是什么样的，是不是真的有点黑。记不得坐了多长时间车，来到江边，我看到静静的江面，有种莫名的感觉。小船在水上漂着，江面不宽，可以看到对岸的树。有人说对岸就是苏联(那时还没解体)，江面中间有分界的浮标。那天很开心，各班组织表演了节目，小哥之前特意教我一首《战士第二故乡》，非常适合唱给边防战士。

连队学生越来越少，到了小学四年级，全连只有一个男老师了，十一连的，好像姓侯，瘦瘦高高的，吃住都在学校，有点像现在山区里的教师。一个人带四个年级，很忙，他听说我唱歌好听，就让我当小音乐老师，每周教同学唱一首歌。

四年级时电视里演一个武打片，为了学里面的功夫，我在操场上练一个大概叫“旋子”的武打动作，由于不得法，一不小心右手着地摔断了。开始还以为是脱臼了，我小时候常会脱臼，妈妈天天领我到西边侯姨家去按摩。右臂又肿又胀痛，晚上用热毛巾敷。一个星期不见好转，而且肿得更严重了，爸爸带我去了团部医院。拍片子一看，原来是骨折。躺在冰凉的仪器上，心里不知是什么感觉，有点委屈，有点恐惧。夹上夹板，打上石膏。医生说我之前热敷、按摩都是错误的，应该冰敷，用夹板固定。但我确实感觉热敷后舒服点，可能是心理满足吧！

我第一次住进了医院，住了一个星期左右。开始两天觉得手臂难受,很快就觉得没什么了,吊着手臂在各个病房“流窜”,跟那些医生、病友都混熟了,他们都喜欢逗我,问我这问我那的。还有个病友帮我辅导数学,我刚好学到分数“通分”那一节。家里人都很关心我,有种被关注的感觉。小姐在团部上高中,学习很忙,她从学校食堂带来的烧茄子我最爱吃。

出院又在家待了一个多星期才去上课,如果再不去就要期末考试了,而且是考分场学校。老师怕我跟不上,让我有问题就问他,他帮我补课。

期末考试在分场进行,领通知那天晚上,我们一帮住在连队前排房子的同学到老师那里,老师说谁谁谁没考上,我吐了吐舌头,老师说:“别紧张,你考上了。”我很开心,但又为没考上的同学难过。

李家明是挨门邻居家小孩,他爸叫李大个,特别高大,但他们几个兄弟姐妹都没有遗传爸爸的身高。他从来不欺负我,刚上分场上学,经常有小孩想欺负我,他处处“罩”着我,就没人敢欺负我了。正所谓远亲不如近邻,近邻不如对门。后来他实在学不下去,就退学了,在家养奶牛。那时他也就十四五岁,每天放牛、挤奶、打扫牛圈。牛圈就在我家菜园旁边,每天傍晚我在菜园里看书,就能看见他进进出出地忙碌着。

1985 年 8 月,到分场上五年级。

到分场上学的第一个“六一”,是我最难忘的一个儿童节。那年学校取消了运动会,取而代之的是文艺汇演,这可是我大显身手的时候。在音乐老师李道江的指导下,我们班一共出了五个节目。我担任报幕员,领唱男声小合唱《小小少年》,歌伴舞《小天鹅》是自己写自己唱的,舞蹈是我编唐鸿跳。班主任对我很信任,放手让我去干,使我对自己充满了信心。

本来歌伴舞是唐鸿和张玲玲一起跳的,我们一起排练了很久,可审查的时候班主任坚持说玲玲跳得不好,于是就变成独舞了。

我又独唱了《等着我小河》和《梦回故乡》两首歌，剧场里一次次响起雷鸣般的掌声。事后他们总把我和《等着我小河》联系在一起，看到我就说“小河来了”。从那以后我成了远近闻名的小歌星。

随后，二分场文艺汇演，我代表学校参加获得了好评，小哥代表十三连唱了《十五的月亮》。

那年 10 月，音乐老师李道江通知我代表二分场参加二九〇农场青年歌手大奖赛，让我自己去团部定调、试音。

那天下午，我费了好大力气才找到文工团。一进排练厅，我被眼前的景象惊呆了，第一次见到这么大的乐队，心里紧张极了。还好，他们都很友善。自我介绍后说是来定调，有些人认识我，指挥老师也很照顾。第一次跟乐队合作，节奏有些不准，指挥老师让我站在对面，看着他手势唱。有一首歌没乐谱，黑管老师说帮我找。一切都很顺利。

回家路上，我一路高歌，谁知一开始就走错了方向，越骑越觉得不对劲。骑了很久还不到十三连，见到一个老大爷一问，原来骑到三分场了。赶紧往回骑，一路上黑黢黢的，有点吓人，我骑得飞快，到家已是晚上八九点了。妈妈非常担心，她不知道我去团部的事，晚饭都没吃，跟我那些同学打听，来回在路口张望。儿女都是妈的心头肉啊！

比赛那天，我妈坚持让小哥送我去。经过复赛和决赛，最终我获得了三等奖。分场领导很重视，比赛完让一部农用车把我和小哥送回了家。

1987 年 8 月，升入初中。

一上初中，我就开始变声。初一入学，接到团部学校通知，准备排练，去宝泉岭参加师部汇演。其他那些演员大部分是职业高中的，有很多一起参加过大奖赛，都认识。还有一些是团部小学的，大部分参加汇演都见过。排练老师也有原来大奖赛的评委，给我一定调，原来的调子已经唱不上去了，老师说我开始变声了，叫我保护好嗓子。经过几天努力，我发现根本唱不上去，气也接不上，就跟老师说我不去唱了，虽然也很想唱。没想到，我的变声期来得如此突然。从那以后，为了保护嗓子，不敢吃辣椒等一切刺激性的食物，也很少唱歌，后来两年索性一声不唱。想唱歌的时候就吹口哨，我的口哨吹得很好。我也从一个开朗活泼的小男孩，成长为一个有些羞涩忧郁的少年了。

小伙伴

我小时候活泼开朗，爱主动向人问好，主动和人说话。有一个玩得好的小伙伴叫刘金柱，不知道为什么别人都叫他爸“大酱”。有一次我俩跑到场院玩，有个叫小安子的青年走过来逗我们，问：“你们姓什么？”我说：“我姓司。”“那你呢？你姓什么？”小安子问金柱。金柱瘪瘪嘴说“我不知道”，我抢着说“他姓酱”，他说“不是，我姓刘”。我说：“你爸不是叫大酱吗？你就是姓酱。”后来回家问我妈才知道，他确是姓刘，因为他爸做事黏糊，人家给他起了外号叫“大酱”。上学后才知道，他和我同桌唐鸿的妈妈是兄妹俩。

一年级班长叫杜海华，他爷爷和我爸比较讲得来，杜海华从小没了妈，他继母一直没生小孩，对他挺好的。他每次都考第一名，也比较有管理能力。后来他到上海开了一家公司，娶了上海媳妇，生了女儿。2009 年，我们公司在上海开年会，我去看他，感觉样子变了很多。小时候总戴个帽子，毕竟十六年没见，能认出来就不错了。

还有一个男孩跟我玩得好，叫张荣山。其实我俩不是同学，他比我低两到三个年级。他家住在后面几排房，我家住在最前面，不知怎么就玩到一块去了。冬天寒假，他常来我家玩。去年才跟他联系上，现在十五连包地。

还有一群后排房的小伙伴，有个叫罗怀东的比我们小，后来去四川当老师教电脑。我走后，他说记得前排有个小哥哥经常玩的，怎么就不见了。

那时候总跟唐家平分到一起做值日，冬天刚蒙蒙亮，值日生就得赶到班级，开门，生炉子。挂在门外的黑色大锁头，每天都不好开，七八岁小孩个子不够高，力气又小。我们俩换着开，戴手套不方便就脱掉。一会儿手冻僵了，再戴上手套，还开不开，他就往锁头上哈热气，好几次舌头粘在上面。我在旁边帮他吹，拽下来的时候，舌头被撕掉了一层皮。炉子也不好点，在家里从来没生过炉子，学校每个男同学都要干这些活。

唐鸿跟我从小学一年级就同桌，一直到四年级。她总是剪娃娃头，大大的眼睛，长长的睫毛。她妈经常给她打扮得像个洋娃娃，娇滴滴的，爱哭鼻子，学习成绩也一般。老师对我俩评价一样，比较听话，脑袋没开窍。换句话说就是不给老师添麻烦，但是脑袋挺笨。晚上我常和张玲玲到她家复习功课，有一次她妈妈问了一个问题："千万后面是什么？"我们说是"亿"，她妈说"那万万和亿是什么关系？"我们答不上来。

到分场都在五年级二班，但不同桌了。那年冬天，大雪纷飞，把从分场回十三连的路埋没了，没法骑车。我和唐鸿结伴走路回家，一路谈天说地，不知不觉快到连队路口的时候，一辆农用车从后面驶来，拉了一车学生，原来是她爸开的车。每逢下大雪，连队都会有车去分场接学生。

初中有一年冬天，唐鸿家一只老山羊生了四只小羊羔，她送了一只给我。我用棉帽子把小羊羔抱回家，喂牛奶给它喝，晚上冷了它就睡在烧炉子的灰道里，白天就跟着人"咩咩"叫，跟进跟出很可爱。由于喝牛奶，小羊羔有点拉肚子，我有点紧张，同学李海英的爸爸是兽医，就叫她帮忙开了点止泻药。由于没讲清楚是多大的羊,用药剂量可能太大了,放学回家,我妈说“小羊吃了药死了”,我听了非常伤心。

唐鸿跟父母去了双鸭山,开始还有书信往来,后来就没联系了。朋友就是这样,日子久了,彼此的生活环境不同了,身边的朋友不同了,就渐渐疏远了。但生命的旅程中,偶尔还会在不经意间,想起曾经熟悉的伙伴。

小学六年级我们二班解散了,我被分到一班,又和原来连队同学刘常勤、姜萍分到一个班。

刘常勤一年级就和我同学,每次能考第二名,成绩一直不错,就是有鼻炎,老是不舒服。后来初中三年我们一直同学,有次她骑车带她哥哥家女儿,我骑车带萌萌一起到团部赶集,买完东西后,我们来到新开的一家蛋卷冰激凌店。以前都是吃冰棍,没见过冰激凌,吃到最后蛋卷有点碎了,我说:“坏了,壳要掉了。”她说:“那壳能吃,是鸡蛋做的。”让她看了我的笑话。

姜萍个子高高的,人也长得漂亮,两条辫子盘在头顶,系两个绿色小圆球。

我们三个放学经常一起回家,骑自行车一路说笑,春天停下来摘榆钱,夏天采路边的野玫瑰。姜萍妈妈一直以她们几个姐妹为骄傲,说她们是仙女下凡。她爸爸是我们连队的医生,跟我爸爸也讲得来。初中毕业前夕,她家搬到一分场,此后一直没见面。后来她从南美洲厄瓜多尔打来电话,说嫁了参赞的儿子,在那边做点生意,生了女儿,她妈妈在国内帮着带,她弟弟姜华也去了那里。

每年六一运动会,学校都组织鼓号队,男生吹小号,女生打腰鼓,穿统一制服。尤其在最前面当指挥的,简直帅呆了。我当时多么希望能成为一名小号手啊,班里刘常勤和张健军被选中进入鼓号队,我很羡慕他们。

初中同桌高世国,学习非常好,总是前几名,说话有点小结巴,小小年纪头发就白了很多,叫少白头。他家兄弟姐妹也很多,他也是最小的,人称高小六。他身上那股不服输的劲儿是我没有的,至少那时是这样。至于以后个人发展得怎么样,则跟机遇有关。

每年九月份秋季入学,学校都组织秋收劳动,一干就是半个月。农场孩子都是这样,城里孩子开学军训一星期都觉得累,我们十二三岁就开始体会农民的辛苦。

早上骑自行车从连队到分场学校集合, 然后被安排站在农用车敞篷后箱里,送到各个连队。我是文艺委员,一路上带着同学们放声高歌,都是唱些《我们是共产主义接班人》这样鼓舞士气的歌。

每人从家里自备一把镰刀和一副手套,帮农户割豆子,为学校赚钱,我们的教具都靠这些钱买。我和高世国经常被分到一组,那组我干得最慢,经常都是他们干完了帮我。我们一起到当地老乡家讨水喝,分吃从家里带来的已经凉冰冰的饭菜。地里吃饭特别香,有时雇主会给我们每人一瓶"橘香露"。吃完午饭,稍事休息,又继续干活。傍晚,夕阳西下,拖着疲惫的身体,又爬上高高的农用车后箱, 每个人脸上手上不同程度地被豆秸划出了血痕,稚嫩的手上磨起了一个个水泡。第二天一早,又重复着同样的事情。半个月下来,个个被晒得黑黝黝的,水泡变成了老茧,身体比以前健壮了,可能也增加了一些吃苦耐劳的精神。

后来我去鹤岗上学,到广州工作,高世国在二九〇气象台,我爸说每到快过年他都问:"司伟奇回不回来?"我回去他来看过我,彼此还通信通电话。再后来听说他也去了广东发展,可惜那时手机还没普及,我后来换工作联系方式也变了,也就失去了联系。

还有个同学叫大鼻子三连长,他的鼻子特别大,反正我爸是这样叫他的。初三时候常一起回家,他带我到连队后排房玩,那里有一片树林,树上吊着沙袋,练拳击。我到长发农村我小哥朋友那里要了一只小黑狗，三连长听说了，跑到我家愣跟我妈要走了。我妈本来就不同意我养，嫌狗招跳蚤。

初中有时也爱恶作剧，我们班有个二十连的女生叫李爽石，她爸是上海知青，总爱跟老师打小报告。有次她向老师告我状，为了报复她，中午趁她不在，我在她椅子上滴上了糖。还有个同桌叫李霞，十七连的，我们整天为鸡毛蒜皮的小事吵个不停，有两次气得我使劲拍她的鸭毛椅垫，两次都有针扎进我手掌里，从那以后我再也不敢拍她椅垫了，谁知道里面还有多少根针。我也纳闷，椅垫里怎么会有针呢？怎么不会扎她呢！

体育委员是十四连孙成江，唱歌也很好听。小学五年级“六一”汇演，他也独唱了两首歌曲，好像他没有我变声期来得那么明显。后来通过姜萍我们才联系上。周兆云挺单纯，有时敢跟老师对着干，我挺佩服他，就这样有时还受欺负呢！现在深圳，我们还有联系。

我小哥有个朋友叫李得瑟，这是他的外号，他老婆叫孙胖子，他们经常吵架。他们有个女儿叫小英英，圆圆的脸大大的眼，很可爱，就是学习成绩一点都不好。我在分场都是骑车带她去上学，有时候我受了委屈就拿她出气，现在想想真不应该。有一年冬天，他们突然回老家了，不知什么原因，后来听说计划生育工作组去抓他们了。他老婆回来，说是个男孩，活生生做掉了，边说边掉眼泪，都快生了。他们家原来养牛，好像把牛都卖了，又搞得满城风雨，很没面子。回来后我又继续接送小英英上学。

连里上学的孩子挺多，父母都忙着干农活，没时间接送，学校又挺远，我们高年级的顺便带去上学，也不是什么难事。看我空出来了，后面李某某的二儿媳妇马上到我家，热情跟我妈套近乎，说让我接送她儿子上学，又拿着布料给我做裤子。其实不必这样我也会帮这个忙。后来英英回来了，我继续带英英，她的态度就不一样了。但之前我妈已经跟她说过，只要英英回来我还要带英英。不一定闭塞的地方民风就一定纯朴。

老妈老爸

上学前我经常去连队学校玩，那些老师都对我很好，经常叫我拿妈妈做的四川咸菜给她们吃。提起我妈腌的咸菜，那叫一个好吃。每年秋天，卷心菜收获后，她就把一个卷心菜切成四块，挂在晒衣绳上，晾干大部分水分，然后搓上盐和辣椒，密封在小坛子里。等到一个多月时间，打开坛子口，一股浓香扑鼻而来。左邻右舍，连学校老师都传开了，都想知道有多好吃。姐姐上大学后，每年回家都带一大瓶子。现在大姐小姐也会腌这种咸菜。这种方法腌萝卜干，也一样好吃。

每年秋天，除了四川咸菜，还要腌很多水咸菜，腌咸鸭蛋，积酸菜什么的。开春没菜吃，水咸菜炒鸡蛋也特别好吃。

每年开春，我妈都要做一缸黄豆酱。夏天我放假在家，就让我看着，她下地干活，下雨要马上盖上，淋了雨就会生蛆。夏天雨来得很急，经常着急忙慌地收衣服盖酱缸。

有时候我妈还自己磨豆子做豆腐，我帮她推磨。做豆腐剩下的豆渣，可以和野菜或萝卜一起做成小豆腐，每次都做很多，几顿也吃不完。她还烙山东大煎饼，每次都东家西家给点尝尝。

小时候，我每年最期待过年炸油条、炸麻花、炸翻花，这些都是我爱吃的。

有一年，老母鸡抱窝了，我妈专门准备了一个大筐，里面放上草，然后选鸡蛋、换鸡蛋。她平时就注意谁家有好的母鸡和公鸡，总挑自家大个的鸡蛋，用篮子装着去和人家换，也是优生优育吧！我同学外号叫“三连长”，家里有几只“红罗丝鸡”，那年在他家换蛋孵出的小鸡，个个黄黄红红的，很讨人喜欢，我妈格外开心。

她对那些即将孵出小鸡的蛋珍爱有加，每天几次去翻弄，以保持温度均匀，还不时在眼睛上测一测。有时，她自己也人工孵小鸭和小鹅。后来她自己人工孵的蛋，出雏率已经很高了，跟老母鸡孵的差不多。耐心等待二十一天，小鸡一只只破壳而出，她一个个拣出来放在纸箱里，晚上怕老母鸡压死小鸡，她成宿守着出小鸡。我第二天早上醒来，也会好奇地问出了多少只小鸡。有些小鸡在蛋里憋死了，或是其他原因没出来，就叫毛蛋，这时我和小侄女就有口福了。把这些蛋放在灶台下烧一烧，又香又富含蛋白质。

小鸡出完后，妈妈先放在炕上用一个席子围住，怕它们着凉。然后给它们吃泡过的小米，长大一些就放到外面去，老母鸡带着找虫子吃。我妈亲自搬着筐子，把它们放到树林里或草丛中，隔段时间就拿着盘子去唤来喂一喂。她把那些小鸡视如宝贝，每只都起了很好听的名字，每次喂的时候都要数一数，走丢一只就心疼得不得了。晚上再拿筐子把它们搬回家。

有一次，一窝小鸡走进了邻居家的菜园里，吃了人家打了农药的小菜，一连死了好几只，我妈生气地骂了很久。其实人家往自家菜园喷药没什么错，只是我妈太难过。每年从春天到秋天，都要孵三四窝小鸡，每次她都这样用心。

每年养那么多只鸡，主要是为了吃蛋，但往往到第二年春天，鸡瘟就开始蔓延。我妈到处打听，看有没有预防针，可是没有一次能躲过去。大批的鸡死于瘟疫，提着一筐筐死鸡把它们埋掉，就像孩子失去了心爱的玩具。或者那些鸡更像她的宠物，因为从小养到大已经有感情了，那些鸡已经很听她的话了，那些天我妈总是特别伤心。接下来这一年又会孵许多小鸡，又重复着同样的事情，这样年复一年养鸡已成为她生活的一部分，成了她的一种习惯。

针线活我妈也很在行，一到农闲，她就会按合适的鞋样给我们做鞋。全家人的棉衣棉裤，也都是她一针一线缝起。每次我在旁边，她就会让我帮她穿针线，因为她眼睛花了，看不清针眼。针穿不动布的时候，她就在头上磨一磨，说这样针上有点油就锋利了。

一针一线她都追求完美，针脚都要一样大小，不能有近有远，有大有小。缝的东西太厚，她右手中指的顶针就派上用场了，用顶针往前一顶，针就进去了。别人家办喜事，要做被子，也有叫她帮忙的。活计拿到家里来，两个老太太在炕上缝被子，唠些东家长西家短的事情。我多数都在写字台前写作业、看书或练字，有一搭没一搭地听着她们唠叨。

家里有台“燕”牌缝纫机，放在窗台前，我妈很爱惜，套一个很漂亮的罩子，上面又用一层硬塑料罩着。那个位置比较亮堂，我有时也在上面写作业，小孩子不免要写写画画的，塑料上画得满满的，下面那个罩子却依然很好。不由地用脚去蹬踏板，我妈见了总是要制止。

学校冬天离炉子远的位置很冷，椅子有时冰屁股。我妈用做衣服剩下的小花布，一块一块地拼起来，用缝纫机车成一个四方形，边上再镶上黑边，再用另一块布做底，形成一个口袋，里面放上棉花，就做成了一个椅垫。为了防止滑下来，在椅垫两头缝一个松紧带，套在椅子靠背上，就不会掉下来了。有了这样的椅垫，椅子就不那么冰了。一些简单的衣服我妈也会做，农闲时她经常坐在那台缝纫机前，戴着老花镜，拆了缝，缝了拆。

每年秋收过后，地里总有一些倒伏的大豆，也有漏掉的玉米，连里好多人都去捡玉米喂鸡，拾豆子榨油。我妈从来不落下，赶上周六周日，我放假在家写完作业，也跟她一块去，帮她打打下手。第一场雪后，就不能捡了。

连队有家属排，也是下地干活挣工分，她也尽量不落下。她手脚麻利，干活挺快。有一次很多家属到地里干活，坐着农用车翻到水利沟里，有的被扣在车厢里，有的被甩了出去，也有被车厢压到的。那次把我们吓坏了。还好，我妈被扣在车厢里没受什么伤，只是受了不小的惊吓。最惨就是被车厢压到的，在家躺了很久，也不知给人家补偿没有。

后来给家属转职工，好像根据1967年至1969年出工的天数来算。那段时间我妈刚好生我小姐，耽误了一些工，没转上。这对一贯要强的她来说，是个不小的打击，这是她一生中非常遗憾的一件事情。相比较每月那份微薄的工资来说，我想她更渴望得到别人的承认，我小姐在工作方面就继承了她要强的性格。

萌萌是我侄女，大哥留下房子及所有财产带她走出来，由于忙工作，我妈就担负起照顾孩子的重担。她对这个孙女最是疼爱。小时候她长得很瘦，一双黑黑的大眼睛，皮肤也有点黑，很帅气，像个小男孩。女孩都希望自己白一点，我妈皮肤很白很光滑，她常天真地跟我妈说，长大后让我妈帮她植皮。她来家后，我只能把特权让给她了，菜里的肉我也都挑给她吃。她爱吃米饭，我妈有时专门给她蒸一小盆。没菜的时候，专门给她蒸鸡蛋。吃鱼总是把刺弄干净，再给她吃。

夏天，天气热了，经常有人来卖冰棍，自行车驮个泡沫塑料箱，不断地吆喝"冰棍"、"雪糕"。这时萌萌就经不住诱惑了，来一个就要吃一根，有时一天来好几个，非得我爸严厉制止才肯罢休。小孩怎么都这么喜欢吃冰呢！

有一次，她掀开孵小鸡的筐子，把正在孵小鸡的老母鸡吓跑了，丢了。只有我和她在家，我紧张地带着她到处找，生气地边骂她边走，还打了她屁股两下，刚好被从地里收东西回来的妈妈看到。她上来就给了我一耳光，接着又想打，我躲开，刚好打在我肩膀上。这是我妈唯一打我的一次。

萌萌特别喜欢吃我妈蒸的油花卷，而我妈不经常做，可能是因为太费油舍不得。每次做白花卷，我妈都在上面放一颗大红枣。有一天萌萌从外面回来，开门看我妈正在烧火，就说："奶奶你又蒸油花卷了，我都闻到香味了！"我妈惭愧地说："奶奶没蒸油花卷啊，蒸的是白花卷！"没过几天，我妈就给她蒸了一锅油花卷，她吃着可香了！

小时候萌萌特别喜欢唱歌跳舞，她有个裙裤，经常套在头上做造型，又唱又跳。那时候流行《黄土高坡》、《少年壮志不言愁》，她经常在炕头上，头上系个红纱巾，手里拿个小手电当麦克风，表演给我们看。

家里有一本厚厚的泛黄的老歌本，里面都是革命歌曲，高兴时爸爸就拿出来，坐在院子里的小板凳上唱几首。我也跟着唱，我们兄弟喜欢唱歌可能也是受他影响。有时候，他还会唱点京剧、豫剧、评剧、黄梅戏。家里有个二胡挂在墙上，农闲或冬天，他有时就拿下来拉一段，虽然不算动听，但也自得其乐。他总说我是洋娃娃，标准小伙，谁的孩子谁爱呀！可能因为我是家里最小的孩子，他比较宠，对我的学习也抓得不那么紧，所以我一直都在中游晃荡。我学习的台灯是他用车灯罩做的，陪伴了我整个小学和初中时光。冬天有时候值夜班，早上回来，他兜里会揣一把烤好的黄豆给我，去赶集也忘不了带点好吃的回来。他不轻易发脾气，但一发就是大脾气，我们都怕他。

房前菜园地，每到开春，我爸就用铁锹翻一遍，种上西红柿、豆角、茄子、辣椒、大蒜等。每年他都会给我留出一小块种"黄菇娘"，果皮放在嘴里可以裹出"咕呱"声的一种植物，果实黄色，很甜。我会在旁边种一些小花，每天傍晚在菜园里边背书边看着种子发芽、开花、结果。第一根黄瓜，第一个西红柿，我都很注意，每天都要看看长了多少，还有几天可以摘下来吃。看着西红柿慢慢长大变红，和邻居的小伙伴比谁家的先熟。

房后种果树，只能种"沙果"树，应该是那种海棠树，果实小小的，酸酸的。还有山丁子树，果实更小更酸。那时想着要是家里能长苹果树、梨树就好了，东北气候太冷，长不了这些树。有几棵樱桃树，每年春天开一树特别漂亮的花，果子也结满树枝。樱桃是最早熟的水果，成熟的樱桃把整个树枝都覆盖了，红红的，晶莹剔透。

每年能吃上新鲜蔬菜的时间,只有短短三个月,秋天一来,菜茎很快就会变黄,不再有果实了。秋天连里分大白菜、土豆和萝卜,家家户户都有菜窖,屋里一个屋外一个。外面的菜窖很深,冬天室外零下三十多度,菜窖里却能保持零上几度,菜放在里面基本不会冻坏。秋天把大白菜、萝卜、土豆放在外面菜窖里,冬天吃完家里的就下去拿,一般是爸爸下去拿好了放在筐里,我在上面用绳子拉上来。

亲哥亲姐

我在家里最小,我出生那年,大哥大姐就参加了工作,三四岁时二哥也工作了,七八岁小哥也下来干活了。我只和小姐有同时上学的交集。

一直以来,我都以为我妈更喜欢小姐。小姐学习成绩特别好,在我大哥(那时他是她的老师)帮助下,她从二年级跳到四年级,学习成绩还是名列前茅。在我看来,她简直是个天才,上高中每次周末回家就睡觉还能考第一。我学习总是中游水平,全班五个同学我考第三名,全班三十个同学我考十多名,这方面我从来没给家里争过光。可能这就是我妈特别喜欢小姐的原因吧,因为她总能考第一名。

小姐总是觉得我很笨,每次给我讲题一点耐心也没有,冲我大吼大叫的。有一次,我妈说:“不愿意教你就别教了,别老是哈答他。”

小姐学习好远近闻名, 我们班女生常夸她美貌与智慧兼得。身高一六八,皮肤白皙,不长任何斑点,一头自来黄褐色的长发(那时还没有焗油),那些小女生都很羡慕。那些同学现在谈起小姐来,还是赞不绝口,说当年是她们的偶像。有一个寒假,跟我一起参加歌唱比赛的高中女生,特地跑到我家跟小姐“取经”。因为小姐上高中,常常把第二名落下几十分,那些男生都自愧不如。

小姐比我大六岁, 每年暑假都去地里挖野菜喂鸭子喂鹅,我挎着小竹篮跟在后面。十三连南面有个农村叫“长发”,我们就往那个方向一路走一路挖。苦苦芽、婆婆丁、荠菜,这些鸭子、鹅都很爱吃。邻居家养猪也挖“苋菜”和“车辙菜”,这两种比较多。每次出门都兴致很高,往回走的时候,小姐肩上扛着重重的小麻袋,我挎着小竹篮,两个都筋疲力尽。有次过水利沟,不小心有个小木棒直插到小姐脚踝上方的骨头上,化脓了,好些日子才好。

有一年冬天,小姐上大学放寒假回家,快过年的时候,和我妈躲在小屋里不知干什么,有说有笑的。我特别粘小姐,她到哪我就跟到哪。推门一看,面前摆着一盆香喷喷的鸡肉,我妈在拆,小姐正啃鸡翅呢! 我妈心疼女儿,在外面上学,一年也见不着几天,回来好好犒劳一下。我说“你在偷吃好吃的!妈你真偏心”,我只是开玩笑。家里每次吃鸡,翅膀总是留给小姐,说是让她会梳头,她也是飞得最远的。小哥最喜欢啃鸡爪,我们常常笑话他鸡爪吃多了,在二九〇种了多年地。

小哥小姐总吵架,已经不记得为什么吵了,每次我两个都帮,谁也不得罪,小姐就说我是两面派。他俩都有诨名,不说了,很难听的!

卧蚕眉,丹凤眼,这是我爸经常用来形容小哥的话。他还长着一脸络腮胡子,从我记事起,就看他总拿着线一遍遍地铰脸,或者拿个小夹子夹胡子。可能是青春期的羞涩,不想让脸上长出毛茸茸的胡须。

小哥在家里学习成绩最差,上到初二就不愿再读下去,我爸说是经常换老师害了他。他成了第一代待业青年。他篮球打得很好,而且会唱歌。在十三连住宿舍,常常可以听到他悠扬的歌声和竹笛声。他是连队文艺骨干,那次分场汇演,他代表十三连参加。篮球场上常常见到他的身影,是主力队员,经常骂其他人打得不好。他总憧憬能再长高几公分,好在篮球场上更有威力。

小哥有些叛逆,大喇叭裤,长头发,不爱读书。因为这些,爸爸经常骂他。他很能吃苦耐劳。东北冬天十分冷,有时寒风凛冽,有时大雪飞扬,一个人骑车都喘不过气来。小姐上高中那三年,多次都是他骑自行车带着来回。顺风时还好,若是碰上逆风,再赶上上坡路段,简直步履艰难。小哥半点怨言没有。

小哥还很幽默,我在家里最小,菜里有肉都挑给我吃,我问:“你们怎么不吃肉呢?”小哥说:“我们没长吃肉的牙!”

我爸当兵出身,家里四兄弟没一个参军,这是小哥比较遗憾的事情。

实行土地承包制,小哥和老爸承包了一片地,那年赚了一些钱。后来小哥被二哥调到五十二连开车,从此生活进入了比较自信和光明的阶段,后来还当过机务副连长。

1980 年初,冬天快过春节的时候,大哥从鹤岗回来,提议六个兄弟姐妹去集贤照相。三个哥哥骑车分别带着大姐、小姐和我。天气很冷,个个穿着棉衣棉裤棉鞋,我的脚还被冻僵了。一路我非常兴奋,他们三个都汗流浃背。到了照相馆,大家很开心,尤其是我,第一次照相更高兴。我被安排左一张右一张的,照了好几张,还有了我特别满意的“明星照”。大哥、二哥也都单独照了一张,只有小哥没有单人照,主要是因为没有合适他的衣服,这件事他至今耿耿于怀。

照片取回来后,我妈拿着到邻居家四处发,现在那些老邻居有很多家都有我们当年的照片!其实大姐照的也不多,但她没像小哥那样耿耿于怀,可能跟个人性格有关系。

我小时候大姐在二分场中学教书,每星期或者更长时间才回来一次。每次回来我都给她擦皮鞋,她就给我一角两角的,我就把钱攒起来。

其实我不需要钱花,但就是喜欢自己赚钱,有成就感。我有个小木盒,专门放一分两分的硬币,最后攒了满满一小盒。初中时,暑假我也想帮人摘黑加仑赚钱,摘了一天蚊子太多受不了,第二天就不去了。听邻居大叔说韭菜卖到农村能赚钱,我看家里菜园的韭菜长得挺好没人吃,就让他下次带上我。没几天,他又说韭菜太便宜,没人要了,我就没去成。

二哥所在的五十二连,是我几乎每年暑假寒假都会去度假的地方,留下了许多美好的童年回忆。

1984年夏,三年级结业放暑假,二哥从五十二连回家,第一次把我带去他们连队玩。一路上,二哥和张万哥哥开着收割机,给别人收小麦,中午人家管一顿饭,我吃得很香。第一次出门,充满了好奇和新鲜,虽然早上出门晚上才到,坐在高高的收割机上也不是很舒服,可我一点没觉得累。

二哥是机务副连长,住集体宿舍,吃食堂,晚上我和他睡一铺。食堂是栋很大的房子,有很多大圆桌子,我觉得食堂饭格外好吃。每天晚饭时间,是宿舍最热闹的时候,那些哥哥姐姐从地里干活回来,洗漱完后,三五成群有说有笑地往食堂走去。“司燕礼你弟弟来啦?”很多人都会这样问二哥,我也会很有礼貌地问人家好。二哥大我十三岁,从小就对我很好,听大人讲我刚出生时,连里有个叫王大个的女人没生小孩,我家孩子多,想抱我去养,二哥哭着说:“是要把那个小孩给人家吗?”我爸说:“不给,谁也不给呀!”他才收声。

宿舍前有一个个小花坛,盛开着不同颜色的太阳花,再往前是一片杨树林,通过树林就到了场院。白天二哥下地干活,我就和小朋友玩。有一个学习很好的女生,因为不愿意买学校统一的本夹子,被老师劝退,不知后来怎样了。

二哥处了女朋友,在食堂上班,就是我后来的二嫂。那年她给我做了一套漂亮衣服,白色上衣,淡蓝色裤子。有时我跟她去菜园除草、摘菜,她那些同事总喜欢逗我,说我是捡来的。傍晚二哥干活回来,吃完晚饭,他俩会一人牵着我的一只手,在路口走走。

时间过得真快,转眼快开学了,刚好有车去团部,二哥叫人把我送了回去。第一次暑假过得如此开心,我依依不舍地离开了五十二连,心里有一种莫名的失落。

第二年暑假我又去,十三连同学杨斌、杨毅家也搬到五十二连了。他俩是双胞胎,个子都挺高,但长得完全不像,性格也不一样。我和弟弟杨毅玩得好,杨毅学习一般,但篮球打得特别好。他家有一盆漂亮的黄月季花,我向他要了一根花枝,回家种在花盆里,也开出了漂亮的花朵。他俩带我去钓鱼,江面上开着小小的紫睡莲,岸上高高的芦苇正好遮挡太阳。我们还采了很多菱角。傍晚,带着劳动果实高高兴兴回到家,但菱角很多是没肉的。

我童年时代的两次游泳经历,都跟杨毅在一起,两次都差点淹死。一次是小学一年级,我跟杨毅到一个叫"水线里"的池塘,那天星期六,附近连队很多小孩都在那里玩水。我们也脱光衣服跳到水里,开始我只敢在岸边走走,看别人在水里自由地游来游去,很羡慕,于是也学他们的样子,脚刚离开地,身体就失去平衡,喝了好几口水。多亏本家侄孙辈司宏伟从远处游过来,把我救了上来。另一次在连队养鱼池,也犯了同样错误。我后来再也不敢轻易下水了。

农场没什么正规游泳池, 十四连通团部路上有一个大沙坑,平时有很多水,夏天很多小孩去那里游泳,由于水下地形复杂,每年都有人溺水身亡。离开农场后,听说有两个同学相继死在里头。

第三年二哥不让我去了, 因为我 1984、1985 年连去两年,走后都发洪水,把连队淹了,人都撤离了。第三年我没去,就没发洪水,真邪门! 那一年我是寒假去的。

后来小哥也去了五十二连,寒暑假我更是要去那了。暑假天晴,我就跟着他们在场院上翻晒小麦,很多哥哥姐姐一起,挺好玩的。下雨了,大家赶紧把小麦堆起来,盖上草帘子。我还跟二嫂去湿地割草，那些草长得一人多高，割下来捆成一捆捆，晒干后用麻绳打成草帘子，用来苫麦子，也有人用来苫仓房。

下雨天不用去场院，雨天不能晒麦子。五十二连后面有一块很大的森林，雨后会长出很多蘑菇，大腿蘑最多。男女老少很多人会在林子里碰上，也有约好一起去的。杨毅经常约我，后来小哥结婚了，也经常跟三嫂一起去。

落叶很厚，踩下去松软软的。仔细搜寻脚下每一寸土地，树叶上不时有水滴下来，还有很多蚊子趁机来叮咬，脸上手上到处是红红的包。

我们经常从一片林子扫荡到另一片林子，由于是真正的野生蘑菇，只要放点大蒜炒炒就很鲜美。听说大蒜可以解毒，如果不慎采了毒蘑菇，只要放大蒜炒，大蒜就会变黑，说明有毒不能吃。有一次我看到很漂亮的红色蘑菇，采回来，二嫂放大蒜炒没变黑，可还是不敢吃。喂给小鸭子吃了，也没事，后来我们也吃这种蘑菇了，只是味道不如大腿蘑好。

十三连右边邻居家小孩叫彭尚斌，跟我同年，也搬去了五分场。有一年寒假，我和三哥三嫂去同江赶集。冰雪覆盖着松花江，我第一次走在这么宽阔的江面上，有马拉着爬犁。忘记当时有没有坐车，只记得那天去了很多人，天很冷。到同江后，觉得终于到了“大城市”。街上那些商贩，穿着油光光的棉袄棉裤，戴着厚厚的狗皮帽子，手戴大棉手套，冻得直跺脚，嘴里不停地吆喝叫卖。商贩跟客人讨价还价，一点不含糊，让他少赚一毛钱都不容易。回来的时候，我们到五十四连稍作停留，去了彭尚斌家，没见到他。看见了他弟弟小勇，长大了，变样了，白白净净的，人也变羞涩了，见了生人腼腆地笑。

时间过得很快，转眼就到中考，紧张的初中三年就这样过去了。初中没有歌声的陪伴，学习也没见得比以前进步多少，相反，我觉得没有以前自信了。是学习方法没找对，还是自己不够努力呢？这三年我真的很努力，英语专门准备了一个小笔记本，把不会的单词、词组、句型记下来，反复记忆。每天回家第一件事就是写作业，这是我爸多年给我们养成的良好习惯。初三进步还是比较明显的，每次英语测验都在九十分以上。

我确实很努力，每次考试前都会着急上火，会口腔溃疡，那几天疼得吃不好睡不好。难道我的脑袋真很笨吗？智商真比哥哥姐姐差那么远吗？这些问题，一直困扰着我整个初中时光。无论我多么努力，都只能在中游徘徊。青春期我一点也不叛逆，只是有些忧郁，担心自己做不好，总怕别人关注自己，又怕别人忽视自己。就是这样的矛盾心理。

中考成绩并不理想，我又不想重读。成绩一出来，我觉得天都塌下来了。小小年纪，第一次感觉到沉重的压力，第一次认真地想自己的未来。躺在小屋炕上，想不出将来要怎么办，将来能干什么。我不想就此停下来，面朝黄土背朝天地种地、养牛，我没这样的体力，这也不是我想要的生活。

看着我如此消沉，我爸也没责怪，毕竟我真的努力了。为了中考，家里电视机都搬到了小屋。爸说："不行看看你大哥那能不能上学吧！"重大事情，关键时刻，还是要看大哥的。尽管大哥有时也发脾气得罪人，但他以他的思考、承担、作为和成就，给这个家及家庭成员带来的重要改变和深远影响，每个人都能体会到。

鹤岗求学

1990年8月，记事后第一次出二九〇，我爸带我挤上了开往鹤岗的长途汽车。

天气很热，有点兴奋，又有点茫然，也没心思欣赏窗外的景色，头晕晕的想睡觉。窗外有风吹来，很舒服。一路颠簸了四个多小时，我们在简易楼下车，大哥家就在附近。

吃过中饭，下午大哥就帮我联系了矿上的局中，挺不错的学校，可以住校。后来没搞成，我上了市二中，没地方住，只能住在大哥家。

大哥结婚没多久，大嫂人很好，在幼儿园当园长，是那种很豪爽又很善良的人，对人爱憎分明，喜欢不喜欢都写在脸上，家人说她是大老憨。对我的到来，大嫂没有半点不高兴，她常说“多一双筷子的事”。这让我一直很感动。

大嫂做饭很好吃，有一种扒皮鱼(马面鱼)，她常常把它做得像罐头一样，我特别喜欢吃鱼罐头。冬天她经常包包子。大米直接从农户家拉来，不像现在这么干净，经常有稻壳，每次吃饭我都很小心。大人说稻壳吃到肚子里会得阑尾炎，我很怕吃到。

每天早晚都是她做饭，夏天还好说，用电炒锅，冬天得生炉子，挺冷的。中午我从家里带饭盒。

快高考的时候，大嫂每天早上给我煮一锅银耳汤荷包蛋。我们相处得很好，像亲姐弟一样，有时候不敢跟大哥说的话，我会跟她说。在我人生观形成的时候，多少都会受她一些影响，相信世界上好人多，凡事往好的方面想，知足，乐观，大度。生活中遇到挫折，我总相信一切都会过去，换一种思路也许就会成功。顺利时我会感谢生活，这样压力再大也不会抑郁。

那时候我们过得挺艰苦，大哥好像工资经常拖着不发，我又在他家上学吃住，房子也是租的。春天时候家里没什么菜，大哥去菜市场跟商贩要那些摘下来的大头菜叶子，好像跟人家说是拿回去喂鸡的，我觉得也挺好吃的。偶尔买一次剔干净肉的大骨头(那个便宜)，回家熬汤就算是改善生活了。

有时候周末，我会跟他们去大嫂单位劈生炉子的木头，劈两麻袋，挤公交车回家。楼下有个煤棚子，装煤，也放木柴。楼上住着一个一直没结婚的阿姨，应该有五六十岁了，如碰巧看到她用小皮桶拎煤上楼，我都会主动帮忙。毕竟人家年纪大了，又没儿女，她对我印象特别好。

我习惯在阳台上看书,对面是一条斜坡路,整天人来人往,吆喝叫卖的。有次一把雨伞坏了,碰巧一个温州人来修伞,我把伞给了他,钱也付了。过了好一阵子,我已经把修伞的事忘了,一天早上有人敲门,开门一看,原来是那个修伞的。他说来过几次,都没找到我,温州人还真是讲信用,他们做生意成功,的确有道理。

那间挨着阳台的小屋,是我度过三年高中时光的卧室兼书房,一张写字台,一盏台灯,二哥给我学英语的一台双卡录音机。

有蔓如那年,大哥分到一套两居室,八楼,我们搬过去没多久,大哥就去广东了,我和大嫂带着蔓如一起住。白天大嫂她妈帮着带蔓如,我有时间就帮着送过去,用一个背带背着,有人说我是一个小孩背着另一个小孩。有天我休息,在外婆家帮着带蔓如,她一个人在炕上玩,我在旁边唱歌。听她大哭一声没动静了,回头一看,她趴在炕上睡着了。

蔓如小时候就很懂事,很乖,外婆干活,把她放在洗衣机里站着,她就在里面玩自己的,时间长了喊她一声,她就答应一声。大嫂有时烦了打她,外婆总说她是一流的孩子,护着她。

每逢周六周日,蔓如外婆就会叫我们去吃好吃的,我特别喜欢她家的饭,大鱼大肉的。每次去都是改善伙食,她自己不吃鸡,却做得格外好吃。有时包了荠菜馅的包子,会送好多给我们。直到现在,还是很怀念那段时光。

外婆个子高高的,背已经驼了,如果不驼背,可能有一七四。说话声音洪亮,常常听到她爽朗的笑声,最爱唱的一首歌是《一无所有》。蔓如外公是个很和蔼的人,在电视台上班,好像从不发脾气,很爱开玩笑。朱经纬是朱家大哥的小孩,被奶奶养得肥头大耳,总跟在我屁股后面小叔小叔地叫着。前些年回去,见他一米八几的个子,还是胖胖的,已结婚,也有胖儿子了。

赶上周六周日,朱家大哥、二姐、小姐他们几家人回来一起打麻将,包饺子,喝酒聊天。一家人围坐在一起,其乐融融。

1990年春,二哥先我之前也到鹤岗工作,开始住大哥家,后来租了房子,在团结桥下面煤渣堆旁边一排平房里。白天晚上都经常有火车经过,很吵,尤其大风一刮,四外尘土飞扬,很脏。二哥女儿雯雯还小,才上幼儿园,二嫂也没工作。他们搬了几次家,住得条件都不好,上厕所要不在家里找个桶,要不就走出去很远。后来单位终于分了一套房子,算是稳定下来,离我们学校也比较近。我有时中午去他家吃饭,经常在一家馒头店买馒头,有时跟二哥一块去接雯雯放学。雯雯从小是远视眼,小小年纪就戴着厚厚的校正眼镜,跟我一样,是那种学习很努力,但效果不明显的小孩。

二哥人缘很好,做人很仗义,有很多朋友,连二九〇开大客的都是他朋友,经常约去家里吃饭。有时候回二九〇,坐他们的车也不用买票。二哥酒量一般,相比我们哥四个,他算好一点。不知是工作需要还是他做人的原因,动不动就喝得醉醺醺的,脸红红地回家。东北地域酒文化,不能说好说坏,反正他是在这上面吃了亏。

刚上高一,由于已经开学好几天我才去报名,所以只能找个后排位置坐下来。第一篇作文在大哥的帮助下,我写的是《实践出真知》,写第一个吃螃蟹的事,得到了老师的肯定,在全班当范文念了,而且还把我调到了比较靠前的位置。班主任老师夸我内秀,从此同学们给我起了个日本名字,叫“司奇内秀”。

我结识了一个好朋友,叫于纯征,他个子高高的,不爱学习,爱打篮球爱养鱼。他家有个亲戚在台湾,他的衣服都是亲戚从台湾带来的,那时候他就总穿圆角的格子衬衫。他家有两套房子,他单独住一套。我去他那住过几天,炕上放了个大木槽子,里面铺着厚厚的塑料膜,装着水,养了很多金鱼。还有个大鱼缸,里面也养着很多漂亮的热带鱼。他说那是他结婚用的房子。他妈是个挺厉害的人,看得出来,他家他妈说了算。他爸爸是个老实人,话不多,总爱发牢骚,不停地抽烟。

我们只是高一同学,我在最前排他在最后排,中午凑在一起吃饭,下课一块打篮球。高二分文理班,我选择了文科班,他选择了理科班。高一暑假,我们一起去煤海公园照相,至今还留在我的相册里。

高一班长郭蕊,特别会朗读课文,会演讲。从农场出来,不知道什么叫演讲,第一次开班会,只见她在上面,声音洪亮,眉飞色舞,像表演一样,我被她深深折服,口才真好!每次班会晚会都是她主持,她后来去电台当了主持人。我连念课文都结结巴巴,有时候在家里,也学着她的语气,对着镜子大声朗诵。

高一上半学期,班里有个女生,成天像假小子,短头发,球鞋,衣服除了灰色就是黑色,而且都是男款。可是下学期整个人就变了,爱穿裙子爱化妆,爱抄爱背席慕蓉、汪国真的诗,有事没事写首小诗。我跟她坐得很近,受她影响,也准备了一个笔记本,专门摘抄自己喜欢的诗。有时也用一堆华丽的辞藻堆砌成诗,跟她交流。

有个农村同学叫闫军旺,经常逃课看录像,我跟他去看了一次,怕家人知道,心里慌慌的。事后也不敢跟家里人说,那是唯一的一次逃课。后来同学一起去他家玩过一次。他跟我们班学美术的刘爱华恋爱结婚了。

高二进入文科班,第一次月考我第四名。分析了考试成绩,我变得对自己有信心了,因为数学和英语我是最高分。经过努力,期末考试我得了全班第一名。为能更好地提高学习成绩,那个寒假,大哥给我联系了矿务局中学补习班。局中是矿务局重点校,寒假有补习,学习气氛就是不一样,同学们积极性都很高,老师教的也确实好些。文科班坐得满满的,一个班六十多人,一些调皮不爱学的,都坐在后面。

高二班里有好几个同学学美术，每次开班会，他们都用艺术字写板书，洋洋洒洒非常漂亮。画画最好的是王显翱，他还学书法。我跟他去过他学画的画室，里面摆着各种石膏像和瓶子，在他影响下，我们全班掀起了练字热潮。教导主任对他也非常偏爱。有个女生叫查斌，尖尖的下巴，剪一个蘑菇头，走起路来身体特别直，经常穿一件长长的黑色皮衣，特有气质的样子，她说她从上学开始就背着画夹子到处学画。她同桌侯友花，睫毛长长的，大大的眼睛会说话，头发长长的，经常扎一个大辫子。我们临桌坐着，经常一起探讨学习上的问题，临毕业送了我一个手帕，上面写满了临别赠言。她是一个多愁善感的人，有点不自信。

高二班主任是女的，教历史，还没结婚，后来因为要调别的城市工作，叫我们全班同学去她家吃饭。那天包饺子，几十人，好不热闹。同学们喝了酒，老师也喝了酒，说到要离开，她伤心地落下眼泪。全班同学画了一张地图，在上面画上一颗颗爱心，写下自己的名字，送给老师，我想可能她会珍藏一辈子。

换了第二个班主任闫老师，戴一副眼镜，扎一个烫过的马尾，教我们数学，对我格外好，说我长得像她弟弟。她的课我也特别认真听，所以我的数学成绩在班里一直都挺好。她特别注重班级团结，那年冬天足球比赛，所有人都没看上我们班，她充分调动每个队员的积极性，最终我们取得了全校第二名的好成绩。

大概是刚上高三的秋天，闫老师组织我们全班同学去爬山。山上的树叶都开始由绿转黄，红红的枫叶很漂亮。高中时代难得的一次野外放松，全班同学都很开心。我们在山上照了很多合影，三五成群，有说有笑，谈理想，谈未来。每个人都捡了很多漂亮的落叶，我至今还留了几片夹在相册里。兄弟班级都很羡慕我们，回来后我们还开了一个主题班会，畅想明天畅想未来。

学校秋季运动会走方队，我们班要求穿西装扎红领带。我忘记跟谁借的衣服了，只记得那时只有中山装，大哥二哥给的，我很喜欢。二哥给我的假领子(只有领没有身)穿在里面,不知道的还以为我每天都换衬衫,实际脏了就只洗领子不用洗大件衣服。

我们班还有两个校花,左丽霞和孙冬。她俩都很漂亮,有时穿一样的衣服,梳一样的头发,还在一起学舞蹈。每次开班会或者文艺汇演,她俩都会上台表演,经常跳《英雄赞歌》。有一次周一升国旗,老师让她俩当护旗手,险些把国旗装倒了。

高二我把“锁上”的嗓子重新打开,那时有了自己的偶像,特别喜欢解小东,模仿他唱歌。那时流行《奥林匹克风》。每天放学的时候,我也会大声唱王杰的《回家》。整天快乐地歌唱,有时也会吵到别人。每月我一定要花一块钱买《通俗歌曲》、《流行歌曲》两本书,从里面了解明星的新闻,学一些新歌。肖晶,回族,是我们班个子最高的女生,大眼睛。我总觉得女生只要眼睛大就漂亮。她是学声乐的,每个月也买这两本书,不过后来她没考音乐学院,在一个商场卖东西,后来听说真的到哪里去唱歌了。

班里有个男生叫罗欢,一头自然卷发,每天都穿得很整洁,他也喜欢唱歌,那时就喜欢听“唐朝”、“黑豹”之类的摇滚乐。他家有很多磁带,听说毕业后到北京歌厅去发展了。

春节联欢会是每年都要举行的,临近联欢会的时候,我们都会买彩纸剪纸花。马洪峰还跟他朋友借来了彩灯,把整个教室装点得格外有节日气氛。班干部准备了小礼物,给猜谜猜对的同学。我们还一起做游戏踩气球,玩成语接龙,接不上来的就罚表演节目。

高二下半学期,理科班转来了高金波、王在民两个同学。高金波分到和我同桌,他学习成绩很好,特别羡慕我有几个好哥哥。

高金波考上了克山师专,分在市十五中教语文。他把学生叫做瓜,说自己是瓜农。我去广东做会计时还有联系,后来出来跑业务,好长一段时间没联系。有一天我突然想同学了,发现原来的单位电话都变成个人了,联系了几次都找不到他们。我想,高金波在十五中教学,应该不会那么容易变动,就寄了一封快递给他。没写别的,只写了我的电话号码。他真收到了,给我回了电话,通过他又联系上了于纯征他们。

"一二·九"学校组织汇演,我的表演欲望又来了,当时只想上台表现一下,觉得也不会耽误太多时间,而且也确实没怎么排练,就是借衣服花了不少工夫。那年特别流行俄罗斯礼帽,连说相声的都戴着礼帽上台,想想我当时就不应该戴帽子上去。

紧张的高三生活过得很快,天气很热,我总在脖子上系一条手绢,别人问我热不热,我说出汗太多了。现在想想都觉得滑稽。为了打起精神多点时间学习,我想了不少主意,买水果糖嚼,累了用冷水洗脸。学校组织包场看电影,我们班有一个名额可以不去看,老师让我组织抓阄,我耍小聪明抓到不用去的名额,在班里学习。

高考后,大哥找当地群众艺术馆老师教我学声乐。第一次跟钢琴吊嗓子,有时音还唱不准,一起去学唱歌的好多同学,在我看来已经美声唱得很好了。虽然没学多久,但我觉得通过学习声乐,不但可以找到科学的发声位置,更重要的是提高修养和欣赏水平,自己也喜欢听美声歌曲了。后来又跟大哥的朋友学了一阵子唱歌。大哥去广东时,把我的照片和唱歌小样带去新时代影音公司,虽然石沉大海,但他说他有这样一个梦。

高考上了大专,入学已是秋天,小姐给我买了件很漂亮的毛衣,整个大学期间,只要天气合适我就穿着。坐在身后的女生叫晓峰,后来我们熟了,她说那时候总想看看这个穿花毛衣的男生长得什么样。

刚入学没多久,学校组织了卡拉 OK 大赛,我当然又参加,唱《今天是你的生日》。我把整盘磁带都录满了同一首歌,反复不停地听。早上起来听,晚上回来听,听了有一个月。大嫂听烦了,说你们怎么还不比赛啊,也好让董文华休息休息!那次比赛我得了第一名，还当上了校广播站播音员。

有个女生搬来跟我一起坐，频频向我示好，买瓜子和我分享，不知从哪帮我借了把吉他。我当时一点也没往那方面想，而且大嫂一直警告我不准谈恋爱，说我要是找对象就不能去广东发展了。那女生不准别的女生多跟我说一句话，谁要是跟我走得近了，她就有话说了，搞得班里女生都怕她。有一个冬天下大雪，我好心送隔壁班女生回家，引起了人家的误会，还以为我看上她了呢。同学告诉我，我同桌跟那个女生吵了一架。后来那女生托人来问我怎么想的，我说我没怎么想，我也不想把本来不复杂的关系搞得那么复杂。同学中也有谈恋爱的，毕竟都是情窦初开的少男少女，但后来没一对成功。

毕业前的那个寒假晚会后，班里举行了聚餐，很多同学喝了很多酒。有个男生叫李明佳，也是从农场来的，他爸爸是干部，平时没事也喜欢弹吉他，学校排球比赛，他是主裁判。那天他和另一个男同学喝得钻到桌子底下了，不知道是因为毕业了心情不好，还是别的什么原因。

大嫂她们在我毕业前去了广东，我就住到一个街道办事处宿舍里，管理员姓周，是个喜欢写诗的文学青年。他经常拿着他的诗在宿舍里有感情地朗诵，我会一直很有礼貌地认真听他诵完，然后给予很赞赏的评价，虽然我不是很懂。偶尔他有一首诗发表在一个不知名的刊物上，更会兴奋地跑到我那让我看。我看他很有才，但办事处领导觉得他有点疯，脑子不正常，不怎么看得起他。他一直做着自己的梦，我是最懂他的人了，后来他给我免了两个月租金。

毕业后赶上鹤岗举办卡拉OK大赛，我又报名参加，第二轮就被淘汰，我当时伤心至极。猛然发现可能我不适合做歌手，回头想想我确实不适合。

河源试水

回到二九〇农场家里，等待毕业证，同时也等待远在广东的大哥小姐召唤。赶上秋天收获的季节，茫然中等待，等待中茫然。

家里也没什么活给我干，我就帮大姐家割豆子、掰玉米、削甜菜，时间过得还快些。

白昼越来越短，气温也越来越低。一天晚上回家，我爸说大哥打电话来，让我去广东，心里既兴奋又紧张。

收拾了小小的行李，第二天就坐车去鹤岗，二哥把我送到佳木斯火车上，千叮咛万嘱咐地让我注意安全，注意身上的钱。说得我都烦了，我说你再说全火车的人都知道我身上有钱了。他是不放心我一个人去那么远的地方，毕竟我从来没出过远门。

火车一路向南，对面的河南小伙是去北京打工的。半路上来两个广东人，一口广东普通话，那个矮点的告诉我，去广东要做生意，开始一点点做，慢慢做大，好像很简单的样子。这次旅行非常开心，没觉得累。

到北京转车，二哥托人接我去了黑龙江驻京办事处，那人帮我买了去广州的车票。我自己去了故宫，上了天安门城楼。站在古老的建筑旁，胆怯怯的，觉得自己很渺小。到现在我还保持着这样的习惯，出差到一个陌生的地方，都会出去转转，不把时间浪费在酒店里睡觉看电视。

坐在南行的列车上，一路风景越来越好，温度也越来越高。从家出来还得穿毛衣，慢慢只穿单衣就可以了。一出广州火车站，太阳热热地照着，睁不开眼睛。

广州到河源的汽车人挤人，讲话一句也听不懂，他们是说客家话。那时没有直达班车，中途不停有人上车下车。

1995 年 10 月到河源，一年多没见到大嫂了，很亲切，两个孩子也长大了不少。

休息了几天,我开始找工作。机会也不是很多,每天顶着大太阳出去,公告栏里有些小广告,找保姆、司机、搬运工什么的,想找个会计工作很难。只要见到张贴的红纸,我就走上去看看,有一次眼花了,到跟前一看,原来是一个人穿了件红衣服。

第一份工作是一家电子厂,那厂刚成立,我们几个工人帮着搬东西,打扫卫生。干了几天,赶上星期六休息,我和大哥的朋友于洪专出去玩,他也是从东北刚来找工作。来到老城公园旁,有一家卖电器的,我曾来找过工作,老板不在。我不甘心,想进去看看老板回来没有。刚好老板出差回来了, 是个矮胖的中年男人,姓曾。他看了我的简历,又问了我几个问题,当场就同意我上班,而且让我过几天就跟他出差去深圳。我开心极了,虽然出差干什么我一无所知。在他商行里干的还有他一个老师,他叔叔叫阿厚叔,还有他一个侄儿,两个招来的女孩子。我们就住在他家,三层楼,门口有大狼狗守着,他妈妈和姐姐煮饭。

曾老板很会做生意,每到周六周日,他就叫我们把电视搬到外面,搞促销,上面贴上大甩卖的广告,招揽客人。听说他之前做服装生意,招了一些少男少女,每天穿着他的运动服早起跑步,做广告,赚了不少钱。那时很少有人有手机,叫大哥大,他有个摩托罗拉,进进出出都拿在手上。头发每天都打摩丝,梳得光光的。他懂一些面相手相什么的,跟陌生人聊天,首先帮别人看相,有时也能说对一点,可能还是揣摩得多。

我跟他去惠州彩电厂进过一次货,他特别讲排场,那天租了一辆小汽车去。本来他自己有车,赌博输了不少钱,车子也输进去了。我第一次坐小轿车,感觉很难受,有点晕,想吐。

上班没几天,他带我去深圳出差。深圳是我向往已久的城市,在东北的时候就常听人提起。真到了深圳,还是觉得跟想象的不太一样,哪里不一样也说不清楚。那个晚上,我们就在公司打地铺,外面车太吵了,整晚我也没怎么睡着。见到的人都很友善,全国各地都有,见到我们老板曾大哥长曾大哥短地叫着。原来是个传销公司,总部在香港。这次聚到一起,是要开发海南市场,公司出场地出车,传销商去海南开发市场。

我们很多人一起,坐飞机直到海口。第一次坐飞机,心里又兴奋又激动,还有点不安。直到飞机安全着陆,我的心才算放了下来。

那时传销是个新生事物,每次大课都有很多人参加,不乏一些知识分子、医生、教授、银行职员等等。十万人才闯海南,确实给海南带来不少人才。

出来二十多天了,杨梅姐帮我开了公司的长途电话打给大哥,大哥一家很担心我,正到处打听我们老板是什么样的人。别人说是本地人,应该不会有什么问题。

海口“中国城”那时人如潮涌,进进出出都是一些有钱人和漂亮小姐。现在那里落寞了,门口是旅游车接送点,还有一个专门卖特产的小商店。那里或许成了那个时代到海口来的人的永远回忆了。

公司组织我们从海口到三亚、琼中、石碌、通什,还去了黎村苗寨,一路上边开发市场边旅游。所到之处都有当地人事先安排好了,会场有的好些也有非常差的,但是来听课的人,个个都很受当时气氛影响,跟着鼓掌喊口号,情绪高涨。一堂课下来,确实可以签下好几单。

很多人想发财被忽悠进来,他们为事业画了一个大大的蛋糕,似乎只要按照那个貌似简单的计划做下来,人人都能成为百万富翁。多数人进来,只能做金字塔最下面那一层,真做起来,才知道不那么简单。也有一些人进来是想上去讲课,好像在这样的场合才能展示自己的才华,才能被认可。那种气氛太容易让人产生错觉了,只要走上台不管你讲得怎么样,下面都会报以热烈的掌声。有些人就是需要得到别人的承认,而其他场合不会给他这样的机会。其实传销都是骗熟人的钱。另外一个知名传销公司的几个小伙子,为了搞传销没钱吃饭了,也没地方住了,他们一个月要自己吃掉不少产品,要很多钱。

我认识了很多朋友,有专门给歌手做服装的,有造型师,有会计,还有主持人——更多的是怀揣很大梦想却一事无成的人。

大哥给了我他在海南同学的电话,我打过去就被老板利用了,约过来一定让高大姐听课,后来强行让人家买了一个矿泉壶。高大姐回去后就明白被强卖了,坚持要求退回来,没办法,我只能把它拎回大哥家。大哥消化了那个矿泉壶,我也真正开始了我的传销生涯。

那段时间,我经常提着实验品到处讲课,也在老板的电器行里讲课,老板说他看中我就是因为我的普通话好。虽然没卖出去多少东西,但通过不断出去推销的经历,使我很快从刚出校门的学生,变得有自信了,脸皮也比以前厚多了。以前我见到生人就不敢出来,躲在门后,说话就脸红。从那以后,虽然还有些腼腆,但真正与人沟通起来,已经不成问题了。

回河源后,老板把跟公司接触的事都交给我,去深圳拿货也让我一个人去。那时去深圳很不好坐车,要挤那些小中巴,而且还要在城里绕很久,等人坐满才肯发车。经常早上早早坐车很晚才到深圳,从深圳回来已经天黑。有一次从深圳回来,我坐上一辆车,说好是回河源的,可到了惠州高架桥就把我放下来,让我另外搭车回去,我被卖了“猪仔”。

当时搬了重重的一整箱货,站在高架桥上,我感觉很无助,耐心看着一辆辆车从面前开过去。时间越来越晚,车也越来越少,我盼着看着。终于来了一辆河源车,连价钱都没讲,我赶紧把货搬上车。我怕讲价钱他们不拉我,还好,他们没要我太多钱,只让我买了两张票。好不容易回到河源。

那段时间我是跟着老板，不用自己掏钱，所以我一直把它看做是我进入工作岗位的免费培训。我人生中很多第一次，都是那段时间实现的。第一次坐飞机，第一次看大海，第一次坐船，第一次去旅游等等。

我还是想找一份稳定的工作，刚好小姐从珠海打电话过来，说他们公司要成立广州分公司，需要一个出纳。我是学会计的，当然想干本行。我老板正好去韩国旅游，我就跟老板娘说了要走的事。老板娘是个通情达理的人，当时怀有身孕，我说我很不好意思，这个时候离开，我不要这个月工资了。她坚持把工资发给我，说人往高处走水往低处流，毕竟他们只是个体小公司，有好的发展还是出去好。

在河源碰到了第一个我喜欢的女孩，比我大三岁。她跟我们老板娘都是给老板卖衣服的，个子高高的，皮肤略黑，眼睛大大的，圆圆的脸庞。在我看来，她是个挺能干的人。那时候她常骑一辆黑色女式摩托车，有时候不知从哪借一辆小汽车开。有时候一起去酒吧喝酒，她总是喝很多，看上去是个乐观的人。后来她到惠州一所大学读书，学服装管理，我已经在广州工作了。有次放假，我去了她们那里，她们很周到地接待我。去了惠州的西湖，还去了汤泉，一起吃烧烤，临走还让我带了一小壶蜂蜜。

广州分公司

1996年5月到珠海，感觉整个城市一尘不染，马路宽，人少车少。那天阴阴的，一块去的还有小姐一个学妹，我叫她龚姐。广州分公司经理姓杨，从别的药厂调过来，内蒙古人，挺豪爽。简单谈话后，杨经理叫我们第二天和他一起去广州上班。

广州分公司在三元里一个大厦内，办公室和寝室在五楼，其他楼层还没装修。由于刚成立，一切都要从头开始，公司配给我一辆自行车,每天跑银行。我的工作也是从头学起,主动要求帮龚姐做这做那,从凭证到记账到报表,很快都有了一定了解。

杨经理经常出差,每个周末都开车回珠海。他家刚到珠海,爱人还没有正式工作,有个儿子上小学。我有时也跟他一起回珠海小姐家改善伙食,小姐学着广东人煲汤喝,回广州一般要带一小盒炒好的萝卜干跟同事分享。那时候,有很多年轻人从珠海总部各部门派驻广州,家一般都在珠海,一到周末很多人都跟杨经理一起回去。我像个小跟班,跟着杨经理进进出出,每到周末,那些想搭车的都先跟我说,我再跟杨经理说,看能拉多少人回去。

广州分公司的日子,是在忙碌而又快乐中度过的。广州是个中转站,总部很多人要从广州去其他地方,尤其过年那段时间,很多人要从广州买火车票回老家。杨经理是个爱揽事的人,我经常要帮别人订票。

我很有礼貌,很勤快,见人都打招呼,别的部门领导也都很喜欢我。

广州分公司年轻人多,后面就是一个大学校园,下班后一帮人会去打场篮球,有时候也踢一场足球。我没什么运动天分,同宿舍有个男孩叫小石头,跟我关系不错,特别爱打篮球,每次都叫上我,我也渐渐喜欢上篮球了。

有个浙大女生小朱,开始挺傲,一来二去熟了,我们成了无话不谈的好朋友。最让我佩服的是,她能说一口流利的英语,她们学校跟澳洲学校搞联谊,都是她接待。有次澳洲朋友来看她,我在电梯里碰到,是两个高高帅帅金发碧眼的男生,很有礼貌。其中一个用不算流利的中文问:“你会讲英语吗?”我很不好意思地回答:“我不会。”那时觉得自己真没用,上学也学了那么长时间英语,竟连一句问候的话也说不出来,真是丢脸!

公司内部帮派斗争殃及我们,广州分公司要来新经理了。龚姐谈恋爱了,跟男朋友去了深圳发展。我已能独立做会计。

新经理姓陈，很年轻，对我很好，他姑妈是另外一个部门的经理，我天天陈姨长陈姨短地叫着，她对我评价很好，说我勤快。其实人勤快点，即使有时吃点亏都没什么，别人都看在眼里。陈经理来后，骑摩托车带我到处去找房子，准备让我们搬到外面住。他要我一定留下来，跟广州分公司一起成长，可杨经理他们非要我离开。一个对账的机会，1997 年 8 月，我被调回珠海。

我成了小石头公司的会计，管两家公司的账。

那年赶上公司举办卡拉 OK 大赛，虽然我没获奖，但更多同事认识了另外一个我。他们跟我小姐说，别看平时我柔弱得像个女孩子，唱起歌来还挺劲爆。那年我还参加了助理会计师考试，每天学习到很晚，小姐经常中午给我带鸡汤来，并鼓励我说，只要把书翻五遍肯定能过，那我就看七遍。越看心里越有底，最后考题出来，我都知道答案在第几页哪个位置。我怎么早不知道这样的方法呢！只要把书吃透，考试就不难了。后来我用这种方法考过了中级职称，现在对考试我一点也不怕。

年轻人终究觉得还是到外面闯闯好，我决定放弃稳定的会计工作，出去闯一闯。周围许多同事不太理解，小姐帮我跟集团一个老总说了，老总二话没说，就让我到集团产品和效益最好的一个部门去跑业务。我觉得太幸运了，1999 年 5 月，又分到了广州办事处。

因为要重新开始，自己还是有点恐惧。一个星期后，我被分到顺德跑业务。顺德同事姓俞，西安人，一八三的个头，人也长得帅，有点像周润发。有时候喜欢听听英语，他说准备考研。在顺德待了几个月，空有一腔热血，天天出去跑，也没什么成效，不知是能力问题还是方法问题。

不管怎么说，我是不想回去做会计了。办事处经理说海南需要人，问我愿不愿意去。我因为曾经去过，而且对那里有感情，有认识的人、认识的街道。已经几年没去了，很想看看有什么变化，人总是怀旧的。

交友海南

1999年10月，重回海南，我熟悉的地方——变化不是特别大，多了一些烂尾楼，人也不像原来那么多了。我到了我们曾经住过的地方，已经找不到原来的感觉，周围环境已经变了。有些过去真的是回不去了，只能在记忆里偶尔浮现。

这次我有点钱了，可以请朋友喝啤酒了。大多数朋友离开了，去其他地方寻找梦想了，也有留下来一事无成的。我来了，既然来了，我也不想就这样走，不管成功还是失败。

海南市场属广州办管，比我先来的广西男孩小韩，喜欢别人叫他韩经理，黑黑瘦瘦，戴个黑框眼镜，但怎么看都不觉得斯文。他写一手好字，学过唱歌，会弹吉他，是那种精到脸上都能看见的人。原在集团工会做文员，集团上上下下自然都很熟。他不希望广州办派人过去，想在海南自己招，所以我来他不是很欢迎。

后来集团改革，广州办经理换人了，新上来的经理跟小韩关系特别好，小韩从中作梗想把我挤走。新经理硬要把我调到别的城市，我刚来海南，没干出一点成绩来，不想就这样走。还好，另一个部门的经理把我留下来，继续在海南做业务。

什么事情都不会一帆风顺，中间总有不少挫折，有时一天碰好几次钉子。跑业务就是求人办事，心态要摆正。我本身不是口才好的人，腼腆，见到生人，说话就会脸红，而且不会主动找话题。如果碰到一个不理我的客户，我的话比他还少，在商场上不能做到游刃有余。有时都不知道自己是不是适合这行，对自己产生过怀疑。

一天跑完业务，一个人坐在公交车上，想想自己也想想周围的朋友，不知道自己的选择是对还是错，一阵莫名的酸楚涌上心头，我的眼眶湿润了。

河南男孩葛肖知道我的事后，主动跟我走得很近，成了那时的患难兄弟。一次我得了胃肠感冒，拉肚子都虚脱了，浑身无力冒虚汗，很无助。我打电话给他，他二话没说就过来了，帮我买了药，一直等我好些才走。葛肖现在不做业务了，在一家律师事务所做律师，我有法律问题常常咨询他。

有一天在公交车上碰到了做业务的胡姐，是个精明、能干、要强、不怕吃苦的四川女人，我主动跟她打招呼。她说最近搬家叫谁谁帮忙，我顺口说下次你搬家我帮你忙，她因此对我印象很好。在这个陌生的地方，大家都没有亲人，她就认我做她的干弟弟，我也就多了个姐姐。每当她做点好的，就叫我过去吃，那次她煲了一锅羊肉萝卜汤，叫我和葛肖去吃。她很热情，放假就会约我们这群小年轻的去她那做饭吃，每次大家都很开心。四川人都会做饭，这个一点不假，我身边好几个四川人做饭都很好吃。胡姐后来找了个海南人，叫雄哥，生了个男孩。现在胡姐自己开公司，她做老总，老公做办公室主任，帮她打点、应酬。两个人配合得挺好，无论是在家还是在公司，雄哥都听胡姐的。

柳檬、雪梅、子媛这些朋友都跟我爸很熟。我妈去世后，我来海口，爸和我一起住在我租的小屋里，每天买菜做饭照顾我。他每天早早起床给我准备好早餐，就背着器械到门球场打球、比赛，整个海口的门球场，他差不多都玩遍了。朋友说他还挺时尚，知道很多明星。除了打门球，他还爱看看报纸，看看电视，对那些明星的事也就知道得多了。

我那些朋友经常到家里来，有时也一起出去吃饭，爸爸总是误会哪个是不是我女朋友。看得出来，他很为我着急，毕竟二十大多了，一直没带个准女朋友回家。有次他说，早知道我找不到老婆，就不让我到南方来了，在家菜市场卖点小菜，他也能帮帮我，怎么样也能娶个老婆。二九〇的人打电话过来，总是问他我找对象的事。

他不知道那时候我已经恋爱了，只不过还没有确定。

情定绍兴

朋友吴军公司新来了个女孩，杏仁眼，鹅蛋脸，鼻若悬胆，嘴唇略厚，额头饱满高阔。个子高高的，很清纯，除了戴眼镜外，算是我妈喜欢的类型。说起话来总是带着笑，头上高高扎个短马尾。虽说穿得都是很普通的衣服，但给人的感觉很舒服。最吸引我的是她眉间正中有颗红痣，让人一见就不会忘记。

我跟吴军说："你们公司新来的女孩挺好，介绍给我认识一下。"吴军是个特别有心眼的人，说："好！介绍费五十元。"我想还是算了，自己找机会认识吧！五十块钱可以自己请她吃顿饭了。

天天一起跑业务，低头不见抬头见的，渐渐有点熟了。我找机会接近她，觉得这个女孩防范意识很强，骨子里心气挺高，一般人看不上。自己不够勇敢也不够自信，有段时间离她远了，很久没见她。

大哥对我影响很大，那次打电话说："你这个年龄就要拼命读书，拼命工作，拼命恋爱。"他知道我比较腼腆，又说："大街上看到喜欢的，你就上去问，人家不同意也没什么丢人的！"这个我倒做不出来，他也做不出来。

想想也是，试都没试就放弃了，不是很可惜嘛！自己也没向人家表白过，怎么知道就不行呢！我刚好买了台新摩托车，跑业务比较方便，约会也比较方便。再见她时，发现她还没谈朋友，我鼓足勇气接近她。那天跑业务又见面了，坐在一起聊了起来，我觉得很别扭，很害羞，很不自在。她走开一会儿，贡亮刚好经过，说："那个女孩是谁啊？有点像中国城的花魁人妖。"我当时的理解，这话证明她够高够漂亮。中午下班，我约她跟另一个朋友一起吃麦当劳，聊了一会儿到时间了，我就用摩托车送她上班。那天一会儿下雨一会儿晴，两人本来不熟的，连体雨衣一会穿上一会脱下，挺有意思。

那段时间，我每天早上要听两首歌再出门。一首是S·H·E的《恋爱未满》：“再靠近一点点，就让你牵手；再勇敢一点点，我就跟你走。你还等什么，时间已经不多，再下去只好只做朋友。再向前一点点，我就会点头；再冲动一点点，我就不闪躲。不过三个字，别犹豫这么久，只要你说出口。”另一首是谢霆锋的《怕什么》：“怕什么，爱就去追；怕什么，最多一鼻子灰；怕什么，那就不对，再不出手便宜了下一位。”这两首歌很合我当时的需要，听了歌出门，每天都充满勇气。渐渐地，她开始给我机会跟她约会了。她中午睡觉时，我就在她楼下背英语单词，那时我刚好要考学位英语，她见了很感动。

互相了解以后，知道她家在安徽农村，还有个哥哥在杭州，父母辛苦种田供她读书，她现在要赚钱回家给哥哥娶老婆。我心里暗自高兴，最起码可以肯定她脸上的五官都是原装的。现在女孩子为了美，不是垫鼻子就是削下巴，最平常的就是割双眼皮。估计她爸没钱给她搞这些。

时间过得很快，转眼我们约会有好几个月了，但始终没确定关系。一天她说要回家了，她们老板不做了，她也一年多没回家了，想回去看看。那晚我们去了一家小酒吧，她请客，要了一扎啤酒，我没喝几口，她喝了很多。她说老板很鬼，扣了她的辛苦钱，只给她买了张机票，还要亲自把她送走，想不走都不行。她有点醉了，傻傻地笑。

回家后不久，她去了绍兴工作，还是跑业务，我们一直有联系。在绍兴一直不顺利，她请我去绍兴玩，刚好赶上2003年元旦放假，我就买了去杭州的机票。她到机场接我，已经没有机场大巴，我们打车回到绍兴。我给她带了一件礼物，一般人想象可能会是项链、娃娃之类。我知道她是实用主义者，打开包装一看，可把她笑坏了，怎么也没想到，我会送她一个电熨斗。

她带我到绍兴玩了玩，去了三味书屋，吃了茴香豆，看了乌篷船。还到沈园看到了粉壁上的《钗头凤》，了解了陆游和唐婉的故事。公司经理通知她第二天去杭州开会，我也跟了去。我想，反正我也没去过杭州，她开会我就一个人到西湖逛了逛。在杭州，我们第一次牵了手。她公司又组织上海一日游，上海我也没去过，我又以她朋友的身份一起跟着去了上海。一路上我们玩得很开心。

回到绍兴，我买了束六十六朵粉红玫瑰送给她，路人投来羡慕的目光。她很开心，我们算是正式确立了关系，至少我是这样认为的。

假期结束，我回海口上班。联系更频繁了，我买了很多电话卡打长途，为此认识了个电信员工。她打折卖给我，像朋友一样，我也跟她说了我的故事，她也觉得送电熨斗很滑稽。

过年后，她辞去绍兴的工作回到海口，我们正式开始谈恋爱。

我准备叫她到家里吃饭，给我爸见见。我爸坐在沙发上，表情很严肃，很正式地跟我谈话。"你这个媳妇是不是很难找啊！找不着啊！早知道这样当初还不如在鹤岗卖小菜，我还能帮帮你，娶个媳妇，也该有孩子了。大柱子打电话，都说你怎么还没找到老婆……"我心里有底，让他老人家把话说完。我笑笑，说她明天来咱家吃饭。

第二天，我爸准备了一桌好吃的，忙得不亦乐乎，眉开眼笑的。我叫了她一个好姐妹琼花一起来。琼花是柳檬男朋友的姐姐，她们走后，爸说："那个不是小文的姐姐吗？"我说"是另一个"。我爸一下就想起来了，"她是不是来咱家跟你借过书？""是啊！那天中午你刚睡觉起来，也没正眼看人家啊！"我说。"她不是这里长了颗痣吗？"爸指了指眉毛中间。他老人家记性可真好，那是她回家之前的事了，她来跟我借英语书。

那一年有欢笑有泪水，也体验了她真正的性格，看似温柔实则非常要强——很有个性，不服输，火爆脾气。她把人总往坏里想，我总把人往好处想；她防备心很重，我对任何人都没有戒心；她对什么事都计较，我对什么事都无所谓。

她说是她原来公司的人教她的，不要对任何人说实话，圈子里没有一个好人。碰到我以后，他觉得世界上还是有我这样的好人，她觉得我很傻，经常把我比做《射雕英雄传》里的傻郭靖。我把她比做黄蓉，心眼贼多，一点亏也不能吃。

结亲宣城

时间过得真快，转眼又要过年了，经过大半年了解，我们已经分不开。她打算带我回家见见父母。电话中，她用家乡话跟她爸吵了起来。我听懂一点她们家乡话，她爸不同意把我带回去，他只想女儿出来工作，没想过把女儿嫁这么远。后来她打电话给上海的堂哥，堂哥靠亲戚帮衬长大，很小就很懂事了，后来到上海做小生意，也算混出点样来了。堂哥说服她爸，可以把我带回去看看。

我们订了去上海的机票，赶上机组搞活动，对对联，我以并不厚实的文字功底，赢得了一副对联。

堂哥做完最后一天生意，把我们和他一些亲戚安排在货车车厢里，趁着天黑，躲过交警出了上海。快过年了，车票又贵又不好买，这样既省钱还有地方躺着睡觉。虽说盖了几床被子，还是觉得挺冷。

经过一夜颠簸，不知醒了几次，又睡了几次，第二天一大早到她家。这天离 2004 年春节只有几天了。

她家在宣城寒亭镇一座不大的小山上面，田野里霜雪覆盖，周围也是一座座不高的小山。这里是丘陵地带，空气格外清新。她爸是个瘦瘦的小老头，她妈在灶台上忙前忙后，脸上总带着笑。

我赶紧上前帮着扫地、烧火，这些也是当年小姐夫第一次来我家做过的。我不太会烧火，总是不够旺。过几天她哥哥也从杭州回来了，我就跟她哥哥挤在一张床上，盖着两床大棉被，自己家种的棉花弹的，足足有二十几斤重。晚上睡觉不敢把头放在外面，太冷。她妈帮我找了很多她哥哥不穿的衣服，为了保暖我毫不嫌弃，都套在身上，还觉得冷，直打哆嗦。她笑话我，说没谁比我更怕冷了。很快就熟了，家里有什么我就吃什么，想吃什么就自己找。顺利通过了她父母的考察，一看我就是个实在人。

她哥哥叫小民，跟她长得一点也不像，性格也不一样。人挺帅，长长的国字脸，浓密的眉毛，直直高高的鼻子，薄嘴唇，个子也高高直直的，就是一直没带个女朋友回来。农村到了二十四五还没结婚，父母就挺着急，而且妹妹也到了出嫁的年龄。他爸在街上卖菜，碰到另一个村卖菜的阿姨，搭起话来，知道对方有个女儿在杭州制衣厂打工，年龄小一岁。他俩都是在家做主的人，就把婚事订了下来。

回到海口，那年夏天我们一起报名学车，学开大货车。说实话，我的车感很不好，尤其倒车的时候，总不记得是往左打还是往右打。她比我学得快些，方向感好多了，没几个女生学大货车，她却能驾驭破旧的大货车。烈日炎炎下，我们晒得很黑，一个星期内笔试路考全考完。

接着我们买了一套二手房，装修我不在行，她倒显得游刃有余。选什么样的地砖，做哪种橱柜，哪里需要几个插座，位置怎么放，颜色怎么搭配，选什么款式的灯，跟工人讨价还价，都是她做主。我只负责每天带她看材料跑工地，但沙发的款式是我选的。先前一拨工人太难说话了，看我们都是小年轻的，觉得我们什么都不懂，叫他干这样他偏偏那样干，最后实在不行，她干脆把钥匙收回来，换人干了。

新房装修好又快过年了，我们打算歇歇等第二年选个日子把婚事办了。听说第二年是寡妇年，不能结婚，她赶紧打电话叫她爸帮我们挑个年前的日子结婚。他哥哥刚刚定了亲，女方不同意马上结婚，所以她爸有点不高兴。在他们那，哥哥没结婚妹妹是不能先出嫁的，不然会有人说闲话。儿大不由娘，我们又离那么远，多亏岳父理解，最后还是帮我们看了个对我们都好的日子。

我们订婚纱、订酒席、写请帖、送请帖、订录像，忙得不可开交。还好，朋友都很帮忙，帮我们联系酒店，借车给我们用。送请帖的时候，有朋友问"你们家谁来"，我说"我哥哥姐姐来"，她说"我们家我代表了"。2005 年 1 月 12 日，婚礼如期举行，带着朋友和家人的祝福，我们匆匆结婚。

过年去她家请了亲戚朋友，告诉他们女儿是嫁出去的，不是随便跟人私奔的。农村过年挺热闹的，我和她拿着个小竹篮，里面放上礼品，用红布盖在上面，到亲戚家拜年。礼品是她爸帮我们准备好的，有烟酒糖，还有桂圆蜜枣。长辈们会回些礼放在小竹篮里，因为我们是新婚，所以要回礼。

过年到亲戚家，都会留在那吃顿饭才让走，我最喜欢到处吃东西，尝尝新鲜口味。我不喝酒，他们也不为难我。

过了年我们回到海口，开始过油盐柴米的日子。

可瞻同瞻

结婚一年，老婆怀孕了，住院保胎。后来出院，自己给自己打保胎针。

那年我报名参加会计师中级职称考试，每天下班回家，她都监督我看书，像家长监督孩子学习一样，一天最少问我两遍书看得怎么样了，看到第几遍了，比我还着急。成绩下来，全部通过，她比我还开心。

考完试后，为了临产顺利，每天晚上吃完饭，我都陪她到附近湖边走一个小时。累了坐在石头台阶上，我帮她按按腿，她特别不好意思，觉得在家让我按我老是不给她按，在外面老是表现。临睡前，我们都坚持给未出生的小宝贝唱歌，做胎教。整个怀孕期间，老婆脾气特别好。

预产期临近了，我们怀着渴望，等待着小生命降生。老婆没事给孩子织了毛衣、毛裤、小围脖、小帽子，去童装店买了婴儿床、包被、纸尿片、小衣服、小裤子、奶粉。

已经过了预产期一星期，我们赶紧去医院住下来，医生检查说很成熟了。接下来就打催产针，两天下来一点反应没有，医生建议剖宫产。到医院什么都得听医生的。

2006 年 9 月 23 日，剖宫产下一个健康男孩，八斤二两，我们开心极了。哥哥姐姐生的都是女孩，家里人盼男孩很久了。尤其是我爸，七十几岁才盼到一个小孙子，可以想象他有多高兴。分别打电话给广东的老爸、哥哥、姐姐，他们跟我一样高兴。

我们一直没给小宝宝起名字，想让大哥帮忙，他很在行。打电话过去，大哥已经起好了，字辈“瞻”，取名“可”，叫可瞻，我们都很满意。

带孩子有时疲惫不堪，但日子一天一天过去，小可一天天长大，给我们带来了无尽的欢乐。每天早上睁开眼睛就对妈妈说“妈妈我爱你”，我下班回来就说“爸爸辛苦了”，让人心里暖暖的。

可瞻特别在意别人的想法，做错事都主动承认错误，一直说到你不生气为止。有时过了好一阵子，他还会问：“爸爸你还生我的气吗？”他对我们的爱从来都是平等的，要是问他“爱爸爸还是爱妈妈”，他每次都会说“也爱爸爸也爱妈妈”。

在幼儿园，小可也不受欺负。

有一个星期天上午，我带他去吃肯德基，他说他要份儿童套餐，给我要份鸡腿汉堡套餐，我说“你自己吃一份就行了，我回家蒸包子吃”。他吃了两块鳕鱼条，喝了半杯豆浆，坚持让我吃剩下的一块鳕鱼条、一块蛋挞、半杯豆浆。我让他吃完,他说:“我已经吃饱了,吃不下了,你吃了就不用回家蒸包子了。”

有一次老婆对小可说:“你好好上学,长大了去外国读书。你不是喜欢吃面包吗,到了国外可以天天吃面包。”小可说:“不用了,门口蛋糕店就有面包卖啊!”他还小,舍不得离开我们。

可瞻三岁多的时候,老婆又怀孕了,大哥早在一年前就说,下一个不管男孩女孩,都叫“同瞻”。老婆说这次怀孕她要打扮得漂亮点,穿时尚点的衣服。我们每天都小同小同地叫着她肚子里的孩子。有了上次经验,这次早早从老家把她小姨妈请过来帮忙。

不想又要入院保胎。老婆有过一次保胎的经历,可以一动不动躺很久,除了上厕所下床外,一整天躺在床上。隔壁床病友的老公跟我说:“你老婆真厉害,可以一整天躺着,看不到她翻几个身。”他比我大一岁,老婆已经三十好几了,一直没怀孕,花了几万块钱做成了试管婴儿,已经五个月大,突然羊水破了,没保住,他老婆想起来就哭,伤心极了。

出院回家,日子过得也快,老婆渐渐可以下床走动了,呕吐也不那么严重了,自己可以去菜市场买菜了。不知不觉孩子已经足月,第一胎是剖宫产,第二胎也不敢冒险自己生,跟医生预约时间进行手术。

2010 年 11 月 1 日,手术大人一切正常,也是男孩,我们说大哥真会起名,同样的。孩子出来后,有呻吟声,儿科医生会诊后,怀疑是吸入性肺炎。有呼吸困难的症状,吸氧,马上转新生儿科 ICU 重症监护。一住就是七天,期间大哥不停打电话询问。医院打电话说可以出院了,我们赶紧把小同接到家。老婆是个心疼孩子的人,百般呵护,没事总喜欢抱着他。岳母也从老家赶来一起照顾。

2011 年,我们一家四口过得忙碌而充实,一边工作学习,一边还要装修新房。这年是我们最忙碌的一年。

小可非常喜欢小同,妈妈忙的时候还知道哄哄小弟弟,给小同摇摇篮。小同也很喜欢哥哥，每天晚上小可从幼儿园回家，小同就很开心。洗完澡后，两个都要在床上玩一玩疯一疯，才各自睡觉。

有了小弟弟以后，小可也越来越懂事了，说"你们以后别管我叫宝贝了，叫我司可瞻就行了"，妈妈说"你长多大都是爸爸妈妈的宝贝呀"，他说"那好吧，你们就叫我大宝贝吧"。

自从有了同瞻，老婆对可瞻要求更严格了，每天回家必须先写作业才能干别的事。开始小可不听话，老婆就准备了一个量衣服的竹尺子，一不写作业就把尺子拿出来，逼他写，几次下来，小可每天回家都很开心地先把作业写完，再做其他事情。

小可每次做了错事都会主动承认错误："妈妈我爱你！我知道错了，你就原谅我吧！我再也不干这种事了！"这是他经常说的话，希望他长大后为人处世，能够既有原则又懂变通。

小孩子总会犯错的，重要的是犯了错误要及时纠正，我们已经做好了心理准备。虽说我们很没有经验，知识也不够丰富，但是我们会在孩子成长的道路上，给予更多的爱和关心。

（2011 年 7 月改定）

北方田野南方海

——燕凤自述

1961　三叶图(中)

1978.7　鹤岗矿师中文班毕业照(后排右一)

1979.12 姐弟于鹤岗

1980年春节 六姊妹踏雪寻梅(右二)

2000 二分场父亲家

2003　北京青年来珠海(坐左)

2003　海口

道路曲折，我们也奋然前行。人生坎坷，我们只能尽力而为。

幼小印象

还没上学时，家里住小草房，厨房两家共用，所以叫对面屋。就是里屋两家各有一间卧室相对，外屋自家一侧各有各的锅灶。我家对面屋李家迅大爷家，“四清”时回了丰县老家，后来落实政策才回来。

烧草从地里往回挑，我们小，干不了，爸爸天天上班，没时间，这个重担就落在了妈妈肩上。妈妈虽然个不高，但身体很好，又能吃苦，家里所有活都是她干。夏天收完麦子，妈妈每天去挑麦秸，每次挑两大捆，一连十多天，挑出一垛麦秸草。秋天收了大豆，妈妈又每次挑两大捆豆秸，又挑了一垛。这两垛柴火，要烧到第二年秋天。

爸爸是连里唯一一台胶轮运输小型车——尤特兹包车组长，驾驶员是张福玉。尤特兹春天去富锦拉石头，夏天和秋天从地里往场院运粮食，冬天往绥东粮库送粮，平时到总场拉面粉、豆油等生活物资。

一次爸爸去富锦拉石头，傍晚还没回来，妈妈有些担心，让我到张叔叔家看看。到了张家，他爱人拿出煮熟的栗子给我吃。我咬一口又甜又面，从来没吃过这么好吃的东西，觉得简直是人间美味。问张叔叔回来没有，她说也还没有。回家说明情况，妈妈稍微舒了一口气。爸爸很晚回到家，妈妈问怎么这么晚才回来，爸爸说车坏了，修好了才回，所以晚了。

玩乐童年

童年时期，全连一共有二三十个小孩，无忧无虑很快乐。不同时间,不同季节,都有不同的游戏。

白天,我们结伴玩丢手绢、找朋友、老鹰捉小鸡、跳房子、打嘎、过电、跳绳、跳皮筋、占堡等游戏,到了晚上,大家一起捉迷藏、踢核桃。

有一天晚上捉迷藏,跑来跑去,你抓我我抓你,大弟弟燕仁的黑条绒上衣,不小心被马德林拉了一个大口子。王姨知道了这件事,把衣服缝好了,针线活很精细。妈妈脾气比较暴躁,爱生气,大弟一直没敢告诉她。直到妈妈洗衣服发现,问衣服怎么是缝过的,大弟看实在瞒不住了,才说了实情。因为事情过去了很久,母亲也没生气,大弟这才松了一口气。

小孩也会斗气。一次,燕仁和牛玉良不知因为什么吵起来了,牛玉良在前面跑,燕仁拿根棍子在后面追。就这样一个跑一个追,围着一栋房子跑了不知多少圈。牛玉良气喘吁吁,上气不接下气,停下来说:“司燕仁呀,我实在跑不动了,我让你打两下,不过你不要太用力了。”他的话引得大家哈哈大笑。燕仁看见大家捧腹大笑,也没打牛玉良,两人从此成了很好的朋友。

尽管北大荒冬天寒风刺骨,但男孩子不愿意整天待在房间里无所事事,他们找来木板、铁丝、钉子和麻绳,自己制作滑冰鞋。冰鞋做好后,就到冻硬的冰雪上滑着玩,虽然是冬天,但他们个个满头大汗,十分开心。

抽陀螺也是冬天的游戏,经常可以看到仨一帮俩一伙抽陀螺玩的孩子,那是一幅十分美好的画面。

燕仁是个聪明孩子,总能想出别人想不出的事,做到别人做不到的事。冬天除了滑冰、抽陀螺,他还弄来一些高粱莛秆,自己扎鸟笼子滚黍雀儿。每年冬天,他都能捕到许多红肚皮黍雀儿,黍雀儿叫声很好听。

我们女孩儿在家缝口袋,有人称之为沙包。开始玩抓沙包,后来用手摇,起先摇两个,后来两手一起摇,可以摇三个。再后来又玩打沙包，把人分成两伙，一伙打另一伙，接到沙包可以存着，打下去的可以救回来，直到所有人被另一伙人用沙包打下去就算输了。还玩踢口袋，看谁踢得多。

把鸡尾巴上好看的羽毛栽在铜钱或铁片上做成毽子，用脚踢，感觉比踢口袋爽。有时间的时候，我们就分成两伙踢毽子，看哪伙踢得多。开始只会正着踢，后来有人学会了反着踢，还能连踢好几个。

稍微大一点，开始往家里背麦秸、豆秸，又用背草的绳子跳绳玩。开始是自己摇绳自己跳，后来带着另一个人跳。一边跑一边跳叫跳跑绳，一跳两摇叫双飞，把胳膊交叉起来摇绳跳叫编花。还可以反着跳。后来弄来又粗又长的绳子，由两人在两头摇，其余人排队跳，叫跳大绳。有人来回串着跳，叫串花。有的一边跳一边捡口袋。我胆小，看见大绳来回摇就害怕，所以始终没学会跳大绳。我始终是摇大绳的，有时摇得手腕和胳膊很疼，但看伙伴们一个个很开心，自己心情也很愉快。

有一种游戏叫编花篮，人越多越好玩，常常几十人一起玩。这个游戏有一个歌谣："编编编花篮，花篮里面有小孩儿，小孩儿名字叫什么，叫风船儿，乒乒乓乓，小小的姑娘蹲下吧，小小的姑娘起来吧。喝酒吃菜，吧唧吧唧，小白菜儿。"歌谣带有一些动作，从"编编编花篮"一直到"乒乒乓乓"，所有人的腿一个搭一个一起跳，一起念歌谣，中间谁的腿没挂住，谁就下去了。念到"小小的姑娘蹲下吧"，所有人要一起蹲下去，反之亦然，然后一边跳一边念下面的"喝酒吃菜，吧唧吧唧小白菜儿"。伙伴们做这个游戏都很认真，谁也不想半途掉下来。

女孩子冬天在家里玩"嘎啦汉"。嘎啦汉是猪或羊后腿一块完整的骨头，位于上下连接的地方，也叫猪拐羊拐。那时猪腿很便宜，三角钱一斤。连里杀猪，父亲买两条猪腿回来，母亲煮好后，把肉拆下来，让我和大弟啃骨头。嘎啦汉用小刀挖干净，晾干，用红纸泡一瓶红水,放进去浸几天,捞出来就变成红色了,再晾干。四个嘎啦汉配一副,冬天就几个人一起抓着玩。

有一年,家里养了一只山羊,山羊长大了,杀了吃肉。一只羊有两条后腿,就得到两个嘎啦汉。付国顺家也养了一只山羊,他女儿付炳香和我们同学,知道我很喜欢嘎啦汉,就把她家的给了我,正好凑成一副。我十分喜欢这副嘎啦汉,因为羊嘎啦汉比猪的小,而且比猪骨头硬,还很滑。猪嘎啦汉玩久了会磨损,羊的不会,所以我对这副嘎啦汉一直爱不释手。直到长大成家了,我还把它带到自己家,女儿还玩了好几年。

嘎啦汉四面的形状,分别叫坑、肚、驴、枝。如果两个一样的抓起来,或者四个四样的一起抓起来,一次是一个,如果三个一样的一次抓起来就是十个,四个一样一次抓起来就是二十个。玩的时候分两伙计数,先抓到一百就可以先搬"枝驴坑肚",做成三个一样或四个一样,再抓分数就增加得快。这个游戏要眼疾手快,先把手中的口袋抛起来,然后迅速抓起嘎啦汉,再接住口袋。到了冬天,女孩子们就几个人聚集在一起,今天去张家,明天去李家,大家都很开心。

连队小学

我七岁,燕仁六岁,一块儿上了一年级,老师是夫妻二人,丈夫张玉奎,妻子赵英秀。

张老师中等身材, 不知什么原因少了一根手指, 别人叫他"老九"。赵老师很漂亮,一对又粗又长的大辫子,唱歌很好听。他们有一个刚会走路的儿子和一位老母亲。张老师教语文,赵老师教唱歌。

有人上课交头接耳或注意力不集中,张老师二话不说,抓起一根粉笔头,正好打在那人脑门上,然后继续讲课。下课问学生为什么违反课堂纪律，狠狠批评一顿。学生都怕他，即使他不在教室，也很安静地写作业。因为不知道什么时候他就会回来，调皮学生就会挨粉笔头，他手法精准。

有一次张老师上课，我铅笔掉在地上，弯下腰去捡，刚抬起头来，一颗粉笔头打在脑门上。下课了，张老师说：你是个老实学生，为什么上课不注意听讲？我很害怕，胆怯地说：铅笔掉了，我在捡铅笔。老师看我态度很诚恳，就没再批评，只说下次把铅笔收好了。从那以后，我都是把铅笔放在铅笔盒里，再没掉出来。

老师家和学校隔一条路，很近，方便。秋天劳动课，有时会帮他家扒玉米、打葵花。

老师家养鸡养鸭，冬天赵老师有时会把结冰的鸡食鸭食盆子，放在教室炉子上煮，满屋都是味儿。

刚开始是简易厕所，挖个坑，上面放两块木板，四周围上玉米秸或葵花秆。

北大荒冬天很冷，有时学生早到校，进不了教室，教室门口有玉米秸门斗，可以在里面避风。碰上刮大烟泡，门斗积雪很高，同学们越站越冷，就两人对着踢脚，一边踢一边唱歌谣："小皮球，用脚踢，马兰开花二十一。二五六，二五七，二八二九三十一；三五六，三五七，三八三九四十一……九五六，九五七，九八九九一百一。"然后又从头再来，踢着踢着，脚就不觉得那么冻了。清扫教室门前积雪，是我们必须完成的任务。

刚上学不懂规矩，牛玉良下课跑回家，老师问他为什么，他说铅笔断了不能写字，回家让家长削铅笔。针对这件事情，老师要求学生头一天晚上，要在家里把铅笔削好。我们每天写完作业，就学着自己削铅笔。老师不让带小刀去学校，怕学生伤害到自己或他人。

小学阶段换了好几个老师，每个老师都有不同特点，教育方法也不同。

二年级老师赵玉兰，皮肤很白，性格很好，教了一段时间，学生摸透了她脾气，一些淘气男同学根本不听她讲课。赵老师索性把男同学关在教室门外，把女同学领到她宿舍上课。桌上放一块小黑板，讲完课趴在炕上做练习写作业。

作业本正面写完反面写，一个空隙都没有，直到两面都写完了，才换新本子。

三年级，文化大革命轰轰烈烈地开始了。学校基本不学文化课，开始背毛主席语录，背“老三篇”，跳忠字舞。忠字舞上课前跳一遍，下课前跳一遍。衡量学生好坏的标准，就看谁背毛主席语录多，谁“老三篇”背得快。

白天老师领着去食堂看大字报，字不认识，老师就念。晚上又跟着大人到食堂开批斗会。有人过去出身富裕人家，有人因说话被打成反革命，每人胸前挂个大牌子，上面写着“打倒地主分子×××”、“打倒富农分子×××”、“打倒现行反革命分子×××”。大人们一边批判他们，一边喊打倒他们的口号，我们也握着小拳头，跟着喊。最搞笑的是，他们自己也要跟着喊打倒自己的口号。造反派拳脚相向，把他们踹倒在地，再让他们站起来。白天有专人看着他们“接受改造”，晚上集中起来批斗。大多数人忍受屈辱熬过来了，也有人没熬过去。

秋天是收获季节，非常忙，粮食要往回收，蔬菜也要往回收。我们年纪小，不能收粮食和蔬菜，食堂就把茄子、辣椒、豆子连根拔回来，让我们摘。

我们每天上午上课，下午就给食堂摘菜。老师陈健雄是北京青年，一边领着干活，一边给我们讲故事。一天中午过了一点钟，陈老师还没领我们去摘菜，同学们猜想老师可能病了。有的说也可能老师睡午觉还没醒，就去宿舍找他。到宿舍一看，陈老师果然还在睡觉，我们叫也叫不醒。一个女同学用一把扫床的笤帚，打了他屁股一下，他一下子坐了起来，一看手表，说对不起，我睡过头了,立即领我们去摘菜。

三年级学会了写信。李传俊叔叔会做一手好菜,孙姨和我妈关系很好,她家小孩还没上学,就让我帮着写信。我说我不知道写什么内容,她说我告诉你。我按照写信的格式帮她写,写完后念给她听,有补充就再写进去,她说写得挺好。我每年都要给她写几封信。有一次写完后,她冲了一碗土豆粉给我喝。我看到碗里透明的东西,喝到嘴里滑滑的,还有甜味,觉得很好喝。在家里从来没喝过这种东西,当时也没看到卖土豆粉的。我很纳闷,孙姨家哪来的土豆粉呢,就好奇地问。

孙姨把土豆粉做法详细给我讲了一遍。每次炒土豆丝时,洗完土豆丝会沉淀下来土豆粉,倒在碗里晾干,一次次积攒下来,多了就可以冲来喝了。冲时把上面一层脏东西刮掉,放上白糖,加入开水,用筷子搅拌,就成了又滑又甜的土豆羹了。回家告诉妈妈,妈妈也用同样方法做给我们吃,后来自己也学会了。蔬菜没有任何污染,不施任何化肥和农药,施农家肥,如果有虫子,就把草木灰撒在菜叶上,所以土豆粉口感很好。

五年级和二年级在同一教室上课,是复式,同一个老师教。方玉珍老师是哈尔滨青年,很有方法,从不发脾气,可学生都怕她。

1969 年 3 月,发生了“珍宝岛事件”,我们多了一门俄语课,必须会用俄语说“缴枪不杀”、“举起手来”。

六年级老师秦黎是北京青年,对我们要求很严,谁迟到了,就让谁站在教室前面,扰乱课堂纪律就轰出去。一次上课铃响了,女同学都进了教室,男同学却一个也没来,老师和女同学都很纳闷,这些男同学去哪了?干什么去了?秦老师照常上课,快下课的时候,一个男同学在门外喊报告,老师开门一看,所有男同学都气喘吁吁站在门外。问他们为什么迟到,没一个回答,老师说,今天女同学按点回家,男同学不说出原因,谁也别回家。

有个男同学说出了原因。学校对面是一片玉米地,已经收割完了，不知什么时候，玉米秸里出现了一头牛。下课时候，有人发现了那头牛，全班男同学都跑去骑牛了。

小学高年级时，有一本好连环画或故事书，我就爱不释手。一次，爸爸从总场抱回一个木箱，我以为是机车零件。爸爸说，今天带了好东西。木箱打开，是一箱子书，我很高兴。因为除了上学的课本，从没见过这么多书。我问书从哪里来，爸爸说是红卫兵炮打司令部，从场部图书馆扔出来，他看着好，捡回来的。爸爸很爱看书，和同样经历的人相比，懂的知识比较多，尤其是历史方面。

看着爸爸捡来的这些书，心里有种如获至宝的感觉，部分书名和故事情节至今还记得。《野火春风斗古城》讲金环和银环的故事，《儿女英雄传》讲牛大水和牛小水的故事，其中一节讲牛小水装成新媳妇出嫁，杀日本鬼子。《烈火金刚》第一回讲史更新九死一生，从死人堆中复活，还有一个叫“解老转”的。《林海雪原》讲少剑波、杨子荣等与土匪座山雕斗智斗勇，最后消灭了土匪。《邢燕子》讲知识青年上山下乡接受贫下中农再教育。《红岩》讲许云峰、江姐、成岗、华子良等一批地下党员，由于叛徒甫志高出卖被捕入狱，在狱中与敌人进行斗争。这些书很吸引人，我带到学校去看，被老师发现了，就借了去，但看完后没还。有的书借给同学看，也是不还。

自从爸爸捡回这些书后，我除了写作业看课本，其余时间包括烧火、吃饭、晾干菜的时候都在看书，简直到了爱不释手的程度。从那以后，我就养成了爱看书的习惯。春节挨家挨户拜年，拜完年后，我们家一人拿着一本书看，只有妈妈忙里忙外。妈妈只上过识字班，认不出很多字。

这些书有的拍成了电影，有的排成了样板戏。《红岩》拍成了电影和歌剧，《林海雪原》排成样板戏叫《智取威虎山》。《欧阳海之歌》里有一句经典语言：“响鼓也要重锤敲。”雷锋日记里有这样一句话：“一个人做点好事并不难，难的是一辈子做好事，不做坏事。”

家务乐趣

20世纪50年代出生的孩子，百分之九十以上兄弟姐妹好几个，当大哥大姐的，到力所能及的时候，就要帮家里干活。再大一些，就要照看弟弟妹妹。干活和照顾弟弟妹妹，虽然很辛苦，但也有一些乐趣。

拖拉机拉着五铧犁翻地，地里的树根被翻出来，要捡走才好耕地，把地耕平，才能种粮食。还是很小时候，开春我每天都和大弟弟每人挎个篮子，去捡木头疙瘩，一春天能捡一大堆。树疙瘩捡回家晾干，用斧头劈成小块，留着烧炉子取暖。那几年春天捡的树疙瘩，差不多都够烧一个冬季。

夏天挖野菜喂养鸡鸭鹅，开始年龄小，不敢到大地去，就在道路两旁挖，碰见什么菜就挖什么菜。路边就有婆婆丁(蒲公英)、苦苦芽、人星菜、荠菜、车前子、四叶菜。大一点后，一边挖一边走，都快到南边四五里外的长发村了。

快到长发时有个小山坡，长着很多次生灌木，草地上有野蒜花、黄花菜、野芍药、四叶菜花，还有狗尾巴草、野酸溜、野葱。走到这个地方，篮子已经差不多满了。

四叶菜花还没开的时候，花蕾像紫色的灯笼，野芍药像粉色的小珍珠。红色的野蒜花，黄色的黄花，像红色黄色的小喇叭。兴高采烈地把这些花采回家，插到玻璃瓶子里，装上水，过几天就开了。紫色、黄色、红色、粉色的花，同时在一个瓶子里开放，不仅颜色好看，还会散发出阵阵清香。野葱、狗尾巴草、酸溜，可以采来吃，狗尾巴草和酸溜嚼起来有一股酸酸的味道。

北大荒地大物博，大机械作业，粮食及其他作物，一般都收不干净。

麦收了，我们到地里背麦秸。刚开始收麦子的时候，要用机械放倒一部分，晒几天再用机械拾禾脱谷。拾禾过程中，往往有一部分拾不起来，有时机车出故障也会跑粮。有时刮大风，麦子会倒伏，机械有时也收不到。这些浪费的粮食，我们就捡回家。有时背后背着一大捆麦秸，胸前抱着一捆麦子。

一个麦收下来，不仅能背很多草，还能捡很多粮食。麦棵晾晒后，用棍子把麦粒敲下来，晾干储藏。这些捡来的麦子，开始只是拌野菜喂鸡鸭鹅，后来邻居马大娘把麦子洗干净，晾干后拿到农村用机器脱皮磨麦仁，做粥喝。妈妈也和大弟到永和村磨了一些麦仁。麦仁粥喝起来滑滑的，口感非常好。在那之前，我从没喝到如此好喝的粥。磨麦仁磨出的麦麸子，就和野菜拌在一起喂家禽。

秋天，大豆和玉米收完了，背豆秸和玉米秸，也捡掉下的粮食。玉米捡多了，就和父母一起搭一个玉米楼。玉米楼用木棒扎架，用葵花秆搭楼。冬天玉米晾干了，就从玉米楼里拿出来，装在麻袋里用木棒捶，玉米粒掉下来很多，没掉的用手搓下来。玉米穰用来烧炉子，玉米粒磨粉喂家禽。黄豆晒干后，也是从豆秆上捶下来，妈妈能用黄豆做很多东西。

北大荒一到冬天，只有土豆、萝卜、大白菜、大头菜这几样菜吃，时间长了，我们就不愿意吃。妈妈总是想方设法调制伙食，有时用黄豆生豆芽，有时做豆腐。豆芽吃到最后几次要抓紧，下面长小毛毛根，就不好吃了。豆腐吃不了的，冬天做成冻豆腐，夏天做成臭豆腐。

冬天，妈妈还用咸鱼、萝卜煮黄豆，一煮一大盆，每顿饭就热上一盘。这个菜就是把黄豆泡好煮熟，把咸鱼煎好，放入姜、花椒粉、酱油一起煮，最后倒入萝卜丁，下盐，萝卜炖透就可以出锅了。这道菜很好吃，尤其是里面的萝卜，绵软而有鱼的味道。

妈妈夏天用黄豆做大酱，味道比别人家好，有人做不好，妈妈就盛一碗给他们。每年做一半大缸，一直吃到来年春天。

春天一来,地窖里萝卜发糠,土豆发芽,白菜发苦或长出小白菜籽,更会烂。园子里小菜还没长成。在这青黄不接的时候,主要就是靠咸菜大酱度日。

后来连里种了甜菜,冬天就去地里捡甜菜疙瘩,一冬天能捡很多。妈妈用甜菜疙瘩熬糖稀,刚蒸出来的馒头蘸着吃,味道简直美极了。我们和妈妈精心制作糖稀,但不怎么舍得吃,每次蘸馒头都蘸很少一点,如果有其他菜,就不会吃它。甜菜只有冬天才能捡到,糖稀不会坏,所以留着慢慢吃。

秋天要去剪草籽。每年 9 月 20 日左右,地里满是剪草籽的人,我是家里老大,下面三个弟弟,那时还没有小弟弟,妹妹还小,妈妈领着我和大弟燕仁、二弟燕礼、三弟燕海去剪草籽。妈妈、我、大弟、三弟在地里剪,二弟负责用自行车往家驮,堆在院子里。堆成一个大垛,上面用草盖上,捂几天,里面发热,草籽就会自然从穗头脱落,晾干装进袋子里,冬天喂鸡鸭鹅。一个秋天下来,我们家剪的草籽总是最多,因为家里男孩子多,这时候就体现出优势了。

分场中学

时间说快不快,说慢不慢,我们到分场上中学了。

分场中学把我们这一级分成两个班,我们七年级二班共三十五名学生,十三连十八名,占一半。每门课都有一名专任老师,这些老师各有千秋。

语文老师是班主任,一口山东话。他教我们朗诵一篇课文,题目是《狂飙为我从天落》,介绍红色娘子军党代表洪常青的事。由于他是山东口音,怕我们跟他朗诵也说山东话,就把冯建云老师(哈尔滨青年)请来示范。我们听了冯老师的朗读很震惊,不仅普通话标准,而且声音洪亮,感情丰富,同学们都模仿她朗读。

范老师除了教语文课本上的字外，每天放学前，还让我们在字典上划一百个常用字回家练习，第二天听写。他批完试卷后，把成绩好的贴在班级学习园地上，每次前三名基本上都是十三连的王升兰、我和燕仁，后来王升兰当了学习委员。我们三个成绩一般都在96~98分之间。

政治老师李山民，北京青年，七年级一班班主任，我们班副班主任。他每次上课前有个习惯，就是先抽一支烟。他不像一般人拿起烟来点着就抽，而是用右手食指和中指夹着烟卷在桌子上掂几下，然后再点着抽。我坐第一排，看得很清楚。

数学老师刘英，北京青年，脾气性格很急，做事风风火火，像男老师一样。物理老师毋学文，讲课慢条斯理，通俗易懂。

燕仁不知道什么时候学会了吹笛子，每天上学，书包里总装一把笛子，下课就在班里吹。好几个男同学喜欢吹笛子，一到下课，班级里只听到笛子的声音。

课间活动最多的还是掰手腕，开始男同学和男同学掰，女同学和女同学掰，后来也男女同学互相掰。尤其是冬天，不能出去活动，同学们就在教室里掰手腕。有的前后桌掰，有的同桌掰，也有不少同学在旁边围观。同学们玩这个游戏很开心，经常一个课间掰不完，下节课接着掰，这个游戏锻炼了同学们不服输的精神。

刚上中学时，家里没有自行车，每天早上六点出发，七里路，到分场要将近一个小时。早晨第一节课是七点钟。

开春的上学路上，大道两旁，柳树、杨树、榆树都发了芽。柳树枝条皮可以拧下来做哨子，下午放学回来，我们就拽下来一根，用小刀削成一节一节做哨子吹着玩。榆树上面长了许多榆树钱，男同学爬到上面把有榆树钱的树枝掰下来，女同学在下面接着，摘完后一起分着吃。

冬天路上常常是厚厚的冰雪，早上在大道上走，下午放学就到路两旁水沟里的冰上走，一边溜冰一边走，很快就到家了。溜冰的时候,觉得身上暖烘烘的。

过了一段时间,爸爸买了自行车,燕仁不知道什么时候学的,车子买回来,他就能骑着走。自行车是金鹿牌的,很高,弟弟推着我学了三天,我个子矮,腿够不着车镫子,胆子又小,怕摔着,因此没学会,放弃了。上学都是弟弟驮着我,那时他已长得比我高许多,许多人以为他是我哥哥。

我们上学很准时,基本没有迟到的。有一天上了一节课了,十三连只有我一个人到校,其他学生都没来,老师就问我,他们干什么去了,我说不知道。等到快上第二节课的时候,其他同学才到校,老师一问,才知道他们早上起来看了一场电影,看完电影后,才跟着拉器材和放映员的车,一起回分场。我那天早晨走得早,不知道连里放电影。

八年级第一学期我入了团,每个星期五晚上要开会。冬天黑得早,最早下午四点就黑天了,开完会再回家会很晚,父母不放心,老师让我住校。我是班里唯一一个走校连队住校生。这样我和十三连同学接触就少了,不能每天和她们一起上下学了。有同学跟妈说我不理她们了,不和她们玩了。妈妈教育我,不能因为自己入了团就骄傲了,瞧不起同学了。我说不是我瞧不起她们,只是早晚不能在一起上下学,平时上课我经常和她们在一起。说句心里话,当时住校,我心里有一种失落感,不能和从小一起长大的同学朝夕相处,住校的同学又不太了解,有一种陌生感。

住校生每天要跑早操,跑完早操才吃早饭。食堂六点钟开饭,每天五点钟要起床,宿舍没有表,也没有生活老师。怎样才能一起起床呢?男女生宿舍只有一墙之隔,我们商定,谁起得早就用笤帚敲墙,每次基本上是男同学叫女同学。只要男生宿舍一敲墙,女同学就马上起床跑早操,跑完早操再回来洗漱,然后去食堂吃饭。秋天学校种了大白菜,白菜长虫子一律用人抓,我们每天早晨到白菜地里抓虫子,不用跑操了。

中学生不仅要参加学校劳动，夏天抓虫子、锄草，秋天收秋菜，农忙时还要到连队去支援。离分场最近的是十五连，夏天就去支援锄地。那时什么事都上纲上线，称“以阶级斗争为纲”。每个同学和大人一样，一人分一垄，一千多米，要锄一个上午，有人检查质量。中间休息要总结，如果有人把苗除掉了、草留下了，那就说是“除掉了社会主义的苗，留下了资本主义的草”。十五连养了许多奶牛，午饭有时煮牛奶、吃油条。能喝到牛奶是少有的事，油条是食堂大锅里炸的，又粗又长。这样的饭，同学们觉得非常好，个个吃得津津有味，有的男同学能喝两碗牛奶，吃好几根油条。

夏天阴雨连绵，我们都是披着塑料布去上学，那时雨衣雨伞不普遍。小麦收割很困难，学校派我们到连队支援麦收。我们小小年纪，卷起裤腿，挥起镰刀，在泥水里割麦子，走一步，陷一脚。还到地里翻晒放倒的麦铺子。

学校组织了宣传队，排练样板戏，到各个连队慰问演出，宣传队同学排练，可以不参加麦收劳动。燕仁天生有表演天赋，老师让他扮演郭建光，七年级一班的赵广芬扮阿庆嫂，李香林扮刁得一，王忠祥扮胡传魁。排练好了，挨个连队去演出，弟弟扮演的郭建光受到大家好评。

看过很多朝鲜电影——《卖花姑娘》、《永生的战士》、《金姬和银姬》等。要看《卖花姑娘》，老师通知每人准备一块手帕，故事情节很凄惨，看完泪流满面。为了看这部影片，我们走校生还在学校住了一晚，第二天和住校生一起坐车到总场俱乐部去看。从俱乐部出来，个个热泪盈眶，一时间，《卖花姑娘》插曲在大街小巷传唱，一直很久。

八年级开学，班里转来两名新同学，一个是女生吴静，一个是男生杨友基。吴静聪明，学习好，因中耳炎休学，重读八年级。杨友基是上一届留级下来的，很调皮，学习又不好，不管老师讲什么，总是一副不以为然的样子。

总场高中

九年级有幸赶上教育回潮,场里要求八、九两个年级考试,录取百分之五十,到总场集中办高中部。九年级不仅分数要够,还要有选票,相同条件下,优先录取贫下中农子女,出身不好的要看表现。出身不好学习好的同学,被称为"可以教育好的子女"。

十三连只有王升兰、我和弟弟燕仁考上场直高中九年级,别人家小孩一个都没考上,我们家一下考了两个,其他家长都很羡慕我爸我妈。我妈高兴得合不拢嘴,感觉走路腰板更直了。王升兰姐妹俩也同时考上场中,只是一个九年级,一个八年级。那时感觉我们两家很神气。

入学分成四个班,每班三十八人。学校食堂门边墙上贴着几张红纸,我从第一张看到第四张,我和燕仁同时被分到九年级四班,同班同学还有闫作义和公培育。二分场一班的张道华、郝省龙、周培林、许凤玲,也一同分在这个班。

二分场在九年级四班一共八名同学,弟弟和公培育后来当选了班委会成员。燕仁是学习委员,公培育是文艺委员兼团支部组织委员。女同学只有四名团员,丰全英是团支部书记,于爱玲是副班长,我和杜玉霞是普通同学。

三分场李桂英身体不好,总是咳嗽,宿舍没人愿意挨着她睡,我选择了和她挨在一起,我们俩成了好朋友。四分场刘淑娟,我们关系也很好。有一个星期天,我带着李桂英和刘淑娟去家里玩,妈妈做了鸡蛋炒虾酱,2001 年聚会时李桂英还提起,说妈妈做的鸡蛋炒虾酱很好吃。

有人写大字报,贴到场部机关大楼里,说把百分之五十的学生关在了学校大门外,剥夺了他们上学的权利。场党委迫于压力,不管这百分之五十的学生考了多少分,又都可以上学了。我们先前考上的已经上了一个学期，剩余的百分之五十重新被招到场中，组成五、六两个班，每班五六十人。也有学生不选择复学，而是选择了工作。

学校很重视体育活动，经常组织篮球比赛，通常是一班和三班比，二班和四班比，五班和六班比。一次我们班和二班比赛，同学们都在操场外面观看，六班的一分场一对双胞胎姐妹站在我旁边，一边观看一边议论。她们问我场上有一名同学长得挺帅的，篮球打得挺好的是哪个班的，叫什么名字。我自豪地说是四班的，叫司燕仁，是我弟弟。姐妹俩听说我和弟弟一个班，就问："你怎么和你弟弟一个班，是不是留级了？"听到这话我十分生气，也没好气地反问她们："你们没留级，为什么是后上来的？"她们俩无言以对。其实我和弟弟是一起上学的，弟弟提前一年上学，是班里最小的学生。我俩从一年级到九年级，谁也没留级。

20 世纪 50 年代家庭孩子比较多，哥哥姐姐都想着把好东西留给弟弟妹妹吃。我们在场部上学，有卖冰棍的，很便宜，三分钱一根。妈妈把每个月的伙食费交给弟弟，弟弟交完我俩的伙食费，剩余的从不乱花，每个星期六回家，都拿出点钱来买几根冰棍，用塑料袋装上，绑上皮筋，带回家给妹妹吃。燕霞只有五六岁。

那时交通工具不发达，到星期六要自己想办法回家。一个星期六，我吃完午饭从东山学校往场部走，准备找车回家，快要走到的时候，一位男同学骑自行车追上我，说老师让我回去，到男生宿舍一趟。我心里纳闷，老师让我去男生宿舍干什么？直觉告诉我这事和燕仁有关。

果然不出所料，弟弟准备拿钱给妹妹买冰棍时发现钱不见了，告诉老师，老师就让同学把我找回去。老师把住校的男同学挨个盘问了一遍，还让每个同学把行李翻了一遍，所有同学都说不是自己拿的，一直到下午三四点钟也没查出来，怕晚了找不到车，才让我们回家了。

当时妈妈正好生了小弟弟,还没满月。妈妈脾气很暴躁,燕仁怕妈妈生气,告诉我不要让妈妈知道。这个月我和弟弟过着很困难的日子,我请了半个月假照顾妈妈,省了半个月伙食费,回校后每餐一个四两的馒头,我只吃一半,另一半分给弟弟吃。因为弟弟正是长身体的时候,我怕他吃不饱。这件事过去了好几年,才告诉妈妈,妈妈说当时为什么没跟她讲,我们说当时不敢。后来男同学张延国也在宿舍丢过一次钱,还怀疑掉在炕洞里烧了,其实也是有人拿了。

有段时间,学校提倡学生走上讲台,各科老师都选择自己所任科目成绩好的同学上台讲课。燕仁是学习委员,物理学得很好,物理老师就让他上台讲课,讲完后老师给了很高的评价。

燕仁讲课过程中,和我坐在第一排的同学,发现他有个手指和别人不一样,中间鼓出来一块,问我怎么回事。下课后我告诉他,弟弟小时喜欢养狗,从附近农村要回来小狗,冬天连里畜牧排扔出来冻死的小猪,他就捡回来把猪皮扒了,把骨头砍碎喂小狗。他的手是扒猪皮时不小心搞伤,伤好以后就弯了。

惊险事件

小学五年级一天早上,爸爸杀一只公鸡,没杀死,杀完还乱跑。我好奇,就从屋里往屋外跑。恰巧妈妈正端着一盆玉米面粥,被我的头顶翻,热气腾腾的玉米面粥浇到我脖子上。

幸好是冬天,穿着棉袄,只烫伤了脖子。陈启恒曾捉到一只狗獾,家里有獾油,治烫伤非常有效,妈妈要了一些给我抹。又到卫生所用纱布包上,卫生员还给我打了针。以前没打过针,那是第一次打针。脖子烫伤慢慢好了,所幸没留下任何伤痕。

分场学校盖了新食堂,天棚要装很多玉米叶防寒,学校让每个班轮流背玉米叶填天棚。新食堂地面很多木板,上面有钉子,我背玉米叶不小心踩在一块木板上，一个钉子扎进球鞋里。我不想让同学和老师知道，结果还是被一位同学发现了，告诉老师，老师不让背了，让去卫生所包扎，我没去。老师让我在食堂里坐着。等同学们背完玉米叶，直到放学，燕仁把我驮回了家。晚上洗脚，血和袜子粘在一起，用水泡了很长时间才脱下来。

1976年冬天一个晚上，连里开大会，开完大会，团支部又开会。我是团支部组织委员，负责召集、主持会议，收团费。开完团支部会议，回到家已是晚上八点钟了，我缠了一团紫红色的毛线才睡。妈妈去邻居家玩，大约九点钟回来。我和燕霞睡了一会儿，妹妹陡然哭起来，父亲、母亲和燕仁以为我们俩吵架了，赶紧过来看。

我和妹妹住在保姆室，屋里有一个炉子，冬天用来烧煤取暖。母亲问我燕霞为什么哭，我哼了几声就不省人事了。妈妈把妹妹抱到大屋，问她怎么了，燕霞说头痛。妈妈爸爸意识到我俩中了煤毒，就把我抬到地上，又叫卫生员用银针扎人中。早晨醒来，发现躺在身边的不是妹妹而是妈妈和小弟弟，心里想，昨晚明明是妹妹和我一起睡的，怎么早晨起来变了！睡下时穿秋衣秋裤，怎么现在穿棉袄，昨晚一定发生了什么事。

妈妈问我感觉怎么样，我说胸很闷，妈说你俩昨晚中了煤毒。我问妹妹呢，妈说在大屋，你爸昨晚把她抱过去的。第二天早晨，我上班迟到了，周茂信排长说你上班从来不迟到，今天怎么迟到了呢？我说差一点就见不到你们了，昨晚我中了煤毒。有的说“大难不死，必有后福”，有的说“福大命大造化大”。我想，要不是燕霞那一声啼哭，我俩可能都一命呜呼了。

我任初中语文老师时，又经历了一次煤气中毒事件。1980年冬天，妹妹上初中，跟我住宿舍。一天晚上睡觉前，炉子上冒着烟，不知谁把炉盖上撒了一些炉灰渣，就不冒烟了。早晨我和季爱荣老师起得最早，那时不排值日生，谁起得早，谁就去打水。我俩每天都比别人早,基本上都是我俩给大家打洗脸水。

水房只有一个水龙头,大家要排队。抬着一桶水回来,发现宿舍的人全站在房山头。我俩嘀咕,她们不在房间待着,大冬天在外面站着干什么,不怕冻感冒了吗?心里忽然有一个疑问,我俩异口同声地说,她们该不会是中煤毒了吧?走到跟前一问,果真是,幸好大家都还能跑出来。

1994年农历十二月二十四,我和女儿蓉蓉又经历了一次中煤毒的事情。腊月二十四已过了小年,开始准备过年的馒头、包子,我发好蒸枣馒头的面,站在衣柜前穿好衣服,正准备出去做其他事情,突然感到一阵头晕目眩,浑身没有力气,就站不住了。我急忙扑到沙发前,一坐下就人事不省说不出话来。

老公想在春节前掏一下炕洞泥一下墙,正在扒炕洞,女儿说头痛,又发现我坐在沙发上,脸色苍白,嘴唇发紫,意识到我和女儿中了煤毒。我还能听见他说话,却无力回答。他急忙把外屋和里屋的门打开,一股寒风吹进来,吹醒了我。我睁开眼睛,第一句话却是"你想冻死我们俩呀",老公说:"你和蓉蓉中了煤毒,我驮你俩去卫生所吧?"他用自行车前面驮着女儿,后面驮着我去了卫生所。医生开了药,回来我和女儿一直睡到中午才起床。

紧缺生活

北大荒20世纪50年代出生的小孩也没挨过饿,农场垦荒已种出粮食,"大跃进"时仍有白面馒头吃。母亲还变着花样给我们做疙瘩汤、面条、面片汤、饺子、包子、葱油饼、发面饼等。

吃粮是供应的,每家发一个粮本,按职工、家属、小孩分配。做衣服买布不仅要给钱,也要给布票,买多少布就给多少布票。布票也按人口发,人口多布票就多。手表、自行车都要凭票,有票才可以买到,票给谁不给谁,由连里按家庭需要调配。

在分场上学那几年，是20世纪70年代初期，粮食供应只给百分之六十白面，其余百分之四十是玉米面。玉米面做粥是吃不完的，母亲把玉米面和白面掺在一起蒸馒头、蒸发糕，时间长了我们就不愿吃。爸爸用圆盘耙做了一个烙煎饼的鏊子，下面垫几块砖，支起来用玉米面烙煎饼。

平时做饭我一般都是帮妈妈烧火，有时洗菜、切菜，但烙煎饼她都是一个人操作，从不让我们帮忙，就连叠煎饼也是自己一张一张叠。妈妈干活精益求精，一张张圆煎饼折成长方形，一摞一摞放在一起。

煎饼卷大葱、大酱和虾皮很好吃，卷土豆丝更好吃。土豆丝是热的，卷在里面煎饼会变软，咬起来外面是软的，里面是脆的，口感很好。

妈妈烙煎饼好吃，每天到家里找妈妈烙煎饼的络绎不绝。那段时间，妈妈每天从早晨六七点忙到下午三四点，一天要给好几家烙煎饼，不收任何报酬。劳累了一天，妈累得腰都直不起来，我们既心疼，又着急。直到有人学会了自己烙煎饼，妈妈的负担才减轻了。

农业劳动

时光不停留，1974年7月，高中毕业了。上班第一年，每月工资二十八元，第二年每月三十二元，后来很长时间没变。

头一天上班，是去麦地烧荒。这时麦收后，连里派几辆马车挨家挨户送麦秸，不用每家自己背了。各家各户送完后，剩余麦秸要烧干净，然后用拖拉机进行秋翻地，为第二年春耕做准备。

扛着烧荒杈子来到地里，到处是熊熊烈火，烈火中有不少人。心想，这不把人烧死了吗？他们不害怕吗？为什么不往外面跑？领头的给我们讲了要求，下风头先烧，上风头后烧，遇到火险一定要逆风跑，不能顺风跑。草要烧干净，火灭了要重新点燃。

按照他说的方法做，一天下来，安全无恙地回家了。

后来熟悉了，渐渐喜欢上了烧荒。拖着烧荒杈子从地头跑到地尾，可以休息一下。十七八岁，觉得挺有乐趣，也没怎么感到累。

从 1974 年 7 月到 1977 年 1 月，在连里干过许多农活，锄草，割麦，割大豆，掰玉米，修水利，在场院晒粮食。开始没经验，加上身体瘦小，干活总是落在后面，慢慢学了一些窍门，有的活渐渐能赶上别人，甚至干在前面。像锄草、拿大草、割豆子、割玉米这些活，有时还能很早干到地头，再回头接旁边的工友。

在场院上晒麦子，晒好扬好储存到粮囤里。我身体较弱，没那么大力气，班长田洪秀从不让我扛麻袋或抬麻袋，而是让我灌袋。后来连里有了扬场机和上囤机。扬场机把好麦子和孬麦子分开，上囤机不用人扛着麻袋走跳板，节约了人力，减轻了劳动强度。

每年夏收和秋收，连队都开誓师动员大会。由副指导员主持，指导员作动员，连长布置生产任务，之后各班代表发言表决心，最后指导员做总结。田洪秀班长让我代表我们班发言，开始在全连人面前讲话，还有点紧张，后来每次都是我代表发言，慢慢就不紧张了。

玉米出苗，扛着锄头到地里铲草，一千多米的地头，每人每天去两根垄，回两根垄。铲完两根垄正好到中午下班时间，中间连里专门派一辆车送开水。

秧苗长到三四十厘米，要锄第二遍草。锄之前，连里先用中耕机给每根垄培土，压死一些杂草，再用人工锄掉剩下的。八月份又用镰刀拿大草，拿大草只需割比庄稼高的草，立秋后小草已经不长了，所以就不需要锄小草了。

八月的早晨，七点钟地里有许多露水，为了防止裤子弄湿，每人都带两条雨裤干活。到地头，露水已干，把雨裤脱下来晾一下，休息一会儿，往回就不穿雨裤了。

秋天收玉米，先用镰刀把玉米棵割倒放成铺子，一般六根垄放一铺。三人一组，割得快的在中间打道。垄长一千多米，最快也要一上午才能割完两根垄，慢的要一天。

玉米铺子放好后，每人分一铺，中指套一个铁钏子，把玉米棒一个个从棵上扒出来。这个工作速度最慢，一天一个人只能扒几百米，最快也要一星期才能扒完一趟铺子。为了赶速度，中午不让回家吃饭，由炊事班往地里送饭。炊事班筷子没带够，有人折两根蒿子秆当筷子。

之所以赶进度，是怕大雪把玉米埋在地里，那就不好办了。一到扒玉米时，连里就压缩人员，就连爸爸那样轻易不到地里干活的人，也被分配到地里扒几天。爸爸后来是连里的修理组长兼机务仓库保管员，有机车下地干活，出现故障需要修理，就要找他领零件，所以连里一般不会让他下地干活。

玉米棒扒完后装袋装车，拉到场院脱谷。脱谷很辛苦，早上七点上班，晚上七八点钟才下班，甚至挑灯夜战。脱谷机是一台旧"康拜因"改装的。女同志和年老体弱的同志一般都是装袋，年轻力壮的小伙子扛着麻袋上跳板，把玉米棒倒进脱谷机里。

脱谷机里带钉耙的滚筒和筛子，会把玉米粒和玉米穰分开，分别从出粮口和出穰口流出。脱谷机左翼出粮口有一伙人装玉米粒，后面一伙人负责清理玉米穰。玉米粒在场院上晾干扬过，上囤储藏或灌袋送往粮库。

冬天平时不搞积肥会战，我们每天只拉四车土肥送到地里，上午两车，下午两车。上午装完第二车，就到畜牧班宿舍打牌，打到十点多去卸车，卸完车把马牵回马棚，十一点就下班了。下午装完第二车，也像上午一样，去畜牧班宿舍打牌，到三点多钟卸车。冬天黑得早，卸完车拴好马，就到下午下班时间了。平时车老板只管赶车，不帮我们装车。一天装四车肥，是我上班以来最轻松的活。

到了积肥大会战，情况就完全不一样了，要比赛谁运肥运得多，车老板也帮着装车，装满后一溜小跑，到地里时，车上的土肥只剩下三分之二。卸车不用人工，而是把马肚子下面的肚带解开，车厢板自动翘起来，土肥从上往下滑下来，人再用铁锹一刮，很快就卸完一车。赶紧拴好马肚带往回跑再装车，这样一天要拉十几趟。

有一年春节前后，连里用大胶轮拖拉机拉了一车人，到三分场去挖草炭肥，用镐头刨开上面一层冻的，用铁锹挖下面不冻的。草炭肥运到场院，第二年开春解冻的时候，和农家肥拌在一起做颗粒肥。

做颗粒肥先用镢头和铁锹把土打碎，过筛，洒一定数量的水，把草炭土和农家肥拌匀，放在四个圆桶里，打开开关，转动圆桶。转到肥料变成一个个黄豆粒大小，就关上电源，把圆桶里面的颗粒装到独轮车上，推到场院晾干，晾干后装袋，种地时用。我们班负责筛土，两人一组，筛子两边，一边一个。制作颗粒肥关键是加水适量，如果加多了，颗粒会太大，不容易干，如果加少了，也会不成形状。

我们班曾一段时间跟基建排建房子，做小工，拉土、拉沙子、筛土、和大泥、运砖、运泥，房子盖好了用水泥勾墙缝。勾墙缝是小工班最轻松的活。

跟胶轮拖拉机到分场窑地拉砖，一天拉好几趟，有时装完砖回程，想去商店买东西，司机只给半小时时间。拉砖最累，一手拿两块，很快手就磨破了皮，很疼。我们每人都戴一副手掌那面有胶皮的手套。卸车要把砖垛好，不能歪，倒了容易砸伤人，用时也不方便。这活还脏，我们头上顶一块白披布。碰到刮风天，沙子直眯眼睛。

与城市下乡青年

大批城市青年下乡来农场,接受贫下中农再教育,有北京、上海、哈尔滨的,也有杭州、温州、天津的。城市青年和我们本地青年组成一支生力军,成为北大荒二次创业的主要力量。

城市青年到来,连队面貌焕然一新。家属区、宿舍区土坯房建成了砖瓦房,学校搬出了家属房、宿舍,建了砖瓦到顶的校舍。土场院打成了水泥场,猪圈、牛马棚也盖成砖基瓦顶。

他们在场院、食堂、宿舍墙上写"抓革命促生产"、"工业学大庆农业学大寨"、"以阶级斗争为纲"等美术字标语,在宿舍房山头画"马恩列斯毛"头像、"大海航行靠舵手"毛主席像。

城市青年很多人有才艺,在精神生活方面给连队增添了活力。上海青年陆纮,人漂亮,身材好,又瘦又高,会跳舞,被调到总场宣传队。和她同来的张幼华,样板戏调子很准,有板有眼,嗓音有点粗,经常扮演男的。她扮演李玉和不仅唱得好,而且演得像,演出了李玉和临危不惧的精神。北京青年孟振海,个子很高,排练以珍宝岛事件为题材的节目,扮演苏军瘸子上尉,要穿军大衣,借了爸爸当兵时的军大衣,从那以后别人就叫他瘸子上尉。军大衣多年没穿,妈妈翻了半天箱子找出来,借给他。我们同学董继红,跟他们演了忆苦思甜戏《一块银元》,轰动全场,到处演出。

很多青年有外号。哈尔滨青年郭玉民笛子吹得好,脖子总是往一边歪着,别人说是吹笛子吹的,就叫"老歪"。老歪娶了我的同学张建美,现在哈尔滨。北京青年曹立田,上衣总是很长,叫"曹大褂"。王国森因为唱了"一个小和尚,上山去烧香,想起了他的娘",别人就叫他"小和尚"。

我们班北京女青年姜忠泽,演节目扮演一个背水壶的军人,得了绰号"水葫芦"。"忠泽"这个名字,听说是"文革"时改的,忠于毛泽东的意思。她很会讲故事。农时中间，连里让我们压绿肥，每到这时，我们就叫姜忠泽讲故事。有时听她讲故事入迷了，竟然忘记了干活，她就提醒我们：“别光顾着听故事，快干活呀！”我们就又一边干活，一边听她继续讲。

因为姜忠泽的绰号，小弟弟东胜还问了一个让人捧腹大笑的问题。我和姜相处融洽，吃过晚饭，她有时会到家里玩。小弟弟长得很标致，也很乖巧，虽是男孩子，但从不惹是生非，大家都很喜欢他。不知谁给他起了个绰号叫“标致小伙”，去别人家玩，人家就说：“哟，标致小伙来了。”

一天晚上，姜忠泽到家里玩，弟弟一直有个问题憋在心里，想问，又没问出口。姜忠泽走后，他天真地问，她是不是姓水呀？惹得大家哄堂大笑。

夏天傍晚在院子里吃饭，妈妈用穿心壶烧水，爸爸拿一把二胡坐在板凳上拉《卖花姑娘》插曲，小弟弟就在爸爸前面唱，一栋房的人都出来看，简直是一幅优美的画面。

五六年级的时候，弟弟代表二分场参加总场文艺汇演，骑车回家时可能被成功冲昏了头脑，走错了路，很晚没回来。妈妈很着急，让我去问他同学。他终于到家，妈妈心里的一块石头才算落了地。

刚开始上班，心里有些怕城市青年不好相处，可和他们一接触，才知道担心是多余的。城市青年也很实在，我们一起上班，休息时他们讲些家里的事情，回家探亲，也带些糖果给我们吃。

妹妹两岁时感冒了，上海青年陈锦梅给她看病。妹妹不愿意打针，陈医生说，你打完针，阿姨给你糖吃，妹妹坚持说，我不打针，吃两块糖就好了。陈医生被逗笑了，给妹妹看完病，打完针，真的从兜里掏出一把糖给妹妹吃。

这些城市青年和我们及我们父母相处很好，他们把北大荒当成第二故乡。买自行车凭票，连里只把票发给有小孩上学的家庭，城市青年都是单身，根本没有购车票。交通不方便，去分场或总场搭不到车，就要自己骑自行车去，有些青年跟爸爸、弟弟较熟悉，星期天休息时，要去办事就到家里借自行车。

我们班女青年有时会问我："小司，你家晚上吃什么呀？"我说："烀土豆、面瓜、玉米。"这些东西都是自家产的。连里给每家分自留地，按人口，人多地多。开春时，爸爸用小推车推一些粪，在地里种一些小菜，也种一部分玉米、土豆。到了七月份，把小菜拔掉，种一些大白菜、红萝卜、绿萝卜、胡萝卜。秋天这些东西收回家，堆了满院子。妈妈有时就煮上一锅玉米、土豆、面瓜，还有胡萝卜。玉米很香，土豆很面，胡萝卜很甜，面瓜又面又甜。我们班女青年知道我家要做这个饭时，就会自告奋勇地说："晚上我去你家吃饭。"

每年春节，爸爸大年初一早晨，都是先帮妈妈包好家里的饺子，然后就到青年宿舍帮他们包饺子。

大弟小时候养过几条狗，开春到农村要一条小狗，冬天就养成大狗了，杀了，爸爸也拿点狗肉给青年们吃。妈妈把狗肉煮熟，从锅里捞出来，凉透，撕成一条一条的，然后用香菜（可能也用蒜碎）加醋、酱油拌着吃，味道特别诱人。

虽然我不追求穿戴，但衣服多是妈妈托下乡青年，从城市买回来，质地样式都很好。北京青年"陈三"陈占军会裁衣服，妈妈买布让他裁，然后自己用缝纫机做。妈妈给我做了一件白底带蓝色和橘黄色小花的衬衣，我很喜欢。

重返课堂

1977 年是我人生的转折点，我告别曾经工作过的连队，离开每天一起干活的同学和知青，离开父母和弟妹，来到陌生的鹤岗学习中文专业。

我成为二九〇农场在鹤岗代培的师资生，纯属阴差阳错。开始场里选了十八连一名城市青年，不巧这位返城了，就决定从本地青年中找一个。分场副教导员冯建云，之前在十三连当指导员，把这个名额给了本连，连长薛立彬选中了我。我是连团支部组织委员，工作踏实肯干、认真积极，得到了领导的赞赏。

从主观上讲，我不太想去，听说鹤岗经常吃大馇子，我胃不好，怕受不了。我也从来没离开父母那么远，有点舍不得，也舍不得那些一起干活的人。虽然干活很辛苦，但一想到一个人到人生地不熟的地方，心里还是有点空落落的。

同学、大弟弟、一块干活的好朋友都劝我去，再说这是组织上决定的事，就得服从。就这样，我从一名农工，又变成了一名在校学生。

全场去了八名代培生。一分场李健、陈龙川，二分场司燕凤、吴淑珍，三分场佟赫兰、方国英，四分场于萍和一个范姓上海青年。陈龙川学体育，于萍、司燕凤、李健学语文，佟赫兰、方国英、范××学数学，吴淑珍学物理。

二月末的一个上午，十点钟左右，我们到场部集中。吃完午饭，坐客车前往鹤岗。冬天路滑，车开得很慢。下午四五点钟到达，天色已黑。想象中学校宿舍是楼房，冲水厕所，到了一看，和想象相差甚远。

我们提前一天到校，还没正式开学。

来到一栋长长的平房，生活老师把我们领到最里面一间，炕上铺着胶合板，一层灰尘，但挺暖和。还不知道自己分到哪个宿舍，没人打开行李。

宿舍走廊很长，一共十几间屋子，每间屋子外面有一个炉子。进入走廊，满是煤烟。

到鹤岗第一个晚上，我们穿着棉衣枕着行李睡觉。可能是第一次离开家和陌生人住在一起，又到了一个新环境不太适应，我彻夜难眠。

开学第一天不是去教室上课，而是上山扑火。班主任是一名上海青年，姓邱，因为在平壤出生，父母给他取名邱平壤。学校给每人发了一个大面包，休息时，教务主任孟昆怕我们睡着，就说，我给你们讲个故事吧，故事的名字叫“足矣”。话说一名教书先生，教了学生一学期，家长想请先生吃顿饭。妈妈对孩子说，你去问老师想吃什么。小学生找到老师，老师点了西红柿炒蛋、凉拌黄瓜、木耳炒肉几个菜，最后说了一句“足矣”。小学生原原本本告诉妈妈，妈妈其他几个菜都做好了，最后问儿子“足矣”是什么，儿子说不知道。妈妈让儿子问爸爸，爸爸正和别人赌牌，输了正在火头上，没好气地说，是你妈的脚后跟。儿子如实传达。妈妈把自己的脚后跟泡在盆里，用剪刀把老皮刮下来，放在油里炸了一下，装在盘子里端上桌子。老师到来说了一些客气话，之后大家一起用餐。看到桌上多出一盘菜，先生不知道是什么，又不好意思问，也尝了几口。饭后，学生送老师出来，老师问，你妈做的又黄又脆的东西是什么呀？小学生认真回答，是“足矣”。老师心里咯噔一下，问小学生，“足矣”是什么东西？小学生回答，就是我妈妈的脚后跟呀！听完这话，老师吃进去的全吐了出来。这个故事告诉我们，咬文嚼字要看对象，不要见人就跩词。最后，孟主任还教我们一个歇后语：老母猪啃碗碴——一肚子明瓷（名词）。

中文专业课程有现代汉语、现代文选、古代汉语、古代文选、书法、写作、政治。现代汉语和书法是洪均老师教，他不仅写字好，还会中医，会把脉。古代汉语老师换过三个。教务处孟昆主任非常精干，板书非常工整，从不写连笔字，讲课没有任何废话，从不拖泥带水。冷国俭老师讲课总是面带微笑，他家就在学校附近，院子里种了许多花木，夏天五颜六色的花朵十分漂亮。我和范秀芹在他家花园里照了一张相，笑得很灿烂，范取名“她在丛中笑”。吕敬源老师比我们大不了几岁，粉笔字很漂亮，下课或者上课做笔记，我们就在黑板或记录本上模仿他的字。现代文选就是邱平壤老师教，上海人说上海普通话，给我们听写时把“仍然”念成“人然”，有不少人写错。写作课是南开大学毕业的朱国庆老师教，也是上海人，恢复高考后考上研究生，回了上海，毕业好像在上海戏剧学院任教。当时他已经三十五岁了，还没成家，有一个星期天洗了被子，自己不会缝，找我和于萍跟他一起缝。政治老师有两个，第一个不太注意形象，穿拖鞋讲课，从不写板书，只写一二三和123。我们要求学校换了一个老师，这个老师讲课内容很清晰，很有条理，而且对我们要求很严格。

中文班三十多名学生，其中六名男同学。宿舍按班级分，各班男女生不管多少人住校，都分别有一间宿舍。我们班平时有十几个女同学住校，冬天路滑，骑车上学会摔倒，住校生就多几个。

宿舍是上下铺，下面是火炕，炉子在走廊里，上面一层是木板大通铺，边上有一个梯子。我住上铺第一个床位，这个床位一般没人愿意住，因为每个人上下床都要从这里经过。凡事各有利弊，住这个床位的好处，就是上下床方便。

学校食堂吃饭发票，十斤饭票八斤是粗粮。饭票黑黄色，菜票白色。我们在农场顿顿吃白面馒头，根本不习惯这里的伙食，常跑去买油条。每天早晨跑步到达的地方，刚好有一个早餐馆，人多买回学校吃，人少吃完再回学校。中午多是高粱米饭和大馇子饭，也有白面馒头，但只有两成饭票可以买，不可能天天吃。大馇子饭不是直接在锅里煮熟，而是七八成熟，盛到一个大盆里放在热炕上，上面捂上一个厚棉被焐熟。有时停水，大馇子饭也吃不上了，改吃窝头。玉米磨得很粗，窝头很硬，咬到嘴里什么味道也没有，咽的时候扎嗓子。菜里黑胶一样的东西，厨师说是红薯粉，一到停水，食堂就做这个菜，那时还真想吃大馇子了。星期天休息，我们去饭馆买几个馒头，到食堂只打菜不买饭。或者早晨多买几根油条，再买点紫菜，中午用开水冲紫菜汤，泡油条。

妈妈知道学校伙食不好，放假开学时，就烙一锅发面饼让我带上。饼比馒头耐放,能吃一段时间。

吃了一个学期学校食堂,渐渐习惯了。心想,不管到了什么环境,都要学会适应,要顽强,要随遇而安。

代培生不单是去学习，有时农场汽车到学校仓库拉水泥,下课就有人到教室里喊:“代培的学生，你们场拉水泥的车过来了,司机让你们装车。”我们几个就跑到仓库装水泥,七八个人装一车,要用最快的速度,装完还要赶回教室上课。水泥装完后,衣服上全是灰尘,立刻到宿舍换衣服。赶回教室上课时,个个汗流浃背,气喘吁吁。

上学一个月左右,开春,学校建永久菜窖,我们又干了一个多月。永久菜窖是拱形的,先用木头做好拱形支架,上面浇灌水泥砂浆,阴干,撤去木架,就建成了。我们负责运沙子、水泥和泥浆,专业人员往拱架上浇筑。那一个多月,同学们累得腰酸背疼,但也锻炼了意志品质。

星期六、星期天休息,感到寝室很无聊,几个人结伴去逛街。电影院刚好有愿意看的电影,看完已是晚上十点,学校大门已关。我们不敢惊动看门老头,想着怎样能进学校。

院墙下面,隔不远有一个很矮的半圆形洞,都用碎砖头或黄泥堵上了,只有一点缝隙,有同学提议,把洞扒开爬进去。一名同学说,“为人进出的门紧锁着,为狗爬出的洞敞开着”。又一名同学出主意,男同学先爬过去,在里面接女同学。于是,男同学一个个从大门上面爬了过去。我个子矮,够不到大门上面,个高的于萍把我抱起来,我踩着她的肩膀爬到大门上面,男同学把我接了下去。其余女同学也一个个这样进了校园。我们放慢脚步,悄悄回到寝室,没被门卫老头发现,大家松了一口气。

鹤岗求学期间，读了许多世界名著，有些现在已经记不清了。或许是文化差异,或许是翻译原因,外国书的内容看完了也不大懂,记不住里面人物的名字和事情。还记得一些书名,像《死魂灵》、《战争与和平》、《红与黑》、《欧也妮·葛朗台》、《高老头》、《简·爱》,高尔基的《童年》、《在人间》、《我的大学》三部曲。到新华书店租书看,每本一天五分钱,还书还退部分租金。

老师给我们推荐了托尔斯泰的《安娜·卡列尼娜》,这套书中文专业必读。星期天早晨七点多钟,我到书店买书,书店还没开业。那套书只剩最后一套,回来的路上,一个过路人问我在哪买的,我告诉他这套书已经卖完了。

在我读的世界名著里,印象较深的有两本,一本是《鲁滨逊漂流记》,一本是《钢铁是怎样炼成的》。《鲁滨逊漂流记》写鲁滨逊一个人在孤岛上生活了很长时间的故事。《钢铁是怎样炼成的》作者奥斯特洛夫斯基，描写坚强的布尔什维克战士保尔·柯察金一生成长的感人故事。

保尔·柯察金从一名共青团员成长为一名布尔什维克战士,经历了很多磨炼。书中描写了保尔与冬妮亚的纯真爱情,还描写了青年团员冒着大雪抢修铁路的故事。生活和工作环境十分艰苦,有人临阵逃脱,保尔却毅然决然地留下来。由于长时间劳累,保尔病倒了,全身瘫痪,双目失明。就是在这样的情况下,保尔仍然自强不息,坚持信念。他身残志坚,用自己的战斗经历作素材,以顽强的意志写下一部长篇小说《钢铁是怎样炼成的》。这部小说大受赞赏,保尔那种决不屈服于任何艰难险阻,百折不挠勇往直前,战胜一切困难的决心和毅力,值得任何时候任何人认真学习。

《钢铁是怎样炼成的》一段经典名言,至今我还清楚记得。"人最宝贵的是生命。生命属于人只有一次。人的一生应当这样度过:当回忆往事的时候,他不会因为虚度年华而悔恨,也不会因为碌碌无为而羞愧,在临死的时候他能够说:我的整个生命和全部精力，都已经献给了世界上最壮丽的事业——为人类的解放而斗争。"这段话是保尔一生的真实写照。

我看这本书,不是买也不是租的,而是范秀芹从她男朋友那里借的。刚开始没什么特别感受，越往下看感受越是不同，渐渐地，我被书里的故事情节所吸引，被主人公的事迹所打动。我喜欢上了这本书，我用最快的速度看完了这本书。

我学得最好的课程是古文和现代汉语，查字典也非常快。之所以这两门功课学得好，并不是我特别聪明，而是因为我对这两门课有浓厚的学习兴趣，善于钻研，研究出了一套与众不同的学习方法。

学习古文，不管老师要不要求交作业，我都把老师讲的每一篇文章重新整理、翻译一遍。翻译的时候，还把文言实词、文言虚词和特殊文言句式、语法也作为重点，一起整理一遍。俗话讲"好记性不如烂笔头"，整理一遍笔记，能起到加深记忆的作用。我一直坚持这样学下来。功夫不负有心人，努力得到了回报，毕业考试中，我的古文是全班最高分，两次 99，一次 100，平均 99.3 分。

现代汉语学得好是练出来的，平时看到好文章，我就拿过来，划文章中的句子成分，找复句和修辞手法。学校开大会，我就拿一张报纸，找篇文章做练习。洪均老师很欣赏我，课堂上讲到特殊语法时，就让我上黑板划句子成分。

窦桂芝看我查字典比别人快，让我告诉她方法。音序查字典，是先找大写字母，再找音节，看和音节相对的页数，最后找到要查的字。学习查字典，要搞清楚字典编排的规律，大写字母是按照 A、B、C 到 X、Y、Z 先后顺序编排的，要很熟练地记住这些大写字母，有字母歌，很容易背下来。还要找出字典里音节排列的规律，音节的排列顺序是 a、ai、an、ang 排在前面，e、ei、en、eng 排在后面；两拼音节排在前面，三拼音节排在后面；平舌音排在前面，翘舌音排在后面。找到大写字母，再根据这些排列顺序，就能很快找到要查的字。

两年时间，我先后两次被评为班级优秀学员，学校组织全校优秀学员开大会，发奖品。奖品就是一个笔记本。开完大会，学校组织我们看了一场电影《龙须沟》。

我被评为优秀学员的事,不知怎么被物理班知道了,可能是他们班优秀学员说的吧。物理班一个学生问吴淑珍:“语文班一个长得又矮又瘦姓司的,学习还挺好的呀?”吴淑珍跟我说了这件事,我心里很不舒服,就说:“学习又不是扛麻袋,学习成绩的好坏,跟个子高矮有什么关系!”心里还是会想:个子矮就会被别人瞧不起吗?这件事给我造成了一定的自卑感。

鹤岗矿务局经常搞庆祝大会,大会上有文艺汇演,有大合唱。师范学校都是参加大合唱。接到任务,下午自习课时间,每人拿一份歌片,集中在一个大教室里练歌。

大合唱要求统一服装,必须穿白衬衫。我没有白衬衫,舍不得为一次演出买一件衣服,身材矮小,又借不到合适的,我就穿一件浅粉色和蓝色小格子相间的白的确良上衣。那件衣服是我在连队上班时,妈妈托城市青年买的,穿上去给人一种干净清爽的感觉,所以我很喜欢。在影剧院演出时,音乐班男老师初本荣和女生阚淑华担任领唱,队形中间高两边矮,我在最边上,衣服也影响不大。

两年的学习生活很快过去了,我中专毕业了。临走前一天,好朋友窦桂芝领我到她家吃了顿韭菜馅饺子,同桌王艳君送了我一些高粱米。高粱米在鹤岗不稀奇,但在农场很少见。妈妈用高粱米和麦仁一起做粥,高粱米煮得很烂,加上麦仁的滑爽,吃起来比在鹤岗好吃多了。我还买了一些紫菜,农场没有卖的,妈妈做汤放上一点,味道就好得多。

走前的晚上,我就把行李收拾好了,和来时一样,那晚又是夜不能寐,思考回来以后的事情,幻想与家人团聚的情形。第二天早晨,我们很早就起来了,等待踏上归程。用归心似箭来形容当时的心情,一点也不为过。

中学任教

1978 年 8 月,我被分配到二分场学校任教。

我到学校时,城市青年大批返城已露端倪,他们已经没有刚来北大荒时的激情,心思都花在想办法返城上。之前早已有人通过招工、病退、参军、上工农兵大学、结婚等办法返城,也有人通过转插到家里有亲戚朋友的外地,离开北大荒。恢复高考后,又走了极少部分。建设北大荒的重任,责无旁贷地落在了我们本地青年肩上。

一时间,本地青年成为农场新鲜血液,充实到各个行业。商店、医院、银行、工副业、农业、畜牧业,到处都有他们的身影。这些行业用人有很大伸缩性,多一个少一个没什么问题,尤其是农业连队。

学校教师就不一样了,一个萝卜一个坑,有多少学生,就要根据国家要求结合实际情况编成多少个班, 并配备相应数量的老师。当时二分场学校在校人数比较多,一个年级至少两个班,有的达到四个班、六个班。

眼看知青教师即将大批离去,现实需要是,最短时间内培养出一批在校学习成绩好、各方面表现优秀的本地青年,充实到教师队伍中去。于是,学校领导召集还没返城的知青教师,从本地应届和往届毕业生中挑选人员。

知青教师离开北大荒所做的最后一件事,就是帮助学校物色新老师,并帮助培训。

我就是这个时候到学校当老师的。我不仅要给学生上课,还要到培训班给新教师上课。

我和哈尔滨青年于淑媛老师教语文班,这个班共有十几名新老师。等到培训结束,知青教师果然走得差不多了。最后只剩上海知青马志红，她是学校党支部书记，和十五连指导员丁玲妹，一起住在学校食堂宿舍，等待通知办理返城手续。新老师全部分配到各个班级任教。

领导安排我教学校最高年级——九年级语文课，还让我当了语文教研组组长，并负责校内外宣传报道工作。“六一”学校开运动会，我负责审阅修改学生写的稿件，校领导的讲话也是分配给我写。

不久，分场举办职工文化补习班，让我教语文。我白天在学校给学生上课批改作业，晚上到俱乐部给场部地区工业连、副业连、十五连、修理所、汽车排、卫生所人员上课。一天晚上，快要下课的时候，突然停电了，俱乐部里立刻漆黑一片，我点燃蜡烛，把课讲完。

为了提高师资水平，总场对现任老师提出要求：小学教师必须达到中专毕业水平，中学教师必须达到大专毕业水平。高考刚恢复，学校现有教师基本都是初高中毕业就直接教书了，没几个是考入中专、大专师范学校毕业的。

为了达到总场对师资水平的要求，分场学校要求现任中小学教师，都要通过函授学完相关课程，拿到中专、大专毕业文凭。

函授班自愿报名，百分之九十以上现任教师报了名。中专班数学老师是杨文庭，语文老师是我。每逢星期六下午，我们两个轮流上课。

所有课程学完后，场里组织了毕业考试。场教育科组织指导教师批卷，我很紧张，怕有学员考不及格，拿不到毕业证。成绩出来后，我把所教学员成绩抄在一张纸上，还好，都过关了。

教这个中专函授班，学员们的学习热情和刻苦努力，让我深受感动。连队学校的老师，到了星期六下午，骑自行车或搭车到分场学校上课，上完课后再骑车或搭车返回。夏天赶来教室，热得汗流浃背。冬天，顶风冒雪赶来，常常冻得手不能写字，直在地上跺脚，先要在炉火上烤烤手，才能听课做笔记。

就在这样的艰苦条件下，他们坚持学习，一上就是两年。星期一到星期五，他们要给自己学生上课、批作业，星期六当学生要完成作业。无论上课还是写作业，他们都很认真，也很虚心，不懂就问，真正做到了学而不厌。

一分耕耘，一分收获，经过两年学习，每个参加函授的老师，都顺利拿到了中专毕业文凭。

1983 年，分场学校撤销高中，高中要考到总场去上。总场举办初中教师培训班，培训后参加教材过关考试，不及格第二年还要补考。全场初中老师集中在总场中学上课。

寒假办班，来回跑太冷，各分场教师都选择住在场部中学。我只住了一个晚上，就天天来回跑。女儿只有九个月，还没断奶，放在奶奶家喂饭。从十六连到场部，来回往返有将近四十里路程。每天早晨六点钟，我就去坐车，下午下了课，又急忙往回返，就这样坚持了半个月。

考场纪律很严，单人单桌。成绩公布，我有点不敢去看。有个老师告诉我，我考了二分场最高分，我还是不敢去看。

第二天，所有老师都看完成绩，我才去看。我怕自己不过关，第二年还要补考。补考完全靠自己复习，场里不会再办班了。我考了 87 分，和刘俊山并列二分场语文教师最高分。

人不可能不遇到困难，关键是遇到困难时自己采取什么态度，坚持下去，困难就会被克服。我的想法是不能失去这次学习机会，机不可失，时不再来。

照片作证

1980 年春节，我们兄弟姐妹六人的一张合照，是我人生中永远的甜蜜。

具体哪天记不清了，就在春节那几天，我们一行六人，兴致勃勃地到一个二三十里远的地方——集贤，去照相。

先是二弟同学吕俊在集贤乡忠仁照相馆照了一张相，他跟二弟关系很好，给了二弟一张。看他照得挺好的，我们问是在哪照的，他说在集贤。大弟弟倡议，我们欣然同意——去集贤照相。

冰雪覆盖，寒风刺骨，恶劣的天气并没有阻挡住我们的热情。六人骑三辆自行车，大弟燕仁驮着小弟弟，二弟燕礼驮着小妹，三弟燕海驮着我。路上满是积雪，有些地方很滑，骑车上去会左摇右晃。二弟驮着小妹不小心摔了一跤，乐着爬起来，拍拍身继续前进。就这样，我们到达了集贤。

照相馆里有一位个子不高、眼睛挺大、戴顶单帽的老师傅，还备了西装、领带什么的，给客人选用。农场唯一的照相馆没这些东西，都是自己穿自己衣服照。

我们六个每人手里拿了几张扑克牌，个个笑容灿烂。有这张照片为证，1980 年，兄弟姐妹，风华正茂，这个家庭的喜剧，于此达到第一个高潮。

我们六个每人都有自己的特点，大弟弟英俊潇洒，二弟弟帅气迷人。

二弟很标致，大大的眼睛，高高的鼻梁，薄薄的嘴唇，整齐洁白的牙齿，俊秀的脸庞，匀称的身材，很靓仔。

小弟弟也很标致，很干净。

小妹燕霞已经十二岁，女孩子到了十二岁，已经越长越漂亮。她和小弟弟用花瓶和收音机做道具，定格了两小无猜的姐弟情谊。

三弟弟长得很结实，虎头虎脑，笑起来纯朴、憨厚。

至于我嘛，长得不靓女，也不难看，朴实无华，不讨人嫌。

燕礼很腼腆。有一年春节，我和他在家，王凤英、赵连英、于丽荣三个女同学找他玩，他说“你就说我不在家”，说完就躲进小屋去了。几个女同学问:“司燕礼在家吗?”见他不在,坐了一会儿就走了。她们走后,我到小屋叫他,确认她们走了才出来。

东胜小时,燕礼和王凤英、殷淑兰、郭东华一个学习小组,轮流到各家写作业。冬天,王凤英、殷淑兰围围脖,郭东华戴狗皮帽子,东胜一见郭东华就哭,弄得郭东华很不好意思。王还是殷说可能是狗皮帽子的事,以后郭一进门就摘帽子,东胜见她也不哭了。

1978 年,燕仁在全场往届毕业生中唯一一个考上了大学,这是十三连第一个大学生,不仅是司家的骄傲,也是十三连的骄傲,九年级四班的骄傲,更是光宗耀祖的喜事。

入学前,燕仁请了张道华、周培林、郝省龙、侯广忠、孙忠孝几个同学到家里分享快乐。我和妈妈做饭。喝着喝着,郝省龙和侯广忠不知为什么抬起杠来。郝省龙手劲还真大,愣是捏碎了一个杯子,肯定喝高了。孙忠孝更是酩酊大醉,骑不了自行车,在邻居家住了一晚第二天才回。张道华正在热恋,大概下午四五点钟,第一个离开。

退养珠海

2002 年,我从北京来到珠海,见了以前没见过的景色,吃了以前没吃过的东西,学会了做南方菜,煲各种各样的汤。

以前家里人聚餐,我只是烧火打杂,来珠海几年,我已是家庭聚餐的主厨。我接受了妹妹传授的厨艺,还自己照菜谱或跟电视学做菜。去餐厅吃饭,我也研究菜是怎么做的,放了什么材料,回家就学着做。做饭有时会被烫伤,但看见家人津津有味地品尝我做的饭菜,心里很有成就感。

来到珠海,我实现了两个愿望。

没来珠海时,在电视上看见大海美丽的景色,心里想:什么时候我也能到海边看看?

2003年,我和妹妹一家三口,还有三弟两口一行六人,到海口看望父亲。我穿一件黑色短袖上衣,一条天蓝色裤子,光脚卷起裤腿,高扬起手臂,在海边拍下一张照片。我的笑容是发自内心的,因为我实现了自己心底的愿望。

父亲和小弟弟住在海口,小弟弟还没成家。往三亚途中,我们去了博鳌。一条宽阔干净的大道,两旁绿树成荫百花争艳,微风吹来,花香扑鼻。

人的观念,会随客观条件变化而逐步改变。没来珠海之前,以为我会在二九〇那个小平房里住一辈子,住进那间平房后,我从未搬过家。来到珠海后,我的想法在慢慢改变。

刚来时,看到别人买房、买车,认为这些事情与我无关。后来跟着别人去家具城买家具,心想什么时候我也能给自己买家具;帮助别人打扫卫生,心想什么时候我也能给自己家打扫卫生。没想到,2009年初,我在珠海也有了自己的家。虽然房子不大,但终究有了属于自己的家。我的第二个愿望实现了!

我心里确实很高兴,因为从此我再也不用夏天用二齿钩子刨草,秋天用斧头劈柴,冬天用镐头刨煤、用垃圾桶掏煤灰了。我永远跟二齿钩子、斧头、镐头说"拜拜"了。这件事让我明白:不能当一天和尚撞一天钟,得过且过,要有想法,要为人生目标奋斗。

现在,我不求大富大贵,只希望家人身体健健康康,事业顺顺利利,开开心心、平平安安过好每一天。

女一:邱芙蓉。

(2011年1月改定)

伊甸园之旅

——燕霞自述

1974 夏　家里搬了新房子

1976　与大哥（青岛中山公园）

1981 与小弟

1986.8 与大哥赴太原，入北京颐和园

1997　已是三口之家

2000　二分场家门前小树林(左二)

2009.6　一家三口(摄于珠海)

爸妈哥姐说我出生时很白很长，叫我小白羊，或许是。襁褓婴儿似的成长经历，使我单纯。

鱼的忆念

很小时候一件事印象深刻，是连队开着车分鱼。不记得什么车了，停在家门口，后斗里装满鱼，车上两个人，每家每户拿着盆子，去装各种各样的杂鱼。我站在旁边看，很好奇，很兴奋。从此每年都盼望分鱼的车来，可惜每年都失望，好像只来过这一次。

这件事印象深，或许跟我爱吃鱼有关。不知是父母影响还是本身口味偏好，我比一般人喜欢吃鱼，煎、炸、蒸、炖均可，尤其喜欢小的海杂鱼。

妈妈炖鱼，堪称人间美味。鱼先稍微煎一下，放花椒、大料、葱、姜四种调料(不放蒜)，多添些水，开锅后小火炖半小时，汤还能盖过鱼，放点醋，然后开春放点菜园里的韭菜，冬天放点屋里栽的蒜苗(后来我用香菜代替过，味道差很远)。这时鱼鲜的味道夹杂着韭菜、蒜苗的清香溢满屋子，鲜香极了！

炖好的鱼盛在盘子里，锅里通常还会有一碗汤，那是精华，是爸爸的专利。妈妈说小孩不能吃鱼籽，长大会不识数，我数学学得好，或许跟小时候没吃鱼籽有关系吧！后来吃过姐姐、嫂子做的鱼，总有些缺憾，也不知缺啥，或许是缺了妈妈锅前灶后的温馨、缺了妈妈忙碌的身影、缺了妈妈的家常话和欢声笑语……

等哪天买到好的野生鱼，我想学一下妈的手艺，再教给女儿，这样可以把司氏炖鱼传承下去。

心灵鸡汤

妈妈三十九周岁怀上弟弟，印象中和平常没多大区别，家务活照做。

生弟弟是半夜，熟睡中被叫醒。范大娘来接生，带了把剪子，在火上烧烧算是消毒。我和二哥被赶出来，在外屋等着。我很好奇，很着急，趁大人忙乱，溜进里屋——一大摊血。

妈妈坐月子，吃的和我们一样，唯一不同的是，爸爸上总场买了饼干，长方形的，很粗。饼干放在一个书包里，挂在里屋墙上，幼儿园放学，有时我会吃一块。饼干当时算是稀罕物，可我从小并不喜欢这类零食，我还是觉得妈蒸的馒头和炒菜好吃。

我二十九岁生了女儿，经历过一些事情，对妈妈有了更深的理解。

妈妈身高只有一五五，身板很直，皮肤很白，脸上总挂着笑。她总是很有条理地忙活着，照顾一家八口吃饭、穿衣，还有鸡鸭鹅狗。

一直以来，在我眼里，妈妈似乎没什么愁事。现在想想，我是多么天真和不懂事，她一直以自己弱小的身体，默默承受着家庭的重担。母女一场，我甚至未曾与妈妈有过很正式的交谈，更不要说内心深处的交流了。这是不可弥补的遗憾，只怪我自私、肤浅。

妈妈给了我太多的幸福和满足，现在回想起来，还是那么温馨，总想流泪。奢望着还能回到过去，奢望着妈妈还能回家来。

妈妈做的清炖鸡很好吃，并且吃鸡不用啃骨。先把鸡放在清水里煮熟，然后捞起来，拆肉去骨。汤加乌鱼、粉条、鸡蛋等煮熟，肉碎放回汤里，每人一碗一碗盛着吃，就从心里往外透着幸福。

妈妈说女孩子要多吃鸡翅，将来会打理自己的头发，吃鸡爪会让头发乱糟糟的。所以我和姐姐，几乎包揽了家里的鸡翅膀。小时候，妈妈做饭，我常给她烧火，每次煮鸡，她总在撕鸡的时候，先挑个翅膀或鸡腿给我吃，像是对我烧火的额外奖励。我心里美滋滋的，觉得妈妈对我特别好。

许多年后，和姐姐聊天，姐姐得意地说她也有同样经历。我恍然大悟，妈妈对每个孩子都一样疼爱。妈妈给了我们每个孩子幸福、快乐的童年。

家有小弟

1974年我们搬家了，印象中一片杂乱。爸爸和大哥用牛车往新房搬东西，妈妈忙着做饭，二哥烧火。

弟弟那时几个月大，正好会翻身，大人忙，他也不闲着。妈妈明明把他放在炕里边，他硬是翻来翻去挪到了炕边上，最后居然不知深浅地翻到了地上。

他太小了，当时就窒息了。我们急坏了，赶紧找来卫生员。卫生员掐了一下人中，他居然大声哭了起来。全家人终于长长地出了口气，弟弟没事了。

新房西头有个盖房时留下的大坑，一天下雨，坑里积满了水。

我无聊地在水坑边缘走，一不小心脚滑了，掉了进去。水很深，足以淹没我，我扑腾着拼命喊救命。彭成松伯伯正在菜园翻地，闻声赶到，把我拉了上来。那次把我吓坏了。

弟弟三岁，妈妈带他回山东老家，回来在沈阳转车时被坏人领走，好在后来还是找到了。妈妈惊吓一场，得了大叶性肺炎。

那段时间，好像只有我和爸爸在家，哥哥们不知都去哪了。只记得家里有些冷清，我非常想妈妈和弟弟，日思夜想，觉得百无聊赖。那年我只有九岁，那样的想念，到上大学时也有过一段。

一天下午，我从外边玩回来，一眼就看见了弟弟，我马上抱起他。他带个小军帽，穿着我小时候穿过的暗红色小花条绒褂子。我高兴极了，他们终于回来了，我又回归了温馨的生活。

那一刻开心的感觉，现在回想起来依然甜美，那是完全彻底的满足。慢慢长大了，总是患得患失，即使拥有了全世界，可能也找不回那一刻的感觉。

小学跳级

1976年9月，我八岁，上了小学。

从一上小学，我就知道学习的重要性，觉得学习才是正事，是创造美好生活的唯一途径。对学习很感兴趣，渴望获取新知识，也特别感谢爸妈遗传给我较强的逻辑思维能力和记忆力。

小学一二年级对我来说太简单了，总结一下，归功于认真听课、重点明确。

许惠芝老师是北京青年，很严格，但对我不错。我也是她的小帮手，经常到讲台上领读汉语拼音。许老师后来返京了，很长一段时间，我们还保持书信来往。

读完小学二年级，我跳级直接读四年级，这是大哥的主意。其实我内心很感谢大哥，他一直很关注我的学习，一直到报考大学志愿、考研等。

刚上四年级还是很吃力的，三年级学的吨、公斤、米、厘米等换算，当时对我来说真觉得很难，爸爸也辅导不了我。大哥是我的老师，常常一脸严肃，我不敢问，所以经常急得在炕上使劲哭。经过多次不懈的自我钻研，也不知是何时，突然开窍了，顺利跟上并逐步超过了他们。

小学同学陈法蓉，我俩挺投缘，一直到大学放寒暑假，我还是喜欢找她玩。她随和、善良，整天笑呵呵的，喜欢看书。家里爸爸订有《人民文学》，她每次来玩，除了和我聊天就是看书。我很后悔当时没和她一起看，没养成爱看书的好习惯。

我也去过她家，她妈妈常年有病。或许是少了父母的悉心呵护和教导，她很自由、随性，但也缺少了对自己未来的设计和规划，其实她很聪明。

放寒暑假是我最轻松的时候，也是有很多烦恼的时候。爸爸、妈妈、哥哥、姐姐们都在外面忙活，家里扫地、擦桌子、做饭，就要我和小哥做。和小哥合作很不愉快，他总是仗着大些，让我干这干那，有点难度的活都让我干，强烈的被欺负的感觉。我们之间还互相起外号，都是用些最恶心的字眼，以发泄对对方的厌恶。

现在我和小哥还有姐姐住在一起，虽然我们各自身上都有很明显的缺点，我们有时很自私，对对方照顾也有所不周，彼此之间也经常会有一些意见和看法，但我们之间的血缘和亲情可以化解一切，让大家可以理解、原谅对方。还有大哥、二哥、弟弟，我们是一家人，我很珍惜。

十二岁以前在十三连度过——幸福，快乐！

细心老爸

爸爸脾气很好，跟几个哥哥相比，明显很宠我。他是个细心的人，冬天早晨冷，每次起床前，爸爸都先焐热我的棉袄棉裤，这样我穿的时候就不会觉得冰凉了。多年以后回想起来，依然觉得暖暖的。

爸爸经常去团部，每次回来都买些吃的给我，糖块居多。每次他都以很特别的方式——“我给你变两块面”，说着，从兜里拿出两块糖。每每这时，我就觉得特别幸福，不仅因为有糖吃，更多的是因为爸爸眼中的喜爱。

爸爸给我买过一本《故事会》，我翻来覆去看了好多遍，内容几乎可以背下来，到现在还记得其中部分。苍蝇为什么经常会两条腿搓绳、老大和老二的故事、干枝毛桃的故事等等。

青蛙之祸

妈妈养了很多鸡鸭鹅，平常好好养，夏天可以吃蛋，冬天过年的时候又有肉吃。小学每天放学后，挖野菜是我的任务。

挖野菜常要走到几里以外的地方， 拿一个小麻袋一把小镰刀，边走边找，总能找到些。当突然发现一大片苦苦芽时，别提心里多高兴了。通常情况下，都会满满地挖上一小麻袋，然后用手撑着腰，扛在肩上，高兴地回家。

有一次，带着弟弟去挖菜，突然下起了大雨。我急忙带他往家跑，路上经过一条水利沟，沟里没有水，本来可以从沟里走的，可偏偏这时有只大青蛙在沟底溜达。我从小不怕老鼠怕青蛙，情急之下，一步跨了过去，一路小跑总算到了家。

到家后觉得小腿很疼，伤口一直流血。又不敢告诉妈妈，怕她发脾气，于是自己找了块布缠着。伤口依然流血不止，疼极了。最后爸爸背我去了卫生所，二哥同学吕俊帮我检查，发现小腿里插进十厘米长的灰子杆。都是青蛙惹的祸，跨沟的时候中招了。

灰白初中

1980 年 9 月进入初中，从十三连到分场，一切都很新鲜，明显感觉分场同学比我们见识多些。

我分在重点班六年级五班，课本上那些内容对我来说非常容易，可以百分百掌握。比较遗憾的是，没有各方面的知识拓展，没有书店的概念，根本没有课外书看。学习伙伴是赵家华(小娥)，她比我高一年级，有什么难题通常都是问她。

初一时，我个子超过了姐姐，经常穿着知青从北京、上海给她买的衣服，质地不错。姐姐在学校当语文老师，我经常跟着她住校，觉得那些女老师的床单、脸盆特别干净。我经常干些不洗脚就上床的事，把姐姐刚换的床单弄得很脏，姐姐追究起来我都没承认。姐姐宿舍搬了好几次，在这里第一次吃到巧克力、糖蒜。

家离学校七里路，冬天有次上学，前晚雪很大，第二天早晨，雪比膝盖还深。有人比我早去学校，雪地上留下深深的脚印，确切地说应该是脚坑，我就一个坑一个坑地艰难行进。两边是挂满厚雪的树林，没有伙伴，天色昏暗。我并没害怕，从小见惯了雪，从小适应了艰苦的生活环境。

夏天情况好多了，放学路上，我们采花，有野蒜花、黄花……男孩子喜欢爬上榆树摘榆钱吃。一路上蹦蹦跳跳，欢声笑语。

五年级，大哥教会了我骑自行车，是他从小骑到大的弯把大金鹿牌，实在难以驾驭。每次骑车上学，我很有负担，常常摔跤。现在感觉开车是一种负担，或许跟这有关。

姐姐在分场安了家，妈常让我带些鸡蛋给姐姐，用小篮子装着，挂在车把上。还是摔了，鸡蛋碎了不少。有人看见路上的碎鸡蛋，回来和妈妈聊，妈问是不是我摔了，我也没承认。

初二时姐姐生了女儿，还没满月，她家婆回去了，中午放学要做中饭给姐姐吃。其实我在家并没有完整地张罗过做饭的事,都是帮妈妈打下手,所以到了姐姐家,从抱草、烧火到淘米、炒菜,感觉很难应付。尤其是抱草,下着雪,从豆秸垛上一把一把往下拽,使劲也拽不动,很累,很冷,很无助。

好像在初三,二哥买了一部比较轻便的平把永久牌自行车,偶尔放在家里,我骑去上学,感觉好极了。有比较才有鉴别。

李是我初三班主任,对我很有成见,尽管我成绩出色,可她并不喜欢我,说我没什么好骄傲的,她留给我的只有偏见与不公。陆是我的物理老师,我感觉他总是针对我说些冷嘲热讽的话,课又讲得不好,所以我对物理没兴趣,现在想想没必要。

经历了青春期,比较敏感,尤其是对男同学。

初中三年,没太多颜色,没有适合我的气场。有几个朋友,但既不像童年玩伴那样酣畅淋漓,亦无成熟深刻的思想交流。只是个伴,一起成长。

学习能力最强的几年,并没有学到什么,如果那三年能读几十本书该多好。如果时光可以倒流,这是我要最先完成的心愿。

成绩虽然很好,有些老师并不喜欢,甚至可以说是为难。联想到十四岁女儿的学校生活,我想,为今天的中小学生开设“如何管理好你的老师”这门课非常必要。因为老师也是人,也在成长,也有私心,也会犯错误,我们要允许他们改过自新。重要的是要教会孩子,不要因为老师的错误耽误自己的学业,我们无力改变老师,但可以改变自己的内心。

生活中经历些挫折是好事,知道珍惜。

高中友情

1983 年 9 月升入高中,全场第三十五名。开学后第一次考试,排到年级第九。高一三班班主任厉馥美老师,教化学,人很好,我化学常考一百分。

高一课程对我来说依然轻松，成绩名列前茅。每晚八点半准时睡觉，早上六点钟起床，典型的早睡晚起，周围同学大多起早贪黑很用功。主要是我上课专心听讲，弄懂每一章节重点，认真做作业，反复验算结果的准确性。考前多做些题，同时把书上例题再重复做一遍。

其实学习是很简单的事情，我一直非常努力把这种方法教给女儿，可她执行得并不好，尤其是上课专注听讲做不到，所以成绩不错但并不拔尖。其实她很有潜力，我还要坚持。

高一生活很快过去了，轻松愉快。

高二要分文理班，我各科成绩均衡，并不偏科。初中物理老师的阴影，让我对理科班很不自信，加上传闻高中时期男孩如何聪明有爆发力等等，我最终选择读文科。厉老师关心地问我：化学学得那么好，为什么不学理科？留给她的只有遗憾，留给我的又何尝不是呢？

幸运的是，文科班遇到了班主任孙先广老师。不知为什么，提起他总有些感动、感恩和幸福。虽说是我们老师，实际只比我们大五岁，他刚从阿城师范专科学校数学系毕业两年，第一次当班主任。

文科班通常被认为不够聪明、没潜质，数理成绩肯定很差。不巧刚分班的一次数学考试，居然被我这个文科班学生摘了冠。这对理科班数学老师来讲，简直是不可思议、无法忍受。很快，由理科班数学老师出题，组织了一次年级数学竞赛。一拿到卷子，就觉得题路很陌生，很难应对，所以匆匆做完能做的第一个交了卷。

一出教室门，孙老师既惊讶又有些责怪地问："怎么这么快交卷了？"我无语，但已感受到老师的期望，我们是同生存共荣辱的一个整体。我很内疚，辜负了老师的厚望。

结果可想而知，理科班赢了。后来传出消息，说在考前，理科班数学老师已将这些竞赛题,给理科班学生完整地讲了一遍。当时我很生气,现在想想,他们都是好老师。他们只有二十出头,虽在一些小事情上有些瑕疵,但都是拼命想把工作干好,把学生教好。几年接触,我感受到了他们的上进、善良和无私。

历史老师李蓉,瘦瘦高高很清秀。她来教我们没多久,孙老师就写纸条让我送过去,我什么也不明白,老老实实送去了,觉得特荣耀。这可是老师的私活啊。接着又让我给李老师传话,说孙老师在教室门口等她……我忙活得可乐和了。慢慢我明白了,他俩恋爱了。

没有网络、手机的年代,矜持、羞涩孕育了纯洁、美好的爱情。他俩结婚了,婚后依然相敬如宾,相濡以沫。他们有一个优秀的儿子,正在华东政法大学读书。

两位老师后来到上海浦东教学,我去上海出差,高兴地见面,他们没怎么变,依旧平和、亲切、真实。不知是我们班成就了这段美好姻缘,还是两位老师塑造了我们。我们彼此都感觉到,这是生命中难忘的两年,不可复制亦不能替代。

文科班又分应届班和复读班,大家都说教导主任儿子在复读班,所以老师配备比应届班好。我回家跟二哥说了这事,想调到复读班,但不敢向孙老师提出来。二哥于是去了孙老师家。他们具体谈了什么我不知道,但大体情形可以想象。

那天晚自习,孙老师把我从教室叫到走廊,他喝了酒,眼睛有点红,明显有些沮丧。我顿时感到事态严重,我深深地伤害了老师。他断断续续,说李蓉哥哥请他喝酒,他没去,心情不好——他说我是他最好的学生, 他说他无法相信我要调班……我当时多么希望他狠狠骂我一顿,可他没有,只是无奈、失望与不舍。我留下了。

很庆幸,在老师们的辛勤指导下,我一直名列文科班第一名,远远超过第二名。高考分数出来,我们班总体成绩、录取人数也好于复读班。

高中是有意义的三年,印象最深刻的一段时光。在这个班集体,我们不仅收获了知识,更收获了友谊和真情。

女生宿舍每个房间接近四十人,左右两边上下铺。我这届文科班,二分场只有我一个,一分场、四分场也不多,我和一分场胡玲、四分场滕宗美是好朋友,她们朴实、善良、宽容。我们每天一起吃饭,一起从教室走回宿舍,交流我们共同感兴趣的话题。暑假我去胡玲家玩过,有个周末还去了滕宗美家,她们也来过我家。上大学后,我一直惦记着找他们,一直到现在仍音信全无。她们也一定时常惦记我吧。

人生有很多驿站,总会有些萍水相逢的友情,能留在记忆深处——相信定是前世的修行,即便失去也会在下一个轮回延续。

班里只有六个男生, 我当时闷头学习, 对他们没有一点感觉。我想,他们对我也是如此吧。高中生活的主流当然是紧张学习,但也不乏暗流涌动。这次见到孙老师,他告诉我班里一个男生和一个女生结了婚,后来一起回了四川,我感到很吃惊。“我怎么什么都不知道?没发现他们俩谈恋爱啊,保密工作做得不错。”“你知道什么?你呀,只知道学习,从教室撵都撵不走。”孙老师笑着说。

高中收到过一封男生来信,寄到十三连。我读完吓坏了,因为是第一次听男生表白。其实信中并无过分言辞,只表达了些许爱慕,并约在总场综合商店门口见面,署名是个陌生人。

那天妈妈包了饺子,我一脸紧张,虽是最爱吃的食物也味同嚼蜡。妈妈很细心,看出我有事,细问后,痛骂这个人,她怕我受伤害。

最终当然不了了之,到现在我也不知道这个男生是谁。一切都是正常的,当年我们十七八,情窦初开。高考过后,孙老师告诉我,曾经收到不少男生写给我的信,他怕影响我学习,压在抽屉里，没让我知道。这就是我们尊敬的老师——不仅仅对我，对所有学生都是如此爱护。

英语老师崔丽娟，听孙老师说也到了上海。当年教我们时，她大大的眼睛、白皙的皮肤，年轻、漂亮、时尚，说话声音也好听。她常穿一条合身的黑裤子，上衣是两排扣深蓝色翻领夹克。很期待上她的课。

崔老师对我很好，经常带我到她宿舍，我们一起聊天，一起吃零食。记得有一次，我要参加比较正式的活动，正苦于没有合适的装束，她大方地把经典的两排扣夹克借给我。我神气极了！想起崔老师，就觉得轻松、快乐、温暖。

现在有时会想，我们每个人是否都考虑过，曾经或者将来能给身边人留下点什么呢？

三个哥哥

二哥、三哥常来学校看我，帮我处理一些学校的事情，或者送些吃的。我觉得很温暖、很安全，有那么多人关心我、爱护我。

三哥骑摩托给我送饺子，从十三连到学校，要二十多分钟。妈把刚出锅的饺子盛在铝饭盒里，三哥拿给我时还热乎。

当时能骑上摩托车，是件很拉风的事，三哥穿一条牛仔布喇叭裤，裤脚一尺多宽，潮是潮，可走起路来实在不方便。更好笑的是，大喇叭裤脚居然裂了一个大口子，他丝毫不觉得有什么不妥，还很得意咧。

有一个周六放学回家，三哥在地里干活，我去找他。东北的土地一望无际，好长好宽，常以垧来计算（一垧等于十五亩）。我站在地这头，远远看他人影在那头。他在锄地，偌大的田野，只他一人——弱小，孤单。我等着他，他一下一下锄过来，见到我笑着——满头、满脸、满身都是汗水留下的盐渍，我无法控制我的泪水……我们一起回家。那一刻,我在内心发誓,将来我要帮帮三哥。

二哥很帅,大眼睛,深眼窝,高且挺的鼻梁,身材也好,还很聪明。由于为人爽快,他和许多同学、同事关系很好。那几年每年大年初二,他那些同学同事都会来家里拜年,其中有一个还开着解放牌汽车来,别提多神气了。

汽车停在自家门口,我们小孩觉得新鲜好奇,还有荣耀。20世纪70年代末80年代初,汽车的确是个稀罕玩意儿。

妈妈很开心地张罗一桌酒菜招待他们,热闹极了。家里人没谁会喝酒,二哥却挺能喝,而且是高度白酒。

二哥很大方,挣了钱除了给爸妈,我们每次放假回家,都给拿上几十块钱,这在当时是很多钱。二哥在五十二连做得很好,很得领导赏识,很年轻就当上了连长。爸妈常因为有这样的儿子感到骄傲,我们姊妹也都盼着常与二哥见面。

有段时间,二哥很烦躁,总爱发脾气。我当时小,看的都是表面,他内心一定有很纠结、很矛盾的事情。是工作方面吗?恋爱对象不满意吗?还是对自己的未来感到迷茫?我梦想着和他好好聊聊。

二哥后来去了鹤岗,经济上变得很拮据。他不该去,那里没有适宜他呼吸的气场。

我读高中,大哥早已在鹤岗,我们有着频繁的书信往来,他给了我很多鼓励。他让我幼小的心灵感受到外面世界的精彩,让我好奇,让我幻想,激发了我内在的学习动力。

他来学校看过我好几次,每次都买些苹果,这在当时很稀罕。高考后,报志愿他更是当成一件大事,专程从鹤岗跑回来。

我的高考分数超过了学校历史水平,但录取我的大学只是我第二志愿。大哥回信中写道:“你的高考分数让我高兴,但录取的学校又让我有点失望,我还是会高高兴兴送你上学去。”

大哥很干正事，他知道什么事情重要，总能在人生关键处选择正确方向，并为实现理想不懈努力。这或许和他是老大有关系，从小和父母承担起家里的风风雨雨，让他深知生活的艰辛，也造就了他极强的责任心和上进心。

姐姐、三哥及他自己小孩上学，关键时刻都是大哥做出了正确选择，才形成了今天的局面。他的一些想法起初不易被别人所理解，但他坚持，最后往往证明他是对的。

别人学一样常常都学不成，大哥却能在文、理、艺术这么多领域做到专业。他说单学任何一样，都觉得太简单，于自己都太浪费。时代和机遇并没有特别偏爱他，他一直是自我鞭策、自我进步、自我训练、自我完善。他在时代仅有的几次极不容易把握的机遇中，超越了时代给他带来的重重限制，化茧成蝶。他用自己的智慧和努力，不断带给大家惊喜。

大哥是个操心的人，别人自己都顾不过来，他却管了那么多人的事。我们折腾的事，也是要他来兜底。谁的心他都操，什么事他都担起来，为这个家族的过去、现在、将来忙活着，苦、乐他自己享受着。

我在兄弟姊妹中排行老五，父母和哥姐们都很照顾，虽然物质上并不富裕，可他们自己苦着，并没缺过我什么。遇到处理不了的事情，也都是他们出面解决，我只管上好学。

不是刻意，没有私心，一切都是自然，这就是我的大家庭。这让我一辈子感恩，我们是血浓于水的亲人。

襁褓婴儿似的成长经历，使我单纯，单纯到不谙世事，甚至连身边亲人的感受也很少顾及。我常常一意孤行，亲人们在理解与接受中陪伴。我了解他们多少呢？我给予过他们什么呢？我倾听过他们的内心吗？我常常扪心自问。

大学期间

1986年9月10日左右,大哥送我去山西太原读大学。

妈妈用一个大麻袋,帮我打包了一套被褥。我先到鹤岗,大哥到火车站托运行李。我觉得那是件很复杂的事情,嘈杂的大厅,复杂的手续,漫长的等待。

我们先到沈阳,从沈阳转车北京,再到太原。一路都买不到座,全是站票。站累了,大哥让我搭在别人座位边上坐一会儿,他自己索性找张报纸,钻进座椅下面。这样即使睡不着,也可以直直腰。他总是特别能吃苦。

到达太原,下了公共汽车,大哥扛行李,我拎网兜,来到学校。校门口有些破烂,一块白漆木板上黑色字体写着"山西财经学院"几个字。一走进去,到处是沙土,在做什么工程,我着实觉得很失望。

来到报到处,八五级老乡刘子友很热情,带我到女生楼309。他帮我占了一个很好的床位,靠左边窗上铺。

我们班有三十个女生, 班主任孔繁健老师要我当副班长,主管女生工作。主要是组织女生学习、生活方面的事情。但后来让我分管卫生,我很不情愿,尤其是男生宿舍的卫生,不好管。

班里有三个黑龙江老乡,加我四个。我们常一起逛街、看电影,还一起做饭吃。有一次看电影回来晚了,学校大门已锁,我们就翻墙头。结果被值班大爷发现,第二天狠狠批评了我们,追问到底是谁的主意。开始没人承认,后来还是一个女孩承认了,我觉得她真勇敢。

班级一共分四个组,每组由一个女生宿舍和一个男生宿舍组成,也叫联谊宿舍。我在第二组。

我们联谊宿舍一共十四人,一起去迎泽公园打雪仗,玩得特别开心，战斗很激烈，有人裤子爆胎也浑然不顾。

傍晚回到宿舍，不知为什么，女同学都哭了。应该是兴奋之后内心的孤独吧。

我们联谊宿舍还一起包饺子，买肉、买菜、剁馅、擀皮，忙得不亦乐乎。一阵忙乱过后，热腾腾的饺子上桌，紧接着是一阵狼吞虎咽，吃完散伙。不幸的是，到了半夜，个个觉得肚子痛，直往厕所跑。一群可怜的孩子。

宿舍舍长郝慧新，山西长治人，人很好，现在山西省安全厅工作，我们依旧保持联系。刚上大学第一个国庆节，我很想家，坐在宿舍哭，她安慰我，陪着我。

上学时她吃素，连鸡蛋也不吃，我觉得很奇怪。去年她在广州开会来珠海看我，我还发愁带她去哪吃饭，没想到人家现在啥都吃了。她的生活让人羡慕，家离单位几步远，一个大院内，不想做饭，食堂就可以对付。我们挺聊得来，直到现在也是。

同桌张东，睡我下铺，山西侯马人，很温柔，很善良。她家境很好，凡事都有父母操持，跟她在一起心很静，人也变得平和起来。毕业后我一直打听她的消息，听说现在榆次。

同宿舍其他几个女同学，都是善良、单纯的孩子，这些年偶尔会有她们的消息，希望她们都好。

我们八六级会计一班，体育偏强的学生居多，而会计二班是文艺班。我之所以没分在二班，是因为志愿表“特长”一项填了排球。其实高中阶段，我除了学习还是学习，根本没培养其他业余爱好。但孙先广老师说：“不要空着，你不是体育课学过排球吗？填个排球吧。”没想到，还真管用。

会计一班孔老师是名副其实的体育健将，非常重视班级体育活动，所以新生入学分班时，我自然就被选入体育班。事后孔老师还曾开玩笑说：“如果知道你不会打排球，我就不要你了。”

我们班体育确实很强，在第一年校运会上拿了第一。女子4×

100 接力、女子标枪等项目都是冠军。

会计系专业课有《会计学原理》、《工业会计》、《商业会计》、《财务管理》、《统计》和《西方会计》等。一年级还有基础课《政治经济学》、《大学语文》、《微积分》、《财经英语》。用四年时间学这些东西,我个人认为有些浪费,两年足够。

该背会背,该算会算,我依旧沿袭我的学习习惯,常常高分。至于如何在实际经济活动中运用,则知之甚少,我是典型的中国学生。

对于会计专业的理解,其实是在参加工作后。在不断进行探索和沟通过程中,在不断与经济活动互动过程中,在财务工作不断随着社会环境变化而逐步完善过程中, 我对这一专业的内涵,有了深刻的认知。

《微积分》我学得不好,有几个知识点掌握不到位。《财经英语》我认为太简单,内容也很少,与同时期财经类院校有一定差距,这在一定程度上制约了我们的职业发展。如果可能的话,我觉得大学阶段学个有些难度、专业性较强的理工科专业,读硕士时会有很多方向选择,也不枉费这几年时间。

大学二年级,谈恋爱的同学已经很多。1988 年春天,二十岁的我,也恋爱了,直到现在。

学校附近有两家电影院,菜园电影院和大华电影院。那时没有爆米花,只有雪糕,他很大方,每次买两个很大的冰砖给我。

学校和电影院之间,有一个烤羊肉串的老伯,瘦瘦小小的,头发有些卷。他烤肉串的手艺可是一流,色香味俱全。光顾他生意的多是财院学生,我们最多时吃二十串,这对我们来说是一件奢侈的事。毕业后再也没吃过那么有味道的羊肉串了。

星期天常去钟楼街、柳巷逛逛,钟楼街一间餐馆卖担担面(其实是四川凉面)、煎饺,很美味。每次逛街,总是吃上一碗担担面,外加一份煎饺。当然,烤红薯和冰糖葫芦也是我们的至爱。

我们经历了 1989 年的“六·四”,学校停课一段时间,复课后学校首先对我们进行思想教育,每天学习一本印刷小册子,具体名字不记得了。

放寒假是我最期待、最盼望的事。

第一年寒假,因为户口在太原,学校给我们发了酒票、糖票等。我买了酒,买了糖,带回去给家人。买了一件马海毛浅灰色毛衣给妈妈,还织了一件毛衣给爸爸,爸爸高兴地说这是温暖牌的。妈妈变着样给我做好吃的,炖酸菜,炖鸡,炖鱼,包饺子。

每次离家返校,妈妈总是弄些好吃的给我带着,煎一些鱼,煮一只鸡,还有自己灌的香肠。

返校是一段很漫长的路,要先坐大客车去鹤岗。早晨五点多,爸妈就送我去坐车,妈妈总是嘱咐着什么,叫我到了学校给她写信。每次大客车都启动了,妈妈还一直跟着车跑、追,我在车上看着她渐渐远去的身影,忍不住流泪。她舍不得我离开,她说你怎么一张翅膀飞得那么远呀。

妈妈过世那些日子,我总是想起她,梦到她。浮现在眼前最多的情景就是这一幕——她戴一顶黑色兔皮帽子,穿合身立领灰色棉袄,依依不舍地看着我。

珠海锻炼

1990 年 7 月,大学毕业了,因为他家在太原,所以我也留下来。山西省政府各厅局从财院招收一批优秀生,要年级前十名,我去了粮食厅。

受“六·四”学运影响,我们这一届学生不能直接留在省厅局机关工作,必须先下基层锻炼一年。粮食厅领导找我谈话,要我去珠海的下属贸易公司锻炼。我跟婆婆说这件事,婆婆说南方很乱,有很多港台商人,一个女孩子不安全,最好不要去。我向人事处领导请求是否可以留在太原锻炼，回答是组织已经决定了。

1990 年 8 月 8 日参加工作，来到广东珠海。

初来南方，有两个感受明显与内地不同。第一是热，飞机在广州降落，只觉得一股热浪从地面袭来，活像个烤炉，这是我从未经历过的热。第二个感觉是干净，与太原相比简直天壤之别。第一天晚上换下来的浅色衣服，领子上居然干干净净，这让我大吃一惊。因为在太原，我已经习惯每天换下的衣服领子上一条黑黑的痕迹。

虽说是粮食厅下属公司，实际还肩负着省政府驻珠海办事处的职能，一套人马两块牌子。由于人手少，接待任务重的时候，办公室也都要帮忙，所以我做过导游，甚至还在餐厅帮忙端盘子。

那是一段很充实、很单纯的经历，初涉社会，如何摆正位置，如何与老同志和谐相处，对我来说还是个不小的问题。我很羡慕那些被各位前辈欣赏的年轻同事，确实，他们情商很高。见习期结束，我只得到一个基本胜任的评价。

因为在外地驻珠企业工作，无法解决户口，我想到当地企业工作，当时户口太重要了。在热心校友帮助下，我来到现在的公司，从出纳开始做起，积累了一些，但还需努力。

寸草心

1994 年底，我有了自己的房子，自己的家，是市里第一个可以按揭的小区。

1995 年春节前几天搬进去，慵懒地躺在沙发上，看着电视里介绍春节各地的传统习俗。那一时的惬意，至今难忘。

受妈妈影响，我喜欢收拾家，喜欢做饭，经常将家具和电器搬来搬去。移动最多的是冰箱和洗衣机，其实很重，可我兴致很高，一点也不觉得累。移动家私就要老公帮忙，他很配合，由我折腾。

有个四开门的衣柜,硬是让我移来移去移坏了。

办公室几个同事很融洽,陕西的,广东的,湖南的,常轮流请大家到自己家里吃饭。他们说我厨艺不错,或许是吧。

1995年12月,我买了两张从哈尔滨到珠海的飞机票,寄给爸爸妈妈。这是父母第一次坐飞机,还好,他们都很适应,没什么不妥。我去接机,一见面我们都高兴极了,妈妈说:"从来没想过能到这么远的地方,来一回就知足了。"

那段时间,白天我上班,爸妈就在家里看电视或到楼下溜达。一下班我先去菜市场,买爸妈喜欢吃的东西。坐公共汽车急忙往家赶,然后就在厨房忙活,拿不准就问妈妈。

像小时候妈妈照顾我们一样, 现在爸爸妈妈坐在沙发上,我给他们做饭。

每次晚饭都快八点了,我们边吃边聊,聊些熟悉的人和事。爸妈吃得很香,每每这时,我内心总是油然而生强烈的满足感。

饭后收拾完厨房,我帮妈妈洗澡。家里用煤气热水器,妈妈觉得这是高科技的玩意儿,说真好,一打开关热水怎么就出来了?妈妈很爱干净。

妈来时身体已经不太好,常常觉得没力气,很虚弱,轻微痴呆。其实那年她只有六十岁。

妈妈五十来岁在大哥那里检查出了糖尿病,实际患病可能远不止这个时间。这个病自己感觉不大出来,十三连上医院又很不方便。我们也没有治疗经验,所以病情一直在恶化。加上后来煤气中毒,晚上起夜摔断腿,妈妈在世的最后几年,深受病痛折磨。她曾是一个多么聪慧、精干的人,怎么一下变了模样?人类在疾病面前,是那么不堪一击。

妈妈很容易满足,我第一个月工资450元,给妈妈和婆婆分别寄去200元,自己只留了伙食费。以后每逢过年回家,我总给她点钱,如果不能回去,也会寄给她。还给她买过分量并不重的金饰。每每这时,她脸上总是挂着难以掩饰的喜悦,不失时机地向邻居们炫耀,引来羡慕的眼光。

妈妈经历了物质生活的极度贫乏,这时感到欣慰的更多是我的独立,我对她的挂念。其实,我真的感到遗憾,我没给妈妈太多。

为人母

1997年5月20日,女儿出生。

去医院路上,买了一小盒三颗装巧克力,有经验的人说,生产时可以补充体力。这盒巧克力,女儿出生时放在她的床头,护士打趣说她是巧克力女孩,可惜她一直不爱吃巧克力。

出院后,大嫂朱玉洁向工作单位请了假,带着侄女蔓如来照顾我。我第一次带孩子,很吃力,幸好有她帮忙。

自从有了孩子,不论旅游或是出差在外,只要她不在身边,那种牵挂难以言喻。尤其是晚上不能很踏实地入睡,总担心她的状况。如今她十四岁了,把她培养成健康、乐观、自信的女孩,一直是我的目标。

在陪伴她成长的日日夜夜,既有激烈的家庭矛盾,也有很默契的交流,一切都让我历历在目,难以忘怀。她是个有潜质的孩子,一个新时代的孩子。因地制宜,与时俱进,同样适用于对孩子的教育。成功的孩子没有定式,我亦不奢求成为一个成功的母亲,但我想,我是一个用心的妈妈。

婿:顾飙,女一:顾思圆。

（2010年12月改定）

妇女主任的简短话语

——彦华自述

2009.3　女儿结婚留影

上学时成绩还可以,家里活也要帮着干,一天三次喂猪。

1978年初中毕业,一帮人都不上了,我也跟着不上了。那些学习成绩不如我的,上了以后也有考上中专什么的。

下来时还是集体,先在大队果园上干了两年,锄草,喷药,摘苹果。以后就单干了。

1985年与本村滕木良结婚,1986年生女儿滕亚萍,1993年生儿子滕凯。

1995年3月进村委,以后又兼了妇联主任、计生主任。

大司官庄在碑廓是第二大村,第一是二朱槽。全村六百三十来户,两千多人口,其中二百多户姓司,姓牟的要多些。

村集体有个蔬菜批发市场, 河沿地出租给个人承包种树,也有点收入。

（2011年5月于大司官庄）

东江浪花珠江水

——雨萌自述

1989 商业幼儿园演出

1991 爷爷送我去上学

1991 我曾坐在奶奶家的窗上

1994 爸爸的肩膀

1995 见牙不见眼（中）

1996 爷爷奶奶来河源

1998 春游野炊

1999 参加市运会

1998 入读初中

1999 暑假 在教堂学英语

2000 春节 后来我坐在茶山公园石头上

2001 春节 与小叔

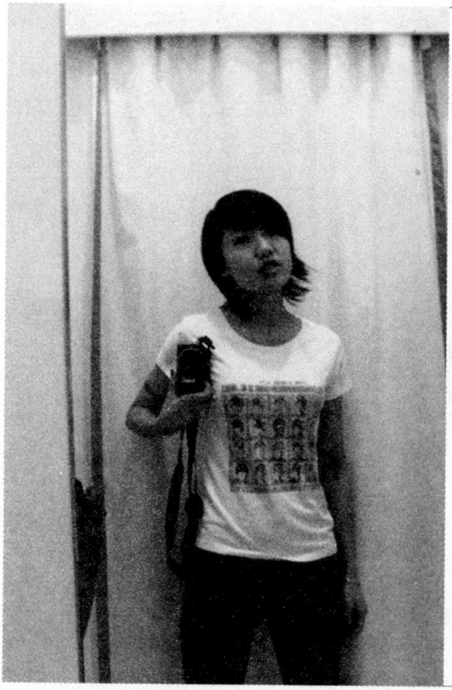

2010 状态

2010.3 地铁站·迷糊娃娃

2011.6 时尚

流水账是最笨拙最容易遭人反感的写作方式，但这些都是平凡无奇的我，所经历的那些闪闪发光、热血青春的故事。

爷爷奶奶

爷爷很爱寻觅各种好吃的，心情好的时候，他会买一些小杂鱼回来，奶奶收拾好后，炸给我们吃。我俩每次都兴高采烈地说："今天吃'臭鱼烂虾'！"

山东老家的亲戚，会给我们寄小乌贼干，那个对于我们来说，就如同现在的松露一般金贵。奶奶会在节日的时候，用它跟西红柿、鸡蛋一起做汤，下面条。

我们还有一个高级食品——小咸鱼。生火煮饭后，灶里的柴火还很热，奶奶就把几个小咸鱼干丢进去，烧一烧。用柴灰烧过的咸鱼配上白面馒头，再加一碗白米粥，简直是世界上最好吃的东西。我每次都小口小口小心地吃着咸鱼干，大口大口地吃着馒头喝着稀饭。

奶奶血糖高，很多东西不能吃，她很难过。唯一可以肆无忌惮吃的食物就是豆腐，豆腐便宜而且不会让血糖升高。推板车卖豆腐的大妈，每天都会出现在大路上叫卖，每天爷爷都牵着我的手去买热豆腐。此刻回想起当时的画面，我似乎依然可以感觉到爷爷手的温度，闻到热豆腐的香气。

我们家有好几道拿手好菜，青红辣椒炒鸡蛋，这是个大菜，只有奶奶心情非常好的时候才可能吃到。西红柿鱿鱼鸡蛋汤、肉炒大头菜、虾酱炒白菜，这道汤和这两道菜一直延续到我这一辈。冬天的时候，奶奶会做一大盆咸鱼萝卜煮黄豆，每天都会吃这个菜，我永远吃不腻。

爷爷最常让我唱的歌谣——他问："小嘴巴是干吗的？"我回答："小嘴巴是唱戏的！"又再问："小眼睛是干吗的？"又再答："小眼睛是看事儿的！"那时候真单纯可爱啊，如果现在有人问我"小眼睛是干吗的"，我可能会回答"小眼睛那要去割双眼皮啊"。

家里的电视经常收不到台，每当屏幕出现雪花时，我就爬到柜子上面跪着用手拨弄天线，边拨弄边问爷爷："清楚了么？"爷爷就在炕上回答："行了！哎，又不行了！往左一点，太左了，往右回一点。"有时候只要我的手接触到了天线，就立刻变清楚了，爷爷故意逗我说："你就一直抓着天线吧。"受宋丹丹小品的影响，每当爷爷这样说的时候，我就回答："我也想看电视，咱们买块猪肉挂在天线上吧！"偶尔会收到俄罗斯台，我们根本听不懂俄语，每当这时我就会跟爷爷对看，然后一起说："老毛子又出来了！"

奶奶很矮小，可她很全才，会腌酸菜、腌咸菜、腌咸鸭蛋，会酿豆瓣酱……她除了每天给我们煮饭外，还要剁鸡食鸭食喂鸡鸭鹅。她还充当兽医,家里的鸭子吃了农民洒在麦田边防止小鸟吃谷子的毒玉米,全身发抖站不稳。奶奶迅速烧了一锅绿豆水,把蒜拍碎,塞进鸭子嘴里,再灌下去绿豆汤。鸭子竟然成功得救了。

有一阵子农场里闹黄鼠狼，好多家的鸡鸭鹅都被咬死了,我们家的鸭子也没能幸免。一共才两只鸭子,公鸭被黄鼠狼吃掉了半截,下半身完全不见了,奶奶对着它发呆好久。

奶奶虽然很勇猛地做很多家务,却也有一颗爱美的心。我蹲在她旁边,看她坐在马扎上,用巨大的菜刀迅速地剁碎给鸭子吃的菜,又赶忙洗干净手,换上的确良白衬衫和黑色中长裙,在镜子面前一直打量自己,直到满意后才出门。

我奶奶跟马奶奶穿得一模一样,她们盛装打扮,去另外的奶奶家里喝茶——

院子里吃饭用的大圆桌上摆着普通茶具,旁边炉子上烧着开水,大暖水瓶一壶一壶地沏茉莉花茶,奶奶们围在一起话家常。我觉得她们真洋气!

在农场没什么消遣的,除了看电视以外,我会跟着奶奶去小雨家练香功——一套很多动作的健康操。据说练完后整个院子会很香,其实每次练完,我都没闻到香味,但老人们都说有。

颤抖并快乐着

在二九〇农场二分场小学一年级这段,最开心的事情就是上劳动课。学校有好几块地,种了土豆和卷心菜,到了收成的时候,就会派我们去帮忙。这就是我们所谓的“劳动课+秋游”。

我跟在犁后面奔跑,努力地干活,卖命般地捡起土豆装进麻袋。每次劳动完,学校会给每个班发两个青萝卜,切成很薄的片,每人一片。那萝卜是那么好吃,那么脆那么甜。我每次都很小心地品尝,一点一点地吃。有时候会多出几片,老师问谁还要,我不好意思,不敢举手,就眼睁睁看着别的同学拿走。

六一儿童节,我们学校的大节日,每位同学都穿着白衬衫和黑体型裤,系着红领巾,走方阵,升旗,看表演。那是我最爱的节日,感觉一切都好隆重,并且每一年都会挑中脸皮薄的我上台表演。

我站在工人文化宫的舞台上,紧张得发抖,少先队礼和鞠躬同时做出来,台下笑成一片。做完个人表演后,我跟大晨晨一起绕到背景布后面,躲在那一堆落满灰尘、东倒西斜的凳子中间,两个人用一个麦克风,一唱一和地为我们班的音乐剧节目《种树》配音。两个七岁小孩如此地认真,那是一年级单纯美好的热血时光。

南迁河源

我十岁那年,我们全家离开了黑龙江鹤岗,飞到广州。

在飞机上,我人生中第一次喝到了可口可乐。在广州,我第一次坐上了出租车,第一次接触到爸爸腰间的 BP 机,第一次用袋装面包做早餐。短暂停留广州,我们最终安身在爸爸的工作所在地——河源。

爸爸单位小楼里面有个小小的食堂,头顶的绿色风扇慢慢转着。我穿着背心短裤,坐在折叠圆凳上,连喝了三碗白粥,吃了一条咸鱼,满足感从头到脚充满全身。

我们家住在富景花园六楼,也就是顶楼,他们都觉得很热,我不觉得,我觉得能住楼房实在美妙。想想那房子其实蛮大的,我人生中终于有了自己的房间——白墙、一扇窗、水泥地板。为了美化它,我立刻贴上了周润发和刘德华的海报。那个年代,几乎每个学生的房间都有明星海报。其实我那时候不喜欢他们俩,我喜欢林依轮和解晓东,但只买得到周润发和刘德华的。

这一年我第一次接触到了蚊帐, 好梦幻的东西——白雪公主的纱裙哦！我睡在纱裙里哦！感觉好有科技感，又很梦幻，还很浪漫！

也是在这一年，我独立烧了人生中的第一壶开水。朱妈妈说只要水冒泡就是开了，我实在不知道怎样算是冒泡，而且冒到第几个泡才算是开了呢？在濒临沸腾时，壶底会出现一些小小的气泡，我认为那就是开了，于是关火把开水灌到暖水瓶里。反正是烧了一壶水，是热的没错，只是还没开。

南方的雷雨天实在吓人，我躺在床上看着窗外电闪雷鸣，感觉每个雷都刚好劈在身边，每个闪电都杀进了房间。害怕得不行，又很想尿尿，鼓足勇气从床上爬起来，狂奔去厕所。黑夜里没开灯，看不见四周，一头撞到墙壁上。顾不上疼痛，爬起来赶紧尿尿，又赶紧跑回床上。

跳闸了，没电了，风扇停了。我睁眼盯着天花板，害怕得手心出汗，大腿肌肉开始酸软。嘴巴、眼眶由于刚才的撞击，渐渐肿起来……突然来电了，风扇突然运转……这小小的改变，瞬间把我吓得头发都爹起来了。

那是一个极度难熬的夜晚。以后我成了家长，再遇上这样的天气，我一定爬起来，看看我的小孩有没有被吓醒。

初识市一小

开学我就上三年级了，怀着激动的心情来到市一小，正赶上大家做早操。爸爸说："这是你的班主任，叫老师好。"我郑重迈前一步，行少先队队礼："老师好！"发型很像蜻蜓的老师，似乎被我行礼的那只手吓到了，眼睛随着我的手转动了一下，还顺势退了一步。同学们也交头接耳议论着。后来我才知道，河源的小学从来不行这个礼。

我被分到了最差的班级——三年级四班，一个设备差、学生也差的班级。第一节课是数学课，任课老师吹着半屏山的发型，在黑板上画了两捆小棒，每捆十根。老师问大家一共有多少根，有同学积极举手，站起来后大声说："两根！"我无比惊讶，这个班的人难道都是白痴么?！老师又叫了另外一位同学回答，他也自信且大声地说："十根！"我瞬间觉得我是这个班级最聪明的孩子，于是缓缓举起手，老师说："新同学想要回答么？"我站起来从容地说："二十根啊。"老师居然比出大拇指，并且还让全班同学鼓掌，我尴尬且自豪还很莫名其妙地坐下了。

班级设备很差，用的是很窄的两人共坐的长条椅，有冒尖的钉子会刮烂裤子。桌子已经褪色，上面被历届师兄师姐用小刀、马克笔、涂改液留下很多斑斑点点。我同桌长得好像狼人，头发还老是打摩丝，一根根竖起来像牙签一般。

终于迎来了新生摸底考试，凭这次考试成绩来给新生分班。我很争气地从最差的四班考去了最好的三班，而且拿到了人生中第一套校服——白色运动服，侧面有蓝色竖条。我兴奋至极，回到家马上套上，自己在镜子前演起了国家队参加运动会入场的戏码——一直在镜前原地踏正步，似乎耳边真的环绕着《运动员进行曲》。

三年级三班，独立课桌独立椅子，整个教室泛着暖黄的光。我仿佛面带骄傲，慢动作从一片灰暗冷清的画面，逐渐过渡到了温馨柔光的画面，脑海中的背景音乐柔美轻快。

难忘三年级

张梅笑是我人生中遇到的最好的老师之一，在我刚来河源那两年，她给了我很多帮助和爱护。后来她因吸入很多粉笔尘灰得了肺病，经常休假，我提着水果去看过她好几次。后来还在新年音乐会上看到她跟她先生，再后来就再也没见过了。

三年级也是我胆子最大的一年，完全颠覆了我脸皮太薄、上不了台面的状态。

音乐课上,老师让每位同学必须唱一首歌。轮到我时,我怯怯地问:“我可以上讲台唱么？”老师说可以,并且把讲台桌推到侧面,让出整个空间给我。我上去载歌载舞表演了一首《我们的祖国是花园》,掌声热烈。老师让我再唱一次,我放开了又唱一次。

那短短的几分钟,像巨星在红馆开演唱会一般。同学们跟着节奏帮我拍手,我把每一个舞蹈动作都做得淋漓尽致,就差学港台巨星那样喊:“山顶的朋友,你们好吗？”后来才发现,我唱的版本有个很大的发音错误,正确的应该是“和暖的阳光照耀着我们,每个人的脸上都笑开颜”,我一直唱的都是“河南的阳光照耀着我们,每个人的脸上都笑开颜”。

我自己每次唱也很纳闷,为什么是河南的阳光,大连的不行么?！当时河南也一定觉得很尴尬，到底关他什么事……那节课后,我成了我们班的文娱委员,无论玩游戏输了或者班会课表演,同学们都鼓着我唱《我们的祖国是花园》。也因为这首歌,老师让我与班级里学习颇好的黄俊同学一起，在学校文艺汇演上表演《让我们荡起双桨》。

同样是在三年级,我学会了跳橡皮筋,边跳边念:“小皮球,香蕉梨,马兰开花二十一,二八二五六,二八二五七,二八二九三十一……”

有一天,那是神奇的一天！我居然一下子跳到了“十年级”,也就是头顶，大家都颇为震惊。那天起，我发现了我运动的天赋——我突然能跳很高,我突然变得丢沙包很厉害,我突然跑步很快……于是,我从文艺界转行到了体育界。从此以后,无论任何游戏,我都成为大家争先选择的对象。

三年级也是我人生拿奖状最多的一年。期末考试成绩出来，我数学 100 分,语文 97。除了三好学生外,我还拿了各种有的无的奖状,比如文体积极分子、纪律标兵、热爱劳动学生等等。那一次考试后,我感觉自己走路周围都是风,脸上放着光芒。在爸爸单位,我也得到了奖励,广东本土哈根达斯——五羊雪糕。

两只小鸭子

那年学校门口,来了卖刚出生小鸭子的小贩,同学们争先恐后地买。我也想买,可爸爸不同意,他说“鸭子是直肠子,到处拉屎,家里养不了那玩意儿”。我每天放学都跑去看小鸭子,看同学们满意地带走自己千挑万选的那只小鸭。终于有一天,我掏出所有零用钱,买了两只小鸭子。

人真是个矛盾的物体,我明明非常想养小鸭子,可事实上我是个非常害怕小动物的人。这两只被我买下的小鸭子我不敢拿,我让同学毕宿帮我拿。走到分岔路口的时候,她让我接手,我不敢,结果小鸭子掉在地上。我吓得一直在原地进行高抬腿运动,还一直用手指着地上的小鸭子尖叫着。毕宿只好很无奈地捡起小鸭子,说:“那我陪你回家吧。”到了家里,我赶紧从阳台上找出装电视的大箱子,示意毕宿把鸭子放进去,两只黄绒绒的小球就这样在我家住了下来。

晚上爸爸回到家,我怕他发现小鸭子,就一直用超大声音超快频率跟他说话,还一直没话找话,想用我声音的强度和密度遮掩掉小鸭子的叫声。大人果然是大人,爸爸还是发现了小绒球。我像泄了气的皮球,一转刚才的精神百倍,瘫坐在椅子上等爸爸宣判。爸爸回到客厅,说:“小鸭子不能放在电视箱里,让它们出来吧,我给他们剁点菜吃。”我直接从凳子上弹起来,灵魂已经冲破了我家的房顶,眼睛也瞪得像童话中的茶杯狗一般,兴奋得不行!

后来,爸爸每天都会买不同的青菜剁碎给小鸭子吃。小鸭子长得很快,爸爸把它们从小阳台移到了大阳台。小鸭子眼睛生病了，爸爸给它们滴氯霉素眼药水。它们褪了绒毛长出羽翼，爸爸用大塑料盆装满水训练它们游泳。

反正都是爸爸在养这两只鸭子，我都是在旁边看。它们长成大鸭，有一只误吃别人家喷了药跑来我家的蟑螂，被毒死了，另一只好孤单。我们把它养大绝对不是用来吃的，于是爸爸骑自行车带着我，把它送给了开养鸭场的吕明叔叔。直到跟小鸭子分别那一刻，我都没敢伸手碰它一下。

快乐六年级

六年级是快乐的，因为我数学语文都变得很好。我开始喜欢跟爸爸一起研究数学题，第二天老师提问我都对答如流。刘聪说我爸爸真厉害，就是块头大了点，家长会的时候，我的位子他都坐不下。这一年我们终于实现了春游的梦想——野炊！

野炊前一天，我们组同学一起去兴源市场买材料，乱七八糟买了一堆，都带回了我家。爸爸又给我买了鱿鱼须、小鱼仔之类的材料，教我怎么做我们家“祖传”的番茄鱿鱼鸡蛋汤。我兴奋得一整晚没睡着。

野炊地点在荒郊，有好几座坟墓。当时可能因为年龄小，并没有觉得很可怕，大家非常投入地进行野炊。刘聪跟罗晋、邱毅他们几个男生，直接打包的烧腊饭，根本就是带了个盒饭到野外吃而已。我充分发挥良家少女的惊人能力，煮了好几道菜，分给同学们。整个野炊活动上午就结束了，大家各回各家各找各妈。可我不甘心，下午又把材料准备好，带上酒精和棉花，一个人去了上午野炊的地点。

我碰上好几座坟墓，都还是执意要回到上午野炊的位置。有好几块我们留下的砖头，我又拼凑起来准备点火。奇怪的是，无论如何都点不着，只好无趣地离开。回家后，我起了一整身的红疹。

疯狂“自信车”

六年级这年我很想要一辆自行车，可我家离学校不远，根本没必要骑自行车。为了有正当理由，我用两天时间来学习骑自行车。摔了无数次后，陈雪娇在我背后喊着：“司雨萌，我已经放手，没再扶你咯！你学会骑自行车了！”我差点为自己的伟大而流下眼泪。

接下来就是回家一直对着爸爸说：“小孩子啊从小就要给他们锻炼，让他们多骑自行车，他们摔了之后长大就会不怕痛，骑自行车可以使身体变得很强壮……”诸如此类看似不经意其实非常故意的话。

终于有一天，爸爸在单位同事指点下，带我来到珠河桥头的“兄弟聚居点”。我们刚走进去就被人叫住：“喂！干什么的？”爸爸小小声在他耳边说了几句，那个叔叔转身大声喊：“喂！来买赃车的！带他们进去！”我跟爸爸整个傻眼，我们是来买“兄弟们”偷来的自行车是没错，但也不用这么光明正大地喊出来吧。这样显得我们好蠢，好像很没种很怕一样。

进到阴暗的“车库”，因为我比较喜欢绿色，而且一定要山地车，于是挑了唯一一台绿色山地车。有点旧，可是不难看，车座破了好大一个洞，我们让店主换了一个新的。谈好价钱，我们提走车子。

就这样，我拥有了人生第一辆自行车。本想给它起个名字，它现在等同于我们家的“第三个小孩”啊！那叫它“小绿”吧？不好啦，太俗气。想了好久后，觉得它除了给我带来快乐外，给我带来最多的就是自信，那就叫它“自信车”好了。反正南方话没有后鼻音，没人会注意到我的发音，大家就不会知道我之前很不自信的事了。

拥有“自信车”是很拉风的，至少我是这样觉得。我又开始假装不经意其实非常故意地在小区里从早骑到晚，希望被熟人发现我买了自行车,然后张开双臂接受他们的羡慕。当陈雪娇跟她弟弟发现我买了“自信车”的时候,都对我投来了羡慕又嫉妒的目光。我慢悠悠地骑着车子:“看到嘛,赛车哦!绿色的,看到绿色么?!你看,骑一骑可以变挡哦!”然后就乱拨弄右手边的变挡器。虽然不懂如何正确使用,但单是让它发出“啪啪”的声音,已经大大满足了我的虚荣心。

“你的车子怎么是旧的啊!”

“……”

“是不是买的赃车啊!”

“才不是呢!爸爸同事送我的!本来叔叔是送一台新的,硬是被爸爸回绝了。我爸爸说小孩子不用买太好的车子,旧一点的就好!”

“……真的假的?!”

我的车技越来越好,放开双手也照样骑着它前进。我还会用我的“自信车”做“神龙摆尾”,还悄悄花钱把刹车改成漂亮一点的那种。不能让爸爸发现有很大变化,所以就漂亮一点,没有漂亮很多,但我心里还是很高兴。每天我都自认为很拉风地骑着它上学、放学,跟我家住同一条街的罗晋、邱毅同学,经常说我在“发豪”(得瑟)。

这是跟往常没有任何不同的一天,我依然拉风地骑着心爱的“自信车”放学回家,也依然跟往常一样,上演一段放开双手还很轻松地快速骑行。做完一系列固定表演后,已经到了很少人的红星路,那就来个加速好了。我快速蹬到小腿肌肉贲张,让车速达到最快,想在转弯时帅气地滑行进入小区。只是一切没有照我想象的来发生,在我转弯滑进小区的时候,面前突然出现几袋水泥和一堆沙石,还有网筛铁锹什么的。我慌乱调整方向,同时按下刹车。由于车速太快,我连人带车飞出去好远。虽然跟当初设想的“滑进小区”听起来一样,可我没想自己躺在地上滑啊……

当我站起来的时候，两只膝盖的鲜血已经流到了袜子上，手肘也在流血。车子躺在地上，前轮还在慢慢转动，周围的工人和店老板都跑出来看。没有人扶我，也没人问我有没有事，只是单纯来看热闹的。我怎么可以丢脸，我扶起“自信车”，拍拍裙子上的尘土，看看已经流进鞋子里面的鲜血，故作轻松地走回小区。车子已经完全坏掉，车把跟刹车全部摔烂，车轮也变形了，一直发出吱吱呀呀的声音。

家门关闭那一刻，我终于哼了一声，太痛！天气这么热，伤口处理不好会化脓落疤痕，妹妹蔓如跑出来看见这样的景象，吓得一直大哭。家里只有我们两个小孩，不知道要怎样处理，我翻出狮子油，在膝盖伤口上小心点了一下，疼得大叫。这样的大叫又把蔓如吓得更严重地大哭起来，我一时不知道该哄她还是该先处理伤口。

朱妈妈下班回来了，赶紧带我去医院。

三个月后伤口才算完全愈合，愈合的皮肤非常紧绷，我还是弯曲膝盖很艰难，更不要想骑自行车了。但幸运的是，伤疤越变越浅，颜色跟正常肤色越来越相近，不仔细看根本看不出来。所以我大学时候参加明令禁止有伤疤的选美比赛，也从来没有被检查到。

入读市一中

终于，要迈入初中了，那个我梦寐以求的地方，那个标志着我是大人的地方。每天放学，我都看见市一中出来的姐姐们，她们高大、成熟、时尚，散发着女性魅力，是我羡慕的对象。终于，校服裙要换成运动裤，双肩包要换成单肩包，我要跨入初中了。

1998年秋，我进入初中阶段。除市一小外，源城小学也划过来一些学生，我们组成了四个班的初中一年级，我在一年级四班。进入初中，似乎进入了另一个世界，没有人再穿小学那种套装，男生都极有个性地穿起了黑风衣、黑皮鞋，女生很爱穿紧腿大喇叭裤配松糕鞋，还有紧得快要窒息的短 Tee。

文艺汇演

初二暑假，爸爸买了五十个黄色双鱼乒乓球，专门请了女教练何秀玲老师，给我在他单位的五楼乒乓球室训练。因为怕球飞出窗外，我们都不敢开窗，就这样，在炎热的夏天，没有空调，关着窗子训练。

那年为了增加乒乓球的观赏性，改了大球，对我这种手臂力量够的女生是有利的。一对一训练很辛苦，我练完经常会在凳子上就睡着，醒来时双腿和手臂被蚊子咬了六七十个包。有时候手感很好，我可以拉弧圈很漂亮，有时候手感很差，发下旋球怎么都不顺手都不转。

一个月密集训练后，我再次回到各大乒乓球俱乐部。阳光俱乐部阿彬教练见了我的正反手抽杀，表情很惊愕，马上让我打那张最好的蓝色双鱼台。一时间，大家都找我打球，叫我“黑玫瑰”。爸爸的支持，加上自己刻苦训练，我用技术狠狠地让那些不看好我的人闭嘴了。

初中三年级，我被分到了二班，叶志群老师成了我的班主任。我们住同一个小区，虽然之前她从未教过我，但从小学起，我每次见到她，都会热情打招呼，说“老师好”。她对我印象良好。

我与年级里非常有名的李希萌同学分到同班，他是才子啊，一定可以合作的！这一年，我跟他合作出板报，合作朗诵台湾诗人余光中的《乡愁》。还跟我们班王小璐、曾冰冰组成女生三重唱，一起唱英文歌。可惜筛选的时候，她们俩给我大走音，具桂花老师眉头皱得都要连在一起了。但是这一年，我跟李希萌的朗诵节目，

《祖国啊，我亲爱的祖国》，终于登上了文艺汇演的舞台！我的初中生活终于圆满了！虽然我很紧张，虽然我发抖了，虽然那是一个很小众的节目，但我真的听到了掌声，我也真的快乐了！

想当演员的念头，在我心中一直没有磨灭。爸爸出差广州，特意带回来四饼由陈明正教授主讲的《影视表演入门》VCD。我每天对着小电视，认真学习什么叫松弛与控制，什么叫感受与适应，如何开展想象掌握节奏，怎样算是爆发力与激情。第四饼 VCD 最后一部分，展示了即兴交流练习基础上加工的小品，我看了两个男生表演的《睡在我上铺的兄弟》，难过得大哭。在这四饼 VCD 中，我发现了一个看上去很熟悉的人，她就是热播剧《还珠格格》中丫鬟金锁的饰演者——范冰冰！

很久很久以后，我把过年的利市包集结起来，拥有了人生中第一个两千块。当时就想着，我要拿这笔巨款去北京，去电影学院上学，豪情满怀地想当一名演员。后来才发现，两千块钱算个什么……

“后街男孩”与英文

高一第二学期，我已经疯狂迷恋上英文和欧美音乐。所有零花钱，我都“投资”在了音像店和外文书店。每天回家第一件事，就是用 VCD 机播放“后街男孩”的 CD——连接电视，用电视音响当功放，把耳朵贴在喇叭上，生怕错过任何一个单词。我可以超顺利地唱出 RAP、R&B 风格的英文歌曲。

对“后街男孩”的喜欢，与对英文的喜欢不相上下。准确地说，是因为喜欢“后街男孩”，而致命喜欢上了英文。每天都要重复看“后街男孩”、Westlife、BritneySpears 的所有 MV，还偷偷把家里的相机装上胶卷，对着电视机拍“后街男孩”的样子。

明明有现成卡带可买，我却硬要买同样价钱的空白带——把

“后街男孩”的 CD 放入 VCD 机,把卡带放入录音机——关上门,屏住呼吸,不能有任何杂音,如果录到一半有人冲进来,就全毁了。把录音机对准电视机的喇叭,按下红色录音按钮,同时按下 VCD 机播放键。

自己录制的卡带,音质当然不会很好,但参与翻录的过程,却足以让我高兴很久。英文成了我众多科目中最拿手的一科,虽然也不怎么厉害……

篮球场上

我终于参加了年级篮球对抗赛,在对战初二师妹那场,我们以 71:10 大获全胜。

也是这一年,我第一次参加了学校组织的三人篮球赛。以班级为单位,我与刘启莹、陈海花组成了队名为“今年高一”这样一支篮球队。其实关于篮球,我不高大,也没有强大的力量,我的优势是投篮非常准,而且会跑位。

我们班体育委员邓一飞出现在场边,一直喊“把球传给司雨萌”。终于一个球抛给我了,我一点没犹豫直接上篮,穿针进球。接着,连续几次传球给我,都成功投篮入樽。

对方开始认真盯我,比分 10:10,比赛即将结束。

球再次传到我手里,我余光看到四班朱晓霞向我冲过来。我还是没犹豫, 在朱晓霞撞上我那一刻, 我失去重心同时球出手——我倒在地上,看着球飞行的弧线,有了! 依然是穿针入樽!

邓一飞在我背后拍着场地大喊:“司雨萌! 你神了!”我顶着被汗水浸湿的头发,穿着被汗水湿透的红色 T 恤,与队友们躺在地上,欢笑着。

想要一双新球鞋的念头又一次萌生,这次爸爸要我三天内看完《中华上下五千年》。我又进行了人生中第二次熬夜。凌晨四点,昏黄的台灯,我瘫在床上,眼睛由于干涩而自动流泪,无精打采地看着……

终于买了那双新球鞋。我把新球鞋一只摆在写字台上,一只摆在凳子上,躺在床上欣赏,想象我穿上它打球有多拉风多好看。起来调整一下位置,再躺回床上盖上被子,再想象。再起来再调整,再躺下。就这样来回折腾几趟,才安然入睡。

辉煌校运会

与以往不同的是,我们不再到高二才选X科分班,高一下半学年就进行。我没有任何一科非常拿手,如果硬要说一个,那就是英语,可学校没专门开设“英语二”这个班级。学校说教育局已经通知,高考时可以考“英语二”,但由于暂时没有专门的班级,我们可以选择两科X,到时候两科都可以去考,哪一科分数高,就取这科成绩算X科分数。物理班都是好学生,我当时心仪的一位师兄也是选物理,我想向他看齐,于是我选了物理。我们班果然大多是学习很好的同学,只是男生偏多而已。

分到高一三班,物理班,我得到班主任语文老师的赏识。他在学校文艺汇演上看过我跟李希萌同学的朗诵表演,对我赞赏有加。第一次语文小考,我拿了89分,全班第二名,他满心欢喜。学到《祖国啊,我亲爱的祖国》这一课,他更是让我站起来为全班朗诵。我喜欢这位个子不高、脸圆圆的老师,他很温暖。

一年一度的校运会即将举行,班里女生是“稀有动物”,我跟阿萍(初一班长)运动细胞最发达。虽然其他女生斯文羸弱,却都跟我们一样,很热血地报名参加了项目。学校规定,一个人最多只能参加四个项目,但物理班女生可以参加四项以上。

为了不让我们班的项目落空,我一个人参加了十二项:一百米,一百一十米栏,四百米,一百米接力,四百米接力,以及各种学校新开发出来的游戏项目，比如十二人小火车、十二人五十米接力来回……

每一项我都拼尽全力，同学们知道我辛苦，只要有我比赛，都来加油助威。

那次校运会我拿了好多奖牌，那一年我体力无敌好，从来没像其他女生那样晕倒！

最后一项，就是十二人五十米接力来回。十二个人分好先后，跟对方的十二个人排成两排，面前是均匀分布在五十米内的几个圆圈。手中拿了跟圆圈相应数量的接力棒，第一位同学边跑边在每一个圆圈内放一根接力棒，放完跑回来，第二个同学接力去收那些接力棒，回来交给第三个同学，第三个同学再放回去，以此类推。

我们商量后，我排最后一棒。这个游戏不仅要跑得快，接力棒拿稳，还要把接力棒放在下一个队友最好收的位置，所以充分考验团队精神。前面十位同学不分伯仲，比赛非常紧张。隔壁班刘启莹跑最后一棒，我们是小学、初中同学，还在一个乒乓球俱乐部打过球，高一还是篮球队友，彼此非常熟悉。我心里只有一个信念，我是来拿冠军的。

我们对视了一秒，各自接力冲出。收起所有接力棒跑回，我比刘启莹快了两秒！我倒在大家的簇拥中，我们抱在一起跳跃着。秋天干燥的冷风吹在脸上，黄昏前，我成了大家心目中的英雄。十二人一起站上领奖台，拿了这个项目的金牌！

必须适应

离开家去读大学，从一个家教严格、世界封闭的环境，突然跳到自由奔放、浪荡不羁的环境，我吓傻了。一时接受不了这样的变化，我开始很想回家，偶尔会躲到宿舍大阳台转角处悄悄落泪。

军训期间，每晚都要开大会，我呆滞地坐在马扎上，思想早已不知飘到哪边。突然有人拍我肩膀，隔壁连男生问，可不可以借手机给他打。我把手机递给他，他很熟练地拨号码，手机还我的同时，他说："谢谢！我要到你的号码了！今晚我会给你信息哦！"这算是我第一次被人要号码，非常特别的方式。

同宿舍一个女孩，有几位老乡也在这间学校，她约我们一起出去吃消夜联谊。我跟着她走到校园商业区，进入一间叫"味道"的咖啡店。里面很昏暗，播放着爵士乐，每张桌都点着蜡烛，有女生性感地抽着 YSL 香烟。我很紧张，却装出一副见惯这种场面的样子。其实我不喜欢大学是这样，我喜欢穿着简单、每天打球、买双新球鞋是最大梦想的高中生活。

我在外语系学习应用英语国际商务专业，所有课程都是我喜欢的，每天我都充满动力。为了让自己更忙，我还在学校小路的炒面店打工，直到快十一点宿舍熄灯的时候才回去休息。

学校各个社团招新，我胆怯地报名模特队，竟然神奇地被选上了。与此同时，我还被同班吴伟夏同学带进了乒乓球协会。非常巧的是，遇到初中师姐张璟，她依然是女生中数一数二厉害的选手。这段时间，我兼顾模特队和乒协训练，不觉得累，只觉得很充实。

经过一段炼狱般的时间，我参加了乒乓球对抗赛和 T 台走秀。

晚上依然会去小路的炒面店打工，我只做跑堂，绝不去洗碗或者倒垃圾。我有自己的原则，我这么漂亮，当然是为了吸引更多学生来吃炒面，干吗走悲情路线去洗碗啊？炒面店生意果然越来越好，我功不可没！

有一晚，一个戴深蓝色镜片眼镜的男生，很早就来店里吃东西。他一直对着我笑，笑到我头皮发麻，笑得我火气爆发，直接冲到他面前说：

"笑什么！"

他回答:“我觉得你很漂亮。”

“用得着你说!”

“我现在觉得你很可爱。”

“……谢谢……”

“那你要做我女朋友么?”

大学已不再像高中那么封闭,本B学院的同学多数都很会玩,家境也很好,早就知道恋爱这回事了。可我心里住着从高中起一直喜欢的师兄,因为他学习好,我才会觉得学习好是很重要且很酷的一件事,因为他家境好,我才会除了努力学习外,还要努力打工赚钱变成富有的人。

“不要,我有男朋友了。”

我必须适应,因为我别无选择。

决胜第三盘

那天是我大学期间第一次代表学校去外校打球赛,也是我经历过的最激烈的一场球赛。

团体赛要靠集体力量,三盘两胜的女子团体,在比分1:1的情况下,我上场打第三场。对方师姐人气很旺,我只有吴伟夏一直为我加油。我的抽杀和防御比师姐强,心理素质却差她很多,但这一次我把握得很好。

我把自己高中时候自动屏蔽外界声音的本领,搬到赛场来用。我屏蔽掉所有为她加油的声音,把比赛节奏掌握在自己手里。她跟我一样,是力量速度型选手,我故意拖慢了速度,让她变得很烦躁、很焦急,所以频频失误。三盘两胜的赛制,前两盘咬得很紧,1:1平分,两人要第三盘决胜负。

那场球赛是我最稳的一次,不需要别人指导,也不需要暂停或者休息,我知道要怎样控制节奏。最后阶段,交通学院的拉拉队已接近疯狂，一直不能安静地观看比赛。轮到我发球，我一直拿着球不发，等大家安静。观众安静下来后，我轻松说了句“谢谢给我加油啊”，大家哄笑。

最后一个反手抽杀后，吴伟夏跑过来把我抱住，又冲到对方队友面前大喊大叫：“We are the king of the world! ”至关重要的一局被我拿下，广州大学松田学院获得女子团体冠军，除了证书外，还有158元现金。

初到广州

学校在广州郊区，我想进城逛逛，没多考虑，带上一件衣服就走。状元坊人挤人，很多便宜东西可淘，可以把价格讲得很低。十块钱一件毛衣，十五块钱一块手表，而且很时尚。不可以讲价后不买，这是大忌，会被店家狂骂。除了可以买衣服和饰品，牛杂、鱼蛋、榴莲雪糕、红豆奶茶……花很少钱就可以吃到很美味的小吃。就这样，我错过了回学校的班车。

对广州一点也不熟悉，很担心飞车抢劫，于是我找了最安全的地方——天河区空军大院。平时戒备森严的门卫，却没问我是干吗的，直接就让我进去了。坐在足球场的椅子上，一直驱赶着蚊子，心想这不是办法，不如我去逛逛整个大院，毕竟不是每个人都可以进来的。

深夜的大院，一个行人也没有，却感觉很正气很安全。我绕到篮球场，坐上看台，把衣服拿出来盖在身上，书包当枕头，躺在阶梯上睡着了。醒来已是凌晨三点，有个士兵远远朝我走过来，我赶紧坐起来。他问我找谁，我谎说忘了带钥匙，等哥哥回来。他递给我一瓶矿泉水，我没敢喝。

第二天早上，准备去坐车回学校，遇到同系阿猫师兄。他请我吃了牛腩面，帮我提着书包，一起等车。远远有辆摩托车，从加油站方向驶过来,靠近我们的时候突然加速,抢走了师兄手上的书包。我们真的遇到飞车抢劫了!

抢走的是我的包啊!包里有我很爱的小飞侠T恤,还有我的钱包!钱包里有三百块啊!阿猫师兄很自责,塞给我一百块钱。

温情炒面店

从广州回到学校,我倒头大睡,想忘掉“这月伙食费怎么解决”这种头痛的问题。醒来后肚子很饿,只好跑去炒面店蹭饭。炒面店老板阿彪听说我被飞车抢劫了,很义气地拍拍胸脯,说这个月伙食全在他店里解决,还会请厨房师傅阿甘炒面给我当消夜。

我跟炒面店这帮朱村村民很热和地打成一片,炒面店也在我的建议下多元化发展起来,不再是单一的炒面炒饭炒河粉,而是增加了咖喱鱼蛋、包心贡丸、撒尿牛丸、卤水鸡翼这些小吃。炒田螺也是新增加的菜色,虽然东西品类不多,可是样样都很受欢迎。最后我还很想把它变成类似港式茶餐厅那样,有咖啡和奶茶两种饮品可供选择,后来由于人手不够,只好继续卖一元一支的玻璃樽汽水。

遇到熟面孔来吃饭吃消夜是很正常的事,有些熟面孔会露出尴尬的笑容,我反而很热情地迎上去为他们落单。舍友来吃的时候,我还特意送了包心贡丸和撒尿牛丸。我打工不是因为我穷到不能够吃饭,我为的是充实自己,最好也能挣一点小钱,不让自己生活过得太紧。

老板阿彪有两个小孩,一男一女。他很大男子主义,所有事情都交给老婆做,自己只负责跟吃东西的同学热络,叼着烟东走西走地打招呼。他过生日,买了水鱼回来炖汤,还有很多超高级食材:桂花鱼、土鸡、烧鹅、瘦叉!我被邀请来参加这个乡土气息浓重的派对,跟一些可爱的朱村村民肩搭肩唱歌跳舞。

演讲初赛而复赛

广州大学二级学院英语演讲大赛,在外语系楼下贴出了报名的红纸。今年是第二届,主办方是我们学校。我英文不好,但我很爱英文,而且我口语可以讲得很标准,所以决定参加。从《英语阅读》上找到一篇关于"Bully"的文章,因为那是我当时的心声。

外语系二楼,参加海选的人挤满整个阶梯教室,第一排坐了系里三名外教和留学回来的教授们。每位同学只有一分钟时间演讲,我很快被叫到。过往无数次的紧张和肌肉酸软,这次都没有出现,我很从容地讲出了前面一段演讲稿。日本留学回来的教授,对我做了一个 ok 的手势,示意我可以停止。回到座位后,紧张感反而来了,大腿肌肉立刻酸软。邻座婷婷凑过来:"我喜欢你发 brother 这个音!好洋!"

过了几天,外语系楼下终于贴出进入复赛的选手名单,竟然有我!复赛题目是"My view on……",自己填后面自己想要讲的话题。回去翻遍所有英文杂志,决定了"My view on the beauty of women"这个题目。

复赛异常轻松,我更添加了很多贱贱的欧美范儿手势,引得台下大家嬉笑。顺利通过了复赛,却要面对五一期间留校培训的问题。

想念妹妹

学校在郊区,五一期间饭堂不开伙,并且不开放热水。炒面店也休业,偌大的学校没几个人是很可怕的。可是为了能够得到老师的一对一培训,我坚持留了下来。

与我一起入选的同班同学何嘉莹,住在对面再隔壁宿舍。她翻出学校明令禁止使用的大功率电器——电磁炉,邀我到她宿舍一起吃火锅。青菜跟燕饺是她从校外带进来的,把宿舍平时只开一只的三个日光灯全打开,两人放肆地吃着——锅不想洗就明天洗,澡想几点洗就几点洗,不用排队,充分享受着个人自由。

培训期间的一个晚上,我们在 Kitty 老师宿舍,看 21 世纪爱立信杯全国英语演讲比赛视频。演讲的男孩大概说如果他能登上月球,只可以带三件东西的话,他会带什么……老师按了暂停键,把同样的问题抛给我们,让我们用英文回答。

我第一个被点到,我不假思索又鬼使神差地说:“My sister!”老师追问:“Why?!”我脑袋里突然浮现了我跟妹妹蔓如一起长大、一起爬墙、一起打架的画面,竟然在那一刻毫无预兆地突然大哭,眼泪无法停止地一直滚下来。在场同学和老师都很尴尬,只好让我先冷静一下,他们继续回答问题。我不做声地默默哭了好久。不知道为什么那样伤心、那样想哭,那一刻我确实很想念蔓如。

通过复赛的另外几位女生不愿意留在学校,都撒谎说要参加家族旅行而回家去了。我们坚持下来的几个同学,觉得这样不公平。当初说了离开就当自动弃权,假期结束,她们却依然可以继续参加比赛,所以找到系主任和老师谈这个问题。系主任和 Goldy 老师当下就通知,没有参加培训的几位同学,不用再参加接下来的比赛了。剩下只有法学系一位叫勇仪的男生,我们外语系的黄子力、谭智睿、何嘉莹和我。

本以为可以一直这样走到决赛,不想有一天接到上级通知,四个外语系选手必须淘汰一个,因为只需要一位非专业选手和三位专业选手参赛。

伤情四退一

我们四个人心情很沉重,从海选到复赛到培训,我们四个大学一年级的同班同学，一直是外语系的传奇，是班主任秋香姐的骄傲。本以为可以一起得名次，现在却要硬生生地淘汰一个。大家开始有了戒心，不再纠正谁的发音不标准或者提醒他这样的手势不好看，而是互不讲话，各自默默坐着。

淘汰赛那晚，我们五人在教室抽签，轮流上去演讲。台下的系主任和老师们对我们过于了解，而且各有偏爱，所以不能公正筛选。只好把没公布的结果当场作废，决定第二天把我们带去华南理工大学，请外校老师评断。

那是我第一次坐上广州大学的校车，本应兴奋无比，却仿佛坐上了通往监牢的囚车，一路无心欣赏路边的风景。

谭智睿同学对华南理工大学非常熟悉，兴致勃勃地跟我们说某个某个湖淹死过多少人，故事有多么离奇，对面饭堂有五元钱却很好吃的寿司……我很想 enjoy 这一切，却总是融不进去。

华工教授是从英国留学回来的海归，穿着正红色衬衫叉手坐在台下，从头到脚环绕着一种绅士气质。我们抽签后依次演讲。谭智睿第一个上台，接下来轮到黄子力，再轮到我，再到何嘉莹和勇仪。每个人演讲后，绅士老师都会即兴提问，可他没有问我。我们学校的 Kitty 老师问他需不需要问些什么，他耸肩淡淡地笑着："It was too perfect that I don't know what I can ask." 可是我笑不出来，只是深深地鞠躬。

演讲结束，老师把五个人请出教室，让我们到处逛逛，他们商议结果。我反而轻松起来，因为我做了最坏打算，如果没入选，我就继续回炒面店打工，继续好好学英文。

一位华工学生，一直在教室观看我们演讲。这时她从教室出来，路过我身边，在我耳边轻轻地说："绝对不是你。"后来我从系主任口中得知，她是在读研究生，马上也要成为老师了，她叫薇儿。

直到大家都回到广大校车，系主任和老师也没公布答案。车内没开灯，黑暗着，我跟黄子力沉默地并坐。只有谭智睿吵着肚子饿，需要吃东西，并一直建议前面的穆斯林餐厅不错。勇仪始终没有说话，他是非专业组的，跟我们没有竞争，他只是来接受指导的。真正有竞争的，是我们同班的四个人。

Kitty 老师突然说："不然现在就公布结果算了，早晚都要说的，让他们这样难受着干什么！"车里一片死寂……黄子力表示赞成，系主任跟 Goldy 等几位老师互看后，宣布淘汰的选手是……谭智睿。

黄子力一把抓住我的手，我也用力回应他一下。我们安全了！

谭智睿大声吵起来，说他为了这次比赛准备了很多，而且他一米八九的身高很难买西装，妈妈带他走了很多条街，定做了合适的衣服，就是为了参加决赛……他被拉下车，系主任、老师都在跟他沟通，安抚他。我们在车里一直听见他大吵，黄子力用手机按下"我觉得真的很残忍"给我看，我按下"再这样我就要哭了"回他。

他们再次上车时，系主任宣布的消息，真让我们全部人都哭了。她说："因为谭智睿情绪不好，我们决定请广东外语外贸大学的教授，再重新筛选一次，这次结果作废。如果下一次筛选还是谭智睿的话，他不可以再有意见，必须接受结果。"

谭智睿哭是因为他有了一次复活的机会，我们哭则是觉得被耍了。这么折腾的一次筛选竟然作废，那如果下一轮淘汰了我，我也可以情绪失控。我也不愿意被淘汰，我也要大闹，事情就永远没有结束了。

回到学校，已经是深夜十二点，我跟何嘉莹牵手走在通往女生宿舍的小路上，呼吸着冷冷的空气。肚子很饿，小路两边的荔枝树林，突然发出很大动静，好像有野兽或者坏人要冲出来。我们俩一边尖叫一边跑回宿舍——好难过，这到底是为了什么！

学校很快安排了外语外贸大学的教授，来我们系里筛选选手。我因为害怕三楼比赛现场那种气氛，而躲在二楼黑暗的走廊。一位微胖的平头男老师站在我旁边抽烟，转身问我："是本系学生么？"我点头。他再问我："是来参加今晚比赛么？"我再点头。他说："你现在在想什么？"我回答："我想我爸爸，我想进决赛。"他笑了。

轮到我了，我做了个深呼吸，走进教室，走上讲台。台下坐着好几位广外教授，其中一位竟然是——刚才的平头胖老师！他微笑地点了一下头，示意我可以开始。这次我很紧张，所以表现不好，回答问题环节更是烂到流脓。在我忙着搞砸自己演讲的时候，谭智睿搞得更砸，所以筛选后依然淘汰了他。

另外三位选手不敢表现出非常高兴，但我相信，大家的内心早就乐开花了。

掌声响起

临近比赛前几天，我跟对面宿舍的饭饭同学借了一条深蓝色学生裙，又翻出一件白衬衫。我的鞋子都好运动，跑去楼下宿舍，跟黄展灵借了一双完全不是我风格的妹妹鞋。身高一米六八，有点婴儿肥，就这样把自己打扮成自认为参加演讲比赛学生应该的样子。

决赛当天中午，Kitty 老师来宿舍找我，带我去学校商业街的大卡司奶茶店，吃虾丸喝珍珠奶茶。这是奖励也是鼓励，我觉得自己很被呵护，她像亲人一般地照顾着我。我其实很想哭，却一直用虾丸把嘴巴塞得鼓鼓的，哈哈傻笑。这时候哭，会显得我好蠢，会把她吓到。饭后，她带我去她的教师宿舍休息，还准备了一条裸色丝袜让我比赛前换上。她说："这样才像个女孩！"

比赛下午两点开始，我换好借来的行头，穿上那条裸色丝袜。Kitty 老师把我拉过去，给我扑粉、画眉，我难受得不行，时不时有伸手推开她的冲动。我不喜欢自己弄成这样。整个大学时光,我每天都是素颜,只在表演和比赛时才擦个睫毛膏。Kitty 老师还特意在我刘海上别了一枚绿色花朵发卡,这让我更加不自在。

一共二十一人参赛,我抽到第十七号。很漫长的等待过程,紧张得再次大腿肌肉酸软。在行政三楼侧面的休息室,一遍一遍在心里重复演讲稿。事实上早已背得滚瓜烂熟,只是太怕会突然中邪般的忘记,而强迫自己一直重复。

前面几位选手演讲结束后,我还会跑出去问讲得怎么样。后来时间太长了,我已经被耗得不紧张了,也不想问他们得多少分了。自己一个人躲在楼梯间发呆比较好。

轮到我了,台下坐满了学生,后排还站着很多人,我却并没有很紧张。因为我上台那一刻,台下掌声如雷。同校的同学果然很给校友面子,赛事在本校举办的好处真是不可估量!

流利且顺利地演讲,时不时用眼神跟评委互动,因为我在演讲中加入了很多英语俚语和俗语,引得评委们哈哈大笑。

对我进行提问的是 007 英语教学的教授,他问我如果我有一个女儿,想要去做整形手术,我会怎样对她说。这个问题是我之前做梦有梦到过的,已经设想过怎样回答。可是这一刻,我突然忘记了我要怎样回答!我只好故意拖慢速度,先说些有的无的:“Thank you for your question... er... that’s a good question...”之类的。

低头瞥见自己因为打篮球而被烈日晒黑的手臂,猛地知道应该要怎样做答:“首先,我真的没有女儿(台下哄笑)。如果我有女儿的话,她要去做整形手术,我会跟她说,其实每个人都是很特别的,宇宙中只有一个你,没人跟你一样。你看我,我皮肤很黑,眼睛也不大,但我从来不想改变它,因为我就是我,独一无二的我。所以请在座的所有人,包括评委和老师们,如果你认为你是一个非常特别、非常好看的人,请给你自己也并且给我一点掌声。”当时我的英文出奇流利,而且情绪激昂,台下爆发阵阵掌声,并且久久不能平静。

评委亮分:9.8、9.6、9.8、9.4、9.8。我得到了目前最高分!

走回后台，正在准备颁奖事宜的礼仪小姐都跑上来拥抱我。学生会的谭扶舒师姐,还特意绕来后台祝贺我:“司雨萌,今天你太牛了!我刚才在台下比你还紧张,见你讲得那么快,生怕你会卡壳!冠军小妞!恭喜你啊!”

这时我才意识到,原来我是专业组最后一位选手,排在我后面上场的两位,都是非专业选手,即便分数高于我也无大碍,我已经是冠军了!

那一刻我很平静。回到空无一人的休息室,把门关起来,把外面奔跑忙碌的工作人员自动屏蔽掉，我拨通了爸爸的电话:“爸爸,我参加学校的演讲比赛了,五个学院比赛,你猜我得到第几名?”爸爸淡淡地回答:“是吧,第几名啊?”我雀跃地回答:“第一名!我是冠军!爸爸!我是冠军!”

电话那边沉默,我接着问:“爸爸你在哪?”爸爸声音颤抖,他流泪了,回答我:“我回了趟东北,爷爷跟我在一起。”爸爸颤抖的声音让我也很想流泪,为了不让眼泪融化睫毛膏,颁奖时变成熊猫,还是强忍下来。

挂了电话,出去迎接大家的拥抱和祝贺。我除了得到英语演讲大赛专业组冠军外,还得到最佳台风奖,奖品是两本英译中词典。

因为爸爸说过胜不骄败不馁,不卑不亢,落落大方,当晚我依然去了炒面店打工。很多陌生面孔过来,拍拍我肩膀说:“小妞你很牛。”

神奇四侠

暑假期间,我在教堂找到一份兼职,为来当地教小朋友英语的美国人当助教。翻译一下，协助一下——没有工资，但可以学到英文和认识新朋友。时间只有十天，每天有小朋友稚嫩的朗读声、外国人的微笑、牧师准备的午餐。我很享受这一切，很温暖。

最后一天文艺汇演，我哭得很厉害，都已经长大了，还是这么害怕分别。美国人要回自己国家了，他们送给我圣经和赞美诗，一位名叫 David 的老师还留下一封信和一百元钱，谢谢我这十天为他们翻译和带他们逛市区。

大学二年级，我做了个很认真的决定，我要认真结交朋友。

我已经不再去炒面店定时打工，而是去饭堂三楼的“三楼后座”冷饮店打工，认识了管理系市场营销专业两个班级的师弟师妹。他们每晚都会来店里捧场，我很快跟他们熟络。我大学时代最好的朋友健滕、海涛、佳寅，都来自这两个班级，我们自称自己是 Fantasy4——神奇四侠。除了上课，我们都玩在一起，包括……帮其中某个人追女孩。

巴西龟

广播台的辉城养了一只巴西龟，他时常不喂它吃东西，还把烟头丢进养龟的塑料盆里。我跟他商量后，决定把巴西龟存在我这，我可以照顾好它。

为给巴西龟创造一个良好的生活环境，我坐了好久公车，来到增城市区。找到旧街市场门市部，淘到一个蓝色方格状塑胶容器，有半块床板那么大。又在花鸟鱼虫市场，买了加热棒和最好品牌的龟粮。

回到学校，我把塑胶容器洗干净，加热棒黏在壁上，调好温度，对着里面自在舒服的小龟说：“以后跟着我就吃好喝好，咱们一起拼天下，你以后就叫小鬼！”

我喜欢玩电脑的时候把脚踩在塑胶容器上，感受着小鬼在里面游来游去，就算一个人也不觉得孤单，因为我们彼此存在。

小鬼是我见过长得最好看的巴西龟。她看起来很伶俐，不会有种蠢蠢的感觉。她的外壳时常有一层淡淡的软光，鼻孔的尺寸也很秀气。如果头上再弄点小蝴蝶结小王冠之类的装饰，应该会成为龟界的奥黛丽·赫本。

美在花城

大学二年级暑假，我鼓起勇气报名参加了在广州家喻户晓的一个选美比赛——“美在花城”。那时候我对广州市区一点也不熟悉，一遍一遍在网上用坐车网搜索路线，记下公交车号码，一心为了参赛。

我不想当明星，但我想试试看在学校以外，我还能不能挤到前面成为一个优秀的人。也想试试看，我可不可以跟一大群女生和平共处。

我不认识谁，家族也不是什么中国一百强企业，也不想管到底有没有黑幕这回事。带着我认为最好看的衣服和我的巴西龟小鬼，在广州龙洞租了一个小单间。

这个假期出来追梦的不止我一个人，广播台台长兴彬，我的死党广播台副台长佳寅，十大歌手冠军阿财，都一并出来，想要试试“广州的水有多深”，“广州遍地黄金也遍地陷阱”是不是真的。他们在我介绍下，也都选择租住在龙洞。

兴彬到处接主持的活动，阿财去了电脑城打工，佳寅接一些DV视频和照片的后期制作。我们都各自忙起来。

“美在花城”海选入选后，我每天都要提着十二寸的高跟鞋和化妆箱及一包衣服，换乘两次公交车，到达广州电视台进行培训。我第一次认真买了一套化妆品，被骗得很惨……也第一次在观众面前，穿着Bikini走来走去。

因为天气太炎热，为了找个免费的阴凉环境练舞，我跑去当时还不太热闹的地王广场负一层，对着反光玻璃练习。被保安驱赶后，又改在了人比较少的地铁站练习，这样就可以既有位置又有冷气。

在广州电视台九楼羽毛球馆里，经常被给我们上课的香港模特 Rosa 骂得体无完肤。她让我们站丁字步，让我们要面带微笑，并且挑出个别选手回答她的问题："请问你最开心的事情是什么？"对方竟然回答"我最开心的事情是参加了美在花城"，做作得一塌糊涂。

因为人多我就会觉得很烦躁，也因为九楼实在闷热而导致我更加烦躁，我不想说话，也不想笑。偶尔佳寅会跑到电视台来看我，抬头看见他在看台上，我就会很高兴地跟他挥手，一直做鬼脸演哑剧给他看。Rosa 走到我面前，依然问"最开心的事情是什么"这样的蠢问题，我冷静地回答"没有"。她生气地指着我的鼻尖，用香港普通话说："你，你最好给我想清楚！我跟你讲，你最好给我配合！你想清楚！我等一下再来问你！"她转身走开后，我做了一个摇头晃脑耍贱的大白眼鬼脸，佳寅在看台笑翻。

兴彬运气很好地接到了 Mini 宝马中国巡展的 Case，且一并把模特经纪工作接了下来，拉上广播台统筹部部长刘佳和三个嫩模一起做活动。刘佳负责开客户品牌的车在市区兜兜转转引起围观，嫩模在车上跟观众挥手。那天气温三十八度，一位嫩模被晒伤，还中暑呕吐。

下午，我被兴彬临时拉去凑人数，换上车展小姐的制服，在三台概念车前依次被媒体拍照。晚上是一个盛大的 party，我们在酒吧门前派发传单，吸引路人过来看车并进酒吧喝酒。遇到外国路人，我就发挥我的专业，用英文跟他们沟通。遇到别的模特经纪来挖人，问我们接不接其他品牌公司的活动，就交给兴彬处理——我们都严格遵守"模特不直接与客户公司接触"这个"规则"。那晚忙到十二点,领了五十元人工。

“美在花城”五十进二十那天,我在好友佳寅陪同下来到比赛现场——天娱广场,简单彩排后开始妆发。由于我对化妆一窍不通,甚至连睫毛膏都不懂如何擦,所以全权由老师帮忙打理。广州电视台主持人 Sam Yang 走进拥挤的化妆间,一脸嫌弃的表情。因为化妆间又闷又热,刚彩排完的我们身上都带着汗。他坐下等待妆发,化妆师过来跟他拥抱又哈啦了半天,开始帮他化妆。我很不识相地跑过去说:“姐姐,可不可以帮我擦一下睫毛膏?”化妆师用眼神征求男主持的意见。他一言不发,算是软性拒绝,应该是轮到他妆发不想被打断。我只好识趣地说:“好,没关系,我自己试试看。”心里却想:跩个屁啊……

同校师兄是摄制组成员,坐在评委后面一排,晋级名单出来,他瞄到上面我的名字,立刻打电话告诉佳寅。佳寅绕来后台,悄悄告诉了我。可是最终宣布晋级选手名单的时候,没有念到我的名字……

我相信师兄,也相信比赛主办方,但我还是认真地难过了。佳寅帮我提着大包小包的物品,一起挤公车回龙洞。一路上我们谁也没说话,我只想快点回去见到巴西龟小鬼,耳边一直环绕着我上场时主持人的画外音:21 号选手司雨萌, 她希望将她的美丽永远留在花城……

达濠冲浪

暑假剩下最后十天,我带上巴西龟小鬼跑去汕头,找 Fantasy4 成员海涛和佳寅玩。因为海涛要陪妈妈和姐姐,所以只匆匆见了一面。佳寅把几个很熟的好朋友都约出来,维新、扬链、阿孟、阿鲁、陈光,大家商量好,要进行一次开学前的热血出游。最终决定去维新的老家——汕头达濠。

第二天清晨，扬链爸爸开车送我们。他爸爸是警察，我们一直在车上打闹："警察叔叔送我们出发喽！"

维新招待我们去他在达濠的舅舅家喝茶。舅舅在达濠，像是长老一样的角色。他有一栋巨型房子，里面养了十一条狗，每条都凶狠至极。我们踏入它们领域的那一刻，十一只狗全都龇牙咧嘴站了起来，发出生气的声音。维新带路走在前面，我们诺诺地跟着，十一条狗又慢慢跟着我们。直到我们进了房间，它们才各自回岗位。

换好衣服后，跑去海边冲浪。他们几个男生，故意营造我是大姐大的气氛，让我走在队伍最前端。他们凶狠地走在后面，故意拉开架势，假装自己是保全，不停地说："哎！小心小心！哎！小心小心！"我被惹得哭笑不得，脸上笑着却眼带泪光，一直说："真的很幼稚啊你们！"

扬链游去很远的岩石上，表演跳水给我看，还表演水中芭蕾和水中倒立。我只敢在浅水区，快要被他们惹得笑疯了。

临近傍晚，太阳变成火红色，佳寅让我把这一切都用 DV 记录下来。他在背后指导我要切哪个画面，还自己假装摇臂，举着 DV 转得让我晕眩。

那晚我们喝到了维新爸爸煮的鱼汤，很鲜美。又再收拾东西，带上食物，去维新爸爸开在学校旁边的餐厅吃烧烤。一路上，凡是路过学校或者大面积的墙壁，甚至是乡公所的外墙，维新跟阿孟就要拿着喷漆跑过去涂鸦，叫都不听。其实没有很好看啊……

维新爸爸的餐厅是针对学校学生开设的，放暑假，学生都回家了，餐厅也就休业。大大的餐厅里只有我们几个人，维新接好音响，周杰伦响彻整个院子。

那晚我们通宵烧烤、喝茶、跳舞、学周杰伦，还组成了一个叫做"北腿爸爸"的五人组合，在卷门前一直借着路灯拍摄团体照。

我困得眼睛都睁不开了也依然坚持着,直到清晨,我们又跑去门口的公路上拍照,很认真地记录"北腿爸爸"这个组合。

虽然后来把照片导到电脑中,我看见自己黑眼圈超级严重,但还是会因为这个暑假完成了热血出游的计划而高兴。还一度担心自己又是 Fantasy4 成员又是北腿爸爸成员,会不会两边都经营不好。唉……当时真的很爱为这些有的无的事情而担心……

主持人大赛

再次开学,Fantasy4 成员每个人都换了新造型,也开始了热血学习的计划。每天一起用过晚饭,大家都带书本去教室自习,但健滕很快变得很烦躁,大家也就不了了之地跑去吃东西。为了避免四个人在一起就会很想讲话,我们又特意跑去图书馆二楼自习室,这样有别的同学在,我们就不敢讲话。可是海涛又很快说他肚子饿,又不了了之地跑去吃东西……

因为跟健滕打赌,我报名参加了学校十大主持人大赛。赌我可不可以走到复赛,我晋级的话,他就请我消夜。

这是我人生中最不擅长的一个比赛。初赛选在了女生饭堂门口,我用英文自我介绍又回答了问题,轻松无压力地结束了第一轮比赛。心中想的是,快点结束比赛,就可以约 Fantasy4 成员去吃消夜。比赛进行到一半,我已跟健滕、海涛、佳寅忍不住溜去女生饭堂一楼,大快朵颐脆皮肠和卤水鸡翅膀了。那时候"消夜"真是我们人生中很重要的一个词汇,健滕时不时问我:"听说女生饭堂很多女生穿睡衣来吃东西的哦,我怎么还没有看见,你能不能号召她们快一点出来给我看一下啊?!"

我根本就没想冲进复赛,消夜已经吃了,晋不晋级都不那么重要了。可是,红榜上的晋级名单却有我的名字!我马上慌了,立刻打电话给广播台负责人黄芳,要求弃权。她严肃回答我:"这不是游戏,你占用了名额让别人淘汰,就要走下去。”被她一说,我觉得自己好像很不勇敢又很差劲,只好硬着头皮参加了在外语系阶梯教室举办的复赛。

我根本不擅长主持,整个复赛过程,就想着弃权这件事。可都找不到机会说出口,只能硬着头皮上台,一轮一轮进行各种随机抽题即兴主持。什么校运会现场、中秋晚会现场,我台词都差不多,也似乎看到台下评委一脸尴尬的笑容。

我被逼得要进入 PK 赛。PK 赛不就是个被 PK 掉的大好机会嘛! 我一定要抓住机会,退出这个我极度不擅长的比赛!

评委问道:“如果校运会上领导在颁奖时讲错了选手的名字,你要怎样圆场?”我只好乱掰一通:“如果选手的名字叫司雨萌,我就紧接在领导说错的那句后面说,现在我们某某某领导,正在为一百米冠军司雨萌颁奖。这样软性地提醒领导。”我想这个答案够不特别了吧,没想到跟我 PK 的选手说:“我不知道怎么回答……”台下一片混乱的议论声。我僵在原地,嘴角抽搐,侧眼看他:“你该不会是认真的吧?!”就这样,我又“幸运地”进入了下一轮比赛……

这一轮比赛必须角逐出十佳,我因为太担心入选而好几天睡不好。做自己不擅长的事情,真是仅次于用乱刀砍自己。我又再次拨通了广播台负责人黄芳的电话:“芳姐,我真的不想参加了,我真的不擅长,我也不想拿奖。”黄芳依然严肃认真:“雨萌,已经走到了这一步,你只要再坚持就可以走到最后。你说你不擅长,可是你已经走到接近最后了,这就证明你还是适合,好好准备明天的比赛。”她先挂了我的电话,我心中默念:“准备个屁! 我怎么知道怎样准备……”

习惯性地素着颜,也依然穿着平时会穿的衣服。到了比赛现场才知道,其他选手都特意租了晚礼服和西装,或者有准备小洋装和开襟衫。我赶忙掏出睫毛膏来撑场面,胡乱刷了起来。广播台

DV 部的栩立一直督促我一定要化妆,不然会弱掉。

当晚负责播放视频的是 Fantasy4 成员佳寅,他还拉来一大批熟人为我当粉丝。有熟识的人在现场,感觉温暖很多。很快轮到我上场进行随机抽视频即兴主持。我抽了第十九题,画面是 911 事件现场,人们很慌乱,大厦在冒烟。我突然回想起高中一年级回到家里,凤凰卫视中文台正播放这样的画面,主持人旁白讲着一些很可怕的事情。我立刻决定,就模仿《时事直通车》好了。

“美国时间今日上午九点十分,四架美国国内民航航班几乎被同时劫持,其中两架撞击位于纽约曼哈顿的世界贸易中心,一架袭击了首都华盛顿美国国防部所在地五角大楼。警方怀疑这并不是一次意外,而是一场有组织有目的的恐怖袭击。请导播将画面切到现场……(其实早就有画面在播放)……画面中我们可以看到,有大量浓烟从大厦中涌出,大厦周围的人们表情都非常惊慌,他们正试图拨通自己同事的电话,询问他们是否安全。(转向观众)更多详细内容,请留意今晚十点半播出的时事直通车,我是主持人司雨萌。”

台下反应不错,给了我很大信心。接下来进行随机抽文字题目即兴主持,我抽到了“跨年晚会倒数时,大钟秒针突然停止”这个题目,没有思考时间,需要张嘴就来。我假装拨一下自己的头发来拖延时间,长发却卡在手表扣上,就是这个动作让我想到了要怎样主持。

“再过十秒,我们就要进入崭新的 2008 年,在即将辞旧迎新的时刻,请大家跟我一起倒数,10,9,8,7,6……哎,大钟的秒针在这个时候停止了,看来它非常眷恋 2007 年,大钟停了没关系,我有戴手表。(低头看手表)好!现在已经是 2008 年了!在此祝各位观众朋友新年快乐,万事如意!”台下笑翻……更加让人不能置信的是,这样随性的主持,竟然让我连 PK 赛都不用参加,直接晋级了……

这一次我非常认真地跟黄芳表明，我绝对不再继续参赛，她很勉强地接受了我的决定。她同意的那一刻，我觉得天都亮了！

学习日本语

其实考研这回事，完全是因为爸爸有这个理想。我自己并没有很想考，但为了满足爸爸的愿望，我依然下决心要努力考上。

暑假，我去广州报名学第二外语——日语。考研之前，我的二外日语必须达到二级水平，所以笨鸟先飞总是没错的。在网上查了很多间语言培训学校。我不要求环境好，不需要设备高级，我只要师资过硬。我可以像在学校正常上课那样，一节一节地好好学。

我选择了广州东屏大马路的津桥外语学校。它环境很一般，教室很旧，但我喜欢它的课程安排，也喜欢它朴实无华的教学方式。

交出报名费后，开始找房子，这次找到的是棠下上社出租屋。上社很嘈杂，只要有空地，全部建起了房子。这里所有的房子，都是出租给外地人住的。

从上社牌坊进去，道路两旁全是商店、水果档、小吃店、糖水店、快餐店、热炒店……街上经常有裸上身的男人走来走去。我装做很凶很"大姐头"的样子，以为凶一点就比较不会被欺负。

依然租下一个单间。隔了一年，广州房租涨了不少，去年在龙洞还是三百元一个月，今年已经五百五十元了。交齐押金、租金、管理费等各种费用，我在上社住下。大学经常跟我们 Fantasy4 玩在一起的廷辉，因为要考雅思，也跟我租在同一个地方。他就在同一栋楼隔壁单间，但很少有机会碰面。

因为手上钱不多，所以我吃很省，用也很省。从租处到牌坊公交车站，走路需要十分钟，很多人选择坐一块钱电瓶车。

我从来不坐，那一块钱拿来买豆浆，再买一块钱烧卖，边吃边走去车站。

那时候广州还没有开通 BRT，交通处于紧张状态，上社这个站经常人多到上不了车。很多人远远就追着公车小跑，直到公车到站停靠，开门那刻死死抓住门把，生怕别人比他先上去。前门上不去就挤后门，挤不上去的时候，站台上的工作人员就会过来推人，硬生生地往上推，司机也硬生生地把门关起来。许多人都尝到过被公交车门夹住的滋味。

我每天都是这样去上日语班。

从上社到我上课的学校，需要接近一个半小时车程，我经常因挤不上公车而迟到。就算挤上了，也会因路况不好而迟到。衡量后认为，课程更加重要，所以再从伙食费中扣除一部分钱，用来做地铁费用。改为从上社坐五站到体育中心下车，再转地铁到烈士陵园，这样再走五分钟就可以到学校，就不会再迟到了。

伙食费上出现的问题需要解决。钱少有钱少的吃法，每天中午，我会到学校附近中华广场的吉之岛买饭团，三块五毛钱一个，再买一支大豆浆，两块钱。这样，我就可以吃得很饱又很有营养。但我发觉人越是没钱的时候，胃口就变得越好，饿起来三口就可以吃完一个泡菜饭团。只好改变进食方法，先喝一半豆浆——这样就会感觉不太饿了，再慢慢吃饭团——吃比较久，就会感觉吃了很多。最后再把另一半豆浆喝掉，就会超饱！

后来，我发现中华广场富一城后面，有一间很赞的生生快餐店。六元钱有两菜一肉，而且很好吃，偶尔添一元钱加个煎蛋充充场面。生生快餐主要做外卖，堂食的位置很少，我每次买好后，就到地王广场负一层，边享受免费冷气边吃午餐。如果身上有多几个硬币，我就跑去流行前线的电动区玩投篮机。如果连几个硬币都没有，就吃饱后再去吉之岛大卖场逛逛。那里有很多进口食品，还有很多免费试吃，最适合我们这种口袋空空的学生哥儿。可以什么都不买,但可以收获很多。比如拿起日本产的饼干,看看人家的英译日再到日译中是怎么翻的,尝尝龙飞牌水饺新推出的猪肉紫菜馅跟之前的猪肉大葱馅有什么不同。

每天回到租处,第一件事就是装饮用水。楼下有一台投币饮水机,只要投两块钱,就会有三升“山泉水”。我提一个大型矿泉水瓶和很多小矿泉水瓶下去装水,预先把所有瓶盖都打开,按照最顺手拿起的状态依次排好,这样就不会因为换瓶子而浪费投币流出来的“山泉水”。

晚餐就选择楼下的麻辣烫,青菜五毛钱一串,肉类一块钱到两块钱不等,各种粉面一块钱一份。

夏天蚊子多,我又觉得只住一个多月不需要买蚊帐,就用被子罩住整个人,只留鼻孔在外面呼吸。幸运的是,我是个超级不怕热的小孩,被子刚罩住会热一下下,再接着就一点也不热了,还很有安全感。这样就很好睡,但经常会在半夜,被楼下的吵架声吵醒。

为了省水电费,我都不开电风扇,热了就用扇子扇一下,洗衣服的水就用来冲厕所。但我不能离开电脑,我好怕一个人在出租屋的感觉。我必须要感觉到不是我一个人待着,总要有个视频在发出动静,或者看见 QQ 好友中很多人在线,我才不会害怕。

感冒时跑去隔壁敲廷辉的门,想跟他拿感冒药,才发现他交了两个月房租却只住了一个月,没退租就离开了广州。回到房间打开手机,才看到他的信息:雨萌我走了,你好好加油。

Fantasy4 成员佳寅在广州电视台找到一份工作, 成为 TVS2 那档《全民放轻松,亚运向前冲》的编导。他有时候会过来打游戏,什么实况足球、CS 枪战、极品飞机……他打游戏,霸占了我的写字台(电视柜改装)。我坐在地上把床当写字台,一遍一遍练习日语汉字的写法。

维新在中山大学附近画室找到一份兼职,他生日那天,来上社找我们欢聚。三人找了间名为“南洋卤鹅”的小店坐下来，很豪气地点了二十块钱卤鹅，两颗卤蛋，一碟炒油麦菜和三碗番薯粥。因为维新生日，所以他们两个明明不爱喝酒的男生，又再加了一瓶啤酒来庆祝。

大家边吃边聊，错过了回去的班车。维新第二天要去当老师，佳寅第二天要去拍摄，我第二天要去上日语。就这么在租处聊一下、打盹一下，度过了整晚。那晚大家都休息得超级不好，他们俩还把风扇打开了，这一晚得花多少电费啊！

那时候虽然我们都好穷好穷，可是我们都很坚持，也都彼此鼓励。这些人是我一辈子的朋友，我永远都不会忘记那个假期——我们一起为梦想而奋斗的时光。

我们的青春，太美好。

药妆生意

再开学时，我已经拿到了这学期的生活费，住在宿舍也不用再为房租发愁，一下子轻松了许多。因为不再想让经济状况太紧绷，我决定做生意。

佳寅宿舍的潮汕兄弟做起了烟草生意，靠口口相传，电话订货，成条卖，不散卖。可是他们每次送烟过去，买家几乎都是潮汕地区熟人，不但要多送一包烟，还不好意思收钱。开会讨论后，我成了他们的送货工人。

那时候我很漂亮，大家都知道司雨萌同学英文很厉害，还是外语系模特队队长，并且有个很洋气的团体 Fantasy4，所以在学校很吃得开。我每次送烟过去，都热情地跟他们打招呼，刻意用潮汕话：“兄啊，这盖拧爱该昏。”(大哥，这是你要的烟。)他们知道我不是潮汕人，但听我讲潮汕话，都被逗乐得不行。也不用我再找钱，让我把剩下的钱拿去买饮料。佳寅的潮汕舍友都觉得这个方法用对了，可我能得到的也就是几顿免费快餐而已。我觉得这样不行，我需要有实质的钱到自己手上。

女人的钱是最好赚的，我开始做日本药妆生意。挖掘货源，学会辨别真伪，短时间内了解到所有日韩药妆品牌，熟记在心。将品牌名、功效、毫升、价钱全部做进一张表格里面，发给整个学校我所有认识的人，并请他们转发给朋友。

在我隔壁大学读书的“北腿爸爸”成员扬链，也帮我在外校宣传起来。在佛山读旅游管理的“北腿爸爸”成员阿孟也一样。维新帮我做了积分卡，给每个购买到一定额度的顾客积分换礼品。我仗着自己当时的好皮肤，当起了活招牌，生意很红火。

每周必须坐大巴去广州拿货。周一至周五，我会记录下所有订单，周六去广州拿齐货品，周日送去买家宿舍并且收钱。为了增加营业额，送货时候，我会特意再带上一些货品，问需不需要看看其他新货，多数都是得到欢天喜地的一声“要”！这样就逮到了进她宿舍的机会，舍友都会围过来看，也就顺便又卖出去几样东西。

买东西的还是潮汕人居多，我每次掏出一个面膜或者面霜，都会用平时跟佳寅、海涛、扬链、维新、阿孟学来的汕头话说：“姐啊，只物用落，吕皮肤鞋超好！补水功效强烈！吕睇挖个面就知！”（姐姐，这支东西用下去，你皮肤就会超好！补水功效强烈！你看我的脸你就知道！）我那时候深刻地认识到，掌握一门地方方言是多么的重要！

到了天气干燥的时候，我在本有货品基础上，又再进了一批男生适用的药妆面霜。佳寅、海涛、健滕是我的小白鼠，他们试用皮肤变好后，其他男生就会跟风买起来。男女生意我一并做掉，学校里其他做药妆生意的，价格再低都做不过我。

那段时间，我发现我数学变超好，算数绝对不马虎，口才也变得很厉害，心情也很愉快。因为“卖东西”是我人生对未来工作的第一志愿啊，我现在竟然把它给实现了。从此也不再晕车了，往返广州拿货，根本不在话下。

“出广州”变成 Fantasy4 和“北腿爸爸”另外一种洋气的相聚方式。我们当中没有一个人在广州市区读大学，全都在郊区，不是佛山就是番禺，再不就是增城。周末在广州相聚，相当有意思又相当洋气。

维新依然在中山大学附近的画室做兼职老师，交了女朋友。大家都宠着我，我脾气越发不好，越发喜欢要任性。大家都会把交到的女朋友，带来给团队成员们看，遇到不喜欢的女生，我都表现得非常明显。维新的女朋友 nini 是我喜欢的女生类型，我们很快变得熟络，所有秘密都拿出来分享。她后来也跟我一样，在她的学校做起了药妆生意，我们交流很多。

看到维新恋爱后满脸的甜蜜，我的心情仿佛像弟弟结婚了一般，感觉好温暖又好感动。

在下渡路小吃店里吃东西，维新还是跟以前一样，点最便宜又最饱肚子的食物。药妆生意让我小赚了一点，整个人就放松起来，点了很不必要的大份厚鸡排饭。维新吃着四块钱的蚝油捞面，看起来极不好吃，我马上把鸡排夹给他，他一直说他够吃，不用再给他菜。那刻我暗暗想，我们是一辈子的朋友，我永远都会记得我们一起奋斗的那些事情。等我混好了，我要出一本书来记录这一切。

平面模特

因为每周都会去广州，我还顺便接了模特工作，比如拍平面或者走秀。走秀多数在晚上，时间很不好调配，又怕错过回校的大巴，后来我只接平面，不再接 T 台。模特工作和拍照，是我从小就喜欢的事情，就算只给很少钱或者没有钱，我都会参与。前提是摄影师真的很厉害很会拍，很懂我要的是什么风格的照片。

因为很想记录一下年轻时候身体的状态，我决定要拍一次沙滩 Bikini。帮我拍照的是一位名叫“长期饭票”的摄影师。我需要的是阳光健康风格，很担心会被扭曲，所以前期我们进行过很多次沟通。天气已经变冷，我们决定当下这个周六驱车去深圳大梅沙拍摄。

入秋后海水虽凉，但中午在太阳的照射下会升高些，就选择这个光线和海水状况最好的时候进行拍摄。开始我很放不开，动作都过于做作。五分钟后调整好自己，进入状态，出了一些好照片，都很阳光很舒服的感觉。

到了下午，太阳已经落山，海水降至冰冷，整个调性变成另外一种感觉。我们不想浪费这次出行，决定换一套 Bikini 继续拍摄，抓一些比较冷的画面。

现在来看，那些照片其实很一般，但是每每看到，我都会想起当时我为自己人生中在乎的事而很努力。为了记录下那些瞬间，记录我二十二岁时身体的状况，即使海水很冰，我也愿意浸泡在里面表现得很俏皮。即使跪在沙子里玩泡泡枪把膝盖都磨破，我也依然很开心。

想当模特并不是丢脸的事情，也不是不现实的事情，就算不高不漂亮，有自己个性和独特的面孔，也一样可以拍出很好的照片。这些道理没有人告诉我，是我自己一直这样认为着。在我短短的模特生涯中，拍照次数无数，我挑出其中最喜欢的一百张照片，把这一切画上了句点。

亚姐大赛

我又再次报名参加了选美比赛——亚洲小姐。当时很不知道人生方向在哪里，也不清楚自己参赛到底是想要得到什么，就是想去参加而已。

亚姐第一场海选,佳寅的朋友燕纯和姿娘来看我比赛,“北腿爸爸”和Fantasy4这群没义气的反而都跑去逛街了。我那场根本就表现超级好,他们一直说我在吹牛。第二周宣布我进入第二场复赛,他们依然没义气地去逛街了……那场是我比赛生涯最出色的一次,他们还是没有看到……

赛后,我穿着黑色小洋装,带着“马德里不思议”感觉的妆发,跑去北京路麦当劳找他们,眉飞色舞地讲着我今天如何厉害怎样晋级的事情。他们听着听着就把目光停留在新买的潮品上,最后又玩起了他们是保全我是艺人,他们在保护我,一直说“小心!哎!小心小心”的游戏。还演起了假装阻挡路人的戏码,其实哪有人啊……当时觉得很无聊很好笑,现在回想起来,还是蛮美好的。

亚洲小姐最后一轮筛选,佳寅跟他同年同月同日生的朋友逸凡一起来看我比赛。那天到现场给我加油鼓励的,还有我大学同班同学黄子力、阮小辉。他俩知道我太紧张,导致比赛前晚睡不好,整个眼睛和脸都浮肿,特意带了星巴克美式咖啡给我喝,让我迅速消肿。那是我第一次喝星巴克。

那天比赛节奏异常慢。妆发请了香港Beauty Tech,比我之前看过的化妆师都专业许多。拉杆拖箱打开后,直接可以变成桌子。像画卷一样的黑色刷子包,抽开绑在中间的丝带,摆在桌面上,用手一推,整个铺开。刷子从小到大整齐排开,所有妆发图纸都一一钉在化妆镜两侧。我美美地享受着整个妆发过程。

换洋装或者换Bikini都不用自己动手,每个选手都配有专人帮忙换衣服,只要配合地伸出手抬起腿就可以。我也已经对整个更衣间都是赤裸的身体变得习惯,甚至男化妆师男造型师自然地进出,也不会觉得大惊小怪。看管好自己东西是很重要的一件事,因为别的选手会很不小心把钉子掉进你的高跟鞋里,也会很不小心地把你衣服的扣子剪走几颗。

下午比赛开始前一小时,亚视一位负责人把所有选手聚集起来开会,念到名字可以在下面的比赛中直接晋级,剩余选手待定。待定选手需要签一份合同,大概内容是一年内不可以签任何经济公司,不可以接商演,不能够接受任何媒体、电台采访,不可以把待定事情向外透露。很多人都拒绝签这份合同,亚视负责人说如果我们不签,就可以直接退出比赛。每个人都面露难色。因为待定不等于淘汰,还是有晋级的机会,所以大家不得已,都签下了这份合同。

后来才知道,我们只是免费、认真又真实地帮电视台演了一出非常好的戏。签了合同的待定女生,没有一名成功晋级。

赛后我很失落,没跟任何人合影,换下衣服就离开现场。佳寅和逸凡带我去北京路吃一级棒寿司,我还是没忍住,把签合同的事跟他们说了,逸凡很生气。

我们都是这样认真努力的孩子,为什么要被要被伤害!

还是日本语

这个假期依然要想办法留在广州学日语。运气很好的是,之前帮我拍照的 Poco 电子杂志摄影师、中山大学老师小林,暑假定制了整套旅游计划,家里完全空置,邀请我去住。

她家家电齐全,离日语学校走路只要十五分钟,我每天出门穿过中山医科大学,就可以到达学校。好运气的降临让我受宠若惊,所以每天都很努力地学习日语。那是我日语进步最快的一个假期。

同班同学贾正跟我一样,计划大学四年级报考研究生,在我介绍下,也来了广州津桥外语学校学日语。他年龄很小,大概小我四岁,学习成绩却出奇好,任何科目都很厉害,让我着实羡慕。同校师弟青羽，也在这间学校学习德语，是为出国做准备。每天放学后，我们三个都会跑去中山医科大学打篮球，贾正运动细胞不发达，就只是跟着我们跑跑。

跟我关系很好的琼瑶同学，周末来广州找我逛街。她要回湖北老家，想给家人带些礼物，身上现金不多，我把刚从银行取出来的九百块借了给她，并帮她选了很多礼物。她说回到家就把钱汇给我，可她回去后就跟我失去了联系，再开学才得知她被偷了手袋，钱包和手机都不见了。找不到我的号码联系不上我，只好开学再还给我。

那个暑假虽然不用房租，可是突然少了九百元生活费，也让我变得好窘迫。每天自习到晚上八点，我就会跑去学校附近中华广场的吉之岛。八点后是特价时段，可以买一些肉类和面包、酸奶，这样就可以维持好几天的早餐和晚饭。那段时间，我吃过快要过期的面包，喝过快要过期的酸奶。实在没办法，就去班里法国留学生彭博那里拿吃的。贾正跟青羽，也会时不时帮助我一个快餐。

周二下午没课，青羽跟我去逛广州的潮人聚居地——潮流前线、地王广场，两个人都极力想融入这座城市。路过藏饰店，我看见墙壁上挂着一个银质脚环，只是简单一个环，可是很喜欢，但因为伙食费问题还是没有买下。依然是八点钟的吉之岛特价时段，两人去扫了一大批特价食品，大袋小袋提回家。青羽很绅士地送我到楼下，把袋子交到我手上。我突然看见下午在藏饰店看到的那个脚环，也一起交到了我手上。我惊讶地看着他，他已经跑出好几米远，对着我挥手："司雨萌，送给你！等我成功出国了，等你考研成功了，我们再一起庆祝！"

刚开始戴上那只脚环的时候，一直被佳寅、海涛说很难看，像幼稚园的小朋友。最初它跟我还没有感情的联系，所以一直磨破我的脚踝，戴到现在已经五年了，我跟它从来没有分开过，但我跟青羽再也没有见过面。

在广州学习日语的日子，遇到感觉自己很孤单，肚子又很饿的时候，我就会很想念爸爸。因为爸爸工作很忙，我们很少通电话，大概一个月甚至几个月才一次。我为了节省话费，也很少主动打给他。大多时候都是选择自己来调节，开着音乐写点东西，或者一直坐着放空。偶尔会躲起来对着我的巴西龟小鬼哭一下，哭完就跑去煮两颗速冻饺子吃，再继续看日语课本。

摄影师李乐为找到我，问我想不想拍摄一辑有关跳跃的照片。我觉得这样的照片应该很有张力，就算拍不好，也可以当做锻炼一下，顺便发泄一下负面情绪。他约了我跟小猪，一起去烈士陵园拍摄。我穿着乐为带来的 Mango one piece，赤脚，感受到地板被太阳晒过的温热。因为是夜晚，曝光时间需要很久，跳起的时候动作尽量伸展，表情也要是紧绷的好看的。跳跃完马上离开画面，要保留跳跃到最高点那一刻。因为是暑假，天气非常热，十几分钟后，我跟小猪都汗如雨下，却也是释放压抑感的很好方式。

拍摄结束后，乐为请我吃了广州很有名的仁信双皮奶，我毫不客气地吃了三份，还外加一份绿豆糖水。现在想起来，觉得还蛮对不起他的，借着他请吃东西的机会，狂塞满自己的胃，真的是很不上档次。

正值 2008 年北京奥运会，开幕那天，我从睁开眼睛开始，就处于亢奋状态。下课铃打响那刻，我跟贾正马上背起书包往外跑，要去大屏幕前看奥运会开幕式！飞奔到中华广场，保安告诉我们大屏幕已经撤走！再乘地铁到北京路大屏幕下，却没有开放！贾正提议去网吧，我很讨厌昏暗拥挤又封闭的地方，最后只好不欢而散。

没办法一起看开幕式，但我可以回家自己看啊。我又音速小子般跑回家里——小林老师跟男朋友已经在家了！她刚从新疆回来，并且邀请了男友来家里做客。我尴尬地站在玄关，他俩依偎在沙发上，见我回来赶紧起身。我热情地跟林老师男友打招呼，快速冲回房间，心中一直想着开幕式已经开始了的事。

只有客厅有电视，我在房间心急如焚，可又不好意思出去。只好假装去阳台收衣服，路过客厅，偷瞄两眼电视。最终，我搬了张椅子坐在房间门口，耳朵贴在门板上，听完了开幕式全过程。

林老师男友来了，我就不方便再继续住下去，可是还剩下一周课程。我尽量每天都很晚回来，回来前先发信息："老师我现在回来方便么？"得到肯定答复后，我才会往家的方向走。她从来没有要求我离开，只是我自己心里不好意思。

回到家马上洗澡，马上回房间，没有必要绝对不出房间门。我非常感谢林老师给我的所有帮助。我不敢出门，因为我是一个没有付租金的房客，在打扰着别人的二人世界。

那一刻我暗下决心，司雨萌一定要好好努力，日后一定住自己的房子。对于我周围的任何事情，我都希望能够完美地发生，完美地进行。我等不及上帝突然想起我，只好自己想办法努力来实现。

别亦难

再开学时，佳寅、海涛、健滕已经找到实习单位，分别收拾行李要离开学校了。我要报考研究生，需要留校学习相关课程。他们离校那天，我们相约去增城的挂绿广场楼上吃茶点。海涛点了最爱的蒜蓉大白菜，健滕把他的牛肉肠粉分给我一半，佳寅为我点了一份白果粥。他们很怕我伤心，在最后这两小时尽量给我很多温暖。我从小最怕的分别又要经历一次了，心情很沉重，但我一直表现得跟平时一样快乐。

吃完东西后，大家提着行李在广场分别，他们要去车站，我要坐公车回校。我故作轻松地跟他们挥手告别，他们也面部表情很僵硬地看着我说再见。我不敢回头看他们,走出两步后还是哭了,又再跑回去。海涛拍着我的背说:“我们很快就会再见,一个人在学校的时候要好好吃饭,还要好好读书,将来要成为 Fantasy4 成员中最会念书的小孩。”他越是这样,我越是想哭。佳寅像和事佬一样突然哈啦起来:“哎呀又不是不再见面,干吗搞成这样!快点回去学校!我很快就回来啊,带鸡脚鸭脚还有猪肉脯给你老人家吃,赶紧回去!”他大大的眼睛红红的,眼泪在眼眶里转着,还死要表现得很坚强。不善表达的健滕,一直低着头不停地抽烟。

自从结识以来,我们四个几乎每天都在一起度过。每天一起吃饭、一起放学、一起消夜,互换衣服穿,还一起比赛、一起出游、一起讲八卦,分享谁其实很贱……我很喜欢他们三个家伙,因为我们都是真性情的热血小孩。

我报考了广东外语外贸大学商务英语学院,分数要求异常高。为了本科与研究生专业相符,我还是毅然决定要考这所学校。

只有我一个人在学校的时候,巴西龟小鬼每天陪着我,可还是不能让我淡忘 Fantasy4 成员们。偶尔我会蹲在阳台角落不争气地落泪,他们三个也会经常打短号给我问候近况。站在阳台上听着他们的声音,我都会觉得很温暖很感动,所以我都会在哭完、思念完后,好好看两篇英文翻译,来不断提升自己,免得让他们将来失望。

政治培训班

考研究生真不是我该干的事,直到现在,我还会梦见自己在考研现场而哭着醒来。为了提高政治成绩,我又在广州报了培训班。

培训班开学前,我回了一趟河源,爸爸交给我一串钥匙。

原来在我下定决心考研的时候,爸爸就悄悄买下了广州天河区的一套二手房。爸爸说:“看到萌萌真的在努力,在外面租房很不方便。房子迟早要买,爸爸有能力的,一定会全力支持。”

惊讶感和自信感两种感觉充斥了我,我的心跳好像加快了许多,动力也足了许多。

拿着自家房门钥匙回到学校,我也面临着要离校这件事。将行李打包,请司机帮忙运到广州家里。一起回广州的师弟 Kevin 帮忙把东西抬上去,又再帮忙清洗了地板,还请我吃了一顿牛肉火锅,让我好好加油学习。

政治补习班 10 月 1 日开始,在华南师范大学桃李园视频授课。上午早八点到十二点半,中间十分钟休息,下午一点半到六点,中间也是休息十分钟。视频主讲是人民大学教授,我恨他。他在视频里一直讲不停,当然不觉得累,可我累到快吐了。

这年中秋节刚好在十一放假期间,那天学校提前半小时下课。我跑去西门口广场,想要吃巧美云吞面来庆祝节日,可是店家已经关门。走了几间店,老板都说没东西卖了,都要早早收档回家过节。

最终我在乐购超市买了一些特价熟食回家。小区里小朋友们提着灯笼追追闹闹,我闻到电火花燃烧的味道。天空飘着几只孔明灯。

特价熟食和一大杯热茶,电脑里播放着《欲望都市》,中秋节很寂寞,中秋节很快乐。

房子里没来得及置办家具,我把大学时学校发的军被铺在地上,再把被单当被子。晚上蚊子狂轰滥炸,我把自己埋进被单里,露鼻孔在外面呼吸。坚持了两个月后,决定还是要买个蚊帐,不然第二天上课会很没精神。

每天放学后,我都赶回家吃热汤面——老坛酸菜牛肉面,我会在里面加一颗鸡蛋,还有蘑菇之类的配料。正餐控制在六元以内。热腾腾一碗面吃下去,看两集日剧,给自己生活添加乐趣。后面的时间，就必须完成两篇英文翻译，一套政治试题。睡前，再看两课日语教学视频。

爸爸从河源快运了一大一小两张木架床、两张条凳、四把木质折叠椅和三张茶几，快运公司的大哥死活不肯帮忙抬上楼，说要赶去更远的地方送货。我只好在晚上十点的时候，淋着雨一件一件搬上楼。手臂肌肉酸死，心里默念了一句粗口。胯骨被条凳撞淤青那刻，真实地骂了一句粗口。

从银行取出爸爸的汇款，买了一台洗衣机和一个电热水器。家里有了电器，有了床，有了椅子，好像满了许多，不再那么孤单。我也告别地铺，改为睡硬床板……我还没有能力买一张床垫啦！

亲弟弟维新

维新毕业后，留在广州继续做美术老师。学生时代，每周跑出来做自己喜欢的工作，还可以拿到工资，对他来说是件很快乐的事情。可是毕业后，只凭周六日在画室打工，帮小朋友培训画画，已经不能够支撑日常开销了。

没课的时候，维新就待在画室阳台上抽烟发呆。偶尔摄取一点酒精。每天洗冷水澡，晚上睡在画室窄窄的条凳上。洗好的衣服晾在阳台，一定要在第二天早上七点前收起，不要让学生家长觉得画室里住人，看起来好不专业的感觉。

我看不过眼，几次要求维新来家里住。反正他周一至周五也没课。11月的天气，已经不能再洗冷水了，而且厚衣服总该由洗衣机来负责的。他都一直笑笑地推脱："不要麻烦你，还是不要麻烦到你了。"直到他实在坚持不住，才打短号给我。

维新正式搬过来那天，我收拾出小房间，在小木架床上铺上仅有的一条褥子。买了半只荷叶鸡，煮了一个很清火气的咸蛋水冬芥菜，等着他开饭。

我站在阳台上，想看维新到底什么时候会出现。他依然穿着卫衣，搭配牛仔裤，戴着卡车帽——他一贯的风格。远远看见，我就大喊："维新！"疯狂跟他挥手，他笑得见牙不见眼。

我跟维新多数都是自己煮饭，最开始我很喜欢煮汤，各种汤。比如东北酸菜羊肉汤、潮汕咸菜马鲛鱼丸汤、番茄薯仔排骨汤。但都会煮多而喝不完，第二餐又用来煮米粉。汤的热潮过后，就开始迷恋煮粥——牛肉菜粒粥、紫心番薯粥、红心番薯粥。依然会煮多，第二餐又跟生米一起煲成饭。饭又煮多了，再次把它们变成粥……最后我们为了奖励自己一整天的辛苦，让吃饭这件事变得很有期待，改为在茶几上吃火锅。后来发现，这个会让洗碗工程变得巨大，所以只实施了一次。

关于拖地板和洗碗这两件事，完全都是维新在做，我只负责煮饭和按下洗衣机的按键。维新常常在打扫卫生时不断鞭策自己："人不收拾天诛地灭，人类是个爱给星球添乱的物种，打扫完家里干净心情就会很好。"我一直跷脚看着他打扫，心想，信佛的人就是不一样，这么无趣的事情，都可以讲得好像充满正面能量一般。

维新接了一些工作回来做，帮某活动设计LOGO，或者帮商家画漫画等等。

我依然在准备考研的所有科目。我霸占了房间的旧电脑桌，维新用客厅的茶几，一忙就是一整天。这一整天都听不到我们说话，只有巴西龟小鬼兴奋地爬来爬去时龟壳撞击塑胶容器的声音。

在我认真备考这段时间，收衣服、拖地板、洗碗、帮巴西龟小鬼换水喂饲料等等，所有家务活全部是维新一人包办。我也因为觉得很感动而又开始认真煮饭。我们突然迷恋上了潮汕咸菜煮马鲛鱼丸这个汤。维新很爱切东西，当他第一次切到咸菜这样东西的时候,他的人生好像立刻丰满起来。他非常享受咸菜被切时发出的“咻咻”声,每当要切咸菜,他就会突然出现在厨房,抢着要切。他边切边说:“我以后要去卖咸菜,并且一定要给我切我才卖给他,不然啊,我就不卖!”好像切咸菜有多么重要的意义一样……

到了最后阶段,我需要背出大量的政治说明题和答案,就拉着维新让他听我背。他很认真负责,很正经地听我一直自言自语:“啊,惨了,我忘记下一句,你不要提醒我啊!不然还是提醒一下吧……啊!不要说!我知道了!”

我非常倒霉地害上了半夜咳嗽这种无聊病,晚上经常会咳醒。还在客厅奋斗的维新,就会提着保温杯冲进来,单膝跪地把水奉上。我也还真的像老佛爷一样,拧开盖子喝一口又还给他,再继续蒙头大睡。

看书看得颈椎疼的时候,维新就会在阳台上太空漫步、滑步,我也高兴地加入,由于老是练不会而大发脾气。维新就把这些都录成视频,还在旁边配音:“这是一个在考前拼命练习太空漫步的少女,她因为一直练不会而大发脾气,殴打自己……”

广外考场

终于迎来了既期待又害怕的研究生考试。2010年1月6日,天气已经冷得不像话,我把最厚的衣服穿在身上,早上六点半就去车站等公车,生怕迟到错过了时间。等车期间打短号给维新:“维新!老子要来实现质的飞跃了!”

第一天上午政治科,最记得一道选择题:“××××××体现了中国人民最具有何种精神?”我超级不擅长这种很泛的题目,任何一个答案套上去似乎都是对的。耳边突然响起那句歌词:“勤劳勇敢的中国人……”所以我就选了C选项:勤劳勇敢。也不知道最后对了没有。我觉得我考得还不错,事实证明其实我考得很烂。

下午的"二外"日语,我也觉得考得不错,事实证明我真的考得不错。段落翻译那部分,是要将日本水稻种植情况的一段中文翻成日语,差点要了我的命,硬着头皮给硬生生翻译出来。

第二天上午的翻译,是翻译红楼梦评,我也是完全硬翻的。下午的写作,也是一刻不停,把我能写的全都填满试卷。

本以为考试结束后,我会在原地跳个几十下,在考场门口拍照留念,疯狂撕烂书本之类——可是都没有。异常平静地走出考场走出广外,在路边摊买了个饭团子,为了奖励自己,又买了一杯新鲜酸奶。

这已是我第二次来到广外考研,这一整年我跟爸爸见面不超过三次,跟妹妹蔓如见面不超过两次,跟爷爷一次也没有见到面。

想起了爸爸

我上了 76 路公交车,一位老人坐在旁边,已经没有了牙齿。他从口袋里掏了半天,摸索出一个小小的塑料包,一直很努力地想打开。我看到一个牛肉干的包装袋,好像并没有东西,再仔细看,发现里面还有一条牛肉丝。他把牛肉丝放进嘴里,包装纸叠好放回口袋,掉进塑料袋里的牛肉丝碎末,也一点一点捏出塞进嘴里。他瘪着嘴咀嚼着,脸上显露出我们小时候有糖吃,而别的小朋友没有的那种表情,好像获得了很大一笔财富。

我心里突然很难受,把头转开,转向电视屏幕,不想让他看见我眼泪打转。

我想到有一天,我爸爸也会像他一样老了,也会没有牙齿,也会行动很缓慢。那时候我是不是已经有出息了,是不是可以经常跟他见面,跟他很亲近了。他会不会像那老人一样,没人开车接而要自己搭公车。是不是也从口袋里掏东西往嘴里塞着吃,还很庆幸自己拥有一根牛肉丝。

我很爱我爸爸，很爱我爷爷，也很爱我妹妹，我却从来没有说过。小时候，老是对爸爸跟爷爷的关心，表现得若无其事，却自己跑进房间因为感动而悄悄地哭。小时候很少有人跟我很亲近，爸爸跟我分开生活将近十年，我爱他又不会表达，他是男子汉也不能老是说“萌萌爸爸想你”之类的话。从小大家都把我当大人看待，导致我不愿意跟任何人太亲近，好像我真是大人一样，软弱撒娇从来就不应该在我身上出现。

我真心希望我爸爸可以很开心。备考最后一个月，收到爸爸发来的信息：“看到你们一天天进步或者在追求进步，我真的很高兴。可能这段时间是我最快乐的时光，这个周末是爸爸人生中第一个周末。”他在鼓励我，他想让我放松下来。

爸爸一直有自己的想法，有自己喜欢做的事情，他从来没有什么周末不周末。但他始终把我和妹妹的事情摆在第一位，现在把我们托大了，他就照顾爷爷。他说他的生命一部分给小孩，一部分给老人，一部分给工作，剩下才是自己的。

早几天的 2009 年 12 月 28 日，我帮爸爸送去南方日报社的资料通过了评审，爸爸当“教授”了。爸爸给我发信息说：“萌萌你是大吉大利的手，一定可以自己创造出奇迹。”我知道，他很想鼓励我，又怕给我很大压力。

这世界上，唯一对我百分百无私的，就是我爸爸。1998 年北京大学百年校庆，他教我们姐俩唱北大校歌《燕园情》：“红楼飞雪，一时英杰……燕园情，千千结，问少年心事，眼底未名水，胸中黄河月。”希望我们能实现他没机会实现的愿望。上天保佑我通过考试吧，这个结果能让爸爸开心一辈子。

爸爸也有他的苦恼，也有他的不如意。我们成绩不好，他心里很难过。工作不顺、家人配合不来，他都熬着。他和我生长的时代、环境完全不同，我的一些想法和做法，他也不一定都能理解，有时不说支持也不说反对。我知道他要观察利弊,他想跟着孩子再成长。这本书体现了他对这个家族所有人的关心,上至百岁老人,下到不懂事的小孩,他都试着与他们交流沟通。每当家人遇到大事难事,他都立刻放下自己手头的事,全力帮助解决。他与曾经的同学、同事,看上去差异很大,这是因为他经历的时代、地域、人群,比他们纵深大幅度广,同样的经历,他比他们用心。

迷糊娃娃

等待成绩这段时间,经济上再次紧绷,我开始练摊,卖起了韩国迷糊娃娃。当然是盗版的。在海珠广场拿货,到中大地铁站,大的卖十元,小的卖八元。

练摊规矩很简单,广州市内凡是卖这一款货品的,都要统一价钱,不能自己私下卖贵或者卖便宜。这个地铁站已经有这类产品的话,另外一个后来的就要走开。

每天除了被地铁工作人员驱赶外,还要时刻提防城管的突袭,也绝对不能吃太饱喝太多水。离中大地铁站最近的厕所,走路也要十分钟。如果去厕所,城管来了就会亏很大,收起东西带去厕所,回来摊位就会被霸占。我都尽量不喝水,太渴了就用水沾一下嘴唇。

有一天早晨,我很早就起床出摊,先在家里楼下早市摆上,卖出三四个。后来收起东西去了五山地铁口。在五山只卖出去一个,最终又转回最熟悉的中大地铁站。

这个晚上被城管驱逐了十五次。多强大的数字啊,强大的足以摧毁我坚强的练摊意志。

直到地铁停运前的最后半小时,一天只卖出五个迷糊娃娃。心里明白今天大势已去,却还想再坚持几分钟,看看会不会有转机。只剩十五分钟了,再不回家就回不去了,要是打车的话,一星期的伙食费都得搭进去，只好赶紧收摊。

就在我收拾货品的时候，一位姐姐蹲下来，随意地拨弄着迷糊娃娃。她明显没有要买的意思，我还是把本要收起的摆货品的毯子又铺开，让她慢慢看。询问价钱后，她起身背好提包："好吧，那我都要了。"

我当时的惊讶已经无法用言语来形容："啊……全部么?!"她回答："对啊，全部。我今天发工资，买来送给我女儿。"我赶忙把三十个迷糊娃娃装起来给她。每个赚三块钱，三十个就是九十块钱！说了好几句谢谢后，我近乎飞一般地回到自家小区。

在楼下叫了碗拉面，大声说："老板！加一份牛肉和一颗蛋！再来一支维他奶！"好像自己多有钱一样……

到了家里，也狠命地给巴西龟小鬼撒了一大把饲料在盆里："小鬼，你好好吃饭，我们很快就要赚大钱了！等我赚了钱，给你介绍男朋友！你以后就不用老是一个人在家了！"小鬼摆出一副很无知又害羞的少女状，我用指甲在它背上轻敲了一下。

进入职场

考研成绩放榜，我没能让那个会让爸爸开心一辈子的事情成功发生，我要回到现实生活，去找一份正职工作。爸爸说他也并不是一定要我考上，但要我一定经历这个过程。也应该是因为我没有考上，才能给比我还用功读书却也没考上的其他同学一个安慰。尽管那刻我觉得全世界都在跟我作对，都在嘲笑我打击我，殊不知没有考上研究生，绝对是我人生中一件值得庆幸的好事。

2010 年 3 月 22 日，我正式进入公司成为一名销售，开始"卖节目"。一年半时间，接触了很多大牌艺人和知名企业高层。人生中的第一次签单和来之不易的转正……等我真的在这个领域变得很厉害的时候,再告诉你我是怎样变厉害的吧。

过去所有的经历,都已变成现在的人生财富。所有给我帮助给我锻炼的人们,我都感恩。

关于巴西龟小鬼,2010 年 4 月 4 日, 我在芳村花鸟鱼虫市场买了一只金色男性巴西龟来陪伴它。它们相遇第一晚,四目相对,却不会尴尬,我躲在旁边一直观察。第二天它们就熟络起来,一直玩叠罗汉的游戏。一次外景拍摄回来,我发现小鬼老公的尾巴处有木耳一样的东西。上网查百度知道,才知道原来他已经到了可以繁殖的阶段了,我就天真地一心想着要抱小小鬼。

2011 年 6 月,我工作回来,跑去跟小鬼夫妇聊天,发现小鬼已经死亡,它先生一脸的不知所措。小鬼身体变得很软,脖子已经糜烂,水里散发出腐烂的气味。

我瘫软地坐在地上。六年来,小鬼陪我度过的所有阶段都一幕幕回想起来。它陪我读书,陪我写字,陪我比赛,陪我开心,陪我难过,陪我度过孤单,它见过我人生中交往过的所有朋友,也听过我内心所有的秘密——它看着我从学生过渡到有工作的大人。

小鬼的突然离世让我泣不成声,我拨通了琼瑶的电话,告诉她小鬼离开了,琼瑶跟我一样难过。哭完,收拾好心情,跟小鬼说了最后一段话——最多的当然是感谢, 谢谢它这六年以来的陪伴。我没办法让它睡在楼下不熟悉的花坛,把它埋在了我阳台上的菜圃里,在它旁边放了大半袋龟粮。

没养宠物的人,永远无法理解失去它们时候的心痛,我也不想过多说明那种分别是多么的难受。现在只剩下我跟小鬼的先生了,我叫它龟毛先生。希望它能够大大咧咧地忘记失去亲人的悲伤,龟毛一点,豁达一点。

关于 Fantasy4 和“北腿爸爸”,海涛已经成为汕头的酒店大亨,偶尔跟他开玩笑说,我有机会去汕头做客的话,一定要开个豪华总统房让我感受一下。佳寅成了汕头苏宁电器的媒介组副部长，交到一位超级漂亮的女朋友，骑着摩托车到处去兜风。健滕回了花都，在电力局工作，我经常笑他是抄电表的，也时常故意闹他说："听说在电力局抄电表，一个月也有八千多，是真的吧?!"维新转去深圳从事了设计工作。学旅游专业的阿孟，留在佛山当起了咖啡师，还在第三届广州国际咖啡嘉年华咖啡拉花锦标赛中夺得亚军。扬链竟然在汕头当起了城管。Nini 进入一家银行工作。

（完成于 2012 年 1 月 11 日星期三）

游戏已经开场

——敏行自述

1993　这么小就喜欢看书了

1994　这么小就喜欢弹琴了

1998.2　与姐姐

1998.8 与姐姐（摄于岳麓书院）

1998.10 这么小就登台演出了

2001 与爷爷

2002 花样年华

2003 参加乒乓球赛

2004 与妈妈

2011 纯真女孩

2012 钢琴女孩

既然游戏已经开场,每个人都要演好自己的角色。

小事件

姐姐和我年龄差距太大,我常到邻居家跟我同岁的小朋友玩。

还没上小学的 1998 年幼儿园暑假,我到磊磊家玩,爸妈让我不要乱跑,等他们下班回来接我。没多久,我厌烦了,偷偷溜出去,想去爸妈单位找他们。

爸妈单位在果园路巷子里,从我家到那很远。虽然和爸妈去过很多次,但一个人还是很害怕,要拐很多弯,过好多条大马路。

后来想到一个办法,就是每到要过马路的时候,就等有大人一起过,这样就不担心自己辨别不了车向了。

一路走,我都能感觉到有很多大人在看我,指着我说什么。听不懂本地话,我就全都当成了赞扬,越走越自豪。

到了单位,我知道自己做错事了,找到爸爸办公室不敢进去,张望了老半天,靠墙站在门口好久。

忽然听见妈妈犀利的尖叫声:“蔓如!”我当时就吓傻了,想着,完了!被发现了!

不过事情没那么糟糕,妈妈说叔叔阿姨看到我了,跟她说“你们家蔓如怎么站在司总办公室门前不进去啊?”她说不可能吧,就过来看看,没想到真是我,也吓了一跳。

没多久接到磊磊家电话,说把我弄丢了。

后来我妈把这件事当做我的光辉历史,到处跟别人说:“我们家蔓如可厉害了!一个人走到报社来了!”那些阿姨就投来惊讶、称赞的目光。我很享受这个时刻,巴不得每天都说,每天都被称赞。

爸爸有时会带我们到农村玩,那种环境觉得特别亲切。但农村大多人家会养狗,而且不是小只的,是大型的土狗,长得很可怕,见人就追着扑上去。其实我知道它们没恶意,但还是觉得很害怕。

有一次,我看到那家人门前有好几只土狗,半天都没敢下车,好不容易鼓起勇气下车了,那土狗就直接冲过来。第一反应就是回到车上,但被姐姐拦住了,她说:你怕什么啊！它又不咬你!

我心想不咬我也怕啊！就打开车门,刚探头要进去,被姐姐一把推出来,狠狠把车门关上。我手还放在车门边上,直接就夹到手指,当时脑子一下子蒙了,眼睛周围热热的。俗话说得好,十指连心,真是一点没错啊!

我抬头瞪了她一眼,她结果回了我一句:你看吧,就是你得瑟的,得瑟不出好得瑟。她转身就走了,我气得不行,手指又一直痛着。后来发现中指指甲被夹得淤青发黑,就更气她了,还气了好久。怎奈她是姐姐,我斗不过她,也就这么受着了。

小同学

记忆里,周围和我同级的人,总是比我大。

由于妈妈在幼儿园当老师,根本不够年龄的我,被分到妈妈所带的大班。

入幼儿园不长时间,父母就决定让我上小学了。原因有两个,一是女孩子早上学好,二是河源第一次有双语班。

入秋季节,妈妈拉着我去上小学。当时自己的注意力完全在这个新环境里,根本没听见妈妈说什么,只是在她问我“知道了吗”的时候,嗯两声就算过去了。

那天其实是开学典礼, 学校有好多父母带着小孩在操场上。对于只有五岁的我来说,这很有节日气氛,所以小时候一直觉得开学是件很值得期待的事。

那种心情我想很多人都会有:上学时想放假,放假时想上学。

小学阶段有个很要好的朋友，叫钟韦郸。有点黑，个子不高，总喜欢扎两个辫子，穿一件橙色短袖上衣，花七分裤，有粉色边的小布鞋。很开朗的一个女生。

我们两个总坐在操场边谈天说地，最喜欢拿放大镜在太阳下把一片干燥树叶点着，看它一点点燃烧。或是讲讲最近哪个动画片里，女主人公的裙子很漂亮之类的。

我们是第一届学生，整个学校就两个班，A 班和 B 班。老师也很少，加上校长、生活老师总共不到十个人。这也是我大了一些之后，一次家长会时，在校园专栏上看到的。因为人少，几乎大家都认识，不管是 A 班还是 B 班，都像一个班一样，不过现在我记不起 B 班到底多少人了。

刚上学我们都超兴奋，第一因为进了新教室，第二觉得我们很特殊。我们这一级，在独立的两层小楼四合院里，让人觉得特别幸福。地方很宽敞，教室门和窗户玻璃都是茶色，外面很大一块空地，下课我们就在这里踢毽子、打石子、做游戏。后来还放了一张乒乓球台。

右边铁门进去后，是学校食堂和学生宿舍。每天中午，我们都在宿舍集体睡午觉，开始自己选择床位，后来渐渐固定下来。我在进门左手第二排最里面的下床，左面是过道，右边也是床。我旁边就是钟韦郸，老师见我们老是说话，就把她调走了，我心里难过了好一阵子。

我在班里年龄最小，有时会被欺负。就是想法不一样，合不来而已。妈妈又护犊子，每次我被欺负，回家哭诉她就生气，刚开始叫我自己解决，实在不行不和她玩不就好了嘛。后来发现不行，因为吵架的女生和我排队总在一起，她第一我第二，不吵都不行。妈妈跑到学校找老师帮我出头，确实有效果，但我明显感到，每次妈妈来了我都很不好意思，所以后来都不怎么和她说这类事情了。

小学校

小学是新办的学校，我是这所学校第一届学生，到现在我都觉得很自豪。

我一直觉得我们学校在山里，因为起伏很大。校门前一个长长的上坡，每次妈妈骑单车上去都很费劲。

进入校门，是一片小树林，除冬天外，总能闻到树叶腐烂的味道。那味道很好闻，有种沐浴自然的感觉。到现在，我好像也能闻到那阵清新的味道，怀念的味道。

走过树林左转，是一个很陡的下坡。妈妈说其实她挺害怕，但对我来说，每次“俯冲”都是刺激的旅程。不要看它短，当冲下去的时候，被带起的树叶和迎面吹来的风，都有一种让人说不出的痛快。但要把握不好方向，就会撞在正前方的大树上……

往右是校长办公室，往左就是教学楼了。

白粉相间的教学楼前面，是一个马蹄形操场，每次做操、升旗、表演都在这儿。两个篮球场。主席台两边是水泥乒乓球台。刚开始只有这些，后来在旁边弄了沙坑、单杠双杠、攀爬物。周围都是草啊树啊之类的。

教学楼右侧是体育器材室，有两层，直到我们上四年级搬进去之前，上面的房间都空着。

学校绿化很好，到处是树，空气很好，但温度也有点低。就算在炎热的夏天，校道也很凉爽。也有不好，就是学校大扫除真的好痛苦，太多树叶扫不干净，每次完成任务的时候，就急着叫老师过来检查，生怕又有树叶掉下来要重扫。

校道是互通的，可以绕一个大圈。宿舍往前还有校道，那里树特别多，长得特别好，落叶一直都是湿的，贴在水泥地上扫不动。往前走就是进校门的小道，那边落叶就一直很干燥，通常我们都不扫厚厚一层树叶,只把垃圾扫走就好。每次学校大扫除,最希望被分配到这里,最轻松。

还有不好就是虫子多,各种虫子都有。我们女生心理素质要很好才行,因为调皮的男生总是抓虫子来吓女生。

一次,我们班个子最高的女生刘晓,被毛毛虫吓哭了两节课。当时觉得虫子真是可怕的东西,这么高大的女生都被吓成这样子,那我还得了?!当时完全没想到,其实这跟人高不高大没什么关系,只希望我的铅笔盒里不要出现毛毛虫就好。

我一直都很怕毛毛虫。有一次,好友钟韦郸被人用绿青虫吓了之后,那男生被她一直追到操场……而我,能远离就远离,不碰到最好。偶尔树上垂下来的虫子,也是吓得我半死,太突然了。

学校对活动和节日特别重视,最隆重要数家长会,有一种要会见国家主席的排场。

家长会学生要认真准备节目,在全校表演。外围一圈看板,上面贴着老师精心挑选的作文、图画等优秀作品。

我每年都眼巴巴地看着有没有我什么作品贴在上面,通常都是这句话:“明年!明年一定有我的!”爸妈每次必到,看了一圈,就会说:“哪次能看到你的作品贴在上面啊?”

有次我的图画作品真贴上了,可爸妈因为要开会,都没及时看到。等妈妈来后,看板已经撤掉了……

小惊险

学校很多水蛭,宿舍那边最常见,我们都叫它吸血鬼。黑色的,没爪子,什么都没有,就黑黑一条。如果被粘上就取不下来,而且怎么弄它都不会死,只有用盐杀才会自动脱落死掉。阴湿的地方就会有,莫名其妙地就会粘在身上,通常都是发现的时候已经被吸血了。

一天，一个男同学脚踝上粘了一只，大家就看。我蹲在地上，看着他腿上的虫子，心想这世界真是什么都有，长成这样的东西都可以生存。

宿舍正对面一个小公园，本来只是类似植物园之类的地方，后来增加了很多游乐设施——秋千、爬梯，还有好多我叫不上名字。让我最痛恨的，是那一排半露在地面、半埋在土里的轮胎，玩法就是从很多个轮胎上走过去，到达绳梯。不知为什么，平衡感很好的我，每次走这个，脚都会陷在轮胎与轮胎之间，别人就没遇到这种情况。后来我就不走了，而是从上面吊杠走过去。

这个看似简单又平坦的小公园，其实有很多危险。同班一个男生，一天在小公园课外活动，摔了一跤，胸口都是血。小公园里石头多树叶多，他刚好撞在一块比较尖的石头上。

当时我都吓傻了，老师赶紧挡住我们，叫我们不要看，扶着他去看医生了。过了一段时间，那男生照常来上课了，只是胸口的纱布过了好久才拆下来。

小时候这样的事情其实不少，因为我们这些正处于天不怕地不怕年龄的小孩，什么都敢尝试，脑子比较热，随便被人挑唆一下就意气用事了。

最多人挑战学校那个大下坡，很多人喜欢骑单车从上面冲下来。每次回家和爸爸说哪个哪个从上面冲下来，差点撞在树上，吓到经过老师的时候，爸爸总是坐在电视机前，双手交叉在胸，严肃地对我说："你可千万不要学啊！"

惊险事情在我身上也发生不少，擦伤撞伤经常，最多就是被单车夹到脚后跟出血。

有一次，真把所有人都吓傻了。

那天到了午睡时间，大家都在宿舍门口排队等老师开门。我异常地早到了，蹲在窗户下面玩树叶。那时没什么好玩的，最经常就是把那种长得像爱心一样的树叶做成小船，放在水里漂着。

正玩着，老是和我吵架的女生站在宿舍门口，后面还有人排队。她说“走开啦，那么脏的”，然后踢了几脚我摆在地上的树叶到窗户下面。那窗户铁框，开着，我伸手去捡，站起来刚好撞在角上。

脑袋一下子蒙了，一瞬间耳朵听不见了，但又听到有人在笑。我赶紧用手捂着，开始没有痛的感觉，直到感觉滚烫的液体流到脖子的时候，我才把手放在眼前一看，满手是血。

我面无表情地回头，发现所有人脸都白了。副班长叶志润跑去找班主任何红霞老师过来，我衣服领子已经染红了。好多人围观，但我已经没知觉，感觉不到痛，就是麻麻的。

老师用面巾纸按住我的伤口，旁边乱作一团。只有我这个当事人跟没事一样，面无表情地转着手里的树叶，心里想着回去可能要被妈妈骂了，把衣服弄这么脏，头发又乱七八糟的。

可能是何老师老公，骑摩托把我送到校门口诊所，之后我就不知道了，不过也就是止血之类的。等我醒来，妈妈抱着我，身上还穿着那件脏衣服，何老师还在旁边。

下午我回了家，没上课。当时觉得好幸福，大家都要上课就我不用，回到班里拿了东西就回家玩了。

伤慢慢好了，何老师说她看到我那个样子，吓得脚都抖了。谁看到一个满脸是血、面无表情的长发女生不脚抖啊，是我我也抖。

还有一次，我们班去上电脑课，双语校区这边没有电脑室，要去总校那边。

总校不远，过一条马路就是，大概五分钟左右路程。上完课排队回来，我被旁边经过的一些高中生吸引了，心想自己以后应该也可以长这么大吧，思绪就飘走了。

正想着，突然觉得自己受到强烈的地心引力影响，整个人往下坠落。原来是下水道的井盖没盖上，我一脚踩空了。

瞬间变成一只脚在外面，一只脚在井里的半空状态，旁边瞬间没了声音,然后瞬间无数笑声涌来。当时也没感到害羞,因为已被吓蒙,都不知自己身在何处了。

何红霞老师赶紧上来拉我,同学也过来帮忙,我才终于摆脱困境。

午休时候回想,才后悔起来,觉都没睡着,肠子都要悔青了。心想自己怎么这么笨啊,要是当时没走神就好了。

从那以后,我就十分想改掉神游的毛病,但到现在还是时不时就神游得抓都抓不回来。

我从小喜欢长发,但不喜欢洗头,香皂水进到眼睛里会难受,只要洗头就咿呀乱叫。我的头发非常难打理,扎得好好的出门了,回家就完全不同了。我就是想搞特殊,大家都扎头发,我就不要,还想着要是大家上课我放假,大家放假我上课该多好,但又觉得这样老师不是很累?这种不着边际的乱想,十分浪费脑细胞……

小满足

上学是爸妈骑单车送我去接我回,因为爸爸经常值夜班,很晚才回家,早上都是妈妈送。

下午爸爸接我,回家路上,我们大声唱《爱我中华》、《辣妹子》、《好汉歌》之类。到茶山公园小店,吵着爸爸买糖,最喜欢真知棒,五角钱一根,香蕉朱古力味。然后又接着一路唱回家。

小区还不是水泥地,坑坑洼洼,每次坐在单车上走过,都紧紧抓住爸妈衣服,怕掉下去。

四年级搭校车,开始觉得很新鲜,我家是第一站,每次看到车上只我一个,心里就有种莫名的满足。

这段时间是我满足感最膨胀的时候,因为车上大多是低年级同学,比较好哄。我挺受小孩欢迎,渐渐就有“大姐大”的感觉。还经常讲鬼故事给他们听,当他们吓得哇哇叫的时候,就很有满足感。

平时身边都是比我大的人，从来都是他们对我恶作剧，我整不到他们。突然觉得自己一下子站到了主导位置，稍稍有些得意忘形了。但我晕车也很厉害。总结：痛并快乐着。

最有满足感就是过年了，亲戚都会来，一堆人热热闹闹。小孩还有一个目的，就是压岁钱。

一次爸妈说压岁钱让我保管，好好放着——得意忘形，都丢了，只剩下买零食找回的散钱可怜巴巴地在裤袋里。一顿臭骂，再也不敢了，以后压岁钱都是乖乖上交。

春节联欢晚会，每年早早等着，小品是一年的笑料。长大后和朋友说起春晚小品，很多人都说不看，才知道原来南方没这种习惯。他们通常是一起看烟花就算过节了，所以小品里一些经典笑料，在同学面前完全没办法展示，每次都冷场……

大人包饺子，饺子里包东西，像花生、豆腐干、糖、钱币等。我最期待吃到钱币，因为钱币数量最少，而且大人说，吃到钱币，今年就会发大财。看来我从小就是个财迷啊！

每次我都吃不到，爸爸总是吃到。自己着急得不行，就吃很多饺子，通常吃撑了也没吃到。爸爸夹给我，我一吃就吃到钱币了，然后就很开心。

后来问爸爸到底有什么诀窍，他说："你把筷子往饺子肚上一插，如果碰到硬硬的就是有。"每次我都没成功，觉得还是他比较厉害。

爸爸很会用筷子，吃炒花生米，总是一夹一个准，特神。

跳读初一

小学只读到五年级，有一天爸爸突然说叫我去上初中，我也就这样接受了。之后找家教补了六年级数学，就去上初一了。

现在这个学校已经没有了。初中部人很少，特别是女生，初一初二加起来不到十个人（没有初三，后来直接取消初中部了），所以基本都认识。

不知道为什么，人际关系很不好，那是我最痛苦的一段时间。可能年龄相差太大，本身上学就早，再加上跳级，思想明显比周围人幼稚很多，完全不合群，心思也无法放在学习上。

这些父母也是看在眼里的，上半学期读完，我立刻转学到市一中。

自己也期盼着能够好起来。当时我十分后悔跳级这件事，因为不单纯是我个人的问题，才会导致人际关系不良。现在我分析，一是我们之间年龄差距较大，思想完全不一样；二是初中小孩本来就处在叛逆期，成群结队、排挤同学不是什么奇怪的事，再加上我的幼稚思想不对他们胃口，自然成了攻击对象。

不要说学习了，我整个人都处于一种颓废状态。我一直很看重人际关系，朋友对我来说很重要。不能建立良好的人际关系，对当时只有十一岁的我来说，实在是一个很大打击。

我也有努力过，去改变这一切，可我根本不了解他们的想法。喜欢动画、小纸牌、弹珠的我，完全不理解服装和时尚到底有什么好玩的。

爸爸也后悔这件事。

玩过初中

我颓废地过了一个初一之后，姐姐考上大学，一家人决定回老家一趟。我们先回日照，后回鹤岗。暑假过后，父母和我决定，再读一年初一，从头开始。

其实我一直是个没主见的人，说得不好听就是没思想。我没有主动去计划我的人生，只是一味去听从，要我怎么样就怎么样，就算不喜欢，我也会去做。所以在家长眼里，我都被夸说是听话的孩子，善良，性格好。

但我也知道，我并不是不能计划自己的人生，而我的缺点，也是最要命的——懒。什么事情都懒得动手，这也是我最后都没为自己的设计师梦想跨出一步的原因之一。

复读初一，大了一岁，成熟了一点，也比较会迎合大众。就算我不喜欢、觉得不对的，也会笑笑一带而过。

这时候我又进入了一个不良状况，甚至无缘无故就和别人吵架。我的成绩也只是稍稍有所好转，但也没什么太大飞跃。也是我这人懒散惯了，从来就没有紧迫感。

初中三年，我基本上是玩过来的。后来被朋友解释为：叛逆期。升中考的结果，也是可想而知了。

特长班

一直觉得我不是块读书的料，我的心总不在教科书上，但对艺术有特别的偏爱。不论是音乐还是美术，我都很喜欢。自夸一下，我在这方面也比较有天分，音准节奏、对歌曲的记忆力都很好。

我和姐姐小时候，爸爸就常带我们唱《铃儿响叮当》、《羊毛剪子咔嚓响》等歌曲。他可能也觉得，要让我学我喜欢的东西，人生才会比较快乐。我也知道，爸爸为我上高中花了很多心思。

刚好田家炳中学来了一位新音乐老师，星海音乐学院毕业的，又很巧合地和爸爸认识了。爸爸觉得这条路可行，比较适合我，就去考了田家炳中学特长班。

2007 年 9 月，进入田家炳中学高一特长班。

开学那天，我比较晚到，已经有很多人在了，一眼望过去，竟看到了初中同学。心情一下子就激动了，在一个陌生环境下有熟悉的人,就像冬天里的一个火炉一样,特别温暖人心。

我们教室在教学楼最顶层最边上,也是最大的教室。班里总共才二十一个人,女生只有六个,而且这还是音体美加起来的人数。后来知道,我们这届招生不多,十个班,每个班平均下来都是二十多个人。

班里一人一桌,后面还有很多空位。平时体育生就会在后面玩篮球,坐在后面的人总怕被球扔到。班主任是个男体育老师,我们都叫他勇哥,人特别好,跟他请假都很容易,完全像朋友一样。

高一最多美好回忆,褪去了初中的稚气,又没有社会人的复杂,花样年华,正是人生春风得意的时候。

大家一起去琴房练琴,有时琴不够还要比赛跑步才行。体育课一起手挽着手去学校小店买上一杯汽水,一坐就是一节课。上课时同学互传中午一起回宿舍的小纸条,下课时讲无聊冷笑话。

吃完晚饭一起散步,操场上并排的身影,看篮球场上男生将汗水和青春尽情挥洒。

艺术生

艺术生所要付出的努力、辛苦和时间,是文化生无法想象的。因为艺术这东西很抽象,钢琴一天不练就生,声乐一天不唱就找不到感觉。美术体育也一样。操场、画室、琴房,每天都能看到我们忙碌的身影。

文化课也不能落下。我们还是像文化生一样,他们上课时我们也上课,中午他们休息,我们在琴房练琴,有时连饭都不吃,一练就是一中午。

有人总觉得艺术生就是文化不好无可奈何的选择,他们并不知道,我们也有文艺兼优的。有人只听说我们录取线低,却没想过我们有一半时间在学专业。

高一九门文化课，再加上钢琴、声乐、乐理、试唱、练耳，根本就顾不过来。有段时间觉得自己都快疯掉了。再加上声乐瓶颈期，自信心低落到极点，都以为自己快走不下去了，就要放弃了，可渐渐也就这么挺过来了。

也许有时候，人就是要逼自己一下，给自己一种心理暗示，坚持一下，再坚持一下。等自己回过神来，已走出那片噩梦地带，映入眼帘的，将是阳光明媚的早晨。

传话之祸

高二我们分班了，体育一个班，音美一个班。在学校不断给文理科班同学灌输艺术好考大学、前途无量等思想后，我们班茁壮成长起来，总人数一下长了两倍。

艺术学习也紧张起来，高二下半学期外出培训，我学生时代的又一个低谷随之而来。

其实并不是什么大事，就是人们意见不合，学生闹到专业老师，专业老师闹到班主任，班主任闹到学校领导，最后一切错都好像出在我身上，但我其实就是个传话的。

我的钢琴老师开了一个培训班，叫我过去，说这样就不用下广州那么麻烦，也不用花那么多钱。同学也有人曾经是他的学生，就好心说看她愿不愿意去，叫我传个话。这一传就出事了，老师知道后单独把我撇开，找其他同学开会，说我是间谍。

我知道后，真的是直接骂粗口，怒火一下子就上来了。

其实这件事谁都没错，我钢琴老师是好心问问，帮我们省钱，更何况他也有这个能力。而学校、老师也是想，如果分散来培训，第一学校不好管理，第二也怕我们被骗。现在也只能说我做事不经大脑，当时我头脑也考虑不了那么复杂，我对谁都没有恶意。

我只能乖乖地被当成坏人，被老师用“坏学生”的眼光对待。

"没错,我就是坏学生!"当时我已经完全自暴自弃,但在父母面前,还是要表现坚强才行。如果告诉妈妈,她就会暴跳如雷,哭得稀里哗啦。如果告诉爸爸,他会觉得我连这种事都处理不好。两边都不是我想要的结果。反正到了最后,我还是要自己解决问题,没人帮得了我。

爸爸还是发现我有状况,连续几天下班陪我吃晚饭,在校园里散步。有一天我上晚修了,他还是在黑咕隆咚的教学楼里转悠了一个多小时。他先上美术室看学生画石膏像,后来碰上值班副校长,就上她办公室坐。

第二天美术生说爸爸去了他们教室,同学们说我爸去找了王校长,老师对我的态度也有所缓和。我问爸爸跟校长说了什么,他说只是问了一下学校对我们班的安排,没提我的事。他以他的分量和这样的行动,在帮我斡旋这件事。

爸爸说以后这种事就不要做了,你头脑简单,但由大人掌控的师生关系,也远非那么包容。其实我一个做学生的,根本就没有说话的立场。

现在上了大学,我更加了解到这一点,你想拒绝别人指使别人,你就要站在最高层,如果你只是部下或是没什么地位的人,就一句话:乖乖做事。当然,如果这件事最后出了差错或是偏离了原计划轨道,那吃憋的,还是你最下层的人。作为学生,我们现在就是社会中"最下层的人",还轮不到我说话的份。

上大学之前,我问爸爸:"为什么你好像总是比较担心姐姐多一点呢?"

他回答:"你姐姐性格不太好,担心她总是会得罪些什么人。你性格比较软,就算不喜欢,叫你做也还是能做。你姐姐脾气倔,你越说她,就越不按你说的做,以后在社会上很容易被人孤立。不过现在她也工作了,也看得出来性格要比以前好多了,但还是不太放心啊……"

其实只有我自己知道,我根本就是个表里不一的人。我在父母面前一套,朋友面前一套,自己心里又是一套,我根本就是戴着面具生活的一个傻子。《盗墓笔记》里说:有些面具戴太久,就摘不下来了。最后我连我自己都骗了。

"你不吃饭能行吗?""行。""你一个人能行吗?""行。""你一个人能搬动吗?""没事。"其实我根本就不行,不,是不想。我不想最后什么事情都落在我头上,不想最后只留下我一个人,不想没有人帮我一把。

曾经在密友面前不顾形象地号啕大哭,他说:其实你根本就不用硬撑,没有人会笑话你,也没人会觉得你不行。

父母离异的时候,和班级相处不好的时候,被同学孤立的时候,被人责骂的时候,我不止一次地暗示自己:我根本没受到影响。可是我偏偏又是个容易受影响的人,其实我根本就做不到。我说我很好,其实我根本就不好。我不想让别人知道我很脆弱,不想被当是弱者。

没有人真的坚强,只是装作坚强,因为只有这样才能在残酷的现实里生存下去。谁都希望有人能帮自己一把,没有人喜欢孤军奋战,但残酷的现实会高高在上地指着你说:你以为会有人来帮你,做梦!你以为有人会同情你,那你脑子一定是被门挤了!当你把苦水都倒给别人听的时候,你的受伤、委屈、难过,都会成为大家茶余饭后的笑话,你的人生也显得滑稽无比。

高三,文化课问题又摆在了面前,大家都埋在书堆里背诵古文诗词、数学公式。也有些人毫无压力地享受玩乐,大家人生目标不同:大学、外出打工、家人安排。

我还是不能从困境中摆脱出来,也成了众多迷茫不知去向的一位。其实我的道路很明显,自己却当做没看见。我也有认真过,但也仅仅是认真过而已,跟那些拼了命要上大学的人不同,我吊儿郎当,毫无上进心。

高考结束,我直接飞往哈尔滨,回东北度假。

快乐假期

在哈尔滨玩了两天,太阳岛冰雕城让我大开眼界,里面有好多国家的冰雕作品。有的透明,有的乳白,更夸张还有彩色的。我不明白,冰是怎么变成彩色的呢?!

又坐了六个多小时长途汽车,终于到了我的出生地鹤岗。

鹤岗夏天像南方秋天,要盖棉被睡觉才舒服。在南方习惯了,觉得南北气候差异很大。

回鹤岗不久,赶上端午节,大舅凌晨三点多骑摩托带我去十里河林场,到山上采了好多芍药花和黄花菜。早上特别冷,加上昨晚下了雨,露水打湿了裤子,冻得要命。但还是很值得,因为在河源从没这么做过,有时甚至连粽子都没吃,一点过节气氛也没有。

回到外婆家,把战绩摆在大家面前炫耀,然后换了衣裤,补了个眠,直到表哥叫我起床吃饭。

大舅还带我去钓鱼,我一条没钓到,大舅倒是满载而归。这让我想到,有一次爸爸也带我们下乡钓鱼,别人最少也钓到一条,我静静坐着也没动,怎么就一条钓不到呢?百思不得其解。

这个假期十分轻松愉快,说有什么好玩吧,也没有。我基本都是宅在小姨家,动都懒得动,就是有时候陪小姨、小姨父、二姨在广场散散步。广场上总有好多小狗,每次看到,我就挪不动步了,那么萌的生物,让人爱不释手。

还有一样我十分欢喜,就是鹤岗烧烤特别多。每次吃着肥瘦,喝着鹤岗特有的饮料“小香槟”,特别有满足感。小姨她们看我喜欢吃,就经常带我去,说回趟老家不容易,想吃什么吃什么,再说,要求也不过分。但我还是有些不好意思,毕竟自己是小孩子,这样会不会太不礼貌了呢!

突破关卡

日子一天天过去,高考成绩出来了,本科差三分。成绩一出来,我就知道落榜了,但也做好了复读的心理准备。没有太多感伤,反而觉得不过是高二升高三,必然的事一样。那种必然的感觉很可怕,可能打击太大反而情绪不太有波动了。

爸爸大概说了九个字:不甘心,拼一下,狠一点。

复读,说没有压力是骗人的。钢琴曲要全部弹新的,奏鸣曲更是曲折,连续换了三首,差点让我觉得没希望了。

培训班我也完全无法融进去,虽有几个老同学,但我们明显默默无闻。让我欣慰的是,老朋友朱莎莎又出现了。她低我一届,小小瘦瘦,眼睛很大,长得特别可爱。就是时不时做出些有损形象的事,让人觉得她十分少条筋。

复读明显比上一年认真。学文化的时候,感觉之前自己简直就是个白痴,什么东西都不懂。后来虽然也不是很好,但起码能够讲得出一些道道儿来了。

再次高考,心里亦完全没底,成绩出来,还是想着会不会再次落榜,如果再次落榜该怎么办。

也是运气好,今年降了分数线,自己也有努力,超过本科 A 线三十五分。正应了那句话,如果你足够努力,上帝也会眷顾你,但是如果没有上帝,至少还有你自己。

现在我还在适应着大学的生活,这条路上,还有很多关卡等着我去突破。

有些小挫折,早一点经历也好,增强自己的抗打击能力。关键是事后能够想明白,总结经验,接受教训,不是就此萎靡不振,而是愈挫愈奋起。如果能够得到真正爱自己又懂自己,如父母等亲人或朋友的指点和帮助,则会较快度过人生低潮期,并激励自己向更高层次进取。

人只要有梦想，就会有希望。自己选择的路，就算是跪着也要把它走下去。现在是我最佳的时刻，有大把大把的机会，大把大把的青春。

既然游戏已经开场，每个人都要认真演好自己的角色。静静地读几本好书，认真上好每节课，尽情挥洒我的青春和热情，这就是我现在最想在大学做的事。

（完成于2011年10月）

姻亲

已有材料可以直接或间接证明，岚山苏育琅，司官庄司壎、牟家騄，田家寨牟应旆，都考过县学。丁家庄丁履龙有六年私塾学历。尽管读书有早晚，有的考上有的没考上，但几家在长期的读书、科举中奠定了友情，甚至某家败落后，另外几家毫不犹豫地接收抚育。

碑廓丁相山、司官庄牟家騄自家设馆教授子弟，也在外面就馆。

田家寨牟应旆，曾在司氏家塾授徒，取字鹤舫，而司官庄司建松，取字鹤亭，岚山苏元鏻字健亭，反映了他们有着共同的高洁的文化信仰与人格追求。

1947年『大复查』后，各家自顾不暇。

岚山秀才苏育琅

1964 苏昭祐

2001 苏贻栋全家照

2010 苏晓琳、苏贻栋、朱氏、苏扬滨(左起)

育琅字琳山,以字行,约1902年(光绪二十八年)十五岁中县学,1905年(光绪三十一年)科举废,仕进之路终。娶司家十世长女为妻。子一:苏昭祐;女一:佚名。

育琅父苏元镂,字健亭,从九品。元镂嗣父苏春台,岁贡生,选授兖州府宁阳县训导。

育琅二大伯苏元柽,字次杉,光绪十六年(1890)进士。官泉州府晋江县知县,调补福州府侯官县知县;历署尤溪县、泰宁县知县,兼理南安县知县;调署诏安县知县,代理诏安、浦南两场盐课大使;历充诏浦盐厘局总办。光绪辛卯、甲午、癸巳、丁酉科福建乡试同考官,癸巳、甲午科武闱同考官。尤溪县立生祠,晋江县立德政碑。

台湾进士施士洁,1895年(光绪二十一年)痛哭台湾被日本占领,携眷归晋江故里,有诗《赠苏次杉明府》,赞苏元柽"伟哉苏明府,昂步而正视!秉此磊落姿,蔚为干济器","君曰'我生平,实事惟求是'","惟君乃真儒,所为异俗吏"(《后苏龛合集》,见《台湾文献丛刊》第二一五种)。苏元柽光绪二十二年(1896)任尤溪县知县，当年五月二十二日发布《禁革公帮告示》，对当地一些纸行勾结县差拉帮结伙、欺行霸市、强买强卖、又不许他人买卖的行为进行打击，受到当地百姓拥护。

苏春台卒于1899年(光绪二十五年)，年七十一。苏元柽卒于1904年（光绪三十年），年四十七。家道迅速败落。苏元镂生于1863年(同治二年)，卒于1933年，享年七十岁。

苏育琅约生于1887年，卒于1947年，享年六十岁。

子苏昭祐，娶甜水河常氏，生二男三女。长子苏贻笃(改贻栋)，扬州市体委体校射击教练。

（以下据苏贻栋讲述——2010年5月于江苏扬州）

我1934年生人，和六舅爷爷司壎家小表姑元兰同岁。奶奶给我起名苏贻笃，后改苏贻栋。1955年参军到南京军区六十军，1958年搞射击运动，选去军区做运动员，后到省队做运动员。1966年调到扬州市体委做射击教练。1997年退休。

祖父苏育琅，字琳山，弟兄三个他最大，十五岁中秀才。安东卫区公所秘书，1943年精兵简政，回家服侍老奶奶，1947年去世。

父亲苏昭祐，1982年去世，享年七十六，应该是1906年生人。元錞叫表大爷。

还有一个姑姑，大概1938年三十岁左右去世，留下一个女儿王文毓(音)，郑州铁路中心医院退休。

我一个姐姐，两个妹妹，一个弟弟。姐姐苏贻珍1930年生，嫁到赣榆县西棘子荡，2005年去世。二妹苏贻桂，也在西棘子荡；三妹叫苏贻娟，在岚山区。弟弟开始叫苏贻彩，后改苏贻滨，闯关东，哈尔滨市郊菜农。

岚山苏家是大家，我家那里叫东楼，科举时考出去很多人才。后来不考了，家里有人吸大烟，家族就败了。

家里破落以后，奶奶带父亲长住司官庄，父亲和七舅爷爷司墀、表大爷元錞一块上学长大。

父亲长大后结婚，带母亲投奔姑姑到济南做小买卖。1939年我六岁，奶奶到济南，把我带回老家。一直到1943年之前，都是在司官庄、田家寨、丁家庄几家亲戚家转。

那时济南叫日本人占领着，日照岚山这一带是八路军根据地。1943年，爷爷劝父亲回来抗日打鬼子。父亲回来后先是到安东卫，鬼子扫荡，到田家寨。鬼子投降，回岚山，之后又回田家寨住了不少年。1953年去西棘子荡，直到去世。

大概1939、1940两年，在六舅爷爷家住，三表叔元镇带着去上学。第一课："高粱叶子青又青，八月十五来了日本兵。"学校顺着大沟往北走，再往东北角，有个牟姓祠堂。是八路军办的学校，老师叫司元镐。

1943年秋，八月十五前，奶奶回到安东卫，拉肚子，去世。

奶奶真正是大家闺秀，写得一手好毛笔字，很有名，周围人都知道。

奶奶是个女文人，能笔墨，对我实行儒家教育，要我学习求知，正派做人，长大以后干大事。给我起名苏贻笃，我幼小时问"笃"是什么意思，她半开玩笑半认真地解释说："三国时不是有个大都督周瑜吗？笃——都督，就是大将军的意思。"

日本人扫荡到家里，六舅爷爷吓疯了。父亲带我去看他，他头发老长起不来床，过了一年左右去世，好像那年我虚岁七岁。当时六舅爷爷还很年轻，虽然头发长，但都是黑的，没有白的。

我奶奶最大，叫六舅爷爷弟弟。

父亲跟七舅爷爷一块去上学。听他说，七舅爷爷在学校玩时爱装死，不想真的很年轻就去世了。

父亲和元錞表大爷相当好，关系相当密切，两人小时候一块长大。1947年后，父亲还带着我去过，到祠堂。之前表大爷在草园住的时候，去过几次，门前一个井，在那里打水。

小时候还听说二表叔司元镖在兵工厂造手榴弹，在碑廓八路军那边做事。

日本人投降后,1946 年回到岚山老房子,父亲在码头工会当会计。田家寨有两亩地,种着黄豆,父亲回去收,一场大病,就住在那里了,那里有房子。1947 年土改复查来了,四姨奶奶家划地主,房子、地都被分了,“扫地出门”。过了几年,我们就随早嫁过去的姐姐到了赣榆县柘汪镇西棘子荡,我在那里当的兵。

子:苏扬滨,扬州地税局。女:苏晓琳。

附:岚山苏氏字辈自十五世

元育昭诒,同循前功。

秉诚资矩,始兆崇荣。

司官庄儒生牟家騄

1960 牟乃琢(左)与牟振声

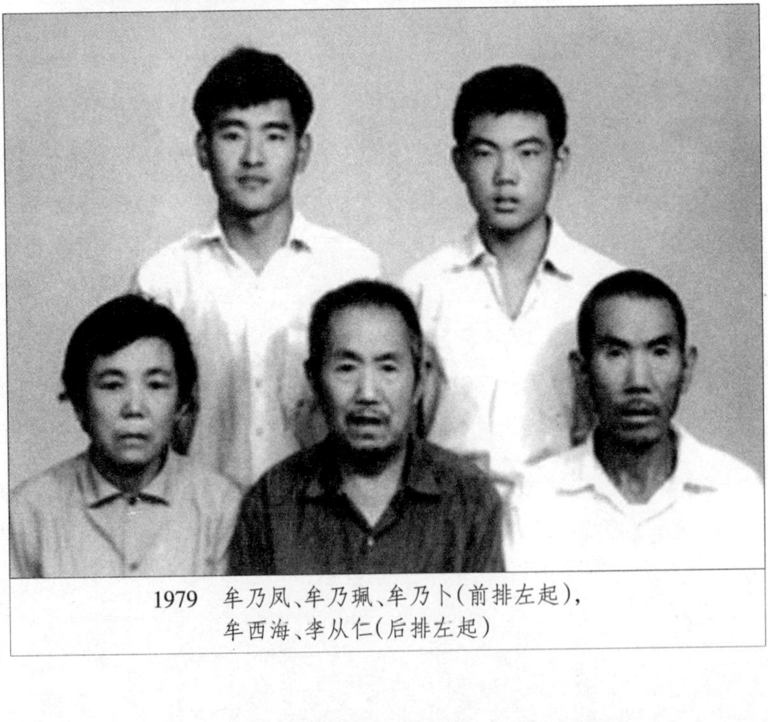

1979 牟乃凤、牟乃珮、牟乃卜(前排左起)，牟西海、李从仁(后排左起)

2011　牟秀琴、郑天林夫妇(右二左一)与牟振声(左二)、司雨萌

家騄白、胖,娶司家十世二女为妻。子三:牟乃珮、牟乃卜、牟乃琢;女一:牟乃凤。乃珮生一子二女,子牟西海,女牟秀琴、牟秀芳。牟西海去美读博士后留洛杉矶。牟秀琴现居暨南大学,丈夫郑天林由黑大转暨大教授。牟秀芳居延吉市。牟乃卜子女居大司官庄。牟乃琢住吉林龙井市廉明村,二男二女。牟乃凤住青岛市,一男三女。

(以下据牟乃凤讲述——2010 年 6 月于青岛)

我属蛇,1929 年生人。1955 年来青岛结婚,婿李家河崖李鸿铨。1958 年参加工作,房产局,十来年。调塑料十厂,又十来年。1983 年退休。

姥爷司建松先头三个孩子,可能是嫁到岚山的大姨比舅舅司壎大一岁,我母亲是二女,又比舅舅小一岁。后来才有了三姨、四姨、七舅司墀。

六舅到了上学年龄，姥爷不舍得，叫大姨和我母亲陪着，请了青州府乐安县（今广饶县）来的一个叫司学孟的老师，三个人在家里一块念书。司学孟很穷，姥爷可怜他，叫他来家里教书，养着他一家人，都在家里住。舅舅他们大概读完“四书”才不念。

姐妹四个当中，我母亲最受罪。大姨嫁岚山，婆家祖辈是官宦人家、书香门第，有学问，她自己也上学多，毛笔字写得好，后来才败。三姨嫁丁家庄，四姨嫁田家寨，都过得好。

母亲刚嫁来时没分家，后来分了家。父亲牟家騄，上了一辈子学，不认识庄稼苗。地里干活他去送饭，两手撮着扁担，不知用肩还是用手。最重要的是，他不知道自己家地在哪里，只好又挑回来了。

家里原来也富有，堂号叫“德合”的铺子在碑廓街上，生意做得很大，俺三大爷牟家駪经营。牟十二非常霸道，指使司官庄牟家会儿子牟乃盼（字鲁臣）做假账，牟家会出面做假证，把“德合”弄垮了，打官司打得家里什么也没有了，就穷了。牟十二先联合牟家会弄垮了“德合”，后来又弄垮了牟家会，也打了多年官司，家会那份财产也归了牟十二。以后村里批斗牟家会，村干部问他给牟十二做假证得了多少钱，他说两千。批斗牟家会大会，瑞吉在那指挥着唱歌。

爷爷那辈哥俩，大爷爷一子是大份，爷爷三子排二、三、四。父亲哥仨，他最小，行四。父亲三子一女，乃珮行九、乃卜行十、乃琢行十二，我排女六。

外面的地，只好雇人种，家里的活全指着母亲，都干不过来。

出身大家，母亲懂得很多，和其他家庭妇女就是不一样。村里人娶媳妇嫁闺女，都是来家找母亲合八字。母亲在纸上写写，就说怎么怎么，那是比别人懂得多多了。

父亲念了一辈子书，什么用没有。那时上学出来，一般就两样，当会计或教学。他在日照上完学，取得文凭，到北京、天津同学那里找工作。参加革命不敢干,就想在工厂、货栈管个账当个会计什么的。没找着,又回来了。回来在碑廓当了会计,几年后也算完了。自家有几间闲房子当学屋,教了几个孩子,都是亲戚,外甥什么的,大的大,小的小。以后就种地了。

父亲活了七十来岁,母亲活了五十来岁。

两个大爷没上学。三大爷牟家騄,有本事,做生意。"德合"在碑廓街上的生意叫牟十二弄垮了以后,改在家里卖糕果点心,远非从前了。二大爷早年在青岛做生意。

大哥牟乃珮,属羊,1919 年生;二哥牟乃卜,属鼠,1924 年生;弟弟牟乃琢,属鸡,1933 年生。

乃珮、乃琢在家受穷,偷跑去东北吉林,种地,也穷。现在好些了,吃上饭了。元铸也去了那,他的子女现在都挺好。

家里几个男丁都上过几年学。乃珮十一岁下学,扛着犁去种地路过学屋,心里非常难受。十九岁时,大舅哥来,他推车子去送,推到粪堆上。大舅哥和他老婆,都叫他再去上学。听说八路军在后村镇山字河办了学校,打听着就去上了。上的日子也不多,上出了罪名,说是国民党"三青团",有罪遭了,不上还强点。

乃卜当了几年八路军,回来在村里小学教学。小学刚成立时,几个年级就他一个人,算术、语文、常识、体育、唱歌,都他一个人教。当时就那情况,他也没上过多少学,后来始终没弄上公办教师。

大嫂是宋家庄人,跟元镖老婆是叔伯姊妹,很重视子女读书。1947 年土改复查后,家里什么都没有了,领着秀琴去要饭。1960 年左右,"大跃进"时期没吃的,领着儿子西海去要饭。冬天很冷,早晨人家吃饭,母子俩脚后跟露在外头,在门口要饭。就是这样,秀琴十一岁,她托亲戚关系,把她弄到连云港去读书。庄里有了小学,又回来上。上完小学没得上了,又考到青岛市六中上了一年初中,没得吃,才又上了东北考卫校。秀琴学习非常好,考什么是什么,要是现在,大学根本不是问题。

丁家庄三姨很本事,嘴讲理一般人弄不过她。三姨父早死,分家不公平,她打官司赢了,重分。三姨父没上过学,小时候淘气,能上他不上。三姨叫她儿子丁履龙正儿八经上了学。

田家寨四姨老实,家里最好,四姨父那人好。七舅笑着说她:“四姐,你是‘庸人多厚福’呀!”

大姨带着儿子苏昭祐和一个闺女常年走娘家,她婆家早败,太穷,回去不两天,又回来。刚嫁过去时还不穷,家里雇着人,使唤丫头什么的。突然就败了。

大姨常去田家寨,也来家住过。那次大姨父来,我听见两个人在西屋拌嘴,不知为什么。大姨父是最后一科考的秀才,长得也是好牌子。

那时一个庄有一个秀才就相当不错了。同姓一个二大爷,科科去考,考前没白没黑绕着前后屋大声背,吵得邻居休息不好,到老也没考上。考不上他也不在乎,反正年年去。

苏昭祐后来到济南做个小生意,大姨和他经常通信,我看见大姨在我家西屋写信。大姨家大姐嫁了相家楼,姓王,先上了济南,昭祐奔她去。大姐二十六岁死,撇下两个孩子。

我家在村中间住,出门到街上,就可以看到南头门朝东的舅舅家了,不远。

大表哥元镎的学,也是请老师在家上的,和苏昭祐一块儿,两个人关系不错。

大表哥结婚后,六舅才娶的后妗子。后妗子就是无能,没有人瞧得起她,别的没什么。

大表嫂人很好,很善良。长得也好,大眼,下巴窄点,富态样,个头不算很高。比七妗子长得好,七妗子是她亲姑。大表嫂的娘,俺叫姑,大表嫂长得就像她娘。碑廓姓丁的,她家姑娘有名,她爷爷叫丁相山,周围老百姓有句俗话,叫“丁相山家的姑娘——正牌子”。他家姑娘都“正牌”,一辈十几个,都长得好。大表嫂亲姊妹不多。我看琳吉长得像他妈。

大表嫂娘家弟弟丁履果，那时候我记着一个儿子一个姑娘，两个小孩到大司官庄走姑家,我上大表嫂家经常见。男孩叫“新孩儿”(丁原新),女孩儿好像叫小妮。

大表嫂四十来岁去世,大表哥没再找,没再结婚,一个人拉大三个孩子不容易。

二表哥元镖,属猪,到青岛就来家,住一两宿就走了。大司官庄在青岛的人家他都去,到了人家不走,吹、拉,哪家都烦。到延吉元铸家不走,家里不愿意,不回家,元铸叫到饭店说这事,又去了几家,才回村。俺舅和元镖一属,也属猪。

二表嫂随台湾弟弟妹妹来青岛她五姐家,我去看她,她走了,没见着。带着叫“亮”的姑娘来的。以前问二表嫂,元镖就说“她享福去了”。以前光听说他把老婆孩子撂了,不知怎么回事,现在通过燕仁知道了。二表嫂人很好,很好个人。

1947年,村里住着些负伤的军人,有些受冲击家庭的姑娘,跟他们结婚走了。二表嫂的八妹,来司官庄找了个对象姓汪,跟着走了。李大娘介绍的,她女儿叫李金善(音)。

元镖小时候上学很聪明,和牟乃卜、牟敦随、司法基、司彦玠等同学,在南头子司姓学校上。那个班一共八个人,第一名没有别人,都是他的。乃卜都是二三名。第七、第八固定也是那两个。八个学生还是两个村的,北边小张家庄那个叫张传安,家里是地主成分,后来上了台湾。

这个班的老师叫马容谦(音),最喜欢元镖,回家都带着他。乃卜调皮,经常挨打。

元镖好了好几遍,几次村里人都说元镖又闯好了,过段时间“哗”一下又掉下来了。

1947年土改复查，宋家庄二表嫂家那边，农会抓起来的人跑了五个。1948年，元镖和二嫂从大队那边搬到俺家并排九间堂屋中间那三间住。一次，元镖回来，悄悄拿出宋家庄那几个跑到青岛的照片，叫俺大哥乃珮和大嫂也上青岛，大哥怕事，说元镖这人不把握，就没去。元镖领着老婆走了，不见了。日后批斗元镖，司康基指着他头皮骂："司元镖呀司元镖，你把老婆孩子都撇了！你还算个什么人嘛！"

大表哥元錞、大表姐铢、二表姐铉，这三个人一个娘，元镖自己一个娘，元铸、元兰一个娘。大表姐嫁甜水河，姓什么记不得了。二表姐嫁新宅子李姓，公公是李广镜那一支的人，后来上了大连，元镖去过。

岚山大姨夫的秀才，是最后一次考上的。六舅司壎也去考了，没考上，以后就不考了。考那年六舅十四，大姨父十五。

七舅司墀念书也是聪明，没用了，科举不考了，也没有大学上，三十一岁去世。他死的时候，有人说怎么那么好的人就叫他死了，坏人怎么不叫他死呢！

七舅教了司元镐（字子京）、王柏南（音）、滕海逢等四个人，很严，司元镐挨了不少打，但教出来这几个学生都很好。

司元镐毛笔字相当漂亮，长得好，人也好，教了几年小学，说是国民党"三青团"，让人枪毙了，几个兄弟跟着遭了罪。马容谦也是这么死的，可能当时上学的教学的，都受碑廓学校校长吉德福国民党案牵连。王柏南出身好，在合作社当会计。滕海逢听说上了台湾。那边司家死了好几口，都没什么罪，都是冤枉。

司元镐是俺大姐夫，三姨家表哥丁履龙又是三姐夫，她们是三大爷家亲姊妹。大姐不到三十岁就死了，撇下一个闺女，先嫁一家生一子，男死，改嫁本庄牟家会孙子牟敦进。司元镐妹妹在司家那边排行二，嫁大湖魏家，改嫁碑廓丁家，就是瑞吉姥娘门上。司元镐爱笑话那些大闺女小媳妇，傍晚三姐元铃都是叫我"出门瞅瞅俺四哥还在不在外头”,不在就拽着我赶紧走过去,上碑廓去看戏。三姐在家是识字班老师。

三表哥元镇头一个老婆是二朱槽,“秦四直” 的闺女。“秦四直”是地主诨名,觅汉给他家种地,有弯割了去,不算,按直的算工钱,所以叫他“秦四直”。第二个是新宅子二表姐家近门的小姑子,还没离,三表姐元铃把他弄到沛县工作,在沛县找了一个姓康,回家离了。结婚,生了一个闺女。村里有人说他是地主,不能叫他在外边当共产党的官享福,把他弄回村里受罪了。女儿的公公是干部,后来给他落实政策,姑娘不知道,公公说不信问你娘,一问确实是那么回事。

司埠是俺亲姑父,俺姑没养,死,续元翰他妈。元翰过继给司塾,占着财产。司埠六十多岁买了李家桑园一个丫鬟,俺叫四妗子,没当媳妇娶,对人家不好,生了三个闺女。先前有个男孩,四五岁死了。又过继了元锦,元锦死,儿子田基跟奶奶过。四妗子受了个好罪,元翰妈对她真狠。三个闺女就是司家那边田基的大姑、三姑、四姑。小闺女司元秀“复查”前干得真好,当过妇女队长,我也当过村妇女队长。

元翰媳妇叫二嫂,就一个闺女叫勤。元骥是大哥,两个儿子:绪吉、统吉。元骥、元翰都早死,还很年轻,我都没见过。

元钰他妈就他自己,瑞吉和元钰年岁相仿,两人挺好。

姥娘姓牟,大朱槽,前边几个姥娘都没留下孩子,俺妈这辈都是这个姓牟的姥娘生的,都是一个妈。六舅司壎头一个老婆,也是大朱槽同一个门里。

地主家都是“过”来的,有的地主穷得要命。我的一个同姓侄女女婿,是南沟河姓罗的,说是地主,实际上走路都不舍得穿鞋。到俺村走亲戚,走路都是把鞋脱下来,到村头洗洗脚才穿上,“土改复查”时也被砸死了。有些地主怪可怜。

子一：李从仁，律师。女三：李玉兰、李玉英、李玉梅。

（以下据牟秀琴讲述——2010 年 5 月于广州暨南大学）

父亲牟乃珮属羊，1993 年去世，享年七十五岁。

我 1943 年生，十五岁在青岛姑姑牟乃凤家，到市六中读了一年初中，上不起。丁家庄姨家表哥丁华，从朝鲜回来转业到吉舒矿务局基建筹备处，介绍我去考辽源卫生学校。考上了，每月十二元助学金。一年半毕业，分配在舒兰矿务局矿山卫生所，后与别人对调，到哈尔滨医科大学二院。1962 年调到牡丹江地区医院。1964 年结婚。1970 年调哈尔滨机械厂卫生所。1988 年调暨南大学校医室。1998 年退休。

婿郑天林，前苏联经济研究专家，中国译协表彰的资深翻译家。1956 年考入哈尔滨外语学院学俄语，1960 年又念了三年研究生，1963 年毕业留在升格后的黑龙江大学新组建的苏联远东问题研究所，1964 年迁黑龙江哲学社会科学研究所。哲科所后变为省社科院，天林在西伯利亚研究所，主要研究外兴安岭以南、黑龙江以北、乌苏里江以东远东边疆区经济开发。1968 年研究所被“砸烂”后当过编辑、记者和黑龙江省革命委员会政治部翻译，翻译《真理报》、《消息报》社论，赫鲁晓夫经济改革的决议条例。期间还组编了黑龙江生产建设兵团战士报告文学集《北疆战士》。1976 年“四人帮”垮台，回到原来的西伯利亚研究上来。1988 年 10 月调暨南大学华侨研究所，后到东南亚研究所。1992 年 7~9 月，随黑龙江省石油天然气外贸集团公司，到莫斯科、圣彼得堡等地当翻译。后在俄罗斯哈巴罗夫斯克生活工作一年，为其多年研究西伯利亚而从未到过西伯利亚的生涯，画上了圆满的句号。

与同事合作的研究成果较著名的有《秋明油田为什么上得快》、《西伯利亚的开发对我国东北经济发展的启示》、《国际因素与我国东北地区的经济发展战略》。独立或合作撰写、翻译了《苏联经济改革》（译著）、《苏联远东经济问题》（译著）、《苏联远东经济区》(专著)等十多部。

天林说自己大部分是东北人,小部分是广东人。前广东省委书记任仲夷,在黑龙江、辽宁工作多年,改革开放后调广东工作。2000 年 4 月 3 日,任老夫妇与天林哈外院同学雷仲予在广州一家东北饺子馆用餐,雷说自己已经是一个“北化了”的广东人了。任老幽默地说:“你应该是一个被冷冻过的广东人。”大家相视而笑。

女郑虹,1985 年考入黑龙江大学俄语系,1989 年保送华南师范大学俄语系硕士研究生,1992 年毕业留校任教。1999 年晋升副教授,先后任日俄系主任、外语学院副院长。曾作为广东省外办派出的翻译,赴俄罗斯堪察加州协助处理涉外撞船事件。多次跟广东省领导访问俄罗斯,任随团翻译,也经常接待来访的俄罗斯访问团。在读博士。

女郑军,北京医科大学毕业分配至中山医科大学口腔医院,2004 年考上香港大学口腔医学硕博连读,2008 年取得博士学位。现在中山大学光华口腔医院,既教学又出诊。

附:日照牟氏字辈

《族谱》载:“照邑牟氏,来自栖霞。其先世于元世祖时,以功封登州府栖霞县,世袭千户。”“至明太祖定鼎,牟氏兄弟四人,俱千钧力,徐将军(徐达)散大族,散一支于泰安,一支于湖广,一支于日照。”

日照牟氏字辈自第十七世始:

家乃敦善,宗晋鸿昌。

肇贡林立,锡秉其方。

丁家庄“竹荫堂”丁惟崃

1955 丁司氏

2008 丁履龙(中)、丁履祥(右)及丁原同(左三)一家

2011　丁履龙、牟乃玱、丁原同(左起)

惟嵘娶司家十世三女为妻,子二:丁履龙,行六;丁履常,行九。女三:大女丁履玲,行八;二女丁履玉,行九;三女丁履祥,行十四。丁履龙生一男一女,子丁原同住日照市区,女丁原鹤居张家岭。丁履常生两男一女,长子丁原护住丁家庄,次子丁原群居黑龙江富裕县,女名不详,居江苏赣榆县。

(以下据丁履龙讲述整理——2011 年 5 月于日照,时年九十五岁)

我属蛇,生于 1917 年。

丁家庄在幽儿固前,幽儿固住着鬼子。俺家宅子东边有个竹园,所以堂号叫"竹荫堂",人们有时也用"竹园"代称丁家庄。俺爸爸四十四岁就去世了(1935)。

我小时候上私塾,一共四个学生,那三个是丁履臣、丁肇湖、丁肇德,上了六年。几家子一块儿请老师,有的教几个月,有的教一年多,换了多少个。老师没有钱,就是轮着各家吃饭。

舅舅司壎、大表哥司元锌在司官庄威望都很好,场院晒粮食下雨,南头子街坊四邻都来帮着抢场。这边抢完了,五舅那边场院挨着,还撂那里,人就要走,舅舅拦着不叫走,一定要帮着抢完。

司家开粉坊,一头驴拉磨,元锌赶集去卖粉条。养猪攒粪种地,栏里有六头猪。很多牛,其中两头大水牛。种地是安排工人干活,舅舅自己不干,铺排工人干。舅舅后来得病,嘲了,一年多就死了。那时八路军已经来了(1940年9月16日),刚来,不久,亲戚各家都来送殡。

七舅司墀是司官庄一等人才,比六舅矮点,长得更好,更气派。碑廓街商铺玉东祥(一说裕东祥),是东辛兴李玉斋(老玉斋)、丁家庄俺三大爷丁惟峻和司官庄俺舅三家合股开的,主要经营花生生意。李玉斋在碑廓收货发货,丁惟峻在青岛贩货运货,司墀管账。玉东祥经营得很好,李玉斋、丁惟峻都拿司墀高高在上。碑廓街一等人物。

也许是太累,司墀后来得病,吐血,一说胃出血,一说肺结核。东辛兴有个名医李绍帆(音),李玉斋把司墀弄到东辛兴住院,吃得不好,一年多病逝(约1930~1931)。玉东祥送来寿材,丁惟峻全程主持发送,一直到完。司官庄千人落泪。

七舅只比大表哥大四岁,舅舅和七舅很和气,邻居都知道司家姊妹关系非常好。

俺这第三个妗子是腊月二十八结的婚,贴的都是过年的对子。结婚当天俺妈忙,我去,俺妈过了年才去。

元锌大哥年龄比我大多了。民国初,碑廓街及周边农村,甚至街滑子、要饭的,都有抽大烟的。政府不让,偷卖,偷吃。张宗昌坐济南(1925~1928),要求日照、诸城等地种了一年大烟。司官庄在"司家洼"种,大表哥在那里割大烟,我到地里去耍,当时才和大烟一般高。也有到郑州、亳州去贩的,那边种得多。

分家是找东头子牟家会做的文书,元镩什么也没分着。盖房子时候上丁家庄要檩棒,我领着上山砍树。大表嫂是碑廓“西行”丁家。

司家姊妹这辈起名都是“大金旁”,大表姐叫铢,二表姐叫铉,元铃叫铣,元镯叫锉。元镖后来混差了,偶尔回来,还在俺家过过年。元铸性格也很好,知道让着老婆。

大姨嫁岚山头东楼苏琳山,二大伯苏元柽是进士,任上死(1904),老婆守节吊死,大儿子吃大烟死,福建晋江县一次拉回三口棺材。

大姨身子弱,风吹着雨淋着,三天两头就有病,好的时候少,病的时候多。在田家寨病重,四姨夫牟家廙给看病。

东海崖上人和咱不一样,苏昭祐拿了司官庄大表哥的钱和东西,没打饥荒。

二姨家是司官庄“德合”,也是俺丈人兄弟家。

俺妈排行第三,那年(1968)十月得病,四姨父在田家寨开药铺,吃了两个月药不好,躺了六年去世(1973)。

田家寨四姨最老实,一辈子不吃虾皮,吃了吐。四姨父不吃蒜。他家炒韭菜要做三样。

牟十二在碑廓说什么算什么,叫牟家会的儿子牟鲁臣(音)做了假账,一杀两家。打了多少年官司,最后牟家会、“德合”都输了,都归了牟十二了。牟家会为人不好,瞪眼扒皮的,厉害,不让人。他从来不敢在院子里吃饭,不知什么时候路人就会往里撇石头。

碑廓街牟氏分几支,有势力,“和顺成”人物最多。“东大门”也厉害,但不敢与“和顺成”矛盾。“前大门”秀才牟碑泰(牟家良),是莒南团林镇李家桑园进士李奉书(音)的老师,县董事。

“土改复查”丁家庄第一次砸死七个,第二次砸死两个,之后自己吊死几个。儿女砸死了,有几个父母上吊死了。砸死的大多都为人、做人不大好,有民愤的死得多。第三次要砸的时候,上面来了文件,不让砸了。

(以下据丁履祥讲述整理——2010年12月于大滕家庄)

我属狗,今年七十七了。家里最小,俺妈上哪都带着。

姥爷四个媳妇不假,俺妈说头三个都没有小孩,姊妹六个都是后来这个妈的。姥娘留下儿生了女,死之前要求单立墓,俺舅把她单独安在司官庄北。我上司官庄,俺妈还指给我说:那个坟头就是你姥娘的。其他那三个和姥爷合葬在南头子自家坟地了。

姥娘家是大朱槽姓牟,和头一个妗子一个门里。姥娘走娘家,看见不知是亲侄女还是远侄女,十来岁,切了一大簸箕萝卜馇渣腐,回来和姥爷说,姥爷也同意,以后就托人说了。姥娘娘家侄子牟家柰,在大朱槽大路上开坊子(饭店),我和俺娘去过。

俺舅排行第六,别人都叫他六爷爷、六叔什么的。他亲弟兄就两个,七舅死得早,就剩这一个舅,我们就叫舅,不叫六舅。

司官庄都是说"南沟崖"六爷爷、六叔什么的。回门朝东,门前一道大沟,很陡很深,东边是个竹园。

母亲比田家寨四姨大三岁,生于1894年(光绪二十年),十三岁失父,十六岁失母。据此推断,姥爷司建松逝于1906年(光绪三十二年),姥娘牟氏逝于1909年(宣统元年)。

姥爷姥娘去世后,六舅司壥待姊妹们都很好,他死姊妹们都很难过。

元镖二哥十七岁参加八路军,俺舅老思想,又气又怕,就痴呆了,所以才死的。俺舅去世,我都想着了。

俺舅待几个姊妹非常好,司官庄的人都说,南头子司壥家就是叫几个姐妹搬穷了。大姨嫁到岚山东楼,公公有官职,家里规矩大,不自由,吃饭也不惯,她不愿在他家,经常回娘家。她一来,其他几个妹妹就都来,家里有雇的人办饭,姊妹们一块儿吃好饭。走的时候,俺舅又割肉买鱼,个个给拿上些东西。每个姐妹出嫁送五亩口粮地的事,也是有的。

俺妈二十一岁结婚(1914),田家寨小姨二十五结婚(1921),二姨家九哥牟乃珮比俺哥还小三岁(1919),二姨可能也在家很长时间,三十来岁才生乃珮。姥爷姥娘死后,姊妹们都在家跟着俺舅生活了很多年。姐妹四个年幼经常围着司官庄娘家转,结了婚还那样,回家姊妹在一块儿都不想走,直到忙了才回婆家。逢年过节,舅舅一定要去搬,不搬也去这几家送礼。这种情况一直到六舅死了才算完了,那段时间家里满人。七舅死前也是一直和六舅在一块儿过,死后才分开,分开还是住挨院。

开始俺舅不知道元镖在外头干什么,后来在家里一本小书上(可能是《论持久战》),发现元镖的名字,知道他参加了八路军,又气又怕。那时老思想,元镖不在家,又担心他,又逮不着他,就气傻了。一次犯病,他用斧头砍自己的头,额头上砍了一道大口子。俺妈带我到那,看见他坐在床上,头上包着白布,俺母亲过去看、问。他又不傻了,两个人还拉呱。之后一阵傻一阵又不傻的。俺妈来,他问:三妹妹你来做什么的?俺妈说:我捎点东西给你吃。他就笑。得病后,人家给他东西他就高兴,他的东西不给别人。有时吃,有时不吃,也躺着,也坐着。不行那时候捎信来,我和俺哥俺妈过一条小弯沟河赶到那,舅舅当时还喘气,赶紧现做衣服。大表哥在那主事:买、办、铺排。这时候元镖在家,岚山苏昭祐来,本庄二姨父家,田家寨小姨父来。院子里找人帮着办饭。

甜水河、新宅子大表姐、二表姐都比俺哥哥大,开始都来往。舅死时两个表姐都见来着,以后就没见了。

甜水河大表姐回娘家,大表哥开她玩笑说:俺这个傻妹妹来了。大表姐和大表哥长得不怎么像,也是老实,亲妈死了,她就奔哥哥来,不到后妈家。嫂子待她好,俺二姐和谁都合得来。

送了舅，妈带我又到田家寨小姨家过了几天，才回丁家庄。

得病之前，舅在家里说什么算什么，没有敢犯犟的，大表哥也不敢犯犟。

立文书分家，俺妈说，俺哥哥那么聪明的人，作的文书，我们都看不服。元锝、元镖没有家产继承，家产都给元铸继承。大表哥不满意也不敢吱声。分家还是舅舅主持。什么分家？就是把大表哥撵出去算了，什么也不给。二表哥当时还一个人。

大表哥待俺妈很好，有什么事都是和俺妈说说。俺妈针线活好，什么都会做。1947 年以后到新中国成立初期，做瓜皮帽找人赶集代卖，她就帮人家做针线还人情。大表哥、琳吉、璋吉的瓜皮帽，都是她做的。

元锝大哥和俺舅长得仿佛，家里也姓丁，我不叫她大表嫂，叫二姐。二姐长得好，三个儿子我看都不像她。二姐脾气特别好，俺去都是好对待。后来分家没地方住，她也是愿意分出去的，在一块儿矛盾多。第三个妗子是李家土山，三十二岁娶进来的，生的闺女元兰和我同岁。

分家后，俺家有山，母亲帮些松木棒，盖了房子。1947 年土改大复查“扫地出门”，二姐死后，大哥领着三个孩子，俺去看着都可怜。俺母亲都是帮着做衣服，她什么也会做。

二姐死，母亲带我和俺哥哥去的，苏昭祐来，田家寨来。一点小薄材在当门放着，二姐衣服也很单薄。大表哥没钱，刚盖了房子，领着三个孩子相当困难。指指路，送送盘缠，简单埋了。“复查”以后不敢去了。直到璋吉娶媳妇去了一次，以后又没去了。

璋吉媳妇真好。大表哥在的时候，我赶完碑廓集，有时候到司官庄，在那里吃饭。赶集听司官庄人说，璋吉在日照，以后又听说回来了。这会儿司官庄搞得真好。

元镖花钱没数，康基、庚基那些人跟着，二叔长二叔短的。花了公家钱，没地方安排，蹲了房子，蹲了好几次。

元镖二哥一直很怕元镩大哥,大哥一直不满意他。瑞吉当兵走,元镖到丁家庄俺家,说他没有好好干,不然瑞吉不用去当兵。后来他也上大滕家庄来。

二表嫂是宋家庄,人真好。是小时候说的,元镖以后闯好了,不要不要的,大哥压着,叫他结婚。二嫂个不高,人很好。宋家庄人见了俺妈说:亮亮妈从来没说过元镖的不好。

元铸也老实,四嫂也是丁家庄,前几年带着大姑娘来,在滕家庄住了一晚。她哪次来都到俺家。我和元兰同岁,玩得好,到舅家,有好吃的,俺舅都是多给我点。家里雇着人做饭,妗子主持着,推磨有驴。

以后我纺线,赶碑廓集卖线,下晚散集到司官庄,找南头子元兰要,也到东头子二姨家,在那吃饭。妗子家、七妗子家都吃过饭。七妗子拗点,不抠,有文化,拿起书本来就能看,写毛笔字也好样的。大表哥元镩家二姐叫她小姑。

元镇才三岁,俺七舅司墀三十来岁就死了。

元镇小名叫孩儿,头一个老婆二朱槽姓秦,嫌元镇黑,不跟,走了。新宅子二姐来家,说了婆家小姑子,这回是元镇不要,上了南边沛县,又找了那边的。

母亲姐妹四个都小脚,岚山差不多六十里路,逢年过节俺舅去搬大姨,都是雇车子推着大姨,舅在旁边跟着。丁家庄到司官庄十二里路,俺母亲都是来回走。

大姨来,俺舅很敬着她,临走还送好礼物。大姨上学上到十七岁,毛笔字写得好。那年我腿叫蝎子蜇了,很疼,她在我腿上写了一个毛笔字,就好了。俺舅识字也不少,南头子那些人家有事,都是到家叫他写点什么东西。

大姨身子弱,姐妹四个数她矮、瘦,学货样。她的婚姻,是俺姥爷和她公公两个老汉,在外边喝酒说下的,把她许给岚山东楼苏琳山。

姥爷回来说：大闺女熬好了熬个太太，熬孬了熬个大烟枪。俺姥娘不愿意他。

苏家那门里有抽大烟的。他家弟兄三个，琳山是大份。他那门里规矩大得很，大姨受了不少罪。他家兴媳妇供公公婆婆早晨吃点心、荷包蛋，一个集空五天，要用一个公鸡一个母鸡，煮了汤来打荷包蛋。大姨哪有钱，都是俺舅拿钱买给她。

苏家很快败了。昭祐三岁(1908)就在司官庄了，俺妈、小姨都还没出嫁，俺妈结婚后，他还吵着要上丁家庄找三姨。以后昭祐上济南，大姨就带着孙子在娘家这几家了。

俺舅先死(1940)，大姨没几年也死了(1943)。苏昭祐从济南回来后东一头西一头的，在田家寨四姨家外天井住。后来搬去棘子荡，俺母亲活着还来趟，后来就不来了。苏贻笃也和我同岁，小名叫笑。我也去棘子荡看过他们。

苏昭祐在济南那时候，大姨带着苏贻笃住娘家这边，日子多了就上丁家庄俺家过两天，又上田家寨小姨家过几天。大姨死，俺娘也没工夫上岚山去，到河崖烧纸哭了一场。

昭祐是奔他妹妹上的济南。他妹妹嫁到相家楼，上济南，寿不长，回来葬的。

二姨身体壮一点，家里开糕果店，推、舂都是她做。二姨夫是读书人，和二姨结婚后，他还在上学。后来在他家东头几间屋教学。她家九哥牟乃珮比俺家大哥丁履龙小，十哥牟乃卜当了几天兵，回来也教学。

二姨家表姐牟乃凤脾气也是好，对待两个嫂子都好，和我好。我上青岛儿子那，都是去看她。今年春天去，看见她三个闺女轮流给她做饭，她腿脚不大好了。我就一个儿子叫滕以亮，在青岛市南区医院里，老年康复中心主任，五个闺女四个在庄里，一个在沂南。

田家寨离得近，一共五里路，和四姨家常有来往走动。

小姨没姑娘,愿意叫我在她那,我还不愿意。小姨父脾气好,小姨干什么都慢,可一辈子没挨小姨父吵。所以俺舅说她“庸人多厚福”。以后表哥乃玙娶的媳妇人也好,对小姨也好。

1947 年田家寨牟乃祥家药铺充了公,小姨父在里头,后来上了碑廓,两个儿子都干了医行。

我九个月父亲去世(1935),大哥丁履龙才十八岁,母亲才四十一岁。父亲弟兄五个,他老四,两个月内二大爷又死,以后大大爷也死了。之后三大爷丁惟峻管家,五叔也在家,他俩管着。家里奶奶活着时候管家,奶奶死了就三大伯管家。

俺哥哥丁履龙上学,是几家孩子凑,请一个老师,轮着各家吃饭。那时候奶奶管家,说俺哥哥:你好好上学,要像你七舅的话,我好好供应你。小时候到司官庄,听说七舅是灵童,一指教就会,然后又教他那些同学。听俺妈说,以后下学上碑廓,牟十二的一座铺子,牟讨的一座铺子,二姨家的“德和”铺子,俺家的铺子(玉东祥),这四家的账都是他管着,累了他了。

司官庄、田家寨是湖下地,打粮食多,日子好过点。丁家庄山地,就是有柴火,别的不行。

1947 年“大复查”后,这几家都不好了。那时候有仇人的就砸死,咱这几家都善良,没仇人,没人被砸死。但划了高成分,日子都不好过了。俺妈在丁家庄为人好,要不俺哥哥也可能叫人祸害了。哥哥三儿三女,上边扔了两个男孩,三个女孩也剩了一个,最后就丁原同姊妹俩。

(以下据丁原同讲述整理——2010 年 6 月于日照)

家里也富过,爷爷辈以上秀才什么的都有。

五个爷爷都在时,家里相当好,上百亩地,山场,山上养着一二百只羊,牛也不少,还养猪。五个爷爷各人管一摊,有管地里的,有管生意的,有管粉条加工的。每家一个上学的,其他去干活,我父亲就上学。

爷爷死，奶奶很伤心，那时家里还算富，棺木在家里放了一年多，第二年春天才下葬。

老奶奶姓胡，碑廓付家官庄，祖辈曾为乾隆朝御医，《岚山文史》第一辑有介绍。老奶奶很喜欢性格好、针线活好、又会来事的奶奶。

奶奶亲戚关系、邻里关系都处理得非常好，从不为了一点小钱一点小事与人争执，也从不打骂孩子。奶奶做什么饭都好吃，包饺子皮一定要薄，饺子馅味道一定要调好。即便没什么好吃的困难日子，粗茶淡饭也很讲究。

张家岭丁姓的六舅奶奶去世(元镖母)，六舅爷爷司壎想再找一个——李家土山，三十多岁进门。听说表大爷元镩分家，分了九亩地，一个场院，没有房子，自己想办法盖房。奶奶看不行——娘家侄子，拿了点钱，丁家庄自家山场，伐树，盖房子——姑侄情深。表大娘是碑廓"西行"丁家。

分家立文书，是以幼子为主要继承人那种格式，将"活不养，死不葬"等条文写入分单。主要财产留给幼子继承，而由幼子负责最后赡养老人和殡葬。六舅爷爷也是好意，叫表大爷自己发展，不用操心家里一些烦心事情。但六舅爷爷死，元铸还是个不到十岁的小孩，还是元镩发送。

司官庄绪基年龄和元镩表大爷年龄差不多，听说一块上过私塾。

奶奶姊妹几个关系都非常好，六舅爷爷司壎一点不贪财，父母不在了，姐姐妹妹几个人出嫁，司壎除陪嫁很多东西外，每人都陪送五亩口粮地，秋天收获了或送或取。

减租减息，抗日，元镖参加共产党活动——司壎感到社会要变了，后来得病，卖地看病，以后地不多也是好事。

大表哥瑞吉当兵回家，娘家大孙子说媳妇，奶奶很热心，先介绍了丁家庄姓丁的闺女，嫌长得不好看，不同意，才又找了碑廓姓牟的。丁姓女后来命运很不好。

七舅爷爷司墀脑子好使在碑廓有名，小时上学不用教就会了，大了在碑廓管四五家的账。我家在碑廓的生意，账也是他管。

1947年，为了打淮海战役，打蒋介石，山东、苏北、河北南部周围一带，富一点人家的钱，都弄去买枪炮。后来有"大复查"、划成分、论出身。1947年冬至1948年春，"挖财宝"运动成为风潮。

土地革命和抗日战争时期，参党都是秘密的，很多人不敢或不愿意。三姑元铃参加革命，跟了碑廓区委书记唐军，家里人纷纷议论。二表叔元镖更早一些秘密参党，可惜没脑子，乱花钱，让人收拾了。他那记忆力、那本事，要走正路可不得了了。二表婶是宋家庄的，那村出了一些聪明人，1947年"复查"也是很厉害。

1963年，元镖到丁家庄，天热了还穿着军大衣。爱干净的奶奶很看不下去，但也帮不了什么。二表叔住了两个星期，说上青岛崂山找琳吉去，就走了。

1969年，我在吉林省敦化市大石头林业局，当游走木匠，元镖也去找过我。

1987年末，元镖二表叔最后一趟来东北家里，住了两个星期，爸爸说他是"大要饭的"。真能吹，没钱他也不说穷，家里好酒好饭地伺候着。

我姥爷是大司官庄牟家老三牟家駣，二姨奶奶家牟家騄叫四姥爷，他们亲哥仨。牟家商号叫"德合"，做点心果子一类的食品生意。

司元镐是亲大姨父，有才，教学，叫人害了，说是"三青团"。

俺爸爸丁履龙属蛇，1917年生人，读过九年私塾，九十四了。我搞了点小生产，手工烙煎饼，爸爸还能帮忙，一天叠五六十斤煎饼，一边叠一边还念《三字经》，"人之初，性本善"什么的。

大姑丁履玲，大姑父是赣榆县柘汪镇东林子芦华碧。二姑丁履玉,1947年嫁给来庄里养伤的新四军伤残军人黄少珍，居安徽巢湖无为县牛埠镇。三姑丁履祥,嫁碑廓大滕家庄滕培善。

我1951年生人，父亲划了富农成分，儿子跟着“沾了光”，1965年上完小学,不叫上了。“土改复查”、“四清”、“文革”,家里都受了罪。我身上还有两个哥哥,七八岁时没东西吃,人家给的地瓜母子,就是坏地瓜,生了虫子,吃了肚子疼,可以说是饿死了。现在就还有一个姐姐丁海兰(音),嫁杨家洼孙桂林。

奶奶1968年患病,两条腿不能动,躺了五六年,腊月二十二去世,阳历已是1973年,享年七十八岁。奶奶对我好,从小都是让我在她房里睡。我十八岁她得病,二十三岁她去世,都是我陪着照顾。

奶奶患病期间,田家寨四姨奶奶常来。司官庄元镎表大爷每年两趟必来,买点肉,买点东西,秋天八月十五一趟,冬天腊月一趟。

表大爷来家时,我们不准上桌子,只是父亲陪着,喝点地瓜干子酒,吃点饭。不远的路,吃完就回去了。

我1974年上延吉干木匠,走百家门,给人打家具。后来在安图县万宝镇住下,认识了当地镇委领导,承包木器加工厂,加工地板块、门窗口料、模板等。1987~1997年,差不多干了十年。1998年回日照。

我爸就我一个儿,在东北时候也跟着。

我一子两女,子丁顺昌,女丁肇梅、丁肇雪。

附:日照丁氏字辈

日照丁氏,在清光绪二十六年(1900)六修丁氏家乘时,从第十三代开始将字辈定为:

惟我家谱,履历备详。

原籍海州,肇始武昌。

明初来照，相宅河北。

天启开科，崇祯任职。

乡贤名宦，德言事功。

显扬令绪，繁育兴隆。

聿愿同心，孝敬和睦。

世代绵长，丕承祖泽。

这套字辈以四言的形式，叙述了日照丁氏的来历、迁徙、发展以及对子孙后世的祝福与期望。每四字为一代，不分主次，不分前后。丁肇中为日照丁氏十六代，"肇始武昌"四字中的肇字辈，也就是说，十六代的人可以选用四字中的任意一个。

田家寨名医牟家廙

1964 牟家廙(字敬亭)

1963 牟司氏

1963 牟司氏与牟乃玱夫妇及孙牟敦海、牟渤海(怀抱者)

1997　牟乃琠全家照

2010　牟乃玱全家照

牟慧、魏绪俊、牟乃玱、牟丽、牟渤海(左起)、牟梓萌(前)

2011　牟乃玱与司瑞吉(右)

2012　摄于日照同生堂

家廙娶司家十世四女为妻。子二:牟乃琠、牟乃玱。乃琠娶妻林相秀,生四男二女,长子牟敦海住碑廓益民诊所,次子牟敦汉住济南市,三子牟敦霖居临沂市,四子牟风华住日照市,长女牟敦敏、次女牟丽云均居日照市。乃玱娶妻魏绪俊,生一男两女。子牟渤海娶刘瑛琪,均就读吉林工程技术师范学院,均就职日照市建行,生一女牟梓萌。长女牟慧,就读中国人民大学,就职中共中央宣传部办公厅,嫁姚利,保定人,哈尔滨建筑大学毕业,现职北京市国际友联租赁公司,生一女姚凯湲。次女牟丽,就读长春金融专科学校,就职北京华夏银行,嫁张江恒,南昌人,华西医科大学硕士研究生毕业,分配北京协和医院,硕士生导师,生一子张瀚。

(以下是2011年5月牟乃玱应邀作《忆父母》)

曾祖牟应旐,字于兆,卒于二十七岁。其弟牟应旆,字鹤舫,邑增生。听老辈人传说,鹤舫公是日照县学最后一次科举、很大年龄考中的秀才,此前参与了司家学校的创办,并在司家学校教书十几年,可能是教了我姥爷司建松。父母做亲,可能和这有关系。祖父牟衍溥,字博泉,诗礼堂启事,祖母为涛雒下元村秦氏。父牟家廙,字敬亭,居田家寨南松霭堂。

父母于1921年结婚,时年父二十七岁、母二十五岁。

先父生于1895年(光绪二十一年),卒于1972年正月十四。降生正逢外国列强侵华,国难当头,离世还在"文革"十年浩劫,一生处于乱世之中。

先父民国时选任日照县参议员、日照县医救会会长等职。

先父天资卓异,幼承庭训,勤奋好学,有一目双行、过目不忘之本领,借助祖父鹤舫公指引,十七岁执教私塾。时疫病流行,缺医少药,见广众疾苦,遂在教学之暇苦钻医术,且于二十五岁弃教从医。

先父博学,医、卜、星、象均有心得。观天象,知风雨阴晴;览年历,识来年农历月份大小、廿四节气之日时,日食、月食均可推出。

先父熟读经史子集，古文基础扎实，为学医提供极大方便。

先父立志学有所成，不当庸医，以纲领、宗旨、思想、理论为从医之四维，用功甚深。

纲领：行方智远，心小胆大。

宗旨：以仁济为乐，不以营利为怀。

思想：尊古不泥古，衷中参西，力求价廉效宏，以达济世活人之目的。

理论：以《内经》、《难经》、《伤寒论》、《金匮要略》为基础，以《医宗金鉴》为准绳。

先父学医，以韩愈"焚膏油以继晷，恒兀兀以穷年"为精神，以"业精于勤"为导向，博览细研浩瀚医书。熟读《内经》、《难经》、《神农本草经》，东汉张仲景《伤寒论》、《金匮要略》，晋王叔和《脉经》，唐王焘《外台秘要》，金元时代张子和《儒门事亲》，刘河涧《宣明方论》，李东垣《脾胃论》、《内外伤辨感》、《兰室秘藏》，朱丹溪《格治余论》、《局方发挥》、《丹溪心法》，明吴又可《温疫论》，傅山《傅青主女科》，李时珍《本草纲目》，陈实功《外科正宗》，张景岳《景岳全书》，清陈修园《医书三十种》，喻昌《医门法律》、《寓意草》，王清任《医林改错》，薛生白《湿热条辨》，叶天士《温热论》、《叶氏医案》，王孟英《温热经纬》，张锡纯《衷中参西录》，吴谦等《医宗金鉴》，张璐《张氏医通》，李中梓《士材三书》，程国彭《医学心悟》，对清吴鞠通《温病条辨》融会贯通。以上还只是一部分。

先父博爱。民国时期，苏北、皖北遭灾，流民涌入，不惜卖掉"园东"数亩良田，家设粥棚，以拯饥渴潦倒。新中国成立前，时逢瘟疫，自费研制"避瘟散"，免费分发乡邻，向水井中投放预防瘟疫之草药，收以良效。

先父医德高尚。不分白天黑夜，贫人富人，有求必应，一视同仁，广济众生。日照南部、莒南东部、赣榆北部，方圆百里，声名誉隆。

先父珍藏之经书、医籍，在“土改复查”、“文革”中被全数掠去；大量医案未待整理付印，被“文革”间碑廓造反派付之一炬。

先父于医疗，学验俱丰。1954年夏秋，全国大部分地区暴发流行性乙型脑炎(大脑炎、日本脑炎)，世无效药。中医研究院与石家庄中医院郭可明，按照中医暑瘟病治疗，有可喜效果，震动全球。1955年夏秋，乙脑再次大流行，用1954年方剂无效，全国组织中医献策。日照由县医院中医科主任李润民组织召开全县中医会议，先父发言分析：1955年夏，全国多数地区长期阴雨，不是暑瘟，而是湿瘟，所以1954年疗效较好之白虎汤无效，应用三仁汤加藿香、佩兰为主方。会议期间，李润民主任反对这个方案。时隔三日，全国中医权威刊物《中医杂志》首页，报道了与先父辨证施治相同之方案。李润民登门向家父道歉。日照及全国用此治疗方案，众多患者起死回生。

家父“用仁心博爱众生，施仁术济世活人”。

慈母牟司氏，生于1897年(光绪二十三年)六月初十，卒于1974年十一月廿一。母童年双亲尽失，由兄嫂抚育成人，未进学，凭窗聆听，得许多文化礼仪。婚后，夫妻如友如宾，翁姑恭敬侍奉，儿孙细心教养。舅舅去世后，在司官庄南头子大沟东边菜园祖坟烧五七，来了很多人，母亲、三姨等泣不成声，不是一般的难过。

家父之舅父涛雒下元村秦公，民国时在我家居住数年，母亲周到伺候。抗日战争时期，秦公两孙秦寄萍(鸿洵)、秦亢青(鸿沂)与元镖二哥同事，新中国成立后其长孙秦寄萍任中国邮电杂志社社长、日照京华同乡会会长，次孙秦亢青任山东省博物馆馆长，都来寒舍致谢。

大姨妈岚山头苏司氏，家庭破产，20世纪40年代初几年，携儿孙居于我家。三位姑母回娘家，从未去伯母家食宿，都是吃住在我家，皆因我母姑嫂感情亲近。

母邻里关系融洽，乡人均赞誉。母亲真正是慈母。

（以下据《岚山文史》第一辑董家同《百年老字号同生堂》等考证整理）

民国前期，牟敬亭与本村宗亲在田家寨创办“同生堂”。同生堂现位于日照市正阳路。

二代传人牟乃珙，字玉岩，1930年生，2006年卒。日照市第一、二、三届政协委员。

牟乃珙幼时耳濡目染，酷爱中医，二十岁随父学习。在和父亲共同行医中，不仅学习到精湛医术，而且熏陶了高尚医德。通过几十年潜心研究和临床实践，在肾病、肝病、心脑血管病及妇、儿科均有较深造诣。他恪守医家爱仁好义之精神，每日一丝不苟坐堂行医，辨证施治，处方周密，医嘱详尽，态度谦和，深得群众赞誉和好评。“文革”期间受冲击，十余村庄自发组队为其辩解。其行医范例多次见诸《日照日报》、《黄海晨刊》。

三代传人牟敦海，毕业于日照市卫生学校，又参加中国中医科大学、南京中医科大学、华中中医科大学等高等院校函授深造，现坐诊于碑廓“益民中医诊所”。

“人道至上秉仁术忠善益人，医德为本承义方精诚行医”，这是益民中医诊所的一副对联，也是牟敦海的行医指南。

（以下据二代传人牟乃玱讲述整理——2010年5月于日照同生堂）

我名牟乃玱，字振声，生于1938年。1949年读八十一天小学。1949~1952年自学。1953~1958年拜师家父牟敬亭为师，中医学徒（当时国家无一所中医院校，考虑到中医后继乏人，特派名老中医带徒，怕其保守，提倡带自己子女，由县卫生科签订师徒合同）。1958年经县卫生科考试合格，分配到碑廓卫生院。时年家父也调到碑廓卫生院。

因惧怕阶级斗争，1960年4月1日私自离职去东北，1961年4月到敦化县哈尔巴岭村任乡医。1962年娶妻。1978年去延吉市工农村任乡医。1996 年迁日照同生诊所。

1947 年土改复查,田家寨五百多户、两千多人的小村,棍子打死 128 人,其实都是好人家。周围一些人跑去了台湾,青岛、烟台、日照排山东人在台湾前三位。

其实土改复查前,家里大部分土地已经卖掉救济穷人了,没有多少地了。只是父亲 17 至 25 岁教书,后立志行医,不亲自种地,而是租给别人耕种,在"谁养活谁"的辩论中,就被说成是剥削了。划了地主成分,家里就惨了,被撵到看场院的小屋住,没有门窗。

村里医生很少,父亲之所以没有惨遭毒手,主要是有人说:"人吃五谷杂粮,谁能不得病,砸死他有病找谁看呢?"就没有砸。四姑、四姑父、大表哥同一天砸死,五姑、五姑父同一天砸死。

土改复查,全国的典型是山东,山东的典型是日照。日照南部汾岚区、碑廓区,苏北竹庭县(今赣榆县)兴海区、芦阳区,莒南县东边团林区、壮岗区,划出一个芦山县(区),这一带土改复查"左"得最厉害。好人家都遭了难。宋家庄出了不少能人,富户多,血腥气更重。

我自幼勤奋好学。1949 年村里成立了学校,那时春季新学年开学,冬天是毕业季。这年我十一岁,上了八十一天学。村校即可定政策,出身不好的不可以上学,1950 年因出身不好被开除。我的成绩是全校最好的,八十一天学完了一、二年级两年的全部功课,老师上碑廓、日照开会,我就代课。

失学后,我发奋自学《三字经》、《千字文》、《百家姓》、《弟子规》、《名贤集》、《治家格言》、"四书"、《唐诗》、《古文观止》、《汤头歌》、《脉诀》、《药性赋》、《伤寒论》、《内经知要》等。

1946 年田家寨有个诊所,1958 年被碑廓卫生院吸收,我们爷仨都在镇卫生院。干了两年多,三天两头开会、整人。集后一个姓董的在卫生院,也成分不好,挨整,他不服气,动不动就拿凳子打起来了。

1960年4月1日，离职去东北。先到吉林抚松，又去长春半年，又到哈尔滨半年。建筑工，挑土、挑石子、挖地槽。在哈尔滨建筑工程总公司干了六个月，两万多人评优秀，得了区先进。

1961年国民经济调整，又搞轻工业、农业了，一些重工业项目下马。哈尔滨建筑工程总公司八百多人装在一个车厢，拉到鹤岗。

不愿意下矿，奔着田家寨诊所的牟淑石，跑到延边地区安图县南沟村。牟淑石先是跑到兰州，知道他出身不好后受打击，又跑。牟淑石介绍我到敦化县哈尔巴岭村。虽然两个县，但南沟村和哈尔巴岭村邻村。

来到哈尔巴岭村当村医，开始隐瞒了家庭出身，“四清”时又交代了，但医患关系已建立起来了。再到“文化大革命”，都因有良好的医患关系，算是度过去了。

哈尔巴岭村医十七年。期间，1963年，我爱人接母亲到哈尔巴岭住了两年。哈尔巴岭偏僻落后，母亲又惦记我哥哥家她抱大的那些孙子孙女，后来老家也可以吃饱饭了，我就叫爱人把她送回去了。

牟乃琢先在哈尔滨学电焊，两年，1961年调整，单位下马，给了几百块钱遣散费，后到安图县南沟种地。现住龙井市廉明村，离延吉二十来公里，身体挺结实，前两年还来看我。到哈尔滨，我是奔乃琢去的；到吉林，乃琢是奔我去的。此后牟乃珮、司元铸、丁原同这些人，都是奔我去的。

1978年12月，十一届三中全会召开，政治上废除以阶级斗争为纲，实现党工作重心的转移；经济上提出以经济建设为中心，实行改革开放。早上听到广播里传来十一届三中全会的内容，我眼泪一下子流了出来，心想，我要改变一下了。

上学，就业——出身不受影响了，哈尔巴岭除了山就是沼泽，真正的穷乡僻壤。1978年搬迁到延吉，待了十八年。在延吉工作期间，1979年国家中医统考被录取，因家境穷困，三个子女要学费，故辞不就。1986年录用闲散科技人员，招聘为国家干部，1987年晋中医师，1995年晋中医主治医师。

元镖二哥大概1964、1965年连续去了哈尔巴岭好几次，可能从内蒙刚放出来。他自己说是导沭整沂工程浪费了，别人也是这么说。最早去是在1964年。好脸面，报喜不报忧，兜里没有一分钱，给他都不要。善言谈，可以连续说几个小时，但不是吹。也不喝大酒，一般不喝醉，我没见过，也没听人说他喝醉。开始路走对了，后来路走错了，很有才，没用好，很可惜，我很敬重他。

（元镖）住果园那段时间，经常捎几个黄瓜、一把水萝卜到田家寨，一共两里地，吃完饭就回去了。我哥哥家小侄子风华小时候，非常愿意元镖到家来，喜欢听他说话。1976年粉碎"四人帮"后那次来，给了风华一沓崭新两角的钱。在东北时候，牟秀芳从南沟村到哈尔巴岭听了他说话，迷得住下不走了，专门听他摆龙门阵。

元镖先后到延吉可能有十多次。最后一次可能是1987、1988年，与元铸、乃琢我们四个人一块喝酒，他说好几年没回家了。我问他准备上哪，第一次见他悲观，说不行弄瓶敌敌畏喝了算了。后来说可能会去肇东县对青山镇，想到那承包几亩地种种看。我开玩笑说你根本没种过地，麦子韭菜你都分不开，还得想别的办法。好像司同基（统基）在对青山（实际在东发）。

我1988年回家探亲，1989年搬回日照，1990年又返回延吉。1996年1月，正式回到日照，已离开老家三十八年。

岚山甜水河赵好田

2011 朱丛芳、赵明才(前排左起，娃娃为赵海之子赵志鑫)赵海、胡晓慧、杨丽丽、赵杰(后排左起)

2011 赵家老屋

2011 赵家新宅

2011 赵杰在海边拿货

2011 赵明山、赵杰、赵明才、戴世岩(左起)

好田娶司家十一世长女司元英(铢),子二:赵明山、赵明才;女四:鹤、人孩儿、芹孩儿、女孩儿。

(以下据赵明才讲述——2010年6月于甜水河)

母亲后来取大号司元英(铢),1981年去世,六十九岁,或生于1913年。爷爷赵玉亭,也是有文化的。父亲赵好田,小母亲两岁,七十八岁去世,或是1992年。

赵姓从安徽迁来,军籍,戍安东卫。

母亲刚嫁来时,家里在村里数一数二,六间堂屋、四间西屋、三间东屋,四五十亩地,一条船。后来分了家,自家到村东边住,孩子多了,维持生活。

父亲没上学,两个叔叔上过。雇人种地、打鱼,父亲都是和觅汉一块干。

1947年土改复查,爷爷遇难,扫地出门,成分划地主,家里惨了。八百来人小渔村,砸死四个。

母亲活着时候,经常说大表哥大义孩儿(瑞吉)懂事、听话,很好,后来当兵,上东北农场了。

母亲个头一米七十还多,不胖,长脸。二姨矮点,胖点,脸圆一点。

母亲没文化,但性格好,心眼好,老实,对父亲、孩子、邻居都很好,和儿媳妇从没红过脸。可惜没享着福,家里刚要好,她也走了。

新宅子二姨父叫李为求,我没见过。闯了大连,听本村一个也闯大连的一姓侄子回来说,二姨父在那卸炭。后来下放,二姨第一次来,带两个小表妹,先上新宅子,然后到这几个月。第二次带表弟、小表妹两个,直接就来这。走的时候,母亲给捎着煎饼、地瓜干。二姨来时,穿衣服用布票,给我捎些衣服来。

大表姐"档子"隔了一年自己来,带着孩子在这半年。表姐夫李寿宝是复员军人,在大连染料厂工作。

后来落实政策，二姨父又回了大连单位上，二姨也跟回去了。来过信，我找三叔回的信。三叔跟母亲都是那一年，相差不到两个月去世了。

二舅元镖经常来，加起来在这住了好几年。20 世纪 60 至 70 年代每年都来，一住几个月。六几年（约 1963）说是从内蒙古回来，住了一段走，把自己穿的一条军用绒裤留给母亲穿了。毛泽东去世的 1976 年，在这住了一年，在棘子荡俺小妹妹那也过过春节。八几年（约 1987），他六十来岁，那个二妗子四五十岁，说是天津人。前二妗子瘦小，后二妗子高大些。听说后二妗子先到了大司官庄，二舅撇下后找到大朱槽，大朱槽说没来，送到甜水河。先住下，过了八九天，二舅果然来了。这次住了很长时间，戴家庄子大姐、棘子荡小妹家都去住过，有一年多。其间，后二妗子什么也干，别人下地，她就在家做饭看小孩。我们买布，她给家里所有人都做了一个棉坎肩，有些现在都还在。到东北是从这走的。走时候说是去东北小舅元铸家，以后再没见，不知怎么样了。

二舅来，就和父亲喝点酒、吃点鱼，母亲都弄得依依当当。二舅什么时候都像个大干部，一餐一斤酒不算什么，一天要好几斤。

1948 年，哥哥赵明山跟着母亲出去要饭，晚上到司官庄住宿，明山和璋吉白天到元镖家玩耍，见一长一短两把手枪在枕边放着，想摸摸，二舅不让。二舅白天在家睡觉，晚上带枪出去。

以前条件实在不好，现在二姨、二舅能找着，我这条件还可以。

母亲生了我们两男四女六姊妹：大姐鹤、二姐人孩儿、三姐芹孩儿、哥哥赵明山、我赵明才、妹妹女孩儿。六姊妹当中，三姐不在了，其他都挺好。大姐鹤今年七十八岁了，或生于 1933 年。

大姐嫁戴家庄子，五个儿，头两个戴希宽、戴希广（音），双胞胎，日照物资局退休，三、四、五儿在家。二姐嫁安东卫姓苏，有一男孩车祸亡，四个女。三姐嫁大庄子，两男一女。哥哥五十岁才结婚，之前跟我吃，妻亡，跟闺女吃。妹妹三男一女。

我今年六十八岁，属羊，1943年生人。1978年，三十六岁，娶连云港灌南县二十一岁朱丛芳为妻。两个男孩赵杰、赵海，“为”字辈。赵杰开五金店，结婚还没生；赵海生一男孩，叫赵志鑫。

我还养着一条小舢板，近海打鱼，码头边上转悠，主要打些小黑头、螃蟹等，一年两三万块钱。家离海就一公里。新盖了七间堂屋、两间西屋，还有两间平顶屋。有了邓小平这个政策，生活都挺好。

司官庄大舅去世，哥哥赵明山去，晚上在那住，琳吉二哥让他搞项目，可以支持，但我们没那脑子。

现知岚山安东卫赵氏字辈“洪明为家”。一说“家以经常济，光临炳福增；建中宗晋宪，锡瑞保书征”。

赣榆石桥新宅子李为求

司元琴

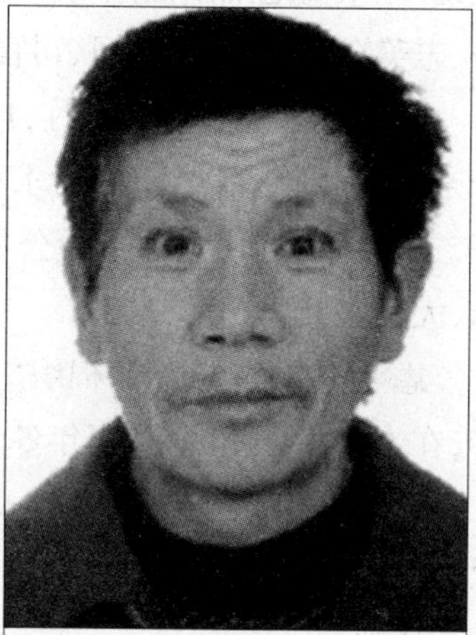
李志兰

为求娶司家十一世二女司元琴(铉),子李志兰,女李志英、李志华、李志美。

为求属马,1918年生人,1988年七十一岁去世;元琴属兔,1915年生人,2001年八十七岁去世。

为求哥仨,自己行二,哥哥李为瑞,弟弟李为英。父亲李广事兄弟六个,自家为长房,成分是地主。

(以下据李志兰妻子姜桂香讲述整理——2010年7月于大连庄河)

姜桂香,庄河向阳小学教师。

公公李为求,身高一米八,膀大腰圆。淮海战役支前模范,到他家,拿出那些奖状给我看。

1952 年,为求闯大连,海港、火车站装卸,临时工。有力气,饭量大,大家吃不饱也全给他吃,其他人对付。后来到砖厂,窑工。又后来煤炭建设公司招工,采用,正式工,仍装卸,改大连燃料公司。

1960 年前后低标准吃不饱,为求下放,回老家干活,新宅子亲戚说,一笊篱地瓜干做渣腐全吃完。老家无住房,元琴领志兰、志华、志美在新宅子、甜水河、司官庄亲戚家转。返大连。

志兰生于 1949 年 11 月,1968 年下乡——庄河英烈士公社。母亲想他,单位动员下乡,为求积极响应号召,报名。1969 年带志华、志美下乡到庄河太平岭公社,志兰归户,家人重聚。种地:玉米、大豆、高粱、花生、水稻。

志兰 1975 年进庄河棉织厂,1977 年结婚,住丈人家。1981 年春,在本村买了两间房,当年冬天棉织厂分了一套两居室。

为求 1981 年落实政策返大连,燃料公司直接办理退休。住大女李志英家,不惯,携元琴返庄河棉织厂两居室。自此户在大连,人在庄河。

1988 年春,为求回大连治病,8 月 2 日去世,胰腺癌。当时燃料公司待遇优厚,一般人正常上班四十二元,为求退休七十一元。元琴抚恤金比一般人工资还高。

经商议,元琴由志英、志兰、志美三家轮养,一家一个月。志英家不到一个月,志美接走,从此长住小女儿家,直至去世。死前骨折一次,后来好了。

志英丈夫李寿宝,抗美援朝转业兵,大连染料厂工作。志英 2007 年七十一岁去世,心脏病,可能生于 1937 年,小名“档子”。

志华太平岭时难产死,一女少亡。

志美生于 1956 年 10 月,2006 年五十一岁骨癌去世。

元琴中等个,老实,逆来顺受,一点挑没有,不挑任何人,不挑任何事,不和任何人闹矛盾,同时也没有任何主心骨。志兰像妈妈。志美像爸爸，厉害。

为求虽然是工人，但像个大干部，能讲，好大喜功。对元琴好，拿草、做饭、买菜亲自干。对儿子严。

志兰身高一八二，瘦，人称“大李子”，小名小柱子，长相也像妈，抠抠眼。

庄河太平岭时，二舅元镖找来，知道的是两趟。他一来，为求就说“你们‘外国舅’来了”。什么时间来记不清了，有一趟应该是1981年。还到我家吃过饭。爸爸说他不正干。为求死前，听说元镖二舅已经死了。

（以下据李为求侄子李志高讲述整理——2010年7月于辽宁本溪）

为求父亲李广事是地主成分，哥哥为瑞是富农，弟弟为英继承财产多也是地主，“扫地出门”。独为求出身下中农。原因是为求脑子笨、反应慢，得罪了父亲，被赶出门去，房子、土地什么也没有，土改复查、划成分时就占了便宜。被撵出门后，为瑞一直照顾为求一家生活。

20世纪60年代生活低标准，为英肝炎，水肿死。后代在吉林，儿李志通，曾到本溪找志高，不招工，回。

志高生于1938年。

父亲李为瑞在山东军区后勤部，工作在岚山头，以做生意为名给八路军办事。可能是地下党，单线联系。

岚山头是滨海地区唯一出海口，在四面皆是敌人的情况下，根据地（包括鲁中地区）军民的鱼、盐供应，全靠岚山头和苏北的柘汪，许多紧缺物资都是从岚山头进口。通过渔民出海，还可以获取敌方情报。

1948年，为瑞到上海给解放军买药，被国民党政府军查获，受刑。组织上说他就是个买卖人，想办法买出来。为工作方便，留上海，落户要有家属，岚山头方面给母子五人办了到上海的路条。

为瑞妻及一女三男,先到连云港。连云港到上海船半月一趟,青岛一星期一趟,转青岛。头一天从青岛走,第二天淮海战役就打起来了。

淮海战役自1948年11月6日开始,到1949年1月10日结束,历时65天,共歼敌55.5万人。

到上海,落居。上海也要打仗,形势很紧张,为瑞说不安全,到农村躲一躲。往浦港——长江边一个小港口。

为瑞从浦港坐船回岚山头办事, 在连云港以南遇风翻船,全船只活下一人。

1949年5月27日上海解放,妻儿五人回到上海。出事后一个来月才知道消息,妻悲痛,哭,肺病,一两年后去世。子女无依靠,经济没来源。

1953年,大女(大档子)领小弟留上海,长子志高、次子志明到大连,奔二叔为求。1953~1955年之间,志高尚幼,找工作人不要,在菜市场帮推车,一次一分钱。志明在家帮着看志兰。

1955年,志高带志明到大连开荒队,不到一年,本溪矿务局招工。1956年9月27日到本溪,入矿下井采煤,把小弟也弄到本溪。后以工代干,煤炭销售,已退休。因为成分高,没有得到正常发展。

新中国成立后有人到新宅子调查为瑞参加组织之事,县里没资料,无果。

柘汪一商铺,谁都知道是李为瑞的,新中国成立后李志高三趟讨要,公社书记说你父亲开铺子时我还没出生,我怎么知道是你不是你的。去一趟要一千来块,三趟三千多元,弄不起,放弃。

新宅子李氏字辈:"善为至宝,心作良田。"

大朱槽前大门牟家

2011　牟敦光(右)一家

大朱槽前大门牟氏,家字辈四男四女。男牟家柰、牟家柯、牟家株、牟家检。大女嫁司家十世司壛,生子司元锝、女司元英(铢)、司元琴(铉)。据说司壛母牟氏,也是大朱槽前大门牟家,是否同门也未可知。

(以下由牟家柰孙牟敦光讲述——2010年9月于大朱槽)

大朱槽前大门牟氏,原是富裕人家,家字辈以上那辈,草园被人点火烧了,打那就败落了。

听村里人说,我爷爷牟家柰年轻时长得很漂亮,走路风快,一步迈好几个地瓜沟,上临沂当天打来回,两边见日头。爷爷在天津有家口,有三四个婆子,老爷爷把他找回来,生了我姑和爸爸他们。

我父亲牟乃畯行六,1996 年正月初三八十三岁过世,我姑姑同一天九十六岁去世。姑姑可能 1901 年生人,父亲可能 1914 年出生。

司元锝和我爸爸牟乃畯是亲表兄弟,我叫表大爷。我 1948 年生人,小时候十几岁跟父亲赶碑廓集,都到司家,表大爷相待很好。元锝表大爷在我家四个舅舅,三个姨,十几个表弟。司元镖经常来,一来住几个月、半年,那时生活还不好,他和父亲喝酒,吃了谈,谈了吃,说他那些事。

二爷爷牟家柯三子:牟乃睬、牟乃雷、牟乃田,行三、四、五。牟乃睬 1996 年八月十三八十八岁去世,大概 1909 年生人。牟乃雷、牟乃田也都八十岁左右才去。

三爷爷牟家株一子:牟乃略,行八。肺气肿,不到七十岁过世。

四爷爷牟家检二子:牟乃当、牟乃峰,行七、行九。都活到八十多岁。

二姑奶奶嫁二朱槽秦姓,可能两个儿子,秦玉光是她孙子。

三姑奶奶嫁张家岭丁姓,小儿子丁履俊还在。

四姑奶奶嫁丁家庄,早年去了台湾,至今无信。

早先大朱槽牟家巷子,一条大路,我爷爷牟家柰和父亲牟乃畯在路北开坊子,就是饭店。三大爷牟乃睬也在路南开饭店,两家饭店斜对着。

以后公司合营,父亲到碑廓供销社饭店当厨师。父亲厨艺很好,司盛基当公社书记领人到县里开会,都是带父亲去做饭。当时父亲每月工资 29.5 元,八口人,姐姐一个人挣工分,家里不够吃。20 世纪 60 年代初,父亲辞职回家,我小学六年级毕业也下来推小车,和姐姐我们三个人当年挣了一万多工分,除了其他开销还剩下三百多块钱,什么都够了,以后就种地了。

三大爷牟乃睬,是家里他那辈唯一上过学有文化的,公司合营后到碑廓供销社卖炭部当会计,二十七八块钱工资,也是生活紧张回来了。他是我们村黑白先生,也叫执事客。就是谁家有红白喜事他都在场,张罗、主持、记账、排桌。

九叔牟乃峰新中国成立后入党,"四清" 那会儿就是支部书记,"文革"中间不干的。

三表哥司璋吉的婚姻是我三大爷牟乃晱介绍的,结婚那天下大雪,我和二爷爷牟家柯、四爷爷家七叔牟乃当、三爷爷家八叔牟乃略去喝酒,等于一家一个,家家都有人去参加婚礼。表嫂是俺村姓王的,姊妹俩,王仕彩、王仕英,她妈妈带到我近门大爷牟乃池家。

碑廓名师丁汝芬

新中国成立初期　丁履果

新中国成立初期　丁原新(丁履果子)

新中国成立初期　丁履果家人

1958 丁履珍（后左）一家

1955 丁履兰（后左）一家

1958　丁履秀(中左)一家

1973　丁履秀(前左二)一家

1953 丁履玉(抱小孩者)、许溪南一家(后立两女为保姆)

2011 丁原义、丁原理夫妇、丁原莲夫妇、丁伟(左起,摄于丁家学屋前)

汝芬字相山，以字行，秀才出身，名师，受聘于莒南大店翰林庄陔兰[①] 所办学校，每年洋钱若干，也在自家设馆授徒兼为人诊病。“丁家铺子”据传是经营药铺和当铺，在碑廓街西，亦称“西行”。

每到大年初一，碑廓街及附近财主都要来家磕头拜年。每当此时，相山总是青衿蓝袍，正襟危坐，揖礼回贺。

庄陔兰1932年回大店赋闲，1936年应邀孔府讲授。相山于大店翰林学校教书，或在1932~1936年之间，时大店还在莒县。每逢开学，学校用马拉红绒轿车请去，放假再送回来。莒南县抗日民主政府建立于1941年1月1日，莒县至此分出莒南县。1935年，莒县全县实施初等义务教育计划，此后私立学校逐渐退出。

相山不辨韭麦，回来后老了，长须浓发皆白，但仍相貌堂堂，仪表整肃。睡学屋。日本飞机扔炸弹，别的房子都着了，洋钱烧成一个饼子，学屋没着，家人背出。

丁家学屋还在，只是六几年生活困难时，拆了房顶木料和门前明柱换钱吃饭，所以房顶小了、房子矮了，明柱没了。

子辈四男二女。男丁惟恕、丁惟慈、丁惟懋、丁惟愈(平)。一女嫁碑廓附近人家，可能少亡无后。一女嫁司官庄司家十世司墀，育子司元镇，女司元铃、司元镯。孙辈五男十一女。

惟恕子一：丁履果。女二：大女嫁莒南团林李家桑园，小女行二，嫁司家十一世司元锝，育子司瑞吉、司琳吉、司璋吉。

履果行长，据现有照片看，二子三女。长子丁原新，据说在北京做翻译工作。

惟慈子一：丁履畹。女一，行七，嫁田家寨魏姓。

履畹行四，一子丁原进，青岛海军陆战队干休所医生；一女丁原莲，居碑廓一村。

履畹当兵，机枪班长，转业博山。打仗后遗症，身体不好，精神不济。下放回家。

惟懋子二:丁履畯、丁履荣(谱履畏);女五,行三、四、五、八、十。三女或少亡;女行四嫁莒南县团林王家黄水王姓;女行五丁履珍居上海;女行八丁履兰居九江;女行十丁履玉居济南。

履畯行二,生平见下文其女丁原贵讲述。

履荣行三,气管炎,哮喘,身体不好,先时共产党地下工作,通讯员。妻司元镐妹,带一女丁原美,生一女丁原娟、一子丁原义。

履荣大概 1918 年生人,1976 年五十九岁去世; 司氏 1973 年也是五十九岁去世,可能 1915 年出生。

惟平(谱惟愈)子一:丁履甸。女三,行六、九、十一。女行六丁履英迁东北黑龙江,女行九丁履秀居赣州,女行十一丁立珍居临沭。

履甸行五,生平见下文其子丁原理讲述。

(以下据丁履果外甥司瑞吉讲述——2010 年 8 月于河源)

1952~1955 年,我在广北驻军期间,把自己穿棉军装的照片写信寄给济南的舅舅丁履果,并要舅舅给我寄家里人的照片。舅舅给我寄了舅舅、表哥的单人照,表姐和表姐夫、舅母和表姐、表妹、表弟的合照。这几张照片,我至今保存完好,睹物思人,似见到新中国成立初期的舅舅一家。

舅舅十几二十岁就出去做生意了。听说先在博山,做皮箱生意,回家时给姥娘捎了好的布料。后来到了济南,不知做什么生意。

鬼子投降后,舅舅把舅母和小孩都接了去。小孩在济南上学。

大表哥丁原新,从学校被选走当兵,舅舅给我寄了他穿军装的照片。表哥穿着军装,也是儒雅气派。大表姐结了婚,舅舅给我寄了表姐和表姐夫的合照。虚光暗房艺术处理,我还是第一次见。二妹已经工作了,在什么区当妇女主任。三妹可能还上学,戴着红领巾。三个人都是利索的短发,帽子也很好看,反映了新中国成立初期人们良好的精神面貌。我都不知道她们的名字。小表弟很小,更不知道叫什么。

1954 年,我当兵时回家探亲去看姥爷,见到大表哥的北京来信。听说姥爷过世后,舅舅把姥娘也接去了济南。

我 1955 年 9 月转业,去黑龙江北大荒二九〇农场,此后忙忙碌碌,与舅舅一家再无联系。退休后跟儿女到广东、海南生活,熬到了好时候,安逸、知足。

半世纪岁月匆匆,我已八十一岁了,不时还会想起小时候在姥爷姥娘家,与表哥表姐玩耍的情景。翻看这几张近六十年前寄自济南的老照片,常常惦念舅舅一家及其后代生活怎样。多年到处打听,至今杳无音信。

(以下据丁履畯长女丁原贵讲述——2010 年 7 月于日照)

履畯生于 1916 年,1980 年二月二日死于肺癌, 六十五岁;妻杨德兰,大朱槽二村,小八岁,1924 年生,现居日照。子二:丁元香、丁原金;女四:丁原贵、丁原娥、丁原荣、丁红。

履畯在家是武工队干部, 抗日战争前当兵, 抗美援朝 1952 年初第一批回国,转业,惠民地区沾化县工业局工业科科长。"文革"挨斗,"走资派",第四节脊椎打断。1969 年妻儿被赶回老家八个月,1970 年落实政策,原香入桓台县化肥厂,原贵入沾化机械厂。杨氏未回,留居碑廓三村。1972 年断腰已直不起来,病退返原籍,子女跟回。原香入日照化肥厂转棉纺厂,原贵进日照文工团转广播站。其余子女当时还小,回家读书。现原金在日照工商局,原娥在黄海研究所养殖场财务,原荣在市皮鞋厂,丁红在市建委房管处。

(以下据丁履甸长子丁原理讲述——2010 年 7 月于碑廓)

履甸子三:丁原理、丁原章、丁原宝;女三:丁原苹、丁原玲、丁原凤。原理生于 1949 年。原宝在日照粮食局。

履甸可能 1925 年生人。早年在日照公安局参加工作,调青岛公安局,大概也是 1957 年,组织上要求写辞职书,表明留者安心、走者舒心,不写不行。回家后,做大队保管多年。落实政策,青岛公安局每月给几十块钱,后来每年六七千块。

1968 年,丁原理给赣州姑姑丁履秀写信,想去找工作。表姐回信说:“你来找工作一事, 我们爱莫能助。你是个农村青年,广阔天地,大有作为。你母亲的出身问题,会对我们有影响。”当时都上山下乡,城市里确实找不到工作,表姐说的也是实际情况,我们理解。原理母亲娘家小于村,地主成分,那时了不得,谁也怕粘上。1969 年,原理闯青海,入矿。1970 年,到肇东县东发乡六姑夫牟乃仕家一年,农村,钱不好挣,又赴青海。怀念青海。

原理奶奶很惦记司官庄司墀家,和儿子司元镇分开过,经常叫原理去看一下。每年端午节天不亮,就叫原理给姑奶奶送粽子。原理看到,姑奶奶一天学没上,读竖排繁体字毛著呱呱的。据说相山很宠爱这个小女儿,小时候跟着在自家学屋学了不少字,读了一些书。书香门第出来的闺女,就是不同。

丁履甸 2011 年春节前去世,享年八十七岁。

(以下据丁履珍三女邱京民及丁原义讲述——2010 年 7 月于上海松江及碑廓)

丁履珍生于 1912 年,2004 年九十三岁去世。1944 年参加八路军,1945 年结婚,1956 年复员到上海,此后照顾丈夫。

婿邱福海, 福建龙岩连城人,1901 年生人,1973 年七十三岁去世。1930 年参军,中央红军警卫团。红一团,长征到延安。跟陈毅部队转山东。转南京军区。退养上海。

三女一男。长女邱鲁民,女飞行员;次女复旦大学;三女邱京民,上海松江区慈善基金会。我们与山东老家多年不联系,很陌生。

(以下据九江第一干休所资料)

丁履兰居九江庐山路第一干休所,2007 年 6 月八十六岁去世,1922 年生。1942 年结婚出去。

婿匡思贤,江西泰和人,1917 年 9 月生,1929 年 4 月入伍,原福州军区三局局长,1982 年病故。山东时期在电台工作。

子:匡宁生,九江工商银行。女:匡甫春,上海闵行区莘庄;匡晓春,九江兴华纺织集团。

(以下据丁履秀讲述——2010 年 7 月于赣州)

丁履秀现居赣州,婿谢石元,子女七:谢新华、谢新蓝(女)、谢新民、谢新国、谢新平、谢新东、谢新江。

丁履秀属鼠,生于 1924 年,1943 年经八姐丁履兰介绍入党,参军滨海军区被服厂。1945 年经组织介绍,与老红军谢石元在诸城结婚。1955 年组织号召退伍照顾老红军,复员。

谢石元,江西赣县南塘人,生于 1905 年。1932 年参军,长征至延安,改编,一一五师某团,打平型关,跟罗荣桓部队到山东。抗日战争结束,转济南、上海、大连、无锡、上饶等地,最后职务是福州军区某仓库主任,副团。身体不好,1960 年离休。1961 年回老家赣州安置,1977 年七十三岁去世。

1948 年 9 月济南解放,丁履秀随部队进驻接管,在老家找到大哥丁履果地址,坐黄包车去过两次。见丁履果家房子很好,各方面条件都不错,大哥、大嫂都很好,男孩叫新孩儿。

小时十几岁,到大司官庄小姑家,小姑家是地主,房子带围墙,很好。

(以下据丁履玉女儿许爱民讲述——2010 年 7 月于日照弟弟家中)

许爱民,1950 年生,山东建筑大学副教授。

母丁履玉,1960 年三十六七岁去世,心脏病,大概生于 1924 年。父许溪南,日照前崮子村人,私塾启蒙,教员,至少 1939 年春参军,抗大山东分校。丁履玉晚两年参军,为 1941 年。

许溪南转赣榆县委书记,丁履玉转赣榆妇联主任。

许1951年到济南，山东机器工业学校党委书记，转染织厂、水泵厂，书记兼厂长。“大跃进”时，谓大炼钢铁“瞎胡闹”，定“右派倾向分子”，降格，山东省成套局科长。“文革”取消成套局，国家上莱芜钢铁厂，要求报名。莱钢机修厂副厂长离休，居泰安地区干休所。2001年八十五岁去世，可能生于1917年。

许刚进济南时定十五级，“文革”后平反升十三级(副厅)。

丁履玉一直做妇女工作，到济南后一直生病，泰安疗养八年。回来后赶上“大跃进”，济南郊区妇联主任，很忙，很累，一两年后犯病，送医，没治过来。1960年5月去世，长子许家生十五岁，女许爱民十一岁，次子许联民九岁。

许溪南续娶，家生、爱民、联民与丧夫无子、之前就来家看孩子的大娘一起生活。

“文革”期间，家生山东工学院毕业赴菏泽，爱民初中毕业下乡临沂，联民先到博兴一工厂后当兵。家生转莱钢，高级工程师。爱民招工机械工业学校实习工厂，1972年入读北京钢铁学院，工程结构材料专业，毕业回校任教，金属材料学。机械工业学校并入山东建筑大学。联民在部队汽车连，复员日照粮食局，东辰企业集团办公室主任。

(以下据丁立珍之子王树兴讲述——2010年7月于临沭)

丁立珍1999年七月初六去世，七十岁，大概生于1930年。在家唱大戏，到临沭后没工作。

婿王绍通，1993年五月去世，七十四岁，可能1920年生人。临沭林业局林业站站长，一直到退休。

子王树兴，临沭县鲁庄镇园艺厂；女王兴云、王荣云、王兴娟。

临沭王氏属“三槐堂”系，字辈：“庆绍兴通续……”一说赣榆、临沭、胶南一支王氏字辈自十五世：“恒兴统绪，永怀世德；积善为之，安邦治国；文定厥祥，光前裕后。”

注释：

①庄陔兰(1872~1946)，光绪二十九年(1903)举人，三十年(1904)最后一科殿试，成为中国最后一批进士，朝考一等，钦点翰林院庶吉士，授编修。光绪三十一年(1905)，官费入日本法政大学，秘密加入中国同盟会。光绪三十四年(1908)学成回国，任山东法政学堂监督。宣统二年(1910)任山东巡抚孙宝琦秘书。宣统三年(1911)10月武昌起义爆发，积极参加辛亥革命。1914年任山东省民政长官公署总务厅厅长兼山东图书馆馆长，山东省议会议长。1918年，当选第二届国会参议院议员。1925年孙中山逝世，遂脱离政界，先后居北京宝善寺、青岛崂山广善寺研读佛经、修书法，成为书法名家。1932年回大店赋闲。1934年春应县长卢少泉聘，任《重修莒志》总纂，1935年底定稿。因资金不足，曾卖字“以补其缺”。1936年应孔府之邀，为第七十七代衍圣公孔德成和他姐姐孔德懋授课。孔德懋在《孔府内宅轶事》中说：“庄老师年近七十，是个翰林，经书和书法造诣很深……在家学任教……是客居孔府，不要薪俸，只是每天生活所需由孔府开支算是招待，专教我们韵字和经书。”1946年9月，庄陔兰病逝于孔府。依照初到时“我不提请辞去，不能辞退”的要求，孔府将庄陔兰葬于孔林，成为葬于孔林的唯一外姓人。

碑廓“兴顺福”掌柜牟家莼

约1976 牟王氏

1969 牟忠善(右)、牟良善(左)、牟玉善兄妹仨

1967 牟敦达（右）、牟敦师兄弟

1979 牟敦传（摄于鹤岗十里河林场）

1988 牟芳琴、牟玉善姑侄俩

1991 牟桂琴（立者）一家
迎接燕仁（左一）来访

2006 牟桂琴（坐左）一家

2011 牟良善与牟玉善

2011　牟敦师(坐中)一家及牟敦传(坐右)

家蕻行十，人称“十老汉”，配郁氏，生三男三女。二女(行七)嫁大司官庄司元锝，早卒未育。长子牟乃旭，乃旭长女牟芳琴嫁元锝长子司瑞吉。子四：司燕仁、司燕礼、司燕海、司燕奇；女二：司燕凤、司燕霞。

(以下据牟芳琴三弟牟敦师讲述——2010 年 5 月于碑廓)

碑廓地处日照、莒南、赣榆三县交会处，是重要的陆海通道汇集点，成为山东、江苏两省三县交会处的重要物流集散地。清末、民国时期，碑廓除每逢农历四、九，几万人在绣针河畔逢大集外，街里还有一百多家商贸铺号，常年从事各类加工制造、商业贸易和社会服务活动。爷爷牟家蕻，在碑廓十字街口东北角朝南的房子，开有一间“兴顺福”商铺，卖糕果带杂货，是租牟十二的地方。牟十二名牟乃烁，他的铺号叫“春和公”，与爷爷关系不错。

爷爷那辈三兄弟。

大爷爷子二:牟乃扬、牟乃柬;女六,排一、二、三、四、八、十。

牟乃扬子牟敦有,现住老宅旧址。

牟乃柬是家里最有本事的人,1951年去东北——黑龙江肇东县东发公社六马架大队,靠松花江。子二:牟敦升、牟敦利;女一:牟敦爱。

二爷爷无子,嗣子乃旭;一女行五,生女魏绪芬,临沂地区妇联主任。

自家爷爷牟家蔬老三,生三男三女。行四牟乃旭,行五牟乃跃,行六牟乃仕,女行六终生守寡,女行七嫁大司官庄司元锌少亡,女行九嫁东辛兴李姓上济南。

牟乃旭生三男二女:大哥牟敦达、姐姐牟芳琴、二哥牟敦传、我牟敦师、妹妹牟桂琴。乃旭卒于1953年,享年四十七岁,配安东卫西街王凤英,1986年卒于八十一岁。

牟乃跃无儿女,与大司官庄元锌好。

牟乃仕1953年去东北,肇东东发公社老汤村,三儿三女(见下文其子牟敦家讲述)。

本家敦字辈,堂兄弟按"忠厚传家久,诗书济世长"取名,只是后来个人有改动。

牟敦达二子一女:牟忠善、牟良善、牟玉善。

牟芳琴生四男两女(见上文)。

牟敦传赶集做小买卖。

牟敦师女一子一:牟艳萍、牟志强。

牟桂琴嫁赣榆马站镇宋家岭宋姓,生二女二男:宋忠梅、宋雪艳、宋少军、宋根团。

老宅房前是碑廓最大地主牟十二家油坊,青岛进来设备,老百姓说:牟十二真不善,油坊机器自来转。牟十二属碑廓街"前大门"牟氏,叔伯弟兄十六个。牟十五结婚,山东省都来送帐子,日照县的帐子排在后面。自家属"和顺成"牟氏,"和顺成"也是叔伯弟兄十多个。

老宅西边那家也是自己家,他家爷爷行三,自家爷爷行十,弟兄俩是一个爷爷的。

铁器加工厂“万聚源”,是碑廓街最大生意,业主牟若溪,西边隔壁大哥牟敦宝在里边任出纳兼跑外,后来是日照县财政科长。

1973年,牟敦师到黑龙江肇东县东发公社找活干。一天在同仁堂学校砌院墙,肇东收容所来车抓盲流,“不在家好好劳动、学大寨,到处跑怎么能行!”一块抓了五六个,拉到肇东收容所,带去砖厂建窑。一个年轻管教姓赵,说和东发学校牟敦家很好,“你待不了几天,牟敦家就来接你了。”敦家可能不知道敦师被弄到哪里了,总也没来,十多天后,敦师被送回老家。

牟十二民愤比较大,1947年“大复查”,他看事不好跑出去躲起来。开斗争会时,扎了个纸糊的批斗他。回来后什么也没有了,咱家前边就是他的房子,以后做过小学、镇政府。他就住在东园上,两间很小很窄的看园小屋。

牟十二大眼锃亮,个子一米八还多。“文革”时期生活艰难,院子有人扔石头,吃饭有人扬沙子。他担着泥罐去挑水,小孩“地主、地主”叫着,往水里扔脏东西。后来实在坚持不下去,在自家小屋里自尽了,大概是1967年。他有好几个老婆,听说有孩子在台湾,碑廓小儿子叫牟敦堆,以后也走了。

(以下据牟乃仕二子牟敦家讲述——2010年7月于塔河)

肇东县东发乡山东移民较集中,日照水车沟、司官庄、碑廓人很多。

牟乃仕2001年八十六岁去世,大概1916年生人;丁履英1996年七十九岁去世,可能是1918年出生。

敦家记得,1953年农历八月二十六从新浦坐火车,经徐州、天津、沈阳、长春到哈尔滨。下车一看,这里和关里大不一样,老毛子(前苏联人)多,俄式建筑。敦家当时印象,哈尔滨整个就是个大森林。九月初一到老汤村，一住三十二年，直到1984年迁塔河。闯东北，两个膀子扛个脑袋，天寒地冻，荒凉。

当时是奔三大爷牟乃柬来。

牟乃柬是叔伯三大爷，三娘是水车沟人。他们在东发乡羊腹腔屯，屯子后面有条河沟，像羊腹腔，所以叫那个名。

在老家时，原来都在牟十二油坊改的学校后面老宅子住，后来住不开，我家在学校操场前边，又油池子前边，买了一处宅子。两间堂屋，两间锅屋，挺大一个院子。锅屋外有一口井，周围居民都去挑水，过往马车、牛车也在那弄水。院子很大，收拾了很多年，收拾好了也走了。

当时听说东北地多，随便种，粮也多，吃得饱。父亲今天听说这个闯东北，明天听说那个闯东北，就刨了几车地瓜，卖到辛庄子粉坊做了路费。房子、地、东西，都留给了五大爷。

后来村里扩路，家里院子变小了，又后来村里要在那安磨米机，叫五大爷回了老宅子。舅舅丁履甸和村里办的手续，听说给了几个钱。

刚来时，本打算过个三四年就回去，大妹妹代琴放在姥姥家都没带，所以家里除了卖地瓜，其他什么都没动。几年过去，已经好些了，哥哥也有了工作，父母考虑也不能回去了，所以房子就处理了。

三年困难时期，母亲回去一趟，把代琴接到东北。

大哥牟敦厚，改名牟福庭，1938年生，刚来时跟人在松花江上打了几年鱼，1957年进哈尔滨铁路工厂，造车厢，修理车厢。当时哈尔滨各系统都缺人，走在大街上，就有人问干不干工作，想上哪个单位就上哪个单位，想干啥就干啥。

敦家1941年生人，瘦小，找工作人家不要。1957年又上小学、初中、高中，1965年大学没考上。绥化师范学校招了一部分“大学剩”，学习一年，1966年回东发乡教书。

敦书1946年生人，小学毕业，家里困难，就下来到生产队干活了，后到辽宁营口大石桥当兵。

四个妹妹：代琴、秀琴、敦芳、绪琴。七姊妹中，只有小妹绪琴是来东北后1955年生的，其他都生在老家。代琴随孩子在哈尔滨，秀琴丈夫是大庆水产局干部，敦芳丈夫是复员军人，支边塔河后调内蒙古莫力达瓦旗大杨树，绪琴也在大庆。

1969年3月爆发珍宝岛事件，中苏关系紧张，敦书4月复员回家，5月支边到塔河。当时绥化地区各县几万转业兵，由组织招募，分到人烟稀少的大兴安岭地区黑龙江边各林场。

之后我来过几次，父母也来过。当时这地方不错，也比较好接收，东发毕竟是农村。1984年，我调到塔河第三中学，1996年退休。

父母始终跟着我，到塔河也是跟来这，在这终老。

一个舅舅丁履甸，新中国成立初期是民兵队长，天天在操场上练走步。后来在胶南县公安局做外勤，生产队家里没人干活，孩子小，辞工回家，带孩子，伺候老人。表弟丁原理1970年到东发来过。

姥姥家院子里一棵大枣树，一趟堂屋有六七间，另有锅屋。女的母亲最大，两个姨。二姨从小参军，姨父退伍前在福建，是校级军官。小姨丁立珍会唱京戏，五几年在碑廓戏台唱戏。小姨父王绍通，五几年是镇上什么干部，老家西南上临沭，离碑廓挺远。

1971年回老家一次。当时还是“文革”时期，还在军管，肇东公安局深挖阶级敌人，每个公社出四个人分成两组，一组关内一组关外搞外调。我1971年3月出发，先后到了连云港、徐州、沛县、青岛、天津等地。在青岛到啤酒厂找大哥牟敦达，传达室很热情，带到大哥家玩了一天，喝啤酒。大哥领着到鲁迅公园照相，可惜前些年这边呼玛河发大水，照片浸泡看不出人来了。回碑廓，在舅舅家住了三宿。

1955年,家里还来过一个叫司彦明的人。

敦师来时,我回到家,人不在了,说是来人抓,“不在家农业学大寨,跑这来干什么!”我不知道抓去了哪里,后来听说撵回了家。

塔河距哈尔滨959公里,哈尔滨到漠河、营口到漠河,每天这两趟火车途经。

(以下据牟乃柬子牟敦升讲述——2010年7月于海拉尔)

牟乃柬属马,大概1906年生人,八十五岁去世。1951年到肇东东发乡羊腹腔屯,子牟敦升、牟敦利,女牟敦爱。

牟敦升转海拉尔市七卡,鄂温克族地区,中俄边界,共十三家人,都是养奶牛的,自家已发展到十九头。额尔古纳河,鱼多,一网下去很多鱼。来好几年了。

近门

七世祖继宰子三：光远、光瑶、光梅。光瑶为本房八世祖，与光远、光梅亲兄弟。

八世祖光瑶子三：建邦、建安、建松。本房为建松后。建邦、建安后为近门。

建安字静甫，孔府诗礼堂启事，娶牟氏，子三：均、埠、玺。

均公字平齐，娶牟氏，子一：元骥。

埠公号京南，字梅坡，又兰丹，子一：元翰（出嗣）；女三：大女行一、二女行三、三女元秀行四。

玺公娶牟氏继杨氏，子六：元锟、元镐、元锦（出嗣）、元镜、元镛（荣）、元钰；女一：行二，嫁碑廓三村丁履荣。

建邦字国辅，子一：塾。

塾公字子学，娶牟氏，嗣子元翰，埠公又嗣入元锦。

自元字辈分，近门有八支。

元骥支

1987 同基与彦进（后右）全家

1997 彦全（同基子）全家福

1999 同基夫妇

元骥字德臣，娶徐氏。子二：绪基、统基（同基）。

（以下据绪基子彦进讲述——2010年6月于哈尔滨）

父绪基，叔同基。父十三岁，叔两岁，爷爷奶奶两月之内相继去世，母魏氏十七岁进门。

祖父元骥，本房行长。家里老房子是四合院，坐北朝南，四间堂屋，四间南屋，四间西屋，东屋原来也是四间，后来改成三间。

南屋后来叫生产队占了，后面夹了个胡同出入。西屋住二叔同基，我家住堂屋、东屋。

土改复查划了富农成分，"四清"、"文革"时期，家里人遭了不少罪。绍基叔家里是地主成分，挨斗最狠。元锌大爷爷家大叔、二叔在外当兵，三十年军属，大爷爷有文化，各方面关系处理都很好，威信高，没人敢捆。

我们哥六个，彦昌（大昌）、彦亮（小昌）、彦召（老婆）、彦升（货）、彦堂（坡），我最小，小名叫朝。大姐彦绿，二姐彦花。彦亮、彦花1958年吃大食堂饿死了。

父亲在村里个子最高，人称"大个"。二哥彦亮像他，瘦高。佐基叔家个子也高，他家二爷爷、二奶奶个高。

我 1976 年奔着二叔同基跑到肇东,到处打工,吃了不少苦。后来找了老婆,吉林人,岳父在哈尔滨铁路木材厂,本来是叫我接班的,没接上。

一女司凤占,哈尔滨工业大学本科,中国科学院长春化学应用研究所研究生,博士。

大哥彦昌 2007 年八十四岁去世, 可能生于 1924 年。我是 1950 年生人,哥六个现在就剩我自己了。

彦昌娶汪氏。子三:金瞻、聪瞻、军瞻;女三:爱瞻、美瞻、雪瞻。

金瞻娶牟氏,子朝峰,朝峰子含含(音)。聪瞻娶董氏,子朝华,朝华子一。军瞻娶魏氏,子朝浩。

听说父亲幼年与元镩大爷爷同窗,父亲逃学不好好上,大爷爷用功,学习好。

小时候过年,初一早晨一定要去给元镩大爷爷拜年,大爷爷早就把钢镚钱换好了。那时大爷爷生活在庄里数一数二。我小时候比较乖,大爷爷、三叔三婶对我都好,拜年时给我兜里揣上花生、糖块,还有一两分钱。一两分钱也不少,那时一个鸡蛋才卖三分钱。司元秀小姑奶奶对我也相当好,小时候到她家,给我吃地瓜干子煎饼卷地瓜叶子小豆腐。

还记得小时候村里修族谱,可能是后来 1962 年续成那次。父亲领着我到祠堂去看,一个白胡子到肚子的老头,可能辈很小,见了我连忙问:"这位少老祖是谁?"大爷爷在那里主事。

大爷爷毛笔小楷相当好,家里过年对子年年都是他写。当时在村里论辈分、年龄、威信,大爷爷都是最有资格的。

大爷爷忠厚老实,说话算数,村里口碑特别好,人见人敬。村里人都说元镖二爷爷跟大爷爷正好相反,百句信不了一句。

大爷爷说话有个口齿,先说"不是不是",然后再说什么什么。

大爷爷脾气大,当着我们面骂三叔璋吉,三叔不敢做声。在他面前,我们都规规矩矩的。三叔、三婶子对大爷爷很好。

元镖二爷爷第一趟来可能是1978年。那时我正在涝洲工地干活，他到了家，跟二叔同基说：“快把彦进叫回来，不能叫他在那里受罪，我要带他走，给他安排好工作。”

我高高兴兴从工地回来，他把我叫到一边，说：“有没有钱？给我拿二百块钱。”我的热情一下子从沸腾降到了冰点，给了他五十块钱，他走了。

那时我到处当盲流，累死累活，一天才挣一块六角钱，一年也攒不了二百块。

肇东县东发乡新发村四叔广基、二叔同基，黑山村七爷爷元镛、八爷爷元钰，老汤村、六马架村等老家亲戚，他都能找着，一住不走。东吹西拉，广基四叔叫他“二吹”。

第二次来可能是1988年夏天，很热。这次可能是从对青山来的，对青山有个姓胡的老太太，我们叫表奶奶，广基四叔过世还来着。从对青山到东发，又到哈尔滨。

那时四叔有病，肺癌，在铁路医院住院。我1984年结婚，1985年有闺女，他来那年小孩三岁。在我家住了半个月，走的时候问住院的四叔要钱，四叔没给挨了他的骂，我给他二百三十块。

那老头来无影去无踪，从来不告诉别人他上哪，以后就不见了。

二叔同基，1956年春奔四叔广基来肇东县东发乡临江村。属猴，2005年八十六岁去世，大概1920年生人。二婶牟氏属鸡，小一岁，2007年八十八岁去世。

子彦堤1950年生，彦全1955年生，彦礼1964年生；女彦彩1952年生，彦云1957年生。彦彩一家已去大连做生意。

彦堤子文占，女占玲、海燕、海婷；文占子朝阳。彦全子斌占、维占，女晓霞；斌占女珈瑜，维占子朝宇。彦礼女海红、海丹；海红保送黑龙江中医药大学研究生，硕士。

按比同基大十一岁推算，绪吉生于1909年。按彦昌生于1924年绪吉十五岁推算，或也生于1909年。推断：元骥逝于1921年。

元翰支

元翰字林卿，娶李氏。一女勤，嫁本村牟敦军。
元翰死，李氏发誓不再嫁，立“贤良”碑于村东头马路旁。

元锟支

1982 随基(右)、广基(左)、维基

1994 广基全家福

1996　绍基全家福

2010　占峰(彦平子，广基孙)

2012　司王氏(随基妻)

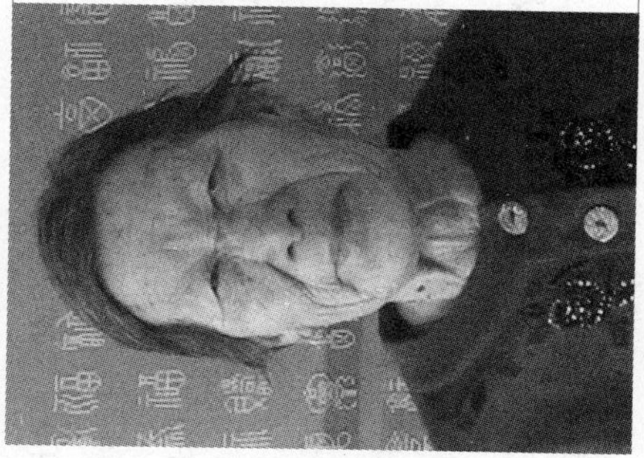

元锟字希龙，娶牟氏。子五：绍基、随基（谱绥基）、用基、广基（谱经基）、维基；女二：秀基，另一女嫁巨峰梁姓。

（以下据随基妻王氏讲述——2010年6月于吉林省临江市）

我姓王，今年七十八岁，比随基小六岁。随基属兔，五十九岁去世。推断：王氏或生于1933年，随基或生于1927年，或逝于1986年。

我是1965年领着孩子们来的，这地方叫吉林省临江市闹枝镇吊打村。1964年，随基送奶奶来找八叔元钰，看这地方地多，好养活孩子，就不走了。元钰是1961年奔孩子姑姑秀基来的。秀基丈夫李孟存（音）是碑廓的，早来，在这边粮库上班，回去说了秀基，李爹送来。秀基二十五岁来，今年七十七了。推断：秀基或生于1934年，或是1958年到吉林临江。

子四：彦顺、彦生、彦树、彦洲；女四：彦秀、彦花、彦香、彦梅。彦顺今年五十七了，大概生于1954年。

彦顺子金健、玉健；金健子朝阳、朝辉，玉健女一。彦生子宝占，女占霞、荣娜。彦树女健薇、健敏。彦洲子健明，女健宇、芯僮。

维基属虎，今年七十三岁，脑血栓七八年了，需要伺候，未婚，跟小儿子彦洲过。手残疾，骨软，使不上劲。推断：维基或生于1938年。

彦生说了老家的媳妇，来这水土不服，光得病，就回老家了。

彦洲2010年1月7日给人打工，割草、伐树。干完活，邻居要菜板，弄的过程中，被掉下来的大树杈砸中头部，受伤，太阳穴上边一块骨头取出，需要植骨。

1947年土改复查，公公婆婆遭难后，全家被赶出来，住在二大爷元翰家三间西屋里。元翰年轻就死了。

我1953年二十一岁结婚来到这个家，下边五个弟弟妹妹，还养着二大妈。绥基和我把五个弟弟妹妹拉扯大成了家。

二大妈家原来是三间堂屋、三间西屋、两间南屋。南屋是晾晾屋，朝南开门出入。土改复查，堂屋和南屋被分了。南屋那家不够住，搬走，我们也不够住，就把那两间屋子又买了回来。

1957 年左右，我们到西边场院盖了三间房子，一直住到来东北。

我们搬出来后，三弟用基一直在那住，伺候二大妈到终老。用基未婚，三十多岁去世。

瑞吉结婚我知道，碑廓姓牟的闺女，那时我在家。

（以下据绍基子彦治讲述——2010 年 7 月于大司官庄）

绍基 2000 年八十三岁去世，应该生于 1918 年。

子二：彦庆、彦治；女三：彦爱、彦秀、彦霜。

彦庆奔姑姑、叔叔去吉林省临江市，子占军。彦治子峰占。

（以下据广基子彦平讲述——2010 年 7 月于东发乡新发村）

广基娶莒南十字路牟氏，小十岁，三子一女。子彦平、彦发、彦军，女彦华。1997 年六十七岁肺癌去世。推断：广基生于 1931 年，牟氏生于 1941 年。

彦平子占峰，女占红；占峰中国地质大学研究生，硕士，地质工程。彦发子占雨、占林。彦军女成莹、成瑶（音）。

元镖爷爷不是上对青山，就是上东发这里，住了半个来月。对青山有个碑廓的老头，姓侯，四个儿子。

元镐支

2011 珮基(元镐女)

元镐字子京,娶牟氏继李氏,生五女。

大女珮基嫁本庄牟敦进，今年八十三岁。推断：大女生于1928年。

二女嫁丁家庄,丁姓,诨名“三锅头”。

三女嫁莒南县团林镇崖下村。

四女嫁赣榆霍家官庄霍锡斋,去嫩江军马场。

五女嫁丁家庄丁履士。

元锦支

2009 田基全家福

2011 田基(右)、璋吉与元秀小姑

元锦娶牟氏。子一:田基;女一:花基。

(以下据田基讲述——2010年6月于大司官庄)

我今年七十了,生于1941年,还不用子女养活,六亩果园,自己还吃不了。

子彦金、彦杰、彦岭、爱兵,女晓红。

彦金娶魏氏,子占峰,女裕晖。彦杰娶牟氏,子司雨。彦岭娶宋氏。爱兵娶汪氏,子玉磊。

父亲司元锦,行五,本家五爷爷,出嗣四爷爷司埠。埠公逝于1940年9月前,碑廓那时还住着鬼子。

"大复查"来了,我穿着一件带花的袍子,被几个人上来摁倒扒了去。

我七岁没爹,八岁没娘,娘是病死,跟小姑司元秀长大。

姐姐花基嫁大朱槽窦安乐(音)。

四爷爷先生了元翰,过继给建邦子司塾图家产,后来商量过继俺爹。五爷爷六个儿,开始不愿意,说我再穷也不过继儿子,后来摆了桌子喝酒吃饭,才过继给他。

司埠学历相当高,太学生,家里有个匾,三米多长。忠基先拿了去,后来到了佐基家,文化大革命收去砸了。上边写的什么官号、什么功名想不着了。北到涛雒,南到赣榆,西到十字路,红白喜事都是请他去主持,执事客。

南头子前门,老屋是四合院,五间堂屋,三间西屋,三间南屋,大门朝南。东边院墙外边,后来就是元锌大爷家。

四爷爷三个姑娘,大女嫁碑廓张传乡(音),二女嫁本庄牟乃方(音)。带我大的小姑司元秀,本庄牟乃全家。小姑还在,今年八十三了,三儿两女。推断:元秀或生于1928年。三个姑娘身上有一个男孩,生下来四爷爷很高兴,全村每人两个鸡蛋,南头子自家小铺三天不要钱,全村人随便吃。可惜冬天冻死了。

元翰二大爷死后,二大妈发誓不再嫁,不知哪一级组织在庄东头马路上，给她立了“贤良”碑。二大妈的闺女叫勤，比元秀小姑年龄大。

“大复查”后跟着奶奶、姑姑过生活，天天推不完的磨。

元镖二叔 1985 年回来，在我家住了九个月，带着一个女的。当时家里八口人，很困难，吃饭都办不出来。他喝完酒，躺在床上，身上很脏。孩子妈全部给他拆洗干净。临走时又叫我给他拿路费，说很快就还，结果一去不返。

元錞大爷很生气他。最可气的是，他把老婆孩子撂了，不管死活。我七岁没爹八岁没娘，当时多么难，现在这么一大家人，村里人谁不宾服！

七爷爷司墀家那处宅子是学屋，以后分家分给了七奶奶，所以人们都说元镇家住了学屋里头。

元镜支

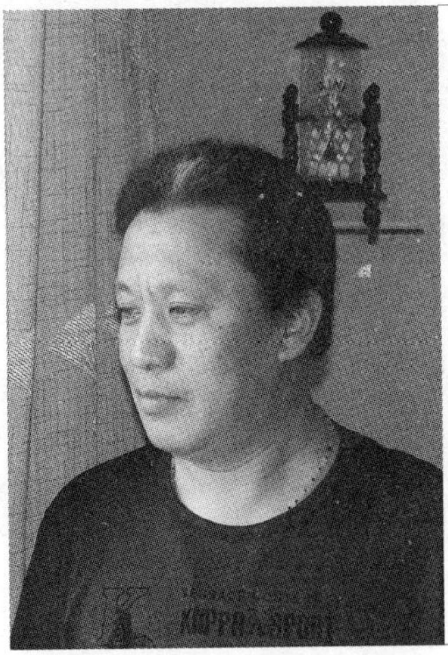

2011 洪基(元镜子)

元镜娶陈氏。子二:纯基、洪基;女四:秀基、华基、凤基、环基。

(以下据洪基讲述——2010 年 6 月于青岛市李沧区)

我叫司洪基,1960 年生人,青岛公交公司上班,子司伟海生于 1989 年。哥哥司纯基,1952 年生人,青岛建筑公司退休,子司彦嵩森生于 1995 年。哥哥四十多岁才结婚,还是我们两口介绍的,第一次见面在我家。

大姐秀基 1946 年生,二姐华基 1949 年生,三姐凤基 1955 年生,四姐环基 1957 年生。

父亲司元镜,行六,1992 年七十三岁去世,或 1920 年生人。母或生于 1920 年,陈家湖人,2011 年九十二岁去世。

父亲刚来青岛时，在运输公司拉地排车，后来到人造板厂。人造板厂以前在市里，火灾，搬到郊区，上班交通很不方便，家也搬到郊区。父亲一直干到 1981 年退休，差几个月就三十年工龄，我接了班。现在还是住在李沧区原人造板厂职工宿舍。

1970 年底，哥哥纯基、三姐凤基、四姐环基和我，跟着家里，被下放到沂南县张庄公社柳田大队。大姐秀基已工作，二姐华基已下乡，所以没有一块下放。1973 年自己跑回青岛，1976 年落实政策，补了父亲一万多块钱。

父亲活着的时候，元镖叔常来。最后一次是 1988 年前后，带了个女人，在我家吃饭。以后家里拆迁，再没见过他了，不知去向。

元镛(荣)支

2012　元荣四子:佩基(前右)、站基(前左)、立基(后左)、长基

元镛(荣)娶牟氏。子四:佩基、站基、立基、长基;女三:慧基、娥基、桂英。

佩基子彦国,女彦芬。站基子彦江、彦波,女彦玲。立基女彦华、彦霞、彦彦。长基子彦雨,女彦红。

彦国子占文。

(以下据佩基讲述——2010年6月于东发乡黑山村)

父亲司元荣行七,三岁没娘,五岁没爹,没上过学,五十六岁去世。母亲七十九岁去世。父亲大八叔两岁。据元钰生于1930年推断,元荣或生于1928年,或1983年去世。司玺或逝于1932年。

1963年在家饿饭,奔新发村广基、同基,到肇东县东发乡黑山村。

佩基1948年生人,十六岁跟父母到东北。

元镖二大爷来过两趟,嘴很能说,会说。头一趟父亲还在,第二趟不在了。

元钰支

2006 元钰和女儿们

2007

元钰娶杨氏。女六:秀英、秀云、秀梅、秀珍、秀娟、秀玲。

(以下据秀云讲述——2010 年 6 月于东发乡黑山村)

父亲司元钰行八,属马,1930 年生,2009 年得了脑血栓,卧床,2011 年 12 月 10 日去世,享年八十二岁。母亲七十岁去世。

父亲三岁失父,小时上了三年学。祖父司玺行五,好酒,喝酒得病,听说六十三岁死。推断:司玺或生于 1870 年。

在家生活不好,我们 1963 年跟父亲去吉林省浑江市临江镇青沟村种玉米。父亲没儿子,说是靠侄子养老,1976 年奔七大爷家佩基,到东发乡黑山村,先种玉米,现在改种水稻。

元镖二大爷 1977 年来过,能吹,住了十来天。六大爷元镜,也是那两年来过。

附录

日照司氏分十八支
江苏司氏出自司马氏

日照司氏十八支分布

1872年(同治十一年)二修族谱,以三世十八人为纲,将日照司氏分为十八支。2011年5月,小司官庄十二世连安,据1934年四修族谱析出十八支居地如下:

一支必许公后,居刘家庄、宋家庄、吴家村、蔡家廓、司家屋子、东湾、陈家湖、尧沟、莒北王家庄、海脐子、潘家崖、连村、林家村、青口河南崖、沙河、丁家大村、日照八村、明望台、高家村、油所、小庄子。

二支必选公后,居大司官庄。

三支必遴公后,居大司官庄。

四支必聘公后,居小司官庄、棘子荡、二朱槽、万家沟、常山东坡。

五支必赏公后,居大司官庄。

六支必盛公后,居大司官庄。

七支必学公后,居徐家大村。

八支必聪公后,居徐家大村、泥田沟。

九支必久公后,居泥田沟、战家村、水陈坡、三合疃、三庄。

十支应乾公后,居战家村、小司官庄。

十一支应鉴公后,居大司官庄。

十二支应贡公后,居大司官庄。

十三支应元公后，居小司官庄。

十四支登高公后，居大司官庄。

十五支登龙公后，居大司官庄。

十六支登瀛公后，居大司官庄。

十七支登洲公后，居大司官庄。

十八支登云公后，居大司官庄。

以大司官庄现仅存二、三、五、十四支判断，很多支自此迁出。至于各支后嗣如何，具体迁出时间，现有资料尚无从考究。

《盐城司氏宗谱》附录二篇[①]

姓　系

《左传》郑有司臣(见襄公十年、襄公十五年),郑樵《通志》氏族略引称之谓为司姓所自始也,《清朝通志》氏族略称,司氏汉希姓。皆不言其先有出于司马、司空、司徒诸复姓者。顾炎武[②]《日知录》二字姓改一字篇有云:洪武元年,诏禁胡姓而并于中国,所自有之复姓皆去其一字,司徒、司空则去之而为司,司马则去之而或为司或为马,而司马仅存于代者,惟温公[③]之后。吾家夙号东晋堂,本司马氏胄,元明易代之交,省去马字——与顾氏所云若合。符契大儒文献,信足征也。

谨案,司马氏起于周宣王时程伯休父,以官为氏,太史公《史记》自序言之已详,历秦、汉、三国,世为冠族,文学、武功史不绝书。洎夫两晋,闻望尤高。寻以内乱外祸煎逼为患,宗社既倾,族亦寖衰。自是而后,声名令誉逊于往昔。逮宋之世,涑水[④]继作著《资治通鉴》,再以国史显世。及今,司马氏存在已罕,司氏犹以希姓见称,而两姓之渊源同异,向无考定之文。特举亭林[⑤]先生所述,用告后生,知吾姓氏改易之所由来也。

(选自《司氏家乘别记》)

注释:

①1989 年版,油印本,标点为本书编著者所加。

②⑤顾炎武(1613~1682),著名思想家、史学家、语言学家,与黄宗羲、王夫之并称明末清初三大儒。本名继坤,改名绛,字忠清;南都败后,改炎武,字宁人,号亭林,自署蒋山佣,汉族,南直隶苏州府昆山(今属江苏)人。明季诸生,青年时发愤为经世致用之学,并参加昆山抗清义军,败后漫游南北,曾十谒明陵,晚岁卒于曲沃。学问渊博,于国家典制、郡邑掌故、天文仪象、河漕、兵农及经史百家、音韵训诂之学,都有研究。晚年治经重考证,开清代朴学风气。其学以博学于文、行己有耻为主,合学与行、治学与经世为一。诗多伤时感事之作。顾炎武十四岁取得诸生资格,此后屡试不中,崇祯十六年(1643)夏,以捐纳成为国子监生。

③④司马光(1019~1086),初字公实,更字君实,号迂夫,晚号迂叟,司马池之子。汉族,出生于河南省光山县,原籍陕州夏县(今属山西夏县)涑水乡人,世称涑水先生。司马光是北宋政治家、文学家、史学家,历仕仁宗、英宗、神宗、哲宗四朝,卒赠太师、温国公,谥文正。他主持编纂了中国历史上第一部编年体通史《资治通鉴》。司马光为人温良谦恭、刚正不阿,其人格堪称儒学教化下的典范,历来受人景仰。司马光无后,收养族人之子司马康为养子。

族　望

司氏之居于江苏者,以旧淮海两属之沭阳、泗阳、山阳、阜宁、盐城五县为著,他邑则未有闻见。沭阳之司,明初居县之华冲镇(参《沭阳志》)。泗阳之司,为沭阳之分支,居县之司家板桥(参《泗阳志》)。山阳之司,聚居车桥、石塘、司荡诸地(参《山阳志》)。阜宁之司聚居北沙,北沙在阜宁立县前为山阳辖区。盐邑北境草堰口,旧与山阳接壤,其地又有夏彭庄之司,与北沙之司同为山阳分支之数族者, 在明世前与吾盐我族出于一脉, 皆徽州之苗裔。州元置,明洪武改制,曰徽县,属巩昌府,旋复为州。清雍正再改为县,至今仍之。在甘肃省境东南陬,与陕西毗连,本汉之河池也(参《徽县志》)。当洪武、建文两朝,有宗人中官佥都御史,殉,革除，难，亲属同死八十余人(事在建文《逊国正气纪》[①]、查继佐《罪惟录》[②]，傅维麟《明书》[③] 有传)。是时，全族震惊，择地走避。此为沭阳、山阳、盐城之司之先转徙定居之肇端也。初，我族之祖籍徽州或有讹言江南徽州者，余尝考求旧史得其梗概，复浏览国内诸省县方志，于黄河流域每见有吾族姓盖自秦陇迤东[④]，晋冀豫鲁之间往往有之，而大江之南则未尝一见。以是吾上世旧贯之在北徽州也，乃益信然。

(选自《司氏家乘别记》)

注释：

①《逊国正气纪》，明曹参芳撰。所记建文时事迹，大略抄撮《致身录》、《靖难纪》、《逊国纪》诸书而成。每条之下，各附以《论断》。

②统记明代史事的纪传体史书。明末清初史学家查继佐（1601~1676）撰。查氏字伊璜，一字敬修，号兴斋，人称东山先生或朴园先生。浙江海宁人。明末举人。明亡后更名省，又隐姓名为左尹非人，坚持反清立场，谓必明室再兴之后，始恢复原姓名。曾参加南浔庄廷鑨修明崇祯十六年(1643)起作明史，到清康熙十一年(1672)易稿数十次，毕一生之力成书。原名《明书》，后因遭庄氏史狱(见文字狱)牵连，以“获罪惟录书”而署书名，故名《罪惟录》。传的部分为以事立传，不以人立传，与传统写法不同。该书所记，始于洪武迄于南明弘光、隆武、永历、鲁王以海、韩本铉各代，记农民起义之事尤较他书为详。是研究明代，包括南明历史的比较有系统的资料。

③纪传体史籍。明末清初傅维麟撰。作者明崇祯举人，清顺治进士，官至工部尚书，其任职清翰林弘文院编修，分修《明史》时，纂辑明代遗书、家乘、文集、碑志三百余种，参以实录，草成此书。记事起于元天历元年(1328)，迄于明崇祯十七年(1644)，是第一部明代史书。其所记万历以前史事十分详备，诸项典章亦较《明史》为详，但天启以后三朝史实则多有缺略。

④迤东：向东一带。香港百姓源姓氏文化研究团队《中华司姓源流·迁徙分布》称：明朝时期，司姓大约有六万一千人，甘肃是司姓第一大省，约占司姓总人口的30%。

后记一·论绅士

“中国绅士是一个以科举制度为政治背景，并以捐纳制度为辅助形成的社会阶层,其成员资格由政府控制的明文规定的铨选制度所决定,这个制度有复杂的品级和学衔等级。”(张仲礼:《中国绅士研究》,上海人民出版社2008年版,第502页)

乡村绅士,大多拥有土地也拥有功名。拥有土地使他们拥有相对独立的经济地位,拥有功名使他们享有一定程度的尊重。但所谓绅士者,主要因其“贵”,而并非因其“富”。

真正的乡村绅士，有用圣人之道和君子风度培养出来的贵族精神。

绅士标准和内涵:知书达理,行端坐正;举止优雅,大度从容。不为挣钱工作:在农村或小城镇拥有较多土地和房产,不直接从事生产劳动,而是通过租佃获取收益,或雇请长短工耕作。不为官府工作:可以独立于官府而生存。承担乡里公益事业:修路造桥,扶危济困,承担大部分皇粮国税。人生目标:读书科考。不科考也能生存,考上了也不一定去做官,出租土地,不出租房产,不为那点租金与人斤斤计较。房子宁可没人住,图个清静。

绅士风度:有欣赏艺术的闲情逸致,彬彬有礼。

非官僚地主,没有在政商勾结中获得利益,只是一般农村士绅。专指这个阶层。

绅士就是所谓“诗意地栖居”。万科老板王石、自由作家郑渊洁,已有现代绅士的样子。

改革开放的过程,是人的基本权利不断归还的过程,伴随而来的,是人的自身创造力不断发挥出来。当人们不再仅仅依靠劳动才能获取收益的时候,绅士阶层就有可能产生。正常社会,人们都是按家庭基础,加上自己能力、努力和机遇,选择自己喜欢的生存方式。当然,现在的经济已不单纯指拥有多少土地,现在的功名也已不再是生员、监生那些资格,而是都有了更加丰富的内容。我们已可以在土地之外获取多种收益,已可以通过多种途径在多种科目上取得成就。

我们有权选择做绅士!

司雁人

2011 年夏

后记二·论本族

作为长房长孙,我关心这个家族的所有人。我关注这个家族的起点,因为起点的惯性具有久远的影响。我追寻这个家族的起点,因为这个家族的发展注定没有终点。

2011 年 5 月,我在大司官庄拜访本家十一世司元秀。八十四岁的农村妇女,白发一丝不乱,蓝衫青裤布鞋,一尘不染,面目清爽,似四五十岁。关键是神态安详,一双喜眼笑起来天真得让人震撼。走路不摇不颤,不驼背不躬腰,纤巧若云。活到八十多岁,经历了一辈子的苦难生活,竟然还能保持如此的高贵和优雅。听说她大姐也是这样,我惊诧于过去大户人家的女儿,究竟怎样形成了这般的传承。

木之有本,水之有源:诗书继世,忠孝传家,道德文章。

1947 年后,族人三条路:留守本村、亡命台湾以及流浪东北。交游似稀,灵活性也差。出身成分问题形成了后来的一种族群气质:低调沉默,谨言慎行,忧虑多疑,胆小怕事。虽然个人还是有个人的特点,但总的群体特征是谨慎、清介,或说做事谨慎小心、做人清介自持。

凡事都有两面性,当谨慎时谨慎,该担当处担当;当清介时清介,该交际处交际。俯仰自如,屈伸有度。既怕自己麻烦别人,也怕别人麻烦自己,是没有什么大担当的。既爱生外面人的气,也爱生自己家里人的气,是成不了什么大器的。工作中既怕自己得罪别人,又怕别人打击自己,是负不起什么大责任的。经常笑话别人,又最怕别人笑话,肯定是笑不到最后的。

古人云:立德、立言、立功为“三不朽”。虽不能至,应心向往之。

立德:见贤思齐,见不贤而自省。勿急言遽色。“度己如绳,而不论人过,遇有议人过者不语其人,亦废然而止。”“不面誉人长,不背毁人短。”不说过头话,不做过分事。

立言:读书乃至紧要,学业为登云梯。或穷或富,莫使子孙废读;或工(工作)或农,后代学业为第一要务。邑人丁麟年谓“读书随处净土,闭户即是深山”。时光闲暇,琴棋书画。

立功:文章政事交相辉映。执著理想,坚韧追求。工作为重,无结宿怨。

司雁人

2011年夏

后记三·论本书

陈寅恪先生研究中国历史兴衰，认为自东汉以后，又经五胡之乱，我国“学术文化变为地方化及家门化矣”，“论学术，只有家学之可言，而学术文化与大族盛门常不可分离也”。我族虽非显贵，但也是历史大背景下的一滴水珠，同样可以反映滔滔世象在小人物身上的具体投射。

从大谱牒中分自己一支出来，多点透视，穿越百年时空，尽量求其详备。

百年中国历史的每一个变化，都在我们这个家庭某个成员身上有所反映。我们的梦想理想、奋斗努力，我们的亲情友情、家庭事业，我们的脆弱无奈、困惑迷茫，我们的快乐忧愁、付出得到，都得以细微呈现。人多就有了规模，有规模就有了力量。

一国之历史，必在一家之历史中反映；一家之历史，必部分反映一国之历史。

普通人都来说历史、写历史，历史将丰富许多、生动许多、真实许多。

“任何个人的经历，无论轻重大小，都从自己的角度承载、填补着群体的历史。”(李辉:《风从远方来》,《收获》2011年第2期）家族史是时代大背景下的微观历史，是社会肌体的毛细血管。

完成这本书，我又完成了一次心灵的探险与灵魂的壮游。复活我们的亲人,发现真实的自己,让后代活得明白。这样的工作,让我感到了人生的温热。以后无论天空释出何种寒意,我们都可以自我取暖。这本书让我感觉到了与自己生命息息相关的更多生命,也可以说在自己生命深处又增加了许多生命。

本书笑谈间,已进入社会肌理深处,细看人世美丑、人性善恶。

本书的文本意义,是为对家族史有兴趣的朋友提供了写作范例。希望这只是第一部,希望有人可以把它续下去,第二部、第三部……诚如此,将洋洋大观。

本书还在探索写作的语言表达、叙事手法、文体结构和审美风格重塑方面,有一定的创新意义。

这本书即将写完最后一笔的时候,脑际间忽然频频闪现爱尔兰诗人叶芝《当你老了》的旋律:当你老了,头发白了,睡意昏沉,炉边打盹时,请取下这本书,慢慢读……有一个人,爱你那朝圣者的灵魂,也爱你衰老的脸上沧桑的皱纹。

本书除家人全力配合外,姻亲线索多由牟乃玱提供,近门线索多由司田基提供,本庄司彦团亦给予大力协助,一并致谢。

本庄司氏祠堂插图由朱伟平秀手绘制。本房祖宅由田柏安、赖砀华方家各绘一幅水墨,我按照他们姓名内涵,结合自己对百年故园之神往,嘱其刻制“畴昔田园”、“春华秋实”两枚闲章,分别钤于画面。

书名题字选自颜真卿《颜勤礼碑》。

司雁人

2012年夏

图书在版编目(CIP)数据

司家门里:穿越百年时空 / 司雁人编著.——济南:齐鲁书社,2013.1

ISBN 978-7-5333-2764-4

Ⅰ.①司… Ⅱ.①司… Ⅲ.①家族—史料—中国 Ⅳ.①K820.9

中国版本图书馆 CIP 数据核字(2013)第 002981 号

司家门里:穿越百年时空

司雁人 编著

出版发行 齐鲁书社
社　　址 济南市英雄山路 189 号
邮　　编 250002
网　　址 www.qlss.com.cn
电子邮箱 qlss@sdpress.com.cn
印　　刷 山东人民印刷厂莱芜厂
开　　本 880mm × 1230mm 1/32
印　　张 19
插　　页 5
字　　数 462 千
版　　次 2013 年 3 月第 1 版
印　　次 2013 年 3 月第 1 次印刷
标准书号 ISBN 978-7-5333-2764-4
定　　价 79.00 元